ブレグジットが
イギリス議会主権に残したもの

勃興するコモン・ローの新潮流

加藤紘捷
KATO Hirokatsu

What Brexit has left for
UK Parliamentary Sovereignty

勁草書房

はしがき

　イギリスは 2020 年 1 月にブレグジット（Brexit）を決め、EU 単一市場及び関税同盟から完全に離脱した。本書は、そのことを事実として受けとめ、ブレグジットがイギリス憲法に何を残したか、何をもたらしたか、その意味を探ろうとするものである。ゆえに、本書はイギリスがブレグジットを果たしたことの適否を問うものでない。具体的には、イギリス憲法のキーストーンと言われる議会主権と EU 法との相剋により、そのフロントに立たされたイギリス司法部が受けたインパクトはいかなるものだったか、それにより議会主権のダイシー・オーソドクシーにいかなる変容をもたらしたか、とりわけ相剋の果てに司法部の中から新潮流としてコモン・ロー・ラディカリズムが登場したことを指摘し、この時点でブレグジットがもたらした意義を捉えようとするものである。

　しかしながら、本書のテーマは複雑であり、また、EU 法の相剋に対し、本書は長期的スパンを要する研究の拙い成果をひと区切りとして世に問うものであり、識者諸兄のご叱正を仰ぐ次第である。

　ただし、本書の執筆中、本年（2024 年）7 月 4 日に行われたイギリスの総選挙で、大きな地滑り的地殻変動があったことを付記したい。保守党に代わってキア・スターマー（Sir Keir Rodney Starmer、1962 年 9 月 2 日-）を党首とする労働党が 2010 年以来 14 年ぶりに過半数を超える議席を獲得し、政権交代を実現した。保守党政権の幕を閉じることになるスナク首相が本年 6 月、捨て身の解散を行ったが、挽回は無理であった。新首相スターマーは就任演説で失った政治への不信を回復し、国民生活の改善を約束した。

　スターマー首相は、前労働党党首だったジェレミー・コービンの影の内閣の一員だったが、急進左派のコービン党首から中道左派の元ブレア首相の立場に大きく舵を切り、そのことが労働党政権の復活につながったと見られている。ブレア政権以来、労働党政権はどちらかと言えば親欧州、親 EU だった。労働党の新首相がどのような政策を取るかは今の時点で未定としても、少なくとも

EU との関係をこれまでより改善することが期待されよう。

　他方、スターマー新首相は、前コービン労働党の影の内閣で影のブレグジット担当相を務めていた。2019 年 12 月の総選挙の時、コービン党首に二度目のレファレンダム（国民投票）の実施へ支持するよう説得したことでも知られている。しかし、かつてブレグジット担当相だったからと言って、彼が政権交代後、もう一度ブレグジットの是非を問う二度目の国民投票を行う状況には当面ないと思われる。

　また、新しい労働党政権下で、議会のまとまりも求められるであろう。長い保守党政権下で議会は親 EU 反 EU で混乱を繰り返した。その上ハングパーラメントもしばしば招いた。議会主権をいうならば、議会自体がまとまりを欠くことは避けなければならない。

2024 年 7 月 6 日

加 藤 紘 捷

目　次

序章 ……………………………………………………………………………1

　Ⅰ　イギリスの遅すぎた EC 加盟 ………………………………………5

　Ⅱ　イギリスの EC 加盟の困難―議会主権と二元論 …………………8

　Ⅲ　押し寄せる大陸からの潮汐 …………………………………………10

　Ⅳ　先行判決におけるせめぎ合い ………………………………………11

　Ⅴ　議会主権に対するコモン・ローの新潮流の登場 …………………12

本書の構成 ……………………………………………………………………15

第 1 部　EU からのブレグジット

第 1 章　イギリス憲法と 2016 年国民投票における "国民の残留拒否" の
　　　　意味するところ ………………………………………………………23

　Ⅰ　国民投票から EU 条約 50 条に基づく脱退通告と 2018 年 EU（脱退）
　　　法案の提出に至るまでの経緯 　………………………………………26

　　1　キャメロン政権からメイ政権へ …………………………………26

　　2　最高裁判所判決と EU への脱退通告 ……………………………27

　　3　ブレグジット法案の提出 …………………………………………28

　Ⅱ　2016 年の国民投票における "国民のヴェト" の意味 ……………29

　Ⅲ　ヒース政権、EC 加盟時に国民投票の回避 ………………………30

　Ⅳ　ウェストミンスター・モデルの揺らぎ ……………………………33

　　1　投票率、二大政党の得票率の下落 ………………………………33

　　2　ハング・パーラメントの出現 ……………………………………34

　　3　地域政党とポピュリスト党の躍進 ………………………………37

　　4　二大政党衰退の原因―1973 年の EC 加盟時がターニングポイント
　　　 ……………………………………………………………………………39

　Ⅴ　史上初めてのウィルソン労働党政権による国民投票の実現………39

　Ⅵ　サッチャー首相の登場と保守党の欧州懐疑派の顕在化…………41

Ⅶ　キャメロン（保守党）政権の提案する国民投票の国民によるヴェト
　　　──1975 年国民投票との比較 ……………………………………………42

　1　キャメロン首相による 2013 年のさらなる国民投票の約束…………42

　2　2016 年 6 月の国民投票へ向けて──1975 年の国民投票を先例に……43

　3　保守党内の残留派と懐疑派 …………………………………………44

　4　国民投票の結果とキャメロン首相の退陣 …………………………46

Ⅷ　キャメロン首相による改革プランを振り返る………………………47

　1　移民に対するイギリスの福祉の制限 ………………………………48

　2　主権に関する EU への提案（EU 基本条約に掲げる "絶えず一層
　　　緊密な連合" のイギリスへの適用除外）…………………………50

第 2 章　ブレグジットとイギリス憲法──2017 年ミラー事件の最高裁判決
　　　　を中心に…………………………………………………………………55

Ⅰ　本件提訴に至る経緯と背景 ……………………………………………56

Ⅱ　ミラー事件の高等法院合議法廷判決…………………………………59

　1　高等法院合議法廷判決（一審）……………………………………59

　2　一審判決の背景 ………………………………………………………61

Ⅲ　ミラー事件の最高裁判決………………………………………………62

　1　大臣の上訴 ……………………………………………………………62

　2　判決理由──地方分権問題（Devolution issues）について …………67

　3　上訴に至る背景 ………………………………………………………69

Ⅳ　同事件最高裁判決の判例評釈…………………………………………70

　1　EU 法の 1972 年 ECA における位置づけに対して …………………70

　2　EU からの脱退を 50 条に照らして大権行使は可能か………………72

　3　大権行使について議会に対する大臣側の説明責任について ………73

　4　EU 法の優位性の下での議会主権の相対化について …………………74

Ⅴ　同事件最高裁判決に見るレファレンダム（国民投票）の意味と議会
　　主権………………………………………………………………………75

　1　レファレンダムと議会主権のダイシー伝統 ………………………75

　2　レファレンダムに関するミラー事件の最高裁判決 ………………77

VI　同事件最高裁判決に見る国王大権の意味と議会主権……………………79

　　1　国王大権の性質 …………………………………………………………79

　　2　国王大権の範囲と法的地位 …………………………………………80

　　3　国王大権と議会主権 …………………………………………………81

　　4　国王による条約締結権と二元論 ……………………………………82

　　5　国王大権と 1972 年 ECA ……………………………………………83

第 3 章　ブレグジット最後の関門―2019 年第 2 ミラー事件から議会の離脱
　　　　協定の承認まで……………………………………………………………89

　　1　ハング・パーラメントと離脱協定への承認の困難 ………………89

　　2　3 度の拒否と 3 度の離脱日の延期 …………………………………89

Ⅰ　ジョンソン首相による議会閉会措置に伴う「第 2 ミラー事件」……91

Ⅱ　EU 脱退に向けての最後の関門―2019 年 12 月 12 日の総選挙………98

　　1　2019 年ベン法の可決 …………………………………………………98

　　2　2019 年早期議会総選挙法 ……………………………………………99

　　3　大廃止法案の置き土産 ………………………………………………101

Ⅲ　司法権の独立とイギリスの新しい最高裁判所に触れて ……………102

　　1　2 つのミラー事件と貴族院から独立した最高裁判所 ……………102

　　2　改革以前の 1876 年上告管轄権法と貴族院上訴委員会 …………103

　　3　ブレア労働党政権の憲法改革による最高裁判所の創設 …………106

　　4　2000 年のマッコネル対イギリス事件（*McGonnell v United
　　　　Kingdom*）………………………………………………………………107

　　5　ヨーロッパ評議会の "Parliamentary Assembly" からの勧告……109

Ⅳ　新しい最高裁判所の組織と運用 ………………………………………111

　　1　構成………………………………………………………………………111

　　2　最高裁判所の管轄権 …………………………………………………112

　　3　新しい最高裁判所及び裁判官と資格要件 …………………………113

　　4　裁判官の選任手続、独立の任命委員会（Selection Commission）、
　　　　及び任期 ………………………………………………………………114

　　5　2005 年憲法改革法と枢密院司法委員会上告管轄権 ………………115

6　2005 年憲法改革法と地方分権問題 ……………………………115

Ⅴ　新しい最高裁判所の性格と意義 ……………………………117

Ⅵ　ブレグジットで演じた最高裁の役割 ………………………118

第 2 部　EC 加盟と 1972 年欧州共同体法

第 4 章　イギリスの EC 加盟とその背景 ………………………………123

Ⅰ　"シックス対セブン"のはざまで ……………………………123

Ⅱ　議会における主権論争にどう対処したか …………………126

　1　政治的背景─ルクセンブルグの危機と妥協……………126

　2　議会での大論争を乗り切る ………………………………129

　3　300 年間、誰も議会主権を争おうとしたことがない……131

Ⅲ　EC 加盟にあたりレファレンダムを斥ける …………………133

　1　ノルウェーの国民投票とイギリスの場合 ………………133

　2　1975 年、史上初のレファレンダム ………………………134

　3　Wheeler（ウィーラー）事件 ……………………………136

　4　レファレンダムはイギリス憲法の新しい現象…………136

Ⅳ　イギリスにおける議会制定法の必要性 ……………………138

　1　「1972 年欧州共同体法」と EC・EU（欧州共同体）法の国内法化
　　………………………………………………………………138

　2　1972 年法に見る EC・EU 法の性格（直接適用性）……140

　3　1972 年法に見る EC・EU 法の優位性 …………………141

　4　2 条 4 項の解釈規定は「前例なき規定」か ……………144

Ⅴ　イギリスにおける二元論の厳格性 …………………………149

　1　なぜ立法措置が必要か ……………………………………149

　2　二元論が採られる理由 ……………………………………153

Ⅵ　二元論についてローマ条約とヨーロッパ人権条約との相違 ……155

　1　同じ海外からの挑戦 ………………………………………155

　2　議会主権へのインパクト─裁判所の不一致宣言………158

第 5 章　議会主権の成立史とダイシー伝統 ……………………………159

Ⅰ　議会主権の成立史 ……………………………………………159

　1　市民革命以前は議会制定法よりコモン・ローの優位 …………161

　2　議会制定法優位の出発点―1689年の権利章典 ………163

　3　コモン・ローと議会制定法の関係―イギリスの裁判官の解釈態度
　　　………………………………………………………165

　4　主権は議会の三者に分有されている ………………………168

　5　議会制民主主義の確立と議会主権の発展 ………………170

Ⅱ　議会主権の確立とダイシーのクラシカルな定義 ……………174

　1　第1の原則と判例 ……………………………………………174

　2　第2の原則と判例 ……………………………………………177

　3　ダイシー伝統を修正または反対する立場 …………………182

Ⅲ　議会主権の意味―議会主権は "insular" か ………………190

第6章　EC・EU法の直接適用性と優位性の原理の確立 …………195

Ⅰ　1963年ファンゲント・エン・ルース社事件に見るEC・EU法の性
　　格―直接適用性の原則 ………………………………………195

　1　新しい独自の法秩序 …………………………………………195

　2　国内法秩序からの区分 ………………………………………200

Ⅱ　コスタ対電力公社事件判決とEC・EU法の加盟国内法に対する優
　　位性の確立 ……………………………………………………203

　1　1964年コスタ対ENEL（電力公社）事件とEU法の優位性の原理
　　　………………………………………………………204

　2　1969年ヴィルヘルム対連邦カルテル庁事件 ………………212

　3　1970年インターナショナル商事会社対穀物飼料輸入供給局事件
　　　………………………………………………………215

Ⅲ　リスボン条約体制下でのEU法の優位性とEU基本権憲章 ………219

第3部　EU基本条約と国内法

第7章　ローマ条約の真の意味―条約と国内法の関係の中で …………225

Ⅰ　EU基本条約―ローマ条約と5次にわたる改正 ………………227

1　3つの欧州共同体からECまで ……………………………227

　　2　単一欧州議定書─ローマ条約の最初の改正 …………………229

　　3　マーストリヒト条約の締結─ECからEUへ …………………231

　　4　EU市民権の登場 …………………………………………233

　II　EUの現在の到達点となるリスボン条約 ……………………234

　　1　欧州統合の拡大と深化 ……………………………………234

　　2　EU憲法条約の挫折と改正条約としてのリスボン条約 ………235

　　3　リスボン条約とEU基本憲章 ……………………………237

　III　EU基本条約から派生したEU立法 …………………………241

　IV　EU法と国内法の関係 ……………………………………245

　　1　一元論・二元論の問題 ……………………………………245

　　2　主権の問題 …………………………………………………247

第8章　将来のイギリス議会制定法とEU法の関係 ………………251

　I　立法権行使抑制論─政府側の見解 …………………………251

　II　学説に見る議会主権の制約論 ………………………………253

　　1　ダイシー伝統からの最も厳格に立つ考え ……………………253

　　2　ダイシー伝統の急進派を修正する立場 ………………………255

　　3　EU法は委任立法か ………………………………………257

　　4　制定法定立の構成と手続面からの制約論 ……………………258

　　5　EUに常任委員会を設置する案 …………………………259

　　6　スコットランド学派からの見解─ミッチェルの制約論 ………261

　　7　成文憲法制定論 ……………………………………………262

　III　判例の動向─EU法との相剋 ………………………………264

　　1　判例の変遷①1970年代の初期判例─EU法の優位性と議会主権の
　　　　優位性の衝突 ………………………………………………264

　　2　判例の変遷②適合解釈による衝突回避の時代─判例に見るイギリス
　　　　裁判所の解釈態度 …………………………………………274

　　3　判例の変遷③"司法上の大転換"1990年ファクタテーム（No. 2）
　　　　事件貴族院判決─「議会制定法の適用の停止」をめぐる新たな判

例の展開 ……………………………………………………………………282

  4　判例の変遷④ "エントレンチメントか?" 2003 年ソバーン対サン
    ダーランド市会事件高等法院合議法廷判決―議会制定法の階層化
    ……………………………………………………………………288

最終章　2011 年 EU 法並びにジャクソン事件貴族院判決の傍論に見るコモ
ン・ロー新潮流 ………………………………………………………299

 Ⅰ　ソバーン事件判決のインパクトと 2011 年 EU 法 ………………………299

  1　2011 年 EU 法制定の経緯 ……………………………………………299

  2　EU に関する連立合意 …………………………………………………301

  3　ヨーロッパ精査委員会における学識者の証言 ………………………303

  4　ソバーン判決と EU 法のイギリス法との将来の関係 ………………304

  5　トーンダウンした主権条項 …………………………………………306

 Ⅱ　ジャクソン事件判決とコモン・ローの新潮流に見る裁判官の傍論
  ………………………………………………………………………307

  1　ジャクソン事件の 2005 年貴族院判決 ………………………………307

  2　本貴族院判決に見る注目すべき傍論 ………………………………310

 Ⅲ　コモン・ロー・ラディカリズムによる新潮流 …………………………312

  1　議会主権と法の支配の二極の主権の柱 ……………………………312

  2　引き継がれる新潮流―人権法とヨーロッパ人権条約 ………………315

むすびに代えて ……………………………………………………………319

索引

序　章

　イギリス（英文による正式国名は長称「グレートブリテンと北アイルランドの連合王国」、短称で「連合王国」というが、以下、本書ではこれを「イギリス」として用いる）は、グリニッジ標準時：2020 年 1 月 31 日 23 時[1]（EU 本部のあるブリュッセルの中央ヨーロッパ時間では 2020 年 2 月 1 日午前 0 時）をもって、EU の現行基本条約[2]より正式に離脱し、国際組織としての EU 及びその規律する EU 法秩序より脱退した。諸賢ご承知おきの通り、EU 脱退を、法令名は別として、多くの論考さらには新聞紙上で「ブレグジット」Brexit と呼んだ。日本ではさほど馴染みのない用語として終わったと承知しているが、この時代を刻印する言葉として、敢えて「ブレグジット」を使わせていただく。ブレグジットは、見ての通り、英文の別の国名である「Britain」[3]もしくは形容詞「British」と EU よりの「脱退・離脱 Exit」の混成語である。かかる造語が多くの場面で飛び交い、それが独り歩きするほど、ヨーロッパ主要国の一翼を担うイギリスの EU 脱退は衝撃的に世に伝えられた。

　1　イギリスの正式の EU からの脱退は 2020 年 1 月 31 日であるが、その後、移行期間に入り、その移行期間も 2020 年 12 月 31 日午後 11 時をもって完全に終了した。
　2　EC が EU となったのは、EU 条約、通称マーストリヒト条約が発効する 1993 年 11 月 1 日からのことである。EC はローマ条約に由来するが、ローマ条約は、本書の第七章で詳述する通り、これまで五次にわたる改正を見た。最後の改正がリスボン条約（2009 年発効）である。リスボン条約により、これまでの EU 条約（通称マーストリヒト条約）も改正され、EU の "総則的規定" となった。また、これまでの EC 条約は、同じくリスボン条約によって改正され、現在、EU の "運営上の規定" として EU 機能条約との名称に変わった。さらにリスボン条約により「EU 基本権憲章」がこれに加わり、「EU 条約」（TEU）、「EU 機能または運営条約」（TFEU）とともに、EU の広義の憲法的地位が形成された。これにより EC の表記はすべて消えた。庄司克宏『新 EU 法 基礎編』（岩波書店、2013 年）200 頁以下参照。
　3　Britain なる国名は、本来、England と Wales を合わせた狭い意味の国名であるが、広い意味としてしばしばイギリスと同じ意味の国名としても使う。

イギリスは、1973 年 1 月 1 日に EU の前身である EC に加盟してより半世紀近い 47 年間、離脱までの間、イギリス憲法のキーストーンとされる「議会主権の原理」の保持と EU の首都ブリュッセルを中心とする EU 域内での中央集権化をめぐり軋轢を繰り広げられ、経験してきた。イギリス憲法、なかんずく議会主権と EU 法との相剋、それはいうなれば、ヨーロッパ大陸との間に生じた近代イギリス憲法史に刻印されうる"激しくも、格別に意義のある相互作用・せめぎ合い（interaction）"の過程にほかならない。本書は、このブレグジットの果てに後世に向けイギリス憲法に何を残したか、ブレグジットの経緯を辿り、残すべき価値を探るため、拙いペンを執った次第である [4]。

　忘れてはならないのは、EU から脱退したからと言っても、決して EU 法と完全に決別し無関係になったわけでないことである。2018 年、EU からの脱退を期に、イギリスの議会は大廃止法 [5]（Great Repeal Act）を制定して、これまでに国内に効力を及ぼしてきた EU 法をすべてイギリスの国内法に留めおくことにした。同法 1 条によれば、EC 加盟時に制定した「1972 年欧州共同体法」を、離脱日をもって廃止すると規定するとともに、2 条から 7 条の中で、これまで結実し、イギリスに適用されて来た EU 法をすべて同国の国内法として保持する、との条項も追加された [6]。EC とそれに続く EU との長きに渡る関係

　4　イギリスでは EU 脱退からすでに 4 年が経過した。世論では早くもイギリスが EU から脱退したのは間違っていたとの声が 50% を超えたようだ。だからといって当面、EU へ復帰することも現実には難しいであろう。

　5　*European Union（Withdrawal）Act 2018* の通称。制定前、大廃止法案（*Great Repeal Act*）と呼ばれていた。2018 年 6 月 26 日に可決された。同法の第 1 条で、イギリスが EC に加盟する時に制定した「1972 年欧州共同体法」は離脱日をもって廃止されるものとした。その上で、第 2 条から第 7 条の中で、これまでの EU 法は保持されるとされた重要な条文が続く。House of Commons Briefing Paper, N. 7793, 2 May 2017, Jack Simon Caird, *"Legislating for Brexit: the Great Repeal Bill"*. https://researchbriefings.files.parliament.uk/documents/CBP-7793/CBP-7793.pdf

　6　言うまでもなく、1972 年法が廃止されれば、これまでイギリスに直接的に適用されてきた EU 法は効力を失い、イギリス法体系に大きな空隙ができる。それら空隙を避けるためにもブレグジットで効力を失うことになる一定の EU 法をイギリス法に転換し、また EU の諸義務を果たすためにこれまでイギリスで作られた法も保持しようとするのが 2018 年法の趣旨である。大廃止法の延長に、さらには、2023 年、イギリス議会は *Retained EU Law（Revocation and Reform）Act 2023* を制定するに至っている。後者の法は、議会に提出す

性の中で、イギリスの議会制定法には相当数の EU 法の引用、準用が存しており、それらは重要な機能を果たしていることが多く、それをこのまま現状を維持することは妥当な措置であり、機能不全に陥らぬようにするにも、また政治的に大混乱を生じさせないためにも得策であると思われる。このように、イギリスは EU から脱退しても、EU 法と決別するわけでなく、脱退と同時に脱退時点での既存の EU 法の規定をイギリス法の規定に置き換えて国内に残置することとした[7]。

この結果、イギリス法の体系は、これまで蓄積してきた①判例法たるコモン・ロー（エクイティを含む）、②議会の作る制定法（①②を合わせて広義のコモン・ローとも称する）の上に、EU から切り離されたが、ブレグジット後も③保持される EU 法を加え、脱退後のイギリス法は、このように"重層的な新しい法秩序"を形成することとなる。そう思うと、イギリスの新しいコモン・ローが今後、いかにして発展していくのか目が離せない。

ただし、イギリスの EC 加盟から EU 脱退までを、イギリス憲法史の中、1066 年のノルマン・コンクエスト[8]（Norman Conquest）により、当時のイギリスに大量の大陸文化、なかんずく、大陸法文化が流入したことに比較して考察してみると、1066 年以降 1214 年に、ジョン王が大陸の領土を失っても、イギリスは大量に受け入れた大陸法文化をコモン・ロー内に採り入れ、それを基に、綿々と、時代の要請に適合すべく、新しいコモン・ローにイギリス法を塗り替え、自律的発展を遂げてきたという過去の歴史がある。これをそのまま比

る予定の「ブレグジット自由法案（*Brexit Freedoms Bill*）を 2022 年 1 月 31 日に発表したが、それを法制化したものである。それによれば、移行期間終了時にイギリス法にそのまま置き換えられ、イギリスの法体系に直接組み込まれた「維持された EU 法（*retained EU law*）」の改正や廃止、また置き換えをより容易に行うことを目的としている。現在、「維持された EU 法」はイギリス法制において特別な地位が付与されており、移行期間終了前に成立したイギリス法に対して優先するとされている。本法案では、2023 年末までにその序列を逆転させ、イギリス法を維持された EU 法に優先させるとしている。政府はこれにより、必要に応じてイギリスの新たな法規を制定しうるものとしている。

  7　EU には通商、競争法、環境法、製品安全基準、情報、プライバシーほか人権など多方面にわたる規制が存在した。

  8　Norman Conquest in 1066. フランスのノルマンディ公ギョーム 2 世によるイングランド征服。これにより彼はウィリアム 1 世（征服王）としてノルマン王朝を開いた。

較するのはおこがましいが、イギリス憲法史家 J.W.F. アリソンによれば、「議会が受けた大陸ヨーロッパからの影響の中世における諸例はマグナ・カルタの諸条項 9 やブラクトン 10 （*Bracton*）の著作物」[11] となって開花したが、そ

9 マグナ・カルタと当時の大陸法であるユス・コムーネ（中世ローマ法とカノン法）に関するおそらく最も包括的な研究として、Richard H. Helmholtz, *"Magna Carta ans the ius commune"*, The University of Chicago Law Review, 66 (1999), pp. 297–371. Also, John Hudson, *"Magna Carta, the Ius Commune, and English Common Law"*, in Magna Carta and the England of King John, (Janet S. Loengard ed., 2010), pp. 99–119.

10 *Henry de Bracton* (–1268)。ブラクトンの没年は 1268 年であるが、彼の生年はこれまで詳らかではなかったが、ハーヴァード大学の bracton on line などで、昨今、生年は 1210 年頃とされるようになっている。イギリス南西デボンシャー出身。1245 年より巡回裁判官になる。イングランド中世法制史上、もっとも重要、かつ権威ある『イングランドの法と慣習について』（*De Legibus et Consuetudini bus Angliae*）を著した。当時のローマ・カノン法の学識を利用し、生成期におけるイギリス法を体系的に叙述したが、同時に、メイトランドによれば同著では当時生成期にあったコモン・ローの判例が 500 ほど引用されているとされる（F. W. メイトランド、小山貞夫訳『イングランド憲法史』（創文社、1981 年）25 頁参照）。また、千件を超える豊富な判例を記したノートブックも残しており、19 世紀に発見された。同著は、後のイギリス法の発展に大きな影響を与えた。なかんずく、イギリスの憲法状況、とくに「法の支配」について 17 世紀初頭、国王との対決の中で、人民間訴訟裁判所の首席裁判官だったサー・エドワード・クックがブラクトンの法諺「王といえども法のもとにある」を引用し、注目されることとなった。イギリス南西部、エクセター大聖堂の聖職者でもあり、アーゾ（*Azo of Bologna*）の影響の下、ローマ法の学識に深く精通していたとされる。アーゾの Summa Azonis とブラクトンの比較研究として、近代コモン・ロー史学の泰斗、F. W メイトランドによる古典的研究として F. W. Maitland, *Select Passages from the works of Bracton and Azo*, Selden Society Volume VIII, (1895) 及び 19 世紀に発見された恐らくブラクトンの手によると思われる注釈を含むヘンリ三世治世下の王座裁判所の判例の NoteBook については、同 F. W. Maitland, *Bracton's Note book. A collection of cases decided in the King's courts during the reign of Henry the Third, annotated by a lawyer of that time, seemingly by Henry of Bratton*, (CUP, 1887). 近時の研究として、David J. Seipp, *"Bracton, the Year Books", and the "Transformation of Elementary Legal Ideas" in the Early Common Law"*, Law and History Review, 7 (1989), pp. 175–217; H. G. Richardson, *"Azo, Drogheda, and Bracton*, The English Historical Review, 59, No. 233 (1944), pp. 22–47"；松本和洋、「ウィリアム・オブ・ドロエダと『黄金汎論』──法格言 scienti et volenti non fit iniuria の原点を訊ねて──（1）」、阪大法学 (2015) 64 (5), 1265–1285 頁。「ウィリアム・オブ・ドロエダと『黄金汎論』──法格言 scienti et volenti non fit iniuria の原点を訊ねて──（2・完）」、阪大法学 (2015) 64 (6) 1727–1765 頁参照。

れらはその後、イギリス法の、世界に誇りうる輝かしい遺産となったことでも知られよう。もしそうだとすれば、今回もある意味、イギリスが EU を脱退しても、これまでの EU 法を体内に受け入れ、イギリスが大陸法とともに二大法系の一つとして現代の新たなコモン・ローへさらに発展させていくことは十分に考えられるのではなかろうか。

　以上、本書は主として議会主権をめぐる EU 法との相剋を考察し、何を後世に残しうるかを探り、書き残そうとするものだが、本書の構成として、時系列に逆らうことになるが、ブレグジット、すなわち EU からの脱退、という出口から書きはじめ、1973 年の EC 加盟という入り口に戻り、そして出口に帰るという仕組みにて執筆することをお許し願いたい。それと言うのも、筆者自身、原加盟国に遅れて EC に加盟したイギリスが、半世紀も経ないうちにブレグジットの結果に終わるとは、およそ想像もつかないでいたため、イギリスが EU から脱退した衝撃があまりにも大きく、つい、出口からペンを執ることに決意したわけである。

　しかし、その後は、以下に述べるようにイギリスの EC 加盟から時系列に則して、本書の序説としたい。

I　イギリスの遅すぎた EC 加盟

　イギリスは 1951 年、欧州共同体の最初の ECSC を設立する条約がパリで調印されてから 22 年、また EEC および EURATOM を設立する諸条約がパリで調印されてから 16 年遅れて EC に加盟したことで知られている。そのイギリスが加盟を果たした 1973 年の EU の執行機関であるヨーロッパ委員会（現 European Commission）により提出された同年の活動を総括する第 7 次一般年

11　J.W.F. Allison, *The English Historical Constitution-Continuity, Change and European Effects*, (Cambridge University Press, 2007), at p. 103 参照。実際のところ、これについて Allison によれば、「（Goldsworthy の論考は）議会の主権は中世イギリスの国王のそれからのブラクトン（*Bracton*）による国権の概念の展開に関する歴史的検証に始まっている」との指摘がある。See J. Goldsworthy, *The Sovereignty of Parliament: History and Philosophy* (Oxford: Oxford University Press, 1999), at p.22ff.

次報告書 [12] の「ヨーロッパ共同体法」と題された項目は冒頭、次の文言で始められたのを思い起こす:

「1973 年の主要な特徴は、拡大ということであった。1 月 1 日に 3 つの新加盟国による加盟が発効したが、そのうちの一国はイギリスであった。それにより伝統的に判例法を特色とする英米法（コモン・ロー）と、元々その起源をローマ法に発し、主として成文を以って表示される大陸法との遭遇が生じたが、これはヨーロッパ法の歴史から見れば、極めて重要な出来事だった」

上記でいう 3 つの新加盟国とはイギリス、アイルランドおよびデンマークであり、原加盟国は、フランス、ドイツ（西）、イタリア、ベルギー、オランダ、それにルクセンブルグの 6 か国であった。これら 6 か国が上の年次報告書の言う通り、大陸法系の国であるとすれば、EC 法は、ある意味、ローマ法に源流を持つ大陸法系の国によって作られたとされよう。またそれら 6 か国はそれぞれ成文法の国々であるのに対して、新しく加盟した 3 つの国のうち、イギリスは判例法、すなわちコモン・ローの国であった。コモン・ローは、記憶の及ばぬ [13] 太古・古来 ancient[14] age より、存続しており、すでにある法として観念

12　7th Gen. Rep. EC.

13　周知の通り、「法的記憶の及ばぬ時代」「超記憶の時代」等と訳される from time immemorial という用語は法的テクニカルタームとしては、1275 年ウェストミンスター第一法律により規定されたリチャード 1 世治世第一年目の初日 1189 年 9 月 3 日以前を言いい、慣習法上の権利の認定や擬制上用いられるが、ここでは、「慣習法として非常に古くより」ぐらいの意味である。このことは、ゲルマン法の「古き良き法 Das Gutes altes Recht」の概念や、次注で扱う、「古来の国制論」の「イギリスでは昔から」という意味の ancient の概念に関わるとされる。ケンブリッジ大学の法制史家 J.H. ベーカーはその『イギリス法史入門』第四版の冒頭で、「1470 年のイギリスの高位法廷弁護士がコモン・ローは『創世記』以来存在したと主張したが、それを文字通り信じていたというのもありそうな話である。」としている。深尾裕造訳 J.H. ベーカー著『イギリス法史入門』（関西学院大学出版会、2014 年）1 頁参照。

深尾氏は上記で聖書の『創世記』と訳されているが、原著では「世界の創造以来」になっている。ベーカー氏は続けて「先史以来 since prehistoric time」と言う言葉を使われるが、そこでの含意は「文字による歴史記録のない時代」であるから、上記の「記憶の及ばぬ 太古・古来 ancient age」と実質同じ状態を表す。

14　この場合の ancient の用法は、西洋史学上の「古代」にあたるというよりは、「古来

され、具体的事件に即し正義にかなう解決方法に関する判断／判決 judge-
ment の蓄積として、チュートン学説によれば、ゲルマン法的な共同体裁判
communal justice における法発見[15]の過程の中で、慣習法を裁判官が随時発
見、裁判に適用していくことにより、歴史の金床で実用性、合理性を鍛えぬか
れ、生成発展してきた。イギリスと同時に新しく加盟したアイルランドもまた、
現在では独立国家として英国と違い EU に属するが、1919 年から 1922 年のア
イルランド独立戦争を経た独立後も、1931 年のウェストミンスター憲章によ
りイギリスと対等な主権国家であるコモンウェルス独立王国 Commonwealth
Realm として以来、第二次世界大戦後 1949 年に英連邦を完全脱退するまで留
まっていた経緯からも、長らく、英国の強い行政的、法的影響下にあり、コモ
ン・ローに強く影響を受けた国であり、基本的に英米法系の国と評価してもよ
いであろう。しかし、原加盟 6 か国とともに、アイルランドは今日では成文憲
法を持ち[16]、不文憲法のイギリスとは異なる。

　そのことは別にして、イギリスは、その起源をローマ法に由来する大陸法系
の国により形成された EC 法の中にいささか時宜的に遅れて飛び込んだと言え
るかもしれない。憲法史の A. リヨン（Ann Lyon）は「もしイギリスが初めか
ら EEC に加盟する道を選んでいたら、組織の形とローマ条約の詳細な条件に
口出しする強い立場にあっただろうし、（EC 加盟にあたってこれほど）多大な

の国制論」と訳される 17 世紀に敷衍した ancient constitution 論に引きつけた用法で「古
来」と訳したい。古来の国制論に関して、土井美徳『イギリス立憲政治の源流：前期ステュ
アート時代の統治と「古来の国制」論』、（木鐸社、2006）。このような ancient の用法は、
すでに 15 世紀後半のフォーテスキュー『英法礼賛』でも確認される。少なくとも 15 世紀後
半から 17 世紀の近期の英国では、ルネサンス期であるにも関わらず、英国のコモン・ロ
ーはギリシャやローマより古く、有史以来存在し、ローマ法由来の大陸法は「君主主権の絶
対王政だが」英国の「古来よりの・伝統的」国制は、「王政プラス議会政」であるという、
「議会主権擁護の」文脈で使用された。ローマ時代に当たる古代と言うよりは、近世のイギ
リス人から見て「よくわからないがずっと昔から」ぐらいの、観念的な含意であるので、
「太古よりの、古来の」と訳される。

15　Walter Gustav Becker, *Das Common Law als Methode der Rechtsfindung*,
（Tübingen, 1952）.

16　これまでのアイルランド自由国憲法に換えて、1937 年 7 月 1 日の国民投票で採択、
同年 12 月 29 日に施行された。

困難に立たされることになる主権に関する争点に対しては、より明示的に取り組んでいたであろう」[17] という。加盟が遅れたことによるすべての責めはイギリスが負わねばならないにしても、憲法史のリョンは上に言及したように「もう少し早く加盟できていればと」[18] と言い残すとともに、せめて 1960 年代に加盟していればどうだったかという思いだったのか、「1960 年代の初頭でさえ、EEC はまだ十分にそれ自身を確立していなかった」[19] とも述べている。その意味で、後に述べるように、1963 年と 1967 年の二度にわたってイギリスが EC に加盟申請をしたことはよく知られていようが、二度ともフランスにより拒否された結末はイギリスにとり確かに大きかったと言えるかもしれない。二度の拒否による約 10 年に及ぶ加盟の遅れは、リョンによれば「時すでに遅し」、後年、これが故に、イギリスが EC に加盟する際、イギリス議会で議会主権の危機として大論争を招き、会期をどう乗り切るべきか政府は相当の困難に陥ったであろうことは想像に難くない。リョンは「1970 年代に強い立場を獲得していた（EC という）組織にイギリスが参加することになったが、その時イギリスにはもう手を打つすべは何もなくなっていた」[20] と述懐している。

Ⅱ　イギリスの EC 加盟の困難──議会主権と二元論

　その上、イギリスはその加盟にあたり、レファレンダム（国民投票）が必要との声を斥け、議会内だけの大論争だけで乗り切り、ローマ条約（1957 年）を国内法化（1972 年）に導いた。ローマ条約は後述する後の 1963 年ファンゲント・エン・ルース社事件とその直後の 1964 年コスタ対エネル電力公社事件のヨーロッパ司法裁判所の判決等により、その特徴として EC 法の新規性、それも EC が加盟国の一部の主権からなる超国家的法秩序を有し加盟国法に対する優位性をも確立していた。これに対して、後述するように、イギリスは条約に

17　Ann Lyon, *Constitutional History of the UK*, (Routedge, 2nd edn., 2016), at p 446,

18　*Ibid.*

19　*Ibid.*

20　*Ibid.*

対する厳格な二元論に従い「1972年欧州共同体法」（本書ではしばしば1972年法、または、ECA1972と称する）を制定した。これによりイギリスは、ローマ条約の効力をイギリス国内に及ぼしたが、それにより国内のイギリス憲法のキーストーンとされる「議会主権の原理」と相対峙せねばならない。イギリスはそれを保持しながら議会を乗り切るのに困難を極めたことは言うまでもない。

　リヨンによれば、「増大する論争を引き起こし、判例法上、また学説上、深刻な判断を招くものとなった」[21]という。そのようなわけで、EC加盟時の議会における大論争の中、加盟により議会主権が毀損されはしまいかとのおそれが各議員の間に強くあったことは疑いに難くない。H.W.R.ウェイド（Wade）は論文[22]のなかで、イギリスのEC加盟当時を振り返ってこう述べている：

> 「1972年法案に対する議論において、閣僚らは、議員らの不安を和らげるために、"議会は後継者を拘束できない"という原則を大いに利用した。議員らは、議会主権は法的に破棄できないものであるため、主権はそのまま残ると保証された。」

> 「（しかし）制定された（1972年法）はいつでも廃止することができ、将来の議会の自由は妨げられないままにある。終末論的には、議会が同72年法を廃止して、イギリスを共同体から脱退させる最終的な権限を剥奪されない、これが真実の意味であったろう。」

上の最初の引用はイギリス政府がEC加盟の際に議会で被った時の困難を語るものであるが、下の引用をみると、ウェイド自身が言いたかったのはもっと奥[23]にあったと知るであろうが、皮肉にも今回イギリスがEUから脱退したのは彼が言う通り、（イギリスの議会は）「制定法をいつでも廃止することができ、将来の議会の自由は妨げられないままにある」との通りになってしまった。イギリスがEUから脱退した今、この政府の保証はその通り裏切られてしまっ

21　Ann Lyon, *ibid.*, at p. 448.

22　H.W.R. Wade, *Sovereignty-revolution or evolution*（1996）112 LQR 568, at p. 573.

23　この引用は1996年の論考だったが、この時点でファクタテーム事件の判決がすでに出ており、彼の真意は、"EC加盟時の政府の保証はごまかしだった"と言いたかったわけであろう。というのも、「ファクタテーム事件で究極に認定されたように、議会の権限は地殻変動を被っていた。議会は未知の領域に飛躍を遂げたが、（国会議員は）裏切られたのに気づくのが遅すぎた」と述べている。同上 p. 448 参照。

10　　　　　　　　　　　　　　序　章

たという論者も出てこよう [24]。

Ⅲ　押し寄せる大陸からの潮汐

　議会主権は、ご承知の通り、17 世紀の 2 つの市民革命により、国王から主
権を取り上げ、議会に移されたことに始まる。1689 年権利章典（詳細、後述）
はそれをオーソライズし、さらに判例を積み重ね、今日のような議会主権の原
理として打ち立てられた。打ち立てたのは裁判官たちであり、議会主権の原理
はコモン・ローの所産であった [25]。その意味でそれは今となってはアリソン
（Allison）が言うように極めて "insular" な [26]（孤立的・独自の）原理であり、
それがゆえにイギリスは政府もまた議会自身も EC 加盟にあたって困難を極め
たが、けれども、それ以上にインパクトを受け、困難な対応に追い込まれるこ
とになったのは、イギリスの裁判官達だったかもしれぬ。彼らは EC 法と議会
制定法のからむ事件の場合には衝突回避のために相当のプレッシャーを受け続
けたことは疑いがなく、司法部を代表する一人、記録長官であったデニング
（Denning）卿判事は当時、しばしば引用された有名な判例の一つ、バルマー
対ボリンジャー事件 [27] において以下に示すように戸惑いを見せたのを思い出
す：

> 「この条約（ローマ条約）は、全体としてイギリスとイギリス国民に関する
> いかなるものについても触れるものでない。しかし、EC 事項に関しては
> 今や、イギリス法（ECA1972）により規律されている。我々がひとたび
> EC 事項を取り扱うことになるや否や、この条約は満ちてくる潮汐のよう

　24　ウェイドは、こうも付け加えている。「議会の制定法は共同体法に譲歩しなければな
らなかった。ただ、これがどのように効果していくのかについては（1972 年法の中で）説
明されていない。したがって、上に述べた政府の保証はそれと無関係な意味では真実だっ
たが、関連する意味では真実ではなかった。」

　25　Jeffrey Goldsworthy, *The Sovereignty of Parliament-History and Philosophy*,
(Oxford University Press, 1999) at p. 238 以降参照。

　26　Allison, *ibid.*, at p 103.

　27　*HP Bulmer Ltd & Anor v. J. Bollinger SA & Ors* [1974] EWCA Civ 14; [1974]
Ch 401, at 418–9.

になる。（イギリスの）河口に入り込み、河川を遡る。それを押し止めよう
にも止めることができないのである。」

と。EC法のインパクトがイギリスの法体系に潮汐のように河川を上ってくる
様子を喩えて妙であろう。だが、ECの統合が深化して昨今のリスボン条約に
まで拡大すると、今やそれどころでなく、バーンズが言う通り、潮汐どころか
「Tsunami（津波）のようである」[28] とさえ喩えられるようになった。

　こうしてイギリスの裁判官は、一方で、議会主権に忠実に、他方で、EC事
項に関わる裁判においては先行判決を通じて国内法とEU法と間でのせめぎ合
い、その中で、どれほどのディレンマに陥っているであろうか、想像に難くな
い。国内法、とくに議会制定法に関わる事件において、EUのヨーロッパ司法
裁判所とイギリス議会とはともに相入れない双頭の鷲であり、その中で議会主
権の及ぶ議会制定法をどう解釈し、どう適合させるかに苦慮してきているイギ
リスの裁判官たちである。

IV　先行判決におけるせめぎ合い

　これまでイギリスの裁判官は原則として議会の作る法に文理解釈をもって自
己抑制してきたと言われる。もし彼らが制限的な文理解釈を捨て、議会制定法
の解釈を広げれば、それだけコモン・ローの領域を狭めることになるからでも
あろうが、ヨーロッパ司法裁判所に対して求めねばならぬ先行判決[29]（*Prelimi-
nary rulings*）の中で、EU法との相剋に対応するためとなれば、議会制定法
に対する文理解釈も許されなくなった。ホーランド＆ウェッブはその著書の中
で、「コモン・ロー・アプローチは、否応なしに変化しつつある」[30] という。
「たとえそれがヨーロッパ法に由来する立法であろうと、イギリス式法であろ

28　S. Burns, *An Incoming Tide* [2008] 158 New Law Journal 44, at 44-6.

29　事件を国内裁判所からヨーロッパ司法裁判所へ“付託する”とも言う。

30　James Holland & Julian Webb, *Learning Legal Rules*, (Oxford University
Press, 6th edn., 2006) at pp.342-345. キース卿最高裁判事は、本文でも述べる通り、イギリ
スの裁判所は、国内立法の意味を歪曲することなく達成されることを条件として、その国内
立法をできる限り共同体法に従って解釈しなければならない、と述べている：*Webb v EMO
Air Cargo (UK) Ltd.* [1993] 1 WLR 49.

うとも」[31] と述べ、*Webb v EMO Air Cargo（UK）Ltd* 事件の最高裁判決の中で、キース卿判事（Lord Keith）の述べた以下の意見を紹介している。キース卿の意見によれば、「私の特に承認したい考えだが、イギリスの裁判所は、国内立法の意味を歪曲することなく達成されることを条件として、その国内立法をできる限り共同体法に適合するように解釈しなければならない」[32] と言うのである。

V　議会主権に対するコモン・ローの新潮流の登場

第8章で初期判例から適合解釈時代を含めて多くの判例を掲げた。その中で、これまでの EU 法との関係で、イギリスの裁判官は議会主権のダイシー伝統を崩すことなく、その上で多様な解釈方法により EU 法と一致する努力を重ねてきた感がある。このようにイギリスの裁判官が議会の優位性に忠実なのは、レスターおよびビーティの論文によれば、

> 「17 世紀初期、裁判官たちは、不当な行政部からの干渉に対して独立を求めて苦闘した、…裁判官は、国王が大権により支配できるとする主張から独立性を求める戦いに勝利した。しかし、国王の神授説に対抗して議会と連携したためにコモン・ロイヤー達によって支払われた対価は大きく、コモン・ローは議会の欲するまま変更しうることになってしまった。1688年の無血の名誉革命は議会を勝利に導いた。これにより、…憲法上の枠組みとして主として落ち着いたのは議会の権利と自由であった。議会とコモン・ロイヤー達との連合は、法の優位イコール議会の優位を意味するところに落ち着いた」[33]

のであり、それゆえ、議会主権に対してコモン・ロイヤーは以後忠実となったであろう。

しかし、1990 年のファクタテーム（No. 2）事件の判決を読む限り、とくに

31　*Id.*, at p. 343.

32　*Ibid.*

33　A. レスター＆ K. ビーティ、拙訳、「人権とイギリス憲法」日本法学（2008）74 巻 3 号 209 頁以降参照。

ブリッジ判事（Lord Bridge）に言わせれば、議会優位よりも、初めてイギリスの裁判官が EU 法の真の意味、すなわち超国家的な性格に傾斜する解釈態度に舵を切ったかのように思われた。その意味で言うならば、本判決は本書でいう真に「EU 法との相剋」の出発点となりうるもので、議会主権のダイシー伝統を揺るがす司法上の重要な転換が見られたと思われる。加えて、次の 2003 年ソバーン事件判決ではローズ判事（Laws, J）は解釈態度をさらに一歩進めて、議会制定法を「憲法的制定法」とそれ以外の「通常の制定法」の 2 つに階層化し、前者の制定法に「高次の法」（higher law）の地位を与える判決を下した。

この動きを捉えて、政府は 2011 年 EU 法を制定して判例がこれ以上議会主権のダイシー伝統から超えないよう、主権条項を作ろうとした。もっとも、それは結果的に学者らの証言により、この事件判決をもってこれを議会主権の危機と捉えるのは正しくないとされ、主権条項は後に述べるようにトーンダウンした。

しかしながら、ファクタテーム（No. 2）事件判決、加えてソバーン事件判決、さらには本書の最終章で取り上げる 2005 年ジャクソン事件貴族院判決における 3 人の判事による傍論はオーソドックスな議会主権の捉え方に法の支配から制約を加えようとするもので、タービンとトムキンスらは、これら判例に登場する判事らの考えをコモン・ローの新潮流と見て、コモン・ロー・ラディカリズムと呼んだ[34]。これこそブレグジット後のイギリス憲法に残しうる注目に値する潮流であると（本書では）考える。ラディカリズムとは急進主義であり、一般的にはいささか激しさを持つ主張とみられようが、タービンらは台頭しつつある新潮流をそれだけ大きなインパクトと捉えたのではあるまいか。

---

34 Collin Turpin & Adam Tomkins, *British Government and the Constitution*, Cambridge University Press, 7th edn, 2011, at p. 86.

本書の構成

　本書は第1部から第3部まで、全部で9章からなる。第1部は、第1章から第3章までを取り扱い、ブレグジット、すなわちイギリスがEUから脱退する出口の部分となるであろう。

　第1章では、イギリスにおいてEUからのブレグジットの引き金となった2016年のレファレンダム、すなわち国民投票を取り上げる。このレファレンダムにより、僅差ではあったが、国民からEU離脱の回答が出され、イギリスがブレグジットに踏み切り、世界から驚きを持って受け止められたのは周知の通りである。

　第1章は、なぜイギリスはEUを脱退したか、国民投票に至った背景、要因を検証することによってあらためて脱退した理由を明らかにする。議会主権をイギリスのドグマと見る中、昨今、イギリス憲法の新しい現象として、国レベルでも地方レベルでも、レファレンダム（国民投票も住民投票もレファレンダムを使う）が活用されるようになった。

　1890年、かつて自由党のグラッドストン内閣がアイルランドに自治権を与える法案を議会に提出しようとした時、時の憲法学者 A.V. ダイシーが法案提出の前提としてレファレンダム、すなわち国民投票を行う必要があると提唱して注目を浴びた。しかし、この時もまたそれ以降も、イギリスで国民投票は行われることはなかった。

　しかし、1975年、労働党を率いるウィルソン政権が当時のECにこのまま留まるべきか否かについて国民投票を行い、これが史上初となった。それから2011年、2016年とこれまでに3度、国民投票が行われたが、それ以外でも地方レベルで、スコットランドの独立を問う住民投票が行われてマスコミを賑わせた。第1章では、これら3回の国レベルの国民投票のうち、EC・EUに関連して行われた1975年と、2016年保守党率いるキャメロン政権で実施された2つの国民投票を取り上げ、両者を比較しつつ、議会に及ぼす影響を含めて、

国民投票の現代的意味と、議会主権へ及ぼす効果も探りたいと思う。

第2章は、議会主権ならではの事件として、ミラー事件の最高裁判決を吟味する。この事件は国民投票の結果を受けて、メイ首相がEU条約第50条を発動すべくEUに離脱通告をしようと宣言したところ、議会の承認なしに政府が離脱通告をすることは違法であると、市民を代表する形でミラー女史らに提訴され注目を浴びた。政府側の主張は退けられた。政府は民意形成に国王大権を行使することは正当な方法であると反論し、最高裁判決まで争われた。

第3章では、さらに、同じミラー女史によって提訴されたので、第2ミラー事件と称された判決を取り上げる。メイ首相は2018年11月にEUと離脱協定に合意したが、イギリス議会による度重なる否決と、紆余曲折により離脱期限は2019年3月から10月31日まで延期することを置き土産に、メイ首相は責任をとり、首相を辞任、7月24日、保守党の決戦投票で、ボリス・ジョンソンが新しい首相に選出された。ジョンソン首相は、議会の承認を得られなかった離脱協定を修正して新協定として議会に臨んだが、メイ首相から受け継いだ政権はハングパーラメントのままであり、これを突破するにはなお困難と分かり、10月14日まで5週間の議会閉会を女王に助言したが、またしてもミラー女史に提訴され、最高裁でかかる女王への助言は憲法上許されず、違法であると判じられた。

この判決を契機として、ジョンソン首相は2019年12月、議会を解散、総選挙に踏み切り、大差を持って勝利した。議会を多数派で占めることに成功したジョンソンは、翌年1月にEUとの離脱協定に議会の承認を得て、2020年1月31日、イギリスはブレグジットを果たしたのであるが、ある意味、第2ミラー事件の最高裁で敗訴したものの、この判決により、ブレグジットの幕引きとなったとも言えなくもない。

これまでイギリスで最高裁の役割を演じてきたのは上院である貴族院の上訴委員会だった。しかし、2005年の憲法改革によって上院の上告管轄権は廃止され、2009年、上院から完全に独立して創設された最高裁判所の果たした役割が注目を浴びた。第3章の最後にこの新しい最高裁判所の設立の経緯とどのような性格と特徴を持つかにも触れるつもりでいる。

第2部は、第4章から第6章まで、改めて時計の針を逆に戻して、イギリス

が 1973 年 1 月 1 日に EC に加盟した時を振り返り、イギリスがどのような経緯と背景から加盟したか再検証する。

　特に最初の第 4 章では、英米法の代表格であるイギリスが EC に加盟する際、原加盟 6 か国はいずれも大陸法系の国であり、すべての国が成文憲法を持つ。これに対してイギリスは唯一成文憲法を持たず、軟性憲法を支える議会主権の国である。

　EC はその時すでに直接適用性と優位性の原則を確立しており、もしイギリスが EC に加盟すれば議会主権を危うくする可能性が高い。政府はこれを危惧する議会をどう説得して大論争を乗り切り EC 加盟できたのか、加盟時の経緯と政治的背景を探る。幸運というべきか、1970 年代初頭は、ユーロペシミズムに揺れ、EC 統合が停滞した時期でもあった。それゆえ、政府は「ローマ条約は他の条約と変わるものでない」「議会主権は毀損なく守られる」と危惧する議会を乗り切ることに成功した。

　また、加盟に際して国民投票を行うべしとの声がありながら、政府はそれも斥け、議会による審議だけで加盟を果たした。しかし、それらのつけ、とくに国民の声を聞くことなく加盟したことが、後の世代にどう影響を及ぼすことになるか、それが 2016 年のレファレンダムの結果の遠因になっていないか、また今日、国レベル、地方レベルでレファレンダムが増加の傾向にあることは、第 1 部に述べた通りであるが、それが、現行イギリス憲法の新しい現象になっていく契機となったかもしれないことを指摘していく。

　第 5 章は、そもそも EU との相剋に立つ議会主権の原理とはどのようなものか、コモン・ローによる成立史とともに、議会主権の原理はなんと言ってもダイシーにより著された 1885 年の『憲法研究序説』にいう定義によるものだが、それはどのようなものか、また、それを支える判例をも検証した。

　重要なのは、ダイシーの説く議会主権が生まれたのはちょうど産業革命後に展開した自由放任主義の謳歌する 19 世紀であり、その時代はイギリスの議会制民主主義が確立する時期でもあった。ダイシーの定義はそうした議会制民主主義が成立する中で登場したのであり、そうした民主主義の高揚した背景を知ることで、彼の説く定義も一層深く理解しうると強調した。

　第 6 章は、イギリスにおいては、かりに条約に調印しても、立法措置を取ら

なければ条約の効力はイギリス国内に及ばない、いわゆる二元論の国である。ゆえにイギリスは EC へ加盟するに伴い、ただちに「1972 年の欧州共同体法」を制定したが、イギリスが厳格に二元論を維持している理由と、この制定法の中で、EC・EU 法の性格、直接適用性と優位性がどのように規定されたか検証する。また、同じローマ条約でも、ヨーロッパ人権条約には 1951 年、イギリスはどの国にも先んじて締約したが、人権条約の効力を国内に及ぼすのを長く放置してきた。1998 年にようやく人権法を制定、国内法化したが、それによる議会主権に及ぼす影響を 1972 年 ECA と比較考察した。

第 3 部は、7 章から最終章となる 9 章までを扱う。

第 7 章は、ローマ条約の真の意味、条約と国内法に関する 2 つの見方と題して、EC 加盟に際して加盟主要国の多くが主権の一部を移譲するため憲法改正をしたり、必要な措置をとったことで知られているが、それではイギリスはどうだったか、これらの主要国とイギリスの場合を比較考察してみた。主要国の場合は、いずれもおしなべてローマ条約について、これまでの条約と異なる新しい意味を理解した上で、加盟を果たしたように思われる。他方でイギリスはどうであったか検証すると、ローマ条約を新規性がありと認めた様子は特に見られず、ローマ条約を従来の条約と国内法の関係と同列で見ることで加盟したように思われた。

そこで、このイギリスの立場が今後 EU 統合の深化と並行してどう変化すべきかを知るためにも、EU 統合が EC から EU までどう変化しているか、承知の通り、これまでローマ条約からリスボン条約に至るまで 5 次にわたるローマ条約の改正を経て、EU がさらなる超国家性、いや準連邦国家に向けて突き進んでいる EU の現在を垣間見た。それを知ることで、それと並行してイギリスの議会主権も一層の変容を迫られている様子も窺えた。

第 8 章は、EU がこのように超国家へ向けて進行している中、EU 法との衝突を回避するために、イギリス政府はいかなる立場に立つのかを探っていく。この流れの中でもっとも重いインパクトを受けるのは、イギリスの司法部であり、欧州司法裁判所との先行判決訴訟の中で、EU 法との相剋を繰り広げねばならない。

その判例の動向を初期判例から適合解釈時代、そして現在に至る近年の判例、

とくに1990年のファクタテーム事件判決、さらには2000年のソバーン事件判決まで紐解いた。それらの判決の中で議会主権についての従来のダイシー伝統に司法上の変革あるいは画期的なコモン・ローからの見解がみられた。そのことは本書の冒頭でも既に指摘したが、詳しくは本文の第8章を参照されたい。

　最終章で、ジャクソン事件の貴族院判決と議会により制定された2011年法を取り上げた。2011年に制定されたEU制定法の肝は、ソバーン事件判決が議会主権の危機につながるのを阻止する狙いと、もしEUがこれ以上の権限を拡大するならば、イギリスはレファレンダム（国民投票）を義務付けるとした点である。EUがこれ以上の権限の拡大を図る場合には、政府はレファレンダムによるロックをかけるという意味である。それから5年後、キャメロン首相はEUと加盟条件を再交渉した上、このままEUに留まるか離脱するかのレファレンダムを実行した。その結果は、世界に衝撃を与えるもので、国民の回答はブレグジットだった。ここから先は本書の第1部に繋がるはずである。議会主権はEU法との相剋を通じて、本来のダイシー伝統の外堀は埋められた。だが、本丸は残った。しかし話はここで終らない。

　さらに最終章の後半で取り上げた2005年ジャクソン事件はEUが絡む事件ではないが、憲法上大きな意義を有する事件とされた。その事件の判決の中で、傍論ではあったが、傍論とは言え、3人の貴族院判事による見解は、ターピンらによれば、それはコモン・ロー・ラディカリズムとも言うべき新たなコモン・ローからの新潮流と捉えたが、その根拠はどこにあるであろうか。その一つとして、論者の中に法の支配を強化し、裁判官は議会主権にただ忠実であればいいのでなく、法の支配を議会主権を対等に置く二極主権（bi-polar sovereignty）化を図ろうとするのがコモン・ロー・ラディカリズムの役割ではないかとする議論がでてきたことも併せて取り上げる。これによりディレンマに立つ裁判官が議会主権のオーソドクシーから少しでも解放され、必要に応じて、彼らは今後どこに向かうか、場合により欧州統合に向かうかも知れぬと想像を掻き立てる議論が現れたことも指摘した。

　しかし、2020年1月、イギリスがEUからブレグジットするに及び、コモン・ロー・ラディカリズムの議論には終止符を打たれてしまうであろうか。必ずしもそうとも思われない。というのも、今後、ヨーロッパ人権条約とイギリ

スの人権法との衝突は限りなく続く。現行では単に「不一致宣言」をすれば事が終われりとの原則に立つものであるが、不一致宣言する前の議論として、EU 法との相剋と同じように、ヨーロッパ人権条約と人権法との相剋の際に、いずれコモン・ロー・ラディカリズムの考えが登場してくるのではないかと期待する。それについては最終章の後半に Hirst v the United Kingdom を取り上げ考察した。これまで見てきたオーソドックスなダイシー伝統からの離脱ともいうべき議論が交わされた。傍論とはいえ、最高裁である貴族院の中で、このオーソドックスなダイシー伝統からの離脱ともいうべき議論が交わされたのである。

第1部　EUからのブレグジット

第1章　イギリス憲法と 2016 年国民投票における "国民の残留拒否" の意味するところ

はじめに

　周知の通り、イギリスは原加盟 6 か国に遅れる[1]こと 20 年、1973 年 1 月 1 日、隣国のアイルランド及び北欧デンマークとともに[2]、当時の EC（欧州共同体）（現 EU）に加盟した[3]。しかし、加盟にあたっては、1961 年、1967 年と、2 度にわたり加盟申請をしながら、2 度とも拒否された[4]苦い経験を持つ。1970 年 6 月 30 日、3 度目の申請でようやくイギリスは加盟を認められた。最

　1　ヨーロッパの統合は、1952 年に ECSC（ヨーロッパ石炭鉄鋼共同体）を設立するため、パリ条約が締結され、フランスと当時の西ドイツが中心となって 6 か国で発足。1958 年に EEC 及び EURATOM を設立するため、2 つのローマ条約が締結された。こうして設立された三つの共同体は、1967 年以降、EC との総称で呼ばれるようになった。

　2　1972 年 1 月 22 日、ブリュッセルで、イギリス、アイルランド、デンマークのほかにノルウェーも加盟条約に署名した。しかし、ノルウェーは批准にあたって国民投票により拒否されたため、加盟できなかった。

　3　イギリスは、加盟条約を批准後、1972 年 10 月 17 日、イギリス国会により、「1972 年欧州共同体法」が制定された。これ以降、EC 法（現 EU 法）はイギリスの国内法の一部となり、市民は EC 法上の権利を享有することとなった。この度、イギリスが EU を脱退するにあたり、1972 年欧州共同体法の効力を失わせるため、「2018 年 EU 脱退法」、すなわち European Union（Withdrawal）Act 2018 が制定された。同脱退法は、同時に、これまで効力を有していた EU 法をイギリスの国内法に転換し、これらを保持された EU 法（retained EU law）としてイギリスの法体系の中に残存することとした。また、脱退以前の EU 司法裁判所の判例は、ウェストミンスターの最高裁判所およびスコットランドの High Court of Judiciary の決定と同等の先例としての地位を保持することにした。

　4　イギリスは 1961 年 8 月、正式に EC 加盟申請を行なったが、1963 年（申請は 1961 年）、さらには 1967 年 5 月の労働党内閣による第 2 回の加盟申請も、ド・ゴール仏大統領の拒否権発動によって加盟できなかった。しかし、第 3 回目の EC 加盟申請時には、イギリスの加盟に反対していたフランスのド・ゴール大統領が 1969 年に退陣したこともあり、EC の拡大の機運もあって 1973 年の加盟に向かうこととなる。

24 第1章 イギリス憲法と 2016 年国民投票における "国民の残留拒否" の意味するところ

初の加盟申請から加盟を果たすまで実に 12 年もの歳月を要したことになる[5]。それほどの苦節を経験しながら、加盟から 43 年を経過した 2016 年 6 月 23 日、キャメロン首相[6]は 2013 年に公約した通り、国民に EU に残留するか、脱退するかを問うレファレンダム、すなわち、国民投票を実施した。首相としては、EU に加盟条件の再交渉を迫ったうえでの、EU 残留を勝ち取るとの基本方針の下、満を持して国民投票に臨んだのであった。しかしながら、閣内の EU 懐疑派の反対を抑えることができず、閣内一致の原則を棚上げにし、彼らの反対を公然と許す形での選挙戦となった。結果は、周知の通り、わずか 4% の僅差とはいえ、EU 残留を目指した首相の方針に反し、国民の多数は EU 離脱（ヴェト (Veto)、"ノー" すなわち残留拒否）の回答を出し、キャメロン首相のめざす EU 残留は失敗に終わった[7]のである。

　この結果は EU におけるイギリスのポピュリズム的勝利として各方面より衆目を浴びる一方で、イギリス憲法上、法的主権は議会に存しながらも、代表制統治を旨とするイギリスにおいて、国民からヴェトの回答が出された意味は一考に値する。というのも、遡ること 1890 年、自由党の W.E. グラッドストン (William E. Gladstone) 内閣がアイルランドに自治権を与える法案を議会に出そうとしたとき、19 世紀の憲法学の泰斗 A.V. ダイシーが、法案成立の前提としてレファレンダム、すなわち、国民投票を行うべし[8]、と提唱したからである。彼は、議会主権の下、二大政党による代議制統治をイギリス政治の基本としながらも、下院で多数を占める政党が憲法に格別の変更をもたらす決定を行おうとする場合、国民投票を行い、これを政党政治に対する国民のチェックないしヴェトとしてありうべき手段になると提唱した[9]。というのも、当時、ア

　5　1961 年に当時の保守党マクミラン首相が EC に加盟申請をしようと決めてから 1973 年に加盟するまでに 12 年の歳月が経過していた。

　6　David William Donald Cameron, 1966 年〜。首相在任：2010 年 5 月 11 日–2016 年 7 月 13 日。

　7　2016 年 6 月 23 日付け国民投票の結果（保守党政権下）：投票率 約72%、残留賛成 48・11%、離脱賛成 51・89%。

　8　A.V. Dicey, *Ought the referendum to be introduced into "England"?* Contemporary Review (1890), at pp. 489–511.

　9　その後も、例えば、Henry Sidgwick, Elements of Politics (1891), p. 559. さらに E.

イルランドに自治権を与えるのは、イギリス憲法の大枠に顕著な変更をもたらすものであり、彼はこの問題を議会における多数党のみで決めることに疑義を呈したのである。

しかし、1890年における彼の提唱にもかかわらず、提唱以来、これまでイギリスではいかなる国民投票も行われないできた。しかし近時のイギリス憲法の新しい実務的特徴として、地域レベルだけでなく、国レベルでもレファレンダムが数多く活用されるようになった。

地域レベルでは2014年9月にスコットランドでイギリスからの独立を問う住民投票（国レベルでも地域レベルでもレファレンダム）が行われたことはまだ記憶に新しい[10]。

国レベルでは、これまで3回行われた。最初は、イギリスが1973年にEC加盟を果たして2年後、1975年6月5日、当時のハロルド・ウィルソン労働党内閣の下で行われた。問うのはイギリスがこのままECに留まるかどうかに関するレファレンダムで、憲法史上、イギリスにおける初めての国民投票となった[11]。

2度目は2011年5月5日、小選挙区制に代えて対案投票制を導入するかどうかを問う国民投票として行われた[12]。この問いかけは、結果として国民の多数により否決され、イギリスの総選挙では今も小選挙区制のままとなっている。次いで3回目が今回2016年6月23日に行われた国民投票となる。

最初の1975年の国民投票では、国民による"イェス"の結果が出たが、それ以外の2011年の時と、今回の2016年の国民投票[13]では、共に国民による

H. Lecky がやはり1899年に国民投票の導入を提唱している。See: William E.H. Lecky, *Democracy and Liberty*, vol. 1, (1899), pp. 277 ff.

10 投票率84・59%、独立Noが55・3%、Yesが44・7%. See: *Open Learn 2 March 2015.*

11 「1975年国民投票法」Referendum Act 1975 に基づく1975年の国民投票。

12 「2011年対案投票制国民投票法」Alternative Vote Referendum 2011 に基づく。2011年、小選挙区制（FPPS）を廃止して、対案投票制（Alternative Vote system）に変更すべきかどうか問うた国民投票。保守党と自民党との連立合意に基づいて2011年5月5日に行われた。選挙結果は、投票率41・97%、賛成32・09%、反対67・87%で対案投票制は否決された。

13 European Union Referendum Act 2015 に基づく2016年の国民投票である。

ノー、すなわち "ヴェト"（Veto）となったことで知られている。

　本章では、1回目と3回目の国民投票がいずれも EC あるいは EU に関するものとして比較考察に値すると考える。双方とも、後に触れるように、憲法上の閣内一致の原則を棚上げしての、異例の国民投票となったが、2016 年に国民が出した回答は、1975 年のそれとは正反対のヴェト、すなわちノーの回答であった。その原因として、とくに閣内で親欧州派と欧州懐疑派（反欧州派を含む）との分裂がしばしば語られるが、そうした分裂に至った背景はどこにあったのか、両者の国民投票を比較考察する。そしてイギリス憲法の基本原理である議会主権の下、イギリスが EC 加盟から欧州とどのように向き合い、究極的に 2016 年の国民投票で EU からの脱退（ブレグジット）[14] の回答を出すに至ったのか、国民によるヴェトの意味を考えてみたい。

I　国民投票から EU 条約 50 条に基づく脱退通告と 2018 年 EU（脱退）法案の提出に至るまでの経緯

1　キャメロン政権からメイ政権へ

　ところで、政権内の最重要な EU 関係の政策が 2016 年 6 月の国民投票によって否定されたことを重く見たキャメロン首相は、「国民は離脱へと投票した」「彼らの意思は尊重されるべきである」「安定した政治が必要で、そのためには新しいリーダーシップが求められる」と、2017 年 6 月 24 日、首相を辞任することを表明し [15]、辞任した。キャメロン首相に代わって同年 7 月 13 日、サッチャーに次ぐ、二人目の女性宰相メイ首相 [16] が誕生したことは周知の通りである。以下、国民によるヴェトの憲法的意味を探る前に、国民投票後、政府による EU への離脱通告に待ったをかけたミラー事件の最高裁判決、そして議会

　14　ギリシャがユーロ圏から離脱するのではないかという危機の際に、Greece と離脱を意味する exit を合わせて Grexit なる造語が作られた。Brexit はそれを模して造られた。日本語で言えば「ブレグジット」である。ゆえに、ここでも便宜上しばしばそれを用いる。

　15　ただし、10 月の党大会までの 3 か月間は引き続き首相を務めると表明。

　16　Theresa Mary May、1956 年 10 月 1 日〜。首相在任：2017 年 7 月 13 日〜2019 年 7 月 24 日。

による離脱通告承認法案の提出、EU 条約 50 条に基づく脱退通告そして 2018年ブレグジット法案の提出に至る経緯を、本章で必要な限りにおいて、以下に要約して述べておこう。

2　最高裁判所判決と EU への脱退通告

メイ首相は直ちに EU 条約 50 条[17]に基づき、EU 側に EU からの脱退を通告すると声明を発表した。しかし、この声明を受けて、市民の中からジーナ・ミラー（及びサントス）が EU からイギリスが脱退すれば、これまで市民が享受してきた EU 法上の諸権利をすべて失うことになる、憲法上、政府は議会の事前の承認なしに脱退の交渉はできないと提訴した。この事件は提訴した市民の一人ミラーの名をとって一般的にミラー事件[18]（Miller Case）と称されている。ミラーの主張は高等裁判所（合議法廷)[19]で認容され、原告勝訴となったため、政府はこれを不服として直ちに最高裁判所に上訴した。

結果は、ミラーの主張通り、議会の事前の承認なしに政府は EU に脱退通告

17　EU 条約 50 条 1 項は、「いかなる加盟国も、それ自身の憲法要件に従い、EU からの脱退を決定できる」とし、同条 2 項では、「脱退を決定した加盟国は、その意思を欧州理事会に通告するものとする。EU は欧州理事会により定められた指針に照らして、当該加盟国と交渉に入り、合意に達しなければならない。…」

18　正式な事件名は *R (on the application of Miller and Dos Santos) v Secretary of State for Exiting the European Union.* [2017] UKSC 5 on appeals from: [2016] EWHC 2768 and [2016] NIQB 85 である。これをそのまま訳すと、"国王対 EU 離脱大臣事件" であるが、一般的にミラー事件（単に Miller case、または、The 2017 Supreme Court Judgement in the Miller Case）と称されることが多い。また、正式な事件名のなかでミラーとドス・サントスはこの事件を申し立てた申立人（applicants）であるが、高等裁判所判決のなかで裁判官達は彼らをしばしば claimants すなわち原告と呼んでいるので、本書でもそのように言及する。本件について、拙稿「Brexit とイギリス憲法―2017 年ミラー事件の最高裁判決を中心に―」日本法学（2017）83 巻 2 号を加筆訂正して転載するものである。

19　高等裁判所は一審として機能するときは通常単独の裁判官により審理されるが、本件は北アイルランドからの上訴を受けた上訴審として事件が併合され、3 名の裁判官による合議法廷により審理された。*R (on the application of the Attorney General for Northern Ireland) v Secretary of State for Exiting the European Union and the Secretary of State for Northern Ireland, ex parte Agnew and others (Northern Ireland):R (on the application of McCord) v Secretary of State for Exiting the European Union and the Secretary of State for Northern Ireland (Northern Ireland).*

はできないと同最高裁は高等裁判所判決を支持した[20]。これを受けて議会が開催され、審議の結果、2017年EU離脱通告承認法[21]が制定された。これによりイギリス政府は正式に欧州理事会に脱退を通告できる権限が付与され[22]、それに基づき、2017年3月29日、政府はEUへ脱退通告を行ったわけである。この結果、2年間の脱退交渉が開始されることとなり、2019年3月末までにEU脱退の大枠を定める「離脱協定」の合意を目指すこととなった。

3 ブレグジット法案の提出

ただし、もしイギリスとEU間で合意される「離脱協定案」がイギリス議会と欧州議会で承認されればイギリスは2019年3月末にEUからの離脱が正式に決まり、2019年3月30日にイギリスはEUにとり第三国になること、及び、移行期間が設けられ、2020年12月31日を超えない範囲で、引き続き、EU加盟国であるかのようにEU法体系のすべてがイギリスに適用されることになっていた。

これと並行して、メイ政権は2016年、国会に、イギリスの正式脱退を見込んで、「1972年欧州共同体法」を廃止するため、ブレグジット法案（Brexit Bill）（これまでしばしば大廃止法案 Great Repeal Bill と言われていた）を提出した。それは、2018年6月20日、「2018年EU（脱退）法」[23]（2018. c. 16）との名で議会を通過し、同年6月26日、国王の裁可を得た。ブレグジット法の長称によれば、「1972年欧州共同体法を廃止し、かつ、連合王国のEUからの脱退に関して別に規定を設ける法」とあり、同法1条において、「1972年法は、脱退の日（exit day）に廃止される」と規定する。ついで同脱退法の2条で、これまで効力を有していた既存のEU法をイギリスの国内法に転換し、これらを"EUに由来する国内法"（EU-derived domestic law）としてイギリスの法体

---

20 前掲拙稿「Brexit とイギリス憲法」1 頁参照。

21 「2017年EU（脱退通告）法」European Union（Notification of Withdrawal）Act 2017 とされる。

22 EU条約50条第2項。なお、2018年6月26日、イギリス議会はEU脱退法を制定し、翌年、正式に脱退が決まれば、イギリスのEU加盟を法的に根拠づけていた「1972年欧州共同体法」の廃止を決めた。

23 European Union（Withdrawal）Act 2018. 全部で25か条と付則9か条から成る。

系の中に残存することとした。スムーズなブレグジットを確保するため、この立法を通じて、これまでの EU 法はイギリス法に転換されることになった。

Ⅱ　2016 年の国民投票における "国民のヴェト" の意味

　以上、イギリスの 1973 年の EC 加盟から、予定された 2019 年 3 月に向けて EU から脱退するまでのプロセスを時系列的に述べた。しかし遡って考えたとき、イギリスは EC 加盟を果たして後も、欧州統合の動きとは一定の距離を置き、共通通貨ユーロを採用せず、また、EU 域内で入国審査を免除されるシェンゲン協定にも加盟せずに済む特別の地位を与えられてきたことは周知の通りである。これらに加えて、キャメロン首相は、イギリスの加盟条件を再交渉により有利に導いたうえで、2016 年 6 月、満を持して国民に EU 残留か離脱かを問う国民投票に踏み切ったが、どのような勝算があったのか、後述するように、探っていくと、はなはだその判断に疑義をもつものだった。それもあり、キャメロン首相の期待は裏切られ、国民の答えは "否" と出たのであった。
　その辺の背景を改めて探り、キャメロンの甘さを明らかにしようと思う。
　しかもダイシーは当時、国民投票を提唱しながら、わずかその 5 年前の 1885 年に、『憲法研究序説』を著し、その中で、イギリス憲法の基本原理のかなめ石としての "議会主権の原理" を明確に印したばかりであった。それ以前、1832 年の選挙制度の大改正から普通選挙権が獲得されるまで、イギリス憲法の基本的特徴は、主権が議会にあり、議会主権と国民投票とは一致し難く、違憲であるとさえ言われていたのである [25]。今は違う。だが、ダイシーが生きた 19 世紀は議会制民主主義が確立する時代であり、その中で議会主権の下、代議制政治を基本にしながらも、彼は、例外的に下院で多数を占める党をチェックする手段として断固、国民投票を提唱したのである。彼曰く、レファレンダムは国民による拒否、すなわち People's Veto であると。もし、そうだとすると、2016 年、キャメロン首相が満を持して提案した国民投票による結果は、まさに国民の Veto、つまり No であった [26]。国民による No の背景はどこに

25　Vernon Bogdanor, *The People & The Party System-The Referendum and electoral reform*, 1981, Cambridge University Press, at p. 67.

尋ねるべきか。

Ⅲ　ヒース政権、EC 加盟時に国民投票の回避

　遠因過ぎると思われるかもしれないが、筆者はやはり、原点ともいうべきイギリスの EC への加盟時に遡って考えるべきだと考える。

　たしかに第二次世界後の欧州でイギリスが主導した EFTA はイギリスに期待した経済的恩恵をもたらさなかった。これに対してもう一方の欧州統合を目指す EC は 1950 年代の中期から後半にかけて前例のない繁栄を見せ始めた。ここにおいて当時のイギリスのマクミラン（A. Macmillan）首相は、長期に渡るイギリスの経済不振を前にして、EC 加盟申請に舵を切ることを決断した。その責任者として親欧州派のエドワード・ヒース（Edward Heath）を任命し、彼を中心とするチームで EC との交渉を開始したのである [27]。しかし、周知のとおり、フランス大統領から二度の拒否権に会いながら、それでもそれから 12 年間に及ぶ加盟交渉が続けられた。

　加盟申請が成功したのは 3 回目のときである。1969 年 4 月にド・ゴール（Charles de Gaulle）大統領が辞任し、イギリスの EEC 加盟に前向きなポンピドー（Georges Pompidou）が新しいフランスの大統領を引き継いでからである。ポンビドー大統領の登場により、イギリスの加盟に対する状況は一気に変化した。3 度目の加盟申請は、1970 年 6 月の総選挙で、ウィルソン労働党政権を倒して登場したエドワード・ヒース率いる保守党政権であった。

　ヒースは政権に就くや、3 度目の共同体への加盟申請を開始し、1971 年 10 月、下院である庶民院で EC 加盟に関する採決において多数の賛成を得、さらに、憲法上、ローマ条約の効力をイギリスの国内に導くための 1972 年欧州共同体法も制定することに成功した。かくして 1973 年 1 月、イギリスは、他の 2 か国とともに、当時の拡大 EC に加盟を果たすこととなったのは周知の通りである。

　26　議会主権と国民投票の関係については、前掲拙稿「Brexit とイギリス憲法」21–25 頁参照。

　27　Ann Lyon, *Constitutional History of the UK*, at 446.

Ⅲ　ヒース政権、EC 加盟時に国民投票の回避　　31

　だが、12 年に及ぶ加盟交渉の後、EC 加盟を成功させたヒース政権の労苦は
多とする一方、加盟時における彼を取り巻く状況はどうだったのか。憲法史家
のリヨンは、この時点でも、「イギリス国民の間にイギリス連合（コモンウェル
ス）への忠誠心が継続して強いこともあり、問題はセンシティブであった」だ
けでなく、「労働党のヒュー・ガイツケル（Hugh Gaitskell）の動きを批判し、
すべての保守党員もマクミランの考えを決して共有しなかった」という。振り
返るまでもなく、イギリスには当時、外交関係の基本方針に三環論 28（the
concept of three circles）というものがあり、旧植民地から独立したオーストラ
リアやニュージーランドらの国々との間で英連合を形成しており、それらの国
から多くの農牧産物を安価に輸入できる有利な経済関係を有していた。他方で、
アメリカ合衆国との特別な関係もあり、さらにはヨーロッパがあり、イギリス
はそれら三者のサークルのなかで中心的役割を演じていたいという外交方針下
にあったので、その三環論から離れて、ヨーロッパに埋没しかねない判断をす
るには当時なお困難な時代であったであろうと思われる。もちろん、イギリス
の EC との貿易はイギリス連合諸国とのそれと比べて今や重要になってきてい
ることは分かりながらも、「党内、及び、国民の間にも、彼の親 EEC 政策に
かなりの程度、反対の声があった」29 のは言うまでもない。彼らは「主権に対
して置かれる制約への懸念とは別に、ニュージーランドのラム肉やカリブ海の
砂糖といった生産物への安価なアクセスを失ってまで加盟する経済的メリット
が何処にあるかに関して納得を得たい」30 というものだった。A. リヨンは言う。
「イギリスの加盟条件は 1970 年末、及び、1971 年初頭に交渉されていたが、
イギリス議会と国民に EEC 法への加盟がどのような利益があるのか説得する
余地が未だ残されていた」31。
　にもかかわらず、「ヒースは 1970 年の後半、これらの不安に答えないまま、

　28　See *e.g.*: *Britain, the Commonwealth and Europe--the Commonwealth and Brit-
ain's applications to join the European Communities*（Palgrave Macmillan, 2001), edit-
ed by Alex May, at p. 12.

　29　Ann Lyon, *Constitutional History of the UK*, at. 447.

　30　*Ibid.*

　31　*Ibid.*

議会の審議だけで加盟申請をしてしまった」[32] のである。リヨンは続けて言う。「(EC に) 加盟すれば、その法はイギリス国内法の一部となり、それは憲法上の大きな変更をもたらすものなのに、ヒース政権は、この問題に国民投票を行うのを拒否した」。それもそのはず、これも首相になる前の 1970 年 6 月 2 日のプレス・コンフェレンスでヒースは次のように言い切っていた。「私はずっと言ってきた、もし国民の多数が加盟に反対な場合、この国を共同市場へ導くことは不可能になるということだ」[33] と。そのうえで、彼はこう結論づけたという。「この問題は議会制度の下でこそ取り扱われるべき問題なのだ」と。しかし、オックスフォード大学の V. ボグダナー (Vernon Bogdanor) 元憲法学教授は、議会の中でさえ、「彼はこの問題について、一般大衆の意見のありのままの状態を議会でどのように反映させるようとしているのか、説明するのを怠った」[34] と言う。

確かにヒースは国民による "ヴェト" の是非を問う機会を奪ったのである [35]。加えて、ボグダナー教授はここで、フランスのポンピドー大統領が、イギリスをはじめとする加盟申請国を承認してよいかどうかを自国フランスにおいて国民投票で問うことを宣言するのだが、その時に感じたことを彼は次のように述懐している。彼曰く、「それは今となってはこういうことだったらしい」つまり、「フランスの選挙民に対しては、イギリスでは拒否された権利、すなわち、イギリスの EC 加盟に同意するかどうか決定する (国民投票の) 権利を (わが国では) 提供されたのだ」[36] と述べたからである。このエピソードは、ヒースが「この問題は議会制度の下でこそ取り扱われるべき問題である」と斥けて国

---

32 *Ibid.*

33 Vernon Bogdanor, *Referendums in British Politics*, Contemporary Record (2008), vol 2, No. 4, p. 12.

34 *Ibid.*

35 さらに、イギリスは 1973 年に EC 加盟するとき、ルクセンブルグの危機と妥協 (後述) という暗黙の合意がなされて、EC は十分に機能しない状況に陥っていた。石油ショックによる不況のなか、EC (現 EU) の特徴である主権制約をいとわない欧州統合が "とん挫" していて、イギリスは加盟にあたって、(議会) 主権を懐深くしまい込むことが可能の状態で加盟申請が成功したように思われる。

36 Vernon Bogdanor, *Ibid.*

民投票を拒否したが、EC 加盟は国民生活に直結しており、民意を問うのは当然であり、ヒースの判断は皮肉を通り越して理解に苦しむと感じた人も多かったのではないかと考えてしまう。

そのことが原因かどうかはわからぬが、1980 年代後半から 1990 年にかけて、イギリスの政治は、保守党、労働党とも、閣内、党内に、親欧州派と反欧州派を含む、欧州懐疑派を抱え、政権内でも党内でも、また議会内でも対立を生んでいくが、元を正せばレファレンダムを提唱したダイシーの先見の明を無為にして国民の声に耳を貸さなかったからか、次第に国民の間に政治不信を呼び、やがて、それらは総選挙における投票率の低下、ないし二大政党の得票率の低下の原因の一つになり、ハング・パーラメント、果てはポピュリスト政党の躍進も顕在化ていく結果になっていたのかもしれない。こうしていつしか、二大政党制を背景とする強力で安定したイギリス型ウェストミンスター・モデル、時として世界に誇ったイギリスの代議政治の土台が大きく揺らぐ結果になって行ったのであろうか、次に考えてみる。

IV　ウェストミンスター・モデルの揺らぎ

1　投票率、二大政党の得票率の下落

イギリスは君主制国家である。だが、君主の権限は今日では儀礼的な存在でしかない。またイギリスは主権を議会に置く議会主権の国である。議会のうち、上院は、1911 年—49 年の議会法により、下院に優位性を譲った。またイギリスは、18 世紀に議会が行政部と融合する議院内閣制を確立している。政党政治がどの国より発達し、一人一区の小選挙区制の下、下院で多数を占めた政党が内閣を形成する。すると、その内閣は、「議会主権」を背景に、司法をも従属させ、無制約の権力を行使できる強く安定した国とされる。しかし、実際には、もう一つの憲法の基本原理である「法の支配」が適切に機能することで法の支配と議会主権とがバランスを取り、"選挙独裁"（elective dictatorship）と揶揄されないよう政権は謙抑的に行動すべきであることは言うまでもない[37]。

37　ときとしてそれはヘイルシャム卿により"選挙独裁"（1976 Dimbleby Lecture）と称された。

34　第1章　イギリス憲法と2016年国民投票における "国民の残留拒否" の意味するところ

　そのことを前提にすれば、保守党か労働党か、いずれかの政党が下院で多数を占め、内閣を形成すると、議会主権を背景に強力で安定した政治を生み出すという、ウェストミンスター・モデルこそ、イギリス政治システムの特徴とされるが、イギリスがEC（EUの前身）に加盟して以降、それとは反対に議会はまとまりを欠き、それと共に揺れ動く不安定な政治を招いてきた感がある。以下にその一担を明らかにしたい。

　実は典型的なウェストミンスター・モデルが実際に機能していたのは過去の、1950年代までのことである。総選挙の際の、投票率を見ると、1951年の総選挙の時、80%台だったのが、2001年の時には最低の59・2%、そして二大政党の合計投票率も、1951年には、96・8%という高い数字だったのが、次第に低下、2010年の総選挙の時には、65・1%、2017年6月の総選挙の時には、62・7%と史上最低を記録した。国民の政治への不信は次第に明らかとなり、その結果、ウェストミンスター・モデルは今、確実に揺らぎを見せているのである[38]。

2　ハング・パーラメントの出現

　加えて、総選挙を行っても、二大政党のいずれの党も、過半数の議席をとれない現状が続いている。"ハング・パーラメント"、すなわち、「宙吊り議会」（hung-parliament）の出現である。選挙で過半数を取れないということは、保守党であれ、労働党であれ、国民から信頼を得られる政党が今のイギリス政治に欠けているということであろう。これまでハング・パーラメントは3回出現した。①1974年の総選挙の時、②2010年の総選挙の時、③2017年の総選挙の時の合計3回である。

　ここでは③の総選挙の時のハング・パーラメントがどのようにして起きたか垣間見てみる。メイ保守党政権は、周知のごとく、2016年の国民投票の結果を受けて、キャメロン首相が辞任したあと誕生し、2017年3月29日に、EUへ脱退の通告を行った。だが、イギリスがどのような方針でEU脱退交渉に臨

38　選挙制度問題イギリス調査報告書「機能不全に陥るイギリス小選挙区制から何を学ぶか」（自由法曹団）3頁の表1：二大政党と自由民主党の得票率と議席占有率の推移（Kavanagh & Butler, 2005, 及びBBC）を参照。さらに2010年以降について筆者が加筆した。

むかで、閣内はこれまでの親 EU 派閣僚と EU 懐疑派閣僚との間の対立だけで
なく、懐疑派の中にもソフト・ブレグジット、すなわち、穏健な EU 離脱派の
閣僚と、ハード・ブレグジット、すなわち強硬離脱派の閣僚との分裂を生み、
メイ首相は閣内だけでなく党内においてもリーダーシップをとれないでいた。
なぜなら、彼女は総選挙で選ばれたのでなく、キャメロン首相の辞任によって
首相の座を得たに過ぎなかったからである。

　ソフト・ブレグジット派の考えは、移民の受け入れを一定程度制約しつつ、
単一市場へのアクセスを保持しようという立場である。これに対して、ハー
ド・ブレグジット派は、そのような穏健な離脱など、EU が認めるはずがない。
ゆえに、強硬ブレグジットにより、単一市場へのアクセスを失ってもやむを得
ない。なぜなら、もし EU がソフト・ブレグジットを認めると、他の加盟国に
も移民の受け入れに不満を持つ国が多数あり、もしイギリスのそれを認めると、
他にも EU をソフトに離脱する国が現れないとも限らなかったからである。

　この状況下で、メイ首相は政権内で分裂した内閣を盤石にしようと、2017
年 4 月 18 日に、突然下院の解散を宣言した[39]。そのうえで、EU との交渉を
ハード・ブレグジットで行うと国民に訴えたのである。しかし、この判断は適
切なものだったであろうか。というのは、この時、国民投票の結果が離脱との
答えを出したあと、400 万にも及ぶやり直しを求める請願[40]が押し寄せる[41]

　39　その後、メイ首相は、議会の承認を得て、2017 年 6 月 8 日、総選挙に踏み切った。
これまで、国王がもつ国王大権中、議会の解散大権があり、その行使について国王に助言す
る首相が主導して下院の総選挙の施行時期を決定してきた。しかし、保守党と自由民主党の
連立政権は 2011 年、「議会任期固定法」(Fixed-term Parliaments Act 2011, 2011 c. 14) を
成立させ、下院任期を原則 5 年と定めた。ただし、任期満了によらない下院の総選挙は、そ
の自主解散があった場合又は下院による政権の不信任決議案の可決後所定の期間内に現政権
を改めて信任し若しくは新政権を新たに信任する決議案が可決されなかった場合に限られる
こととなった。See e.g.: *How can Theresa May escape from the Fixed Term Parliaments
Act?* 19th April 2017 OpenLearn. ところで、首相は自主解散として解散の動議は出せるが
下院で 3 分の 2 以上の賛成が必要となった。2017 年 4 月 18 日、メイ首相は閣議後、直ちに
解散を宣言。これに労働党のコービン党首が応じ、翌日の 19 日、議会下院で、賛成 522、
反対 13 で、3 分の 2 の賛成を得て承認され、総選挙となった。See e.g.: *How can Theresa
May call an early election under the Fixed-term Parliaments Act?* 18 April 2017 New-
Statesman. また、河島太朗「イギリスの 2011 年議会任期固定法」外国の立法 254（2012・
12）参照。

など、国民感情は、国民投票前の Brexit（EU 離脱）から Bregret[42]（EU 離脱後悔）に変わっていたとされる[43]。このような時、国民目線より、政権基盤を強化するため、メイ首相による EU 強硬離脱派に気遣っての解散に国民は信頼を寄せるはずがない。

同年 6 月に総選挙が行われたが、結果はキャメロン首相から受け継いだ 330 議席を 12 議席も減らし、過半数の 326 議席を割ってしまい[44]、ハング・パーラメントをもたらしてしまった。やむなくメイ首相は、北アイルランドの地域

---

40 イギリス議会のオンライン電子請願。公式のウェブサイト Petition Parliament and the government - GOV.UK https://www.gov.uk/petition-government。紙媒体による請願とは別に、2011 年 8 月から、保守党と自民党連立政権下で、政府主導による "online petitions"、すなわち電子請願システム（HM Government e-petitions）の運用が開始されたが、それはさらに 2015 年 7 月から議会と政府の共同による電子請願システムとして運用されている。それによれば、10 万以上の請願を得たものに関し、請願委員会に回付し、政府または議会で一定の考慮が払われ、回答または討議することができるようになった。1 万を超える請願に対しては政府が回答し、10 万を超える請願があった場合には、議会で審議の対象となりうるか検討される。今井良幸「請願権の再検討―イギリスにおける電子請願制度からの示唆―」名城法学（2016）66（1・2）、1-24 頁参照。

41 議会に依れば、このウェブサイトは 2016 年 11 月 25 日に受付を閉じた。最終的に、署名者は 4,150,262 人であった。

42 Brexit から Bregret へ。2016 年 6 月 24 日のニュース。London（CNN, June 24, 2016）From Brexit to Regrexit -- an online petition demanding a second referendum on Britain's decision to leave the EU has passed 3 million signatures. By Sunday morning, 3,048,000 people had signed the petition on the official UK Parliament website. That number takes it well over the 100,000-signature threshold needed to force a debate on the issue by members of Parliament, James Masters, NN. メイ首相は、2016 年 6 月 27 日に下院で、声明した。それによれば、今回の国民投票は、3,300 万人によるイギリス史上、最も大きな民主的な経験の一つだった。首相と政府は、これは一世代に 1 回（once in a generation vote）の選挙民に依る試みだったとし、「この決定は尊重されねばならない。」と述べた。

43 議会は 10 万人を超える署名を集めた請願については議論を検討しなければならないが法的強制力はない。政府は、2015 年国民投票法にはもともと選挙結果に対して何の条件をも付けていなかった。これらの請願に答えて政府は 2 度目の国民投票はやるつもりはないと結論している。

44 投票率 68・7%、保守党 318 議席（得票率 42・4%）、労働党 262 議席（得票率 40・0%）。

政党 DUP[45]（民主統一党）から閣内協力を得て、10 議席を借り、何とか政権を維持することができた[46]に過ぎない。過半数をわずか 2 議席超えるだけなので、今後のメイ首相の政権運営が厳しくなるのはいずれ必定となるであろう。このように、どの政党あるいは政権とも、国民から信頼を得られないでいたのが当時のイギリス政治の現実の姿であった。

3　地域政党とポピュリスト党の躍進

　これと反比例して、選挙ごとに議席を伸ばしていたのが地域政党とポピュリスト党である。北アイルランドでは保守党も労働党も、自らの候補者さえ立てられないでいたし、これまで労働党の地盤と言われたスコットランドでは2015 年の総選挙でスコットランド民族党が 56 議席[47]を獲得、これまでになく議席数を増やしていたのに対し、労働党の議席は 1 つかゼロ議席という始末であった。

　加えて、ポピュリスト政党の一つと言ってよいであろう、EU からの脱退を目的として出現した新政党、ユーキップと銘打たれたイギリス独立党（UKIP）は、とりわけ欧州議会選挙で急速に議席を伸ばし、2014 年 5 月の欧州議会議員選挙では労働党・保守党を抑え第一党になったことさえある[48]。

　またハング・パーラメントに至らないまでも得票率が低いにもかかわらず、「80 年代のサッチャー政権の時代に入ると、保守党は多くても 40％ 代前半の得票率しか得ていなかったにもかかわらず、安定した議席を得続け」[49]ていた

　45　社会的保守政策を掲げる DUP は、北アイルランドとイギリスとの連合を支持し、ブレグジットを支持する。DUP の党首はアーリーン・フォスター。2015 年 5 月の総選挙で 8 議席だったが、このたびの 2017 年 6 月の総選挙で 10 議席と伸ばした。

　46　投票率 68・7％、保守党 318 議席（得票率 42・4％）、労働党 262 議席（得票率 40・0％）、民主統一党 10 議席（得票率 0・9％）、議席総数 650 のうち、過半数 326。

　47　2017 年 6 月の総選挙では 35 議席と減らした。ウェールズの地域政党は 2015 年の総選挙で 3 議席だったが、2017 年のそれで 4 議席とわずかだが、増えている。

　48　2014 年 5 月欧州議会選挙結果：投票率 35・6％，総議席数 73 中、UKIP24 議席、労働党 20 議席　保守党 19 議席（2014 年 6 月 11 日 Research Paper 14/32 House of Commons Library）参照。

　49　マーガレット・サッチャー Margaret Hilda Thatcher, Baroness Thatcher, 1925-2013。首相在任：1979〜1990 年の 11 年間。

38 第1章 イギリス憲法と 2016 年国民投票における "国民の残留拒否" の意味するところ

し、また 1997 年以降の労働党・ブレア政権も、得票数からみれば、43・2%
しか得られていなかったのに、議会では 63・6% もの安定した議席を獲得し続
け[50]ていた、とされる[51]。しかしこのような低い得票率に過ぎない政党の政
権運営は、"見せかけの多数派形成" と批判され、いずれ国民からの信頼を強
く裏切ることになるであろうと思われていた[52]。

　投票率が低く、二大政党の得票率も下がり、総選挙で 2 度 3 度とハング・パー
ラメントが生じるのが昨今のイギリス政治の姿となった。この現象が目に見
えて顕著になる時期を検証してみると、1970 年代以降になってからであるこ
とが分かる。事実、1951 年の総選挙の時、投票率は 80% 台だったのが、2001
年の時には最低の 59・2% へ、そして二大政党の合計投票率も 1951 年には
96・8% だったのに、次第に低下、2010 年の総選挙の時には 65・1%、さらに
昨今の 2017 年 6 月のときは、62・7% と過去最低となっていた。投票率が顕
著に低下することに至った分岐点を探ると、1970 年に合計投票率が 89・4%
だったが、直後の 1974 年 2 月の総選挙のときには一気に 74・8% へ低下して
いる。とすると、分岐点は 1974 年 2 月の総選挙の時だったと思われる[53]。で
はこの分岐点に何があったかであるが、1973 年にイギリスが EC に加盟した
翌年の総選挙だったと分かる。投票率が降下していく分岐点が訪れた原因は
EC 加盟にあったことが分かるであろう。これを見てもヒース政権で国民投票
を拒絶したつけが間違いなく国民の間に残っていたのである。

　50　トニー・ブレア Anthony Charles Lynton Blair, 1953 年 5 月 6 日〜。首相在任：
1997 年 5 月 2 日〜2007 年 6 月 27 日の 10 年間。

　51　このとき、保守党と自由民主党の合計は 47・6% を得票したのに、32・1% の議席数
しか与えられなかった。そのような不合理が生じるのも、小選挙区制の特徴である。2001
年の総選挙においても、労働党は再び 43% の得票率だったのに、全部で 659 議席あるうち、
413 もの議席が与えられ、議会において強力な地位を築いたとされている。渡辺輝人「疲弊
するイギリスの小選挙区制」（JLAF Kyoto）http://kyoto-jlaf.jp/news/2011/09/post-30.
html。

　52　In polls carried out between 1999 and 2000, more than 60% of the people asked
claimed that they would favour a system of proportional representation（PR）to
make the electoral system more fair and the results more representative. By C.N.
Trueman, *First past the post*, 27 March 2015.

　53　前掲注（38）を再度参照のこと。

4　二大政党衰退の原因—1973 年の EC 加盟時がターニングポイント

　投票率が年々下がり、二大政党の合計得票率も上述した通り低下するということは、どの政権も国民から信頼を得られてないということを物語るであろう。

　もう一度確認しておくが、1974 年に何が起きたであろうか。その年の前年は、1973 年 1 月 1 日にイギリスが原加盟 6 か国に遅れて当時の拡大 EC に加盟した年だった。やはり、この年こそイギリス政治の明白なターニングポイントになったことは間違いない。この年以降、投票率が次第に低下し続け、ハング・パーラメントも出現するようになった分岐点になったと思われる。しかも、これが契機となって、イギリス政治は、EC そしてその後の EU をめぐり、党内、国会だけでなく、政権内でも、親欧州派と反欧州派（欧州懐疑派）とで分裂し、首相は政権運営に困難をきたし始めたと考えてよいであろう。

　決定的になったのは、さらに翌年、つまり 1975 年のことだった。その年、1890 年にダイシーが提唱した国民投票が、それから 85 年後の 1975 年、イギリス史上初めて、ウィルソン（Harold Wilson）労働党政権によって実現されたのである。だが、この時、国民投票を前にして、首相の EC 残留との基本方針に強く異論を唱える反欧州派閣僚（欧州懐疑派）を前にして、"閣内一致は困難"と首相は判断せざるを得なかったのも、すべて EC 加盟に絡んでのことであった。

V　史上初めてのウィルソン労働党政権による国民投票の実現

　労働党は当時、予定された 1974 年 2 月 10 日の総選挙を前にして、マニフェストを発表し、労働党が勝利すれば、加盟条件を再交渉して、それをもとに、共同市場にとどまるか否かを問う国民投票を行う、と発表していた。それに基づいて 1975 年国民投票法が制定された。

　労働党がマニフェストで提案した EC との再交渉の条件とは、主としてイギリスが支払う EC 予算に対する分担金の問題だった[54]。イギリスの EC 加盟時

---

[54]　1975 年 3 月に公表された白書によれば、再交渉のための項目は：① CAP、② EEC 予算、③イギリス連合との関係、そして④地域・産業政策に関するイギリス独自の政策の追求権、の 4 分野だった。

に遡ると、当時、EC 予算の多くが、共通農業政策、すなわち CAP の下で、農業補助金が使われ、それにより、農業大国と言われるフランスが大きな利益を得る一方、比較的農業人口の少ないイギリスはそれに比べて不利であり、イギリスが支払う分担金が大き過ぎると感じられたのであろう。分担金を減らすことが再交渉の焦点となっていた。

　しかし、イギリス史上初の国民投票を前にして、ウィルソン内閣内では欧州統合に対する容認派と懐疑派・反欧州派で意見が対立した。23 人の閣僚のうち、7 人が反対、そのなかには、有力な閣僚の一人として、雇用大臣のマイケル・フット、さらには強硬派の代表とされる産業大臣のトニー・ベンらがいた。オックスフォード大学のボグダナー元教授によれば[55]、そもそも、イギリスがEC に加盟する際、国民からの反対の声も多いこともあり、前ヒース保守党政権は、国民投票を避けて国会の中だけで EC 加盟の是非を論議し、そのことでその後のイギリスの政権運営に取り返しのつかない確執を生むことになったことは前述した通りである。

　この時、ウィルソン首相は閣内における連帯責任の原則を棚上げして[56]、反対派が自らの立場を公表することを妨げない、との例外措置を取り、国民投票を戦い[57]、その結果、残留賛成（Yes）67・23％、これに対して、反対（No）は 32・77％ と、ウィルソン内閣は圧倒的な勝利に終わった。これにより、国民投票に踏み切った彼の決断は "歴史的な決断をした" と評価された[58]。

　だがしかし、冷静に見ると、投票率が 64・0％で、意外に少ないと知る向きもあろう。後の 2016 年の時の国民投票での回答は EU 離脱との結果に終わったものの、投票率は 72％ だったことを思い出していただきたい。それに比べると、1975 年のそれの投票率を比べると意外に少ないことがわかるであろう。前述したことを繰り返すならば、リヨンが（国民投票を実施するのが）「遅すぎ

　55　Vernon Bogdanor, *Ibid.*

　56　ヴァーノン・ボグダナー、拙訳、「イギリスと欧州共同体」（下）駿河台法学 9 巻 2 号 52 頁参照。

　57　Lucy Atkinson and Andrew Blick, *Ibid.*, at pp 40–56. なお、後述するように、保守党にも現れる EU 懐疑派議員であるが、上に見たように、労働党の今日の EU 懐疑派は、EC 加盟時から 1975 年の国民投票時にそのルーツを求められよう。

　58　Euro Moments 1975: Vote Yes, BBC, 17 May 2014.

た」[59] し、冷ややかだったと評したことは正しかったのである。この国民投票はイギリスの EC 加盟のわずか 2 年後ではあったが、国民感情はすでに冷めていた感じがぬぐえていなかったのである。やはりヒース首相は EC 加盟の直前にこそ国民投票をやるべきだったし、しなかったことによる国民の感情はその後も尾を引いているように思われた。

VI　サッチャー首相の登場と保守党の欧州懐疑派の顕在化

　けれどもウィルソン首相はこの国民投票の結果を受けて、その後の政権運営を確たるものにしたことは間違いない。他方、イギリスが 1973 年に EC に加盟した時は、保守党政権だったこともあり、4 か月前の 2 月に保守党の新しい党首になったばかりのサッチャー（Margaret Thatcher）も、1975 年の国民投票の選挙戦で、保守党として "欧州残留イエスキャンペーン" を張っていた。したがって、イエスが多数で勝利した今、当然ながら、彼女は「野党（保守党）の支持がなかったら、イエスの国民の意思表示はなかったであろう」[60] と述べたことは興味深い。

　彼女はその後イギリスの最初の女性宰相になり、もともとイギリスが EC に加盟したのは保守党政権の時だったこともあり、EC には当初極めて積極的だったが、1980 年代中盤以降、EC がさらなる統合に向けて快進撃を遂げ、市場統合から通貨統合、さらには政治統合へ向かわんとするあたりから態度を変えていく。ある意味、今日の保守党の中に巣くう欧州懐疑派といわれる議員たちのルーツを辿れば、1988 年 9 月 20 日に、ベルギーのブルージュ鐘楼にあるヨーロッパ大学院で行った有名な、あのサッチャーのブルージュ演説 [61]、各国が

59　Ann Leyon, *Ibid.*, at p. 452.

60　Euro Moments 1975, *Ibid.*

61　ブルージュ Bruges にあるヨーロッパ大学院での演説。それは、連邦主義者のひとりであり、1980 年中盤の市場統合の立役者ともなったジャック・ドロール欧州委員会委員長（在任 1985 年〜1995 年）が、1988 年 7 月に、欧州議会で演説した将来の欧州統合の姿について、より加盟各国の主権を制限するものになっていくであろうと示唆したことに反発してサッチャーによってなされた演説である。彼女は、このブルージュ演説で、欧州連邦のような枠組みに強く反対した。

主権の一部を移譲して作る欧州連邦（ヨーロッパ合衆国）のような枠組みに強く反対することになる彼女のあの国家主義に行きつくことになるかもしれない。

Ⅶ　キャメロン（保守党）政権の提案する国民投票の国民によるヴェト─1975 年国民投票との比較

1　キャメロン首相による 2013 年のさらなる国民投票の約束

　ウィルソン首相の時の国民感情は、第二次世界大戦後の平和と繁栄に浴しようという時代背景をもつ。共同市場への参加は平和と繁栄の礎であり、史上初の国民投票が EC に加盟して直後の 1975 年の国民投票だったこともあり、EC 残留を決めた国民の声はごく自然の成り行きだったようにも思われる。しかし、それから 41 年経ち、欧州統合が更に深化を遂げ、EC から EU へ、経済統合から政治統合へ向かう中、キャメロン政権が新たに EU へ残留するか離脱するかを問う国民投票を呼びかける場合、国民に 1975 年の時とは違う国民感情が芽生えていることを深く考慮に入れなければならなかったに違いない。これは危険な賭けになりかねない、二大政党に対する国民の支持率は落ちている。

　しかし、キャメロン首相は、意を決して、2013 年 1 月 23 日、2 年後の 2015 年 5 月の総選挙で第一党になったら、EU に改革を求めて新たな決着（new settlement）を図り、その上で、改革された EU に残留するか離脱するかを求める国民投票を 2017 年末までに実施したいとの声明を出した。

　この声明にどのような背景があったであろうか。2012 年 10 月 24 日、下院にて保守党のデヴィッド・ナトール議員が、次の会期でイギリスが現在の加盟条件のままで EU に留まるか、離脱するか、国民投票を実施する法案を提出すべしと政府に求める動議が提出された。これを阻止するため、党議拘束をかけたが、それを意に介さず、保守党議員 90 名が賛成した。保守党のリーダーでもあるキャメロン首相にとってこれは最大の反乱であったとされる。それ以外に 15 名の棄権もあり、事態は深刻なものとして、キャメロン首相はこれに対処する必要に迫られた。

　さらに党外の EU 懐疑派の最たるものとして、EU からの独立を公約に掲げるイギリス独立党（UKIP）があり、それへの支持が急速に増えていることも

あった。2009 年の欧州議会議員選挙において、UKIP はイギリスに配分され
ている欧州議会の 73 議席のうち、約 17% の票を獲得し、当時イギリス与党の
労働党を抑えて 2 位に躍り出ていた。放っておけば、やがて保守党議員まで総
選挙で喰われかねない。これらの背景の下に、キャメロン首相は国民投票を約
束せざるを得なかったとされる [62]。

2　2016 年 6 月の国民投票へ向けて—1975 年の国民投票を先例に

　問題は国民投票をどのように実施するかである。幸い、2015 年の総選挙で
キャメロン保守党政権は久々に単独過半数を取った。それならば国民投票にも
勝って、その後の政権運営で強いリーダーシップを発揮したい。そのためには
キャメロン首相が言うように EU には改革が必要である。4 項目の改革案
（four objectives）を EU に提示して強硬な姿勢を見せ、国民には "改革した
EU" に留まる方がより強く、安全で、豊かになれると訴える。したがってこ
の改革案で EU から譲歩を引き出すことができれば、キャメロン首相は、"全
身全霊で"（with all my heart and soul）国民を説得できる。その上でイギリス
の EU 残留を勝ち取ろうとしたのである。かくして 2015 年国民投票法が制定
された。それに基づき、国民投票の日は 2016 年 6 月 23 日と定められた。

　キャメロン首相が提示した改革プランは 4 項からなる。それは、①イギリス
を含む非ユーロ加盟国の権利保護、②イギリスの考える、より競争力のある
EU の構築、③主権保護の問題として EU 基本条約に掲げる "絶えず一層緊密
な連合" のイギリスへの適用除外、④移民に対するイギリスの福祉の制限であ
る。

　これらについてイギリスが考える改革プランで EU と再交渉し、その上で
EU へ残留するか否かを国民に問うというこの手法は、明らかに、1975 年、ウ
ィルソン労働党内閣が国民投票の際にとった手法と同じである。しかも当時も
政権内に公然とそれに反対する大臣がおり、彼らを罷免することなく、いやむ
しろ閣内一致の憲法上の原則を棚上げしてウィルソン首相は国民投票に臨んで

62　キャメロン首相は、多くの保守派議員が待ち望んでいた待望の演説（his long
awaited speech）で、次回の総選挙で勝利すれば、2017 年末までに国民投票を開催するこ
とを約束した。See e.g.: BBC News, 23 January 2013.

勝利した。この論法をキャメロン首相も使おうとしたことは間違いない。彼もまた、ウィルソン首相が勝利した先例にならって国民投票で勝利を収め、それにより閣内の EU 懐疑派を抑え、その後の政権運営を確実なものにできるはずだと考えたのだった。

3 保守党内の残留派と懐疑派

　EU 懐疑派と一概に言うが、懐疑派は保守党内にどれだけいて、どのように位置づけられる者達をいうであろうか。ここで保守党議員、とくに EU 懐疑派がどのようなアプローチをとるゆえ、懐疑派と呼ばれるのか類別し、明らかにしておく必要がある。ロンドンの London School of Economics のブレグジット研究グループは 2010〜2015 年の議会内保守党議員の発言・行動に関するデータを取り、EU 問題に関する彼等の考えを分析し、5 つに類別されるとした。下に掲げる通りである [63]：

　① 親 EU 派議員（Europhiles）————————31 名（10%）
　EU のなかでイギリスの役割に熱狂的な議員：例えば Ken Clarke, Laura Sandys, Robert Buckland ら議員
　② どちらともつかない議員（Agnostics）————26 名（9%）
　欧州問題に確たる見解を表明していない議員：例えば Nicky Morgan, Rehman Chisu ら議員
　③ 穏健 EU 懐疑派議員（Soft Eurosceptics）———149 名（49%）
　EU に懐疑的であるが、究極的には EU に残留したがっている議員：David Cameron, George Osborne ら議員。
　④ 潜在的 EU 離脱派議員（Potential leavers）———64 名（21%）
　有利な交渉が得られない限り、離脱に向けて投票したがっている議員：John Redwood, Oliver Letwin, Iain Duncan Smith ら議員。

---

63 The London School of Economics and Political Science, Brexit: Euroscepticism in the Conservative Party: the role of nationalism and electoral pressures: http://blogs.lse.ac.uk/brexit/2015/12/31/euroscepticism-in-the-conservative-party-the-role-of-natio nalism-and-electoral-pressures/.

⑤　EU 脱退派議員（Withdrawalists）———————34 名（11%）
イギリスを EU から離脱させたがっている議員：
Bill Cash, Nadine Dorries, Jacob Rees-Mogg ら議員、である。

　これら 5 つのカテゴリーの③、④及び⑤をさらに、穏健 EU 懐疑派（Soft Eurosceptics）と強硬 EU 懐疑派（hard Eurosceptics）の二者に凝縮して、強硬懐疑派のそれは EU 改革を急進的にやるか、さもなくば、EU を離脱することも辞さないというもの、他方、これ以上、いかなる統合を望まないのでなく、EU に残留したい、というものに類別できよう。とすれば、④はもともと EU から改革を獲得できれば残留に賛成してもよいというグループなので、③と④はソフト、すなわち、穏健懐疑派とし、⑤のハード、すなわち、強硬懐疑派と二者に類別してもよいであろう。
　このように類別したとき、2015 年総選挙後のキャメロン政権内に、国民投票の際、もはやこれと言って親欧州派と呼べる閣僚は見当たらず、おおむね穏健懐疑派閣僚か強硬懐疑派の閣僚により構成されていたと考えてよい。外務大臣のフィリップ・ハモンドや保健大臣ジェレミー・ハントらの多くはキャメロンの改革が整えば EU 残留に投票してもよいという閣僚たちである。他方、労働・年金大臣のダンカン・スミスや、司法大臣のマイケル・コーヴらは強硬懐疑派と言っていいであろう。前者の閣僚への説得は可能だとして、後者の、EU に対する嫌悪感を募らせて止まない強硬 EU 懐疑派閣僚に対しては、キャメロン首相は説得を断念せざるを得ない、と判断したに違いない[64]。

　64　EU 加盟に懐疑的ではあるが、究極的には EU に残留したいと考えるソフトな懐疑派（Soft Eurosceptics）の閣僚がいる。キャメロン首相のほか、大法官ジョージ・オズボーン（George Osborne）らがその代表である。また、これよりは強い EU 懐疑派（Potential leavers）だが、再交渉で有利な条件を勝ち取れば EU 残留も受け入れるとする閣僚として労働・年金大臣のダンカン・スミス（Iain Duncan Smith）のような閣僚がいる。キャメロンもこの派と捉えてもよいかもしれない。さらに、EU のやり方に嫌悪し、EU から離脱すべしと唱えるハードな（強硬）EU 離脱者、例えば、司法大臣のマイケル・コーヴ（Michael Cove）達がいる。See e.g.; Euroscepticism in the Conservative Party: the role of nationalism and electoral pressures, LSE Brexit, at 2/4. 防衛大臣だったマイケル・ファロンは国民投票の前年「昨年、内閣のすべての閣僚は EU 懐疑派だった。」と語ったことがある：EU referendum: which side are cabinet ministers on?, 20 March 2016, https://

かくしてキャメロン首相は「EUは多くの保守党議員にとって深く個人的な問題である。大臣達にその良心に従う自由を与える」[65] と述べ、さらに国民投票の余波を和らげるのに役立つために、首相は「大臣らが国民投票でいずれかの側に立ってキャンペーンを張るかは自由であり」、同時に彼は、「投票後に引き続き政権を担当するつもりである」[66] と述べた。これも、ウィルソン首相がとった手法と同じであった。

4 国民投票の結果とキャメロン首相の退陣

2015年12月17日、2015年国民投票法（EUレファレンダム法 European Union Referendum Act 2015）が制定され、翌年2016年6月23日に国民投票が行われることとなった。2016年2月18日、19日ブリュッセルで開催される欧州理事会（EU首脳会議）で、キャメロン首相により前年11月に提案された「EU改革案」が主要議題として取り上げられた。首脳間で同年2月20日にEUからおおむね賛成との同意が得られるに至ったのを受けて、同年6月23日に、イギリスが、引き続きEUの加盟国として残留するのか、離脱するのかを問う、国民投票が行われた。その結果が世間を、世界を驚かせたことになるもので、以下の通りであった[67]：

投票率　約72%

残留賛成　48・11%

離脱賛成　51・89%

言わずもがな、キャメロン首相の思惑はもろくも打ち砕かれたのである。国

---

www.theguardian.com/politics/ng-interactive/2016/feb/20/eu-referendum-which-side-are-cabinet-ministers-on. http://blogs.lse.ac.uk/brexit/2015/12/31/euroscepticism-in-the-conservative-party-the-role-of-nationalism-and-electoral-pressures/.

65 Ibid.

66 Ibid.

67

残留	投票数	16,141,241	48・11%
離脱	投票数	17,410,742	51・89%
有効投票数		33,551,983	99・92%
無効もしくは白票数		26,033	0・08%
投票総数		33,578,016	100・00%
登録有権者数		46,501,241	72・21%

民投票の結果は 4% にも届かない僅差ではあったが、「EU 残留派（Remain）」の敗北・「EU 離脱派（Leave）」の勝利で決着がつけられたのである。

　政権内の最重要な EU 関係の政策が国民投票によって否定されたことを重く見たキャメロンは、冒頭で述べたように、6 月 24 日、首相を辞任することを表明した [68]。キャメロン首相は、政権内の強硬な EU 懐疑派閣僚を説得できなかっただけでなく、彼らの主張の方が国民投票で支持される結果となったのである。辞任を余儀なくされたのもうなずけられよう。

Ⅷ　キャメロン首相による改革プランを振り返る

　国民投票の結果は上に述べた通りであるが、改めてキャメロン首相が国民投票を実施するに当たって EU に提示した 4 つの改革プランの項目を振り返って見る。改革プラン 4 項目とは以下の通りであった [69]。
① 　イギリスを含む非ユーロ加盟国の権利保護
　Protection of the single market for Britain and other non-euro countries.
② 　イギリスの考える、より競争力のある EU の構築
　Boosting competitiveness by setting a target for the reduction of the "burden" of red tape.
③ 　主権保護の問題として EU 基本条約に掲げる "絶えず一層緊密な連合" のイギリスへの適用除外
　Exempting Britain from "ever-closer union" and bolstering national parliaments.
④ 　移民に対するイギリスの福祉の制限
　Restricting EU migrants' access to in-work benefits such as tax credits.

EU 側に提示したこれら 4 つの改革というものは国民ないし懐疑派の目にど

68 　ただし、10 月の党大会までの 3 か月間は引き続き首相を務めると表明。
69 　The four key points from David Cameron's EU letter dated 10 November 2015.

う映っていたであろうか、アプリオリ的に次の2つの点から見てみる。というのも、これら4つのうち、国民がもっとも関心を抱いていたのは④の「移民に対するイギリスの福祉の制限」であり、もう一つは、懐疑派が最もこだわっていたとされる③の「主権保護の問題として EU 基本条約に掲げる"絶えず一層緊密な連合"のイギリスへの適用除外」だったからであり、ここではこれら2つを中心に検証し、キャメロン首相の提案が敗北した背景の一端を知ろうと思う。

1 移民に対するイギリスの福祉の制限

まず、最後の④に掲げた「移民に対するイギリスの福祉の制限」を取り上げる。移民の受け入れに関する改革案は、閣内、党内だけでなく、反EU・反移民を掲げて支持を拡大してきたイギリス独立党のキャンペーンにも、政府提案はもっとも目に見える形での対処が必要だったはずである。にもかかわらず、それはキャメロン首相が打ち立てた4項目の最後の項目に落とされ、最初の提案を国民の関心をさほど引くとは思われない「イギリスを含む非ユーロ加盟国の権利保護」にしていることに、国民は関心をはぐらかされた、という感じに思えたかもしれない[70]。

それはそれとして、ここでの「移民」とは同じ他の加盟国から職を求めて自由移動する労働者とその家族を対象とするが、経済が比較的好調なイギリスには毎年約30万人の移民が流入して来ていたとされる。とくに2004年の東欧10か国の EU 加盟後、EU から職を求めてイギリスへ移動する移民の数が急速に拡大した。なかでも、2014年の統計で顕著なのは、ポーランドからの移民が最も多いことで、2004年には7万人弱だったが、2014年現在で、80万人を超えているとされる[71]。受け入れ当初は、イギリス経済がよく、これらの労働

---

[70] これに対して、1975年にウィルソン首相が国民投票を打ち上げた時、加盟条件を再交渉するとした条件とは、前述したように、主としてイギリスの EC 予算に対する分担金の軽減、CAP の名で知られる共通農業政策の改革など、国民に比較的分かりやすい提案だった。

[71] Okólski and others, Polish Emigration to the UK after 2004; Why Did so many come?, Central and Eastern European Migration Review, Vol. 3, No. 2, 2014, pp. 11–37.

力は比較的歓迎されたとされる。

　しかし、2009年のリーマンショック以降、冷えはじめた経済状況下で、これほど多くの移民を受け入れたことで、逆に国民から、彼らに職を奪われる、制限せよ、と移民に対する不満が高まっていったのではないか。しかし、EU基本条約のひとつであるEU機能条約45条1項によれば、「労働力の自由移動は、EU内において確保される」とされ、同条約18条においては「国籍に基づく差別はすべて禁止される」と規定されている。さらにEU司法裁判所の判例に、自由移動した移民とその国の国民とは完全に平等であるべし、と解釈されていた。

　したがって、これらの大原則に違背することは許されず、キャメロン首相は、移民の受け入れをイギリスにおいて容易ならざる問題と捉えていたことは間違いない。移住者の約40%が年平均6,000ポンドの手当を受給しており、それが国家財政を圧迫し、移民に対するEUの福祉政策には一定の歯止めが必要だと考えられた。

　それではキャメロン首相の改革プランで要求する移民の受け入れ制限とはどのようなものであるか。端的に言えば、それはEU加盟諸国からの「域内市民がイギリスで在職給付（in-work benefits）や公営住宅（social housing）入居の資格を得るまで4年間、同国に居住し、労働すること[72]」。そうでない限り、これらの福祉手当を受給できないようにするというものである。キャメロンは、これにより急増する移民を制限できるはず、という考えだったようなのだがどうであろうか。

　確かに、この改革プランは、国家財政の面から、議会のエリート政治家層にはそれなりの効果があると評価されたかもしれない。しかし、福祉手当を得るため、4年間イギリスに居住し、労働することを条件にしただけの受け入れ制限に過ぎないのが、キャメロン首相の提案だったとすれば、多くの国民から失望され、それならば、EUから脱退するしか道は残されていないと感じられるほどのインパクトのない提案に映ってしまった可能性は否定できない。

---

　[72]　庄司克宏「イギリス脱退問題とEU改革要求─法制度的考察─」阪南論集・社会科学編（2016）Vol. 51 No. 3、33-41頁参照。

2 主権に関する EU への提案（EU 基本条約に掲げる“絶えず一層緊密な連合”のイギリスへの適用除外）

　移民の問題とは違い、4つの項目のうち、主権保護の問題として③の EU 基本条約に掲げる“絶えず一層緊密な連合”から適用除外を求める要求は、EU 懐疑派がもっともこだわってきた問題の一つと言ってもよい。もしこれが認められれば、国境での入国審査なしで域内を移動できるシェンゲン協定と単一通貨のユーロといった EU を象徴する2つの適用除外に、もう一つ適用除外が加えられ、EU からのイギリスに対する大盤振る舞いになるはずであった。

　EU 基本条約に規定する“一層緊密化する連合”の例外（適用除外）にすべしとするイギリスの要求は、端的に言えば、イギリスがさらなる政治統合のプロセスに巻き込まれたくないという要求にほかならないと言ってよい。

　欧州統合とは、元来、EU 基本条約に言う進行形としての“一層緊密化する連合”を意味するであろうが、それはやがて、経済統合から政治統合へ、そしてその果てにはヨーロッパ合衆国という連邦国家への目標があるのかもしれない。その場合、経済統合まではよいが、そこから先の政治統合へ向かい、さらにはサッチャーが嫌った連邦的枠組みへの“一層緊密化する連合”へ進行することだけは免れたい、というのがイギリスの真意なのかもしれない。もしそうだとすれば、キャメロン首相の EU への要求は、その流れにストップをかけ、国家主義に徹しようという、まさに強硬 EU 離脱派の考えに沿う主張といってもよいかもしれぬ。

　だが、EU は本来、EC として出発する時点から国家主権を制約することが基本条約の本旨だったはずである。もしキャメロン首相が強硬派を満足させるのが第一義で、国民を納得させるのが第二義だったとすれば、1975 年のウィルソン内閣の時のそれと違う。ウィルソン首相は、EC に再交渉を求め、それによりまずは国民から EC 残留を勝ち取って、そのうえで、政権内の反欧州派閣僚を抑え、その後の政権を抑えるのに成功したのである。その逆では決してない。

　上に掲げた2項目ほかすべての提案を掲げて国民投票でキャメロン首相が敗北したのを受けて、慶應義塾大学教授兼日本におけるジャン・モネ・チェア教授の庄司克宏は指摘する。「英 EU 改革合意という形で EU 残留の場合のプラ

ンだけは用意していたが、イギリス国民からは見向きもされなかった。キャメロン首相は国民投票で勝利することを過信していたのである」[73] と。

小括

イギリスの産業革命の時期を正確に述べるのは容易ではないが、およそ1760 年代に始まり、1840 年頃まで続いたであろう。その結果、イギリスを農業社会から工業社会に変貌させ、さらに 1832 年の選挙法の大改正をもたらし、やがて 19 世紀には議会制民主主義を確立していく。そのプロセスでダイシーは 1885 年に『憲法研究序説』を著し、主権を法的主権と政治的主権に分け、法的主権は議会に、政治的主権は国民に存するとした。

その意味で言うならば、それ以前の、名誉革命から産業革命まで、議会主権の主権には法的主権も政治的主権も混在していたと言えるかもしれない。したがってその時期において、国民投票は議会主権とは相いれないものと考えられたであろう。

しかし今は違う。国民には政治的主権があり、そのもとで、議会に法的主権があると言ってもいい。そのなかで、国民投票は議会にとり基本的に諮問的とされるものの、上述の通り、近時のイギリス憲法の特徴は、問題により地域レベルでも国レベルでもレファレンダムがよく活用されるようになった。

そのように考えたとき、イギリスが 1973 年に当時の EC に加盟する際、議会だけで加盟を決めれば済むというわけにはいかない面もあったはずである。にもかかわらず、国民の間には加盟の是非を問うべしとの声がありながら、ボグダナー教授も指摘した通り、「一般大衆の意見のありのままの状態を議会でどのように反映させようとしたか」、ヒース政権は議会において十分な説明を果たさないまま、欧州共同体に加盟した。その功罪は種々あるであろうが、党内外に欧州懐疑派を生み出す結果となり、上に見てきたように、これ以降、保守党も労働党も、政権運営は厳しいものとなり、ウェストミンスター・モデルと言われる強力なイギリスの政治に弱体化をもたらした可能性は十分にある。

---

73 庄司克宏、同上論文、40 頁参照。

具体的には総選挙の際の投票率の低下、ハング・パーラメントのしばしばの出現、典型的には EU 政策に対する政権内の分裂を招来し、国民に長く政治不信をもたらしたことは否めない。

さらに、イギリスの EC 加盟時の議会審議の中で、ヒース政権に「いかなる憲法上の革新を伴うものでない」と言わしめ、EC 加盟を乗り切ったが、「いかなる憲法上の革新」の中には、議会主権の変更を含んでいることは明らかであり、議会主権の変更を伴なうものでない、と言い切ったことに関し、筆者は別稿で憲法上の禍根として指摘したことがある[74]。本章では特にこれを焦点に当てるつもりはないが、この点でも欧州懐疑派が加盟以降、欧州統合が進展していくなかで、いよいよ敏感さを増していく。EC 加盟時にこのことについても当時議会で十分に説明責任を果たしたとは言えなかった。

2016 年の国民投票では、キャメロン首相は、1975 年の国民投票を先例として、EU と再交渉するとの条件に、閣内一致の憲法上の原則を棚上げして選挙戦を戦った。にもかかわらず、1975 年の国民投票の時と違い、国民によるヴェトの判断 が下った。国民投票を前に、移民の問題さらには主権保護を含む 4 つの改革プランを EU に迫り、それへの EU からの好意的な回答を得たなかでの国民投票であったが、それらの 4 つの改革プランのどれも、キャメロン首相は、懐疑派から、そして国民からもそっぽをむかれたと言われても仕方ないであろう。

それにしても、2013 年、彼が国民投票を行うと声明を述べたブルームバーグ演説[75] のなかで、イギリスは歴史的には欧州に対して常にオープンだったとしながらも、「我が国の地形が、我々の心理を形作っているのは真実だ。我々は島国民としての性質―独立心、率直さ、我が国の主権を守ろうとする上での熱情―を持っている。イギリス海峡にそれを棄てるより、イギリス人のこの敏感性をこれ以上変えることはできない」と語ったのを見るにつけ、彼もまた元を正せば、欧州ソフト懐疑派でもあったのである。そう考えると、彼は

---

74 拙稿「欧州統合の新たな展開とイギリス憲法の課題」駿河台法学（1990 年）4 巻 1 号及び前掲注（35）への言及を参照。

75 EU speech at Bloomberg by Prime Minister David Cameron, 23 January 2013, Gov. UK Cabinet office.

EUへの加盟条件の再交渉を図ったうえで国民投票を行ったが、真に国民投票のありうる結果をどう考えていたのかはなはだ疑問となる。国民からのヴェトは十分ありえたからである。

　ところで、前述したように、国民投票ではわずか4%の差で、EUからの離脱が決まったことに国民投票の怖さがあると感じる向きは大いにあったであろう。この結果を受けて、辞任したキャメロン首相を引き継いだメイ政権は直ちにEU第50条に基づき、EU側に脱退通告をしようとした。しかしこれに市民からこれまでのEU法の権利を奪うものであり、政府にはイギリス憲法上、議会の承認なしに離脱通告をすることはできないとの訴えが提起された。いわゆるミラー事件である。これに対して、最高裁判所は、2017年1月24日、「EUからの脱退はEU法の法源から切り離されることにより、間違いなくイギリスの憲法体制に根本的な変更を招く。かかる根本的変更は、…議会の事前の立法を通じてなされることが要求されている」[76]として市民の訴えを受け入れたのである。これを受けて、議会は同年3月、直ちに脱退通告法を可決して、首相にEUへの脱退通告権限を与えた。最高裁判決からたった2か月である。これにより、メイ首相は同3月にEUへ正式に脱退を通告したのである。

　議会には法的主権があり、憲法改正も過半数で決定できる。しかしここにイギリスの議会主権の怖さがあるかもしれない。これは軟性憲法と言われるイギリス憲法のなせる特徴であった。しかし、このようにわずか2か月という短さで憲法改正を議会が過半数で、ある意味いとも容易に決定することでよかったか、今後に問題を残したのではないかと感じる。現行憲法上仕方ないにしても、せめて2か月で決めるのでなく、議会はもう1年延期してでも、国民投票の結果を議論すべきではなかったか。軟性憲法の落とし穴であるように筆者には思われてならない。

76　前掲拙稿11頁参照。

第2章 ブレグジットとイギリス憲法──2017年ミラー事件の最高裁判決を中心に

はじめに

　本章は、2017年1月27日に下されたいわゆる"ミラー事件"[1] の最高裁判所判決で争われた憲法上の意味、①ひとつは、2016年6月23日にイギリスで行われたレファレンダム（国民投票）の憲法的意味、とりわけイギリス憲法の基本原理である議会主権の下、レファレンダムの結果の法的意味、すなわち、選挙民の多数が出したEU離脱の意思表明は議会主権を法的に拘束する効果を持つのか持たないのか、②2つ目は、政府がEU機能条約50条に基づく脱退通告をするに際して依拠しようとした国王大権とはいかなるもので、同じくレファレンダムの結果を受け、離脱大臣が、議会からの事前の承認なしに、すなわち、欧州理事会へのEU脱退通告をしようとする行為は、憲法上許されるかどうか、ミラー事件の最高裁判決を中心に考察する。

　加えて、③議会主権とEU法の関係について、1990年代のファクタテーム（Factortame）（No. 2）事件貴族院判決[2] 以来、イギリスの司法部が展開してきた判例の傾向に本件最高裁判決はどのようなインパクトを与えるかも、併せて考察したい。具体的には、同ファクタテーム事件判決以降25年以上にわたって、イギリスの判例法は、EU法の優位性に向けて、議会主権のダイシー伝統に変革をもたらす方向に限りなく傾斜していたことは周知の通りである。しか

　1　正式な事件名は *R（on the Application of Miller and another）v Secretary of State for Exiting the European Union* ［2017］UKSC 5 であるが、申立人ジーナ・ミラーとデイル・ドス・サントスのうち前者すなわちミラーの名をとって一般的には "Miller case"、すなわち「ミラー事件」と呼ばれることが多い。

　2　P. アロットはファクタテーム事件の貴族院判決を「イギリス憲法上の根本的な変革が1973年1月1日に起きたことの司法的確認」と述べた。P. Allot, Parliamentary Sovereignty from Austin to Hart,（1990）49 CLJ 33 at 7.

し、このたびのミラー事件の最高裁判決をもって、これ以上の判例法の発展の可能性は「（未解決のまま）不確実性を残す結果」となり、マーク・エリオット教授も「（このことは）異様に映る」[3] と指摘したが、これについても、可能な限り考察したい。なお、EU からの脱退に伴う Great Repeal Bill（1972 年 ECA 廃止法案）及びスコットランド等の地方分権問題については、論稿を進める中で、必要な限り、付言するに留めたい。

I 本件提訴に至る経緯と背景

　ところで、前章で述べたことを繰り返すが、2015 年 EU レファレンダム法（国民投票法 European Union Referendum Act 2015）が制定され、翌年 2016 年 6 月 23 日、イギリスが、引き続き EU の加盟国として残留するのか、離脱するのかを問う、レファレンダム（国民投票）が行われた。その結果、僅差ではあるが、EU からの離脱支持が残留支持を上回り、国民よりブレグジットを支持する結果が出された[4]。これを受けてこれまで残留を訴えてきたキャメロン英首相は 6 月 24 日朝、引責する形で辞意を表明した。同首相は、（リスボン条約発効後の）EU 条約 50 条を発動し、2 年にわたる EU との脱退条件を交渉するのは、新首相の役目になると述べた。7 月 13 日に、キャメロン（前）首相が退陣し、代わって、メイ前内務相が新首相に就任し、EU 脱退の手続を担うことになった。

　2017 年 1 月 7 日、英国のメイ首相は、EU からの脱退の交渉方針に関する演説を行った。大方の予想では、一定分野で単一市場の取り決めが維持される、部分的な EU 離脱を探るのではとの憶測もあったが、新首相は、そのようなソフトブレグジット（穏健離脱）を明確に否定、ハードブレグジット（強硬離脱）を目標に掲げた[5]。その前年、2016 年 10 月、バーミンガムで開催中の与党保

　3　後掲注（24）マーク・エリット最高裁判決評釈を参照。
　4　EU 離脱支持が 51・9％（17,410,742 票）、残留支持が 48・1％（16,141,241 票）となった。
　5　メイ首相は関税同盟からも脱退することを明らかにしている。しかし 2017 年 6 月 8 日に行われた総選挙で、与党保守党が第一党にはなったものの、過半数を取れなかったため、

守党の党大会で、メイ首相は来年3月末までにEUからの脱退交渉を始めるため、TEU条約50条[6]を発動させると言明した[7]。

これに対してジーナ・ミラー[8]（Gina Miller）及びデイル・ドス・サントス[9]（Deir Dos Santos）らは、EUからの脱退によりこれまで享受してきたEU法上の権利を著しく失うものであり、イギリス憲法上、政府には議会の事前の承認なしに通告を出す権限は有しないと高等法院に訴えを申し立てた。

政府を代表して、EU離脱大臣は、政府には、1972年欧州共同体法（European Communities Act 1972, 以下、「1972年法」または「72年ECA」と称する）の規定上、黙示的に、レファレンダムの結果を受けてEUへ脱退通告し、脱退交渉する大権行使（the exercise of prerogatives）は許されていると反論した。

それに対して、高等法院合議法廷（Divisional Court, Lord Thomas LCJ, Sir

ハード・ブレグジットは困難になったとも言われているので今後の経緯を見なければならない。今回の総選挙で、650議席のうち、過半数は326議席であるが、6月8日の総選挙の結果、保守党は改選前の議席数は330議席だったが、過半数を取れず、318議席に終わった。なお、労働党は、第一党にはなれなかったが、改選前の229から262へ議席増となった。

6 50条は5項から成るが、そのうち、とくに重要なのは1項、及び2項であり、1項は「いかなる加盟国も、それ自身の憲法要件に伴い、EUからの脱退を決定することができる」とし、2項で「脱退を決定した加盟国は、その意思を欧州理事会に通告するものとする。EUは、欧州理事会により定められた指針に照らして、当該加盟国と交渉に入り、合意に達しなければならない。合意のなかに、EUとの将来の関係に関する枠組みを勘案する、脱退のための取り組みを記載するものとする。なお、かかる合意は、TFEU218条3項に従って交渉すべきである。合意は、欧州議会の同意を得た後、特定多数決により、EUのため、欧州理事会により締結しなければならない。」と規定する。

7 さらに企業や投資家の不透明感を払拭するため、EU離脱が完了する日に現行の全てのEU法を英国法に転換する法案を議会に翌年提出すると述べた：See *Bloomsberg*, 2 October 2016: May also said she'll introduce a bill next year to convert all existing EU laws into U.K. legislation on the day Brexit is completed to provide certainty for business and investors., ...The government's planned "Great Repeal Bill" will abolish the 1972 European Communities Act that took Britain into the bloc, while converting all EU laws governed by it into domestic legislation on the day Britain eventually completes its pullout, May said. Subsequent governments will then be able to repeal or amend individual laws if needed.

8 英領ガイアナ生まれのイギリス人。ロンドンで投資ファンドを運営する投資事業家。

9 ロンドン在住のスペイン人美容師。

Terrence Etherton MR and Sales LJ）は、2016 年 11 月 3 日、政府の主張を斥け、脱退手続きを開始する EU 条約 50 条を同政府が発動するには、議会制定法による議会の事前の承認が必要であるとの判断を下した。担当大臣はこの決定を不服として最高裁判所に（飛越）上訴した。

2017 年 1 月 24 日のミラー事件の最高裁判決は高等法院合議法廷判決を支持し、イギリス憲法によれば、政府が大権行使により EU からの脱退通告をするには議会制定法による事前の承認が必要とされ、議会制定法による明文かつ明白な文言によらない限り許されないと判示した。

この判決で言えることは、一審である高等法院でもそうであるが、最高裁で問題になった争点を端的に述べれば、レファレンダムによる国民の回答、すなわち政治的主権を有する国民の意思をどう考えるか、端的にはこの政治的主権を有する国民の意思が法的主権を有する議会を拘束するのかしないのか、さらには、議会制定法による事前の承認を待たずに、72 年 ECA 上、国王大権により EU からの脱退の通告を行うことは可能とした政府の主張は正しいか、それらのすべての可否は、イギリス憲法の最大のドグマである議会主権をどう考えるかにかかっていたと集約されるであろう。

同時に、本件では直接の争点にならなかったが、イギリスが 1973 年、当時の拡大 EC に加盟して以来、2 つの原理的に対立する矛盾、すなわち、一方に議会主権の原理、他方に EU 法の優位性の原理である。この対立する課題を原理的にどう解決を図るかというイギリス憲法上の最大の課題に、1990 年のファクタテーム（第 2）事件で、議会主権は自発的な制約を引き受けたとみる画期的な貴族院判決が現れたことは周知の通りである。果たしてこのたびの最高裁判決はファクタテーム事件の貴族院判決以来の判例の動向に対してどのようなインパクトを与えたといえるであろうか。これについては本稿で後述する。

いずれにせよ、ミラー事件における政府側の主張を斥ける 1 月 24 日の最高裁の判決を受けて、直ちに、政府は、同年 1 月 26 日、イギリス議会（2016 年 117 年会期）の庶民院に「EU（脱退通告法）」[10] を提出した。この法案は、一般的にブレグジット法案（Brexit Bill）と呼ばれ、欧州審議会に対して EU 機能

---

10 European Union（Notification of Withdrawal）Bill.

条約50条2項に基づく正式な脱退通告を提出する権限を首相に付与すること
としたのである。本法案の短称（a short title）は「EU（脱退通告）法案」で
あるが、長称（a long title）によれば、本法案は、「首相が、TEU 条約第50
条2項に基づき、イギリスの EU からの脱退の意思を通告する権限を付与する
法」とある。上院である貴族院は修正案 11 を可決したが、庶民院は（脱退交渉
の足かせになるとして）これを斥け、2017 年3月 13 日、本法案を原案通り可決
した。同法案は、同月 16 日に女王の裁可を得て、成立した。

　これを受けて、メイ首相は憂いなく EU からの脱退の交渉に入ることができ
ることとなり、同年3月 20 日、同首相は、条約50条に基づき欧州理事会へ脱
退交渉を正式に開始させる通知を同月 29 日に行うとの声明を発表した。同日、
イギリス政府は声明通り、EU からの脱退を正式に通告した。これによりイギ
リスが 1973 年に時の拡大 EC に加盟して以来、44 年目にして、EU からの脱
退に向けて、いよいよ2年に及ぶブレグジット時計 12（Brexit clock）の針は時
を刻み始めた。

II　ミラー事件の高等法院合議法廷判決

1　高等法院合議法廷判決 13（一審）

〔事実概要〕

　2016 年6月 23 日のレファレンダムの結果、国民は EU からの離脱に過半数

11　イギリスに居住する他の加盟国からの EU 市民とその家族の権利の保障を求める文言
を修正案に挿入した。

12　*The Guardian* 21 March 2017.

13　The High Court of Justice, Queen's Bench Division, Divisional Court［2016］
EWHC 2768. 判決のフルテキストを見ると、一審判決は高等法院における3名の判事によ
る合議法廷である。3名の判事の肩書は、Lord Chief Justice of England and Wales, The
Master of the Rolls 及び Lord Justice. からなり、これを見ると、本件が憲法問題にから
むいかに重要な事件であるかが窺い知れよう。なお、本件の各当事者は、原告側が The
Queen on the application of Gina Miller and Deir Tozetti Dos Santos として Claimants
（注：1999 年以前は Plaintiff）が用いられ、他方、被告側は政府側大臣（EU 離脱大臣）と
して Defendant, また本件に利害関係人（Interested Parties）として Grahame Pigney &
Others, 並びに訴訟参加人（Interveners）として Mr George Birnie & Others の名が連ね

を超える賛成を表示した。これを受けて、政府はEU加盟に終止符を打つため、2017年3月末までにTEU50条に基づきEUからの脱退を通告すると宣言した。これに対し、ミラーら（正式には申立人であるが一審判決の中ではclaimants、即ち原告と称されている）はEU離脱大臣を相手取り、政府には議会に事前の承認なく、国王大権の行使に依ってEU脱退交渉に入る権限はないと高等法院に提訴した。これに対し大臣は前述したように国王大権に基づく権限ありと反論した。

〔争点〕

本件における唯一の問題は、イギリスの憲法問題として、国王は―今日、執行機関であるが―イギリスがEUの一員であることを停止するため、TEU50条に基づく脱退通告を行うその国王大権をもちうる権限があるかどうかである。

〔一審判旨〕

高等法院合議法廷 14（トーマス首席判事卿 Lord Thomas LCJ, 控訴院記録長官サー・テレンス Sir Terrence Etherton MR 及びセールズ控訴院判事 Sales LJ）は、2016年11月7日、審理の結果、以下のように判示した。本件は「純粋に法の問題にかかわっており、当法廷はEUから脱退することの功罪について関心はなく、またそれに対して見解を述べることもない。それは政治問題だからである」とした上で、「政府（defendant）の主張は、1972年ECAのなかで議会によって用いられた文言にも、議会主権という基本的な憲法原理にも反しており」、さらに「国王大権の行使に依って国王側にTEU50条に基づく脱退を通告し、それにより国内法に変更をもたらすいかなる権限もない」と、大臣敗訴を判示した（〔2016〕EWHC 2768）。

───────────────────────────

られている。

14 原告被告双方を含むすべてによって次のことが承認されている：当法廷における法的争点は当法廷において適格性を有しており、かつ、司法判断適合性（justiciable）を有している。イギリス憲法に照らしても、これは裁判所が決定する問題である。本案は大権に基づく国王の権限の範囲に関わっている。政府は2015年EU国民投票法もその他のいかなる国会制定法も、50条に基づく通告をするうえで、国王大権とは別に、政府に制定法による権限を付与していないことについては認めている。

2 一審判決の背景

(1) 1973 年 1 月 1 日に、イギリスは EEC を含む当時の欧州共同体に加盟した。共同体法はイギリスの国内法で効力を付与される必要があり、この目的を達成するため、議会に第一次立法の制定を要求するというのが加盟の条件だったため、それを実現するため、議会は ECA1972 を成立させた。EC は現在、欧州連合（EU）となっている。

(2)「2015 年 EU レファレンダム（国民投票）法」に従って、イギリスは EU から離脱するのか留まるのかの問題に関して 2016 年 6 月 23 日に国民投票が実施された。下された回答はイギリスが EU から脱退するというものだった。

(3) 脱退の手続は TEU 条約の 50 条によって規律されており、それによれば、ひとたび加盟国が脱退通告を行えば、脱退合意を交渉するのに 2 年間の移行期間が与えられている。もしそれまでに合意に達しない場合には、全会一致で欧州理事会との期間延長の合意によってさらに延長が認められない限り、EU 諸条約は当該加盟国に適用が停止される。政府はひとたび 50 条に基づき脱退の通知がなされれば、撤回できないことを承認している。さらに政府は同条が条件付きの通告を認めないことも承認している。通告は、50 条による交渉の過程でなされた何らかの撤回を承諾するのを求められていると主張したとしてもそのことによってそれが認められることはない。

(4) ゆえに、ひとたび 50 条に基づく通告が下されると、ECA 72 によって国内法に組み込まれている EU 法に基づく権利は 50 条による脱退手続きが完了すれば失われることになる [15]。

(5) 憲法原理：イギリス憲法の最も基本的な原則は、議会が主権を有し、かつ、議会の選択するいかなる法も作りまた廃止することができるというものである。議会主権の一側面として、何百年もの間、国王―すなわち現在の政府―は、国

15　今後の問題として、(1) リスボン条約 50 条により脱退合意が必要になるが、その場合、合意のなかに、関係条約に一部（some parts of the relevant Treaties）を保持できるし、また完全にさまざまな問題を処理するため、まったく新しい規定（completely new provision for various matters）を作ることもできる［一審判決文パラ 12］。(2) 脱退合意ができた場合、イギリスの離脱大臣は、批准を求める条約が締結されること、そしてその条約はイギリス国議会に提出され、同議会の審査に服すことになりうるであろう、とする［一審判決パラ 13］。

王大権の行使に依って議会が制定する立法を無効にすることができない旨、確立されている。この原則は決定的に重要性を有しており、かつ、政府が依拠する一般原則、すなわち、国際関係の行為と条約を締結すること及びそれを廃棄することは通常、国王大権の権限の範囲に属する事項であるとの一般原則とかかわっている。かかる一般原則は、国王大権の行使により、議会の立法を含む国内法にいかなる効力も有しない。

(6) しかし、本件の場合、もし50条に基づく通告がなされれば、必然的結果としてそれは国内法を変更する効果をもつことになるのを政府は認めているし、またそれを積極的に主張している。議会がECA 1972を制定することによって国内法の一部として効力をもつとしたEU法の要素は、脱退によりやがて効力を失うことになるであろう。

(7) 本件における政府の中核的な主張は、議会がECA 1972を制定したとき、国王は共同体条約（現行のEU諸条約）からの脱退を発効させる大権を保持している旨、意図していたこと、かつ、それにより、EU法がイギリスの国内法のなかで効力を有し続けるかどうか選択する権限を国王が有する旨、意図していたというものである。

Ⅲ　ミラー事件の最高裁判決 [16]

1　大臣の上訴

　大臣は一審である高等法院合議法廷判決を不服として最高裁に上訴。これに対して、最高裁判所は8対3の多数決で一審を支持し、大臣の上訴を棄却した [17]。それによれば、イギリスのEUからの脱退決定を大臣が通告するために

---

16 The Supreme Court Judgment［2017］UKSC 5 on appeals from:［2016］EWHC 2768 and［2016］NIQB 85. 本稿における最高裁判決の記述は概要とフルテキスト双方を参照している。なお、フルテキストは、全文97頁、43,000語にも及ぶ判決文である。

17 多数意見（8対3）：President ニューバーガー卿（Lord Neuberger）、Deputy President レディ・ヘイル（Lady Hale）、マンス卿（Lord Mance）、カー卿（Lord Kerr）、クラーク卿（Lord Clarke）、ウィルソン卿（Lord Wilson）、サンプション卿（Lord Sumption）及びホッジ卿（Lord Hodge）の8名。これに対して反対意見は：リード卿（Lord Reed）、カーンウォス卿（Lord Carnwath）及びヒュー卿（Lord Hughes）の3名。

は、イギリス憲法上、事前にそれを承認する議会制定法が要求されると判示した。各判事の反対意見はそれぞれ別個に下された。

　他方、分権問題に関して、多数意見は、1998 年北アイルランド法（Northern Ireland Act 1998、以下 NIA と称する）の 1 条も 75 条も本件の助けにはならないし、スウル慣例（Sewel Convention、後述）は法的に強行しうる義務を生じないと結論付けた。

（最高裁判決理由）（多数意見）

　最高裁は以下のことを考察する。EU へのイギリスの加盟に効力をもたらした 72 年 ECA の文言は、事前の議会制定法による承認なしに EU 諸条約から脱退しようとする大臣による権限の行使と一致しない。

　（1）イギリスにおいて条約を締結する場合、多くの制定法は、対象とする分野について立法措置をとることによりその条約に国内法上の効力を付与するのであるが、72 年 ECA も同様の変型手続を取った。しかし、ECA の 2 条[18] によれば、同法により EU 法をイギリス法の法源の一つにするだけでなく、議会がこれ以上の立法措置を講じることなく、その後に作られる未来の EU 法をも一括してイギリスの国内法になるよう規定され、かつ、それらの EU 法は議会制定法を含むイギリスの国内法にすべからく優位する（overriding source）よう、ダイナミックなプロセスをも承認した。これを知る限り、憲法史学者のリョンが示唆した通り、72 年 ECA の効力は憲法上の意味において"前例がない"（unprecedented）と言われるほどの特徴を有していると規定された、と最高裁も示唆したと言える（最高裁判決パラグラフ 60 以後パラと略称する）。

　18　72 年 ECA 2 条 1 項「諸条約により、又はこれに基づいて随時創設され、又は発生するすべての権利、権限、責任、責務及び制限、並びに諸条約により又はこれに基づいて随時定められるすべての救済手段及び訴訟手続であって、イギリス国内において、諸条約の定めるところに従い、改めて法規を定めることなく、法的効果を賦与され、又は施行されるものは、法律上承認され利用され、服されるものとし、従って強行され、容認され、服されるものとする。また、『強行可能な共同体の権利（enforceable Community right）』及びこれに類する用語は、本項の適用がある権利に言及している如く読まれるものとする。」矢頭敏也訳編［叢書 20］『英国の 1972 年欧州共同体法』（早稲田大学比較法研究所、1992 年）の中の 2 条を参照。

64　第2章　ブレグジットとイギリス憲法—2017年ミラー事件の最高裁判決を中心に

だが、ダイシー流のオーソドックスな考え方からすれば、それでも、72年ECA自体が他のいかなる議会制定法と同様、廃止されると主張されうるので、もしそうであれば、"ECAが効力を有している限り"、EU法が国内法から独立し、かつ、すべて国内法に優位する法源として機能させることになっていて（同最高裁判決パラ65）、議会がそれとは異なる決定をしない限り、との条件付きで、議会の権限を議会からEU諸機関へ法定立権限を委譲し、ある意味このことは議会から部分的委譲が成し遂げられ、立法権限の譲渡が起きたとも理解するしかない（同最高裁判決パラ67-68）。

（2）しかしイギリスがEUから脱退した場合、イギリスがEU諸条約の当事者であることを停止することとなり、その結果としてイギリス国内法の変更をもたらし、EU法を通じて認められてきたイギリス居住者の享受する諸権利も危うくなる、というのは共通の考えであるとも付け加えた（同最高裁判決パラ69）。

（3）政府は「1972年法はEU諸条約から脱退する大臣の権限を排除していない」と主張し、かつ「同法第2条はそのような権限を現実に受け容れている」、「というのも、同条は脱退権が行使されない限りにおいてのみ、EU法に効力を付しているに過ぎないからである」と主張する（同最高裁判決パラ75）。しかしながら、その主張が成り立つか、もしイギリスがEUから脱退すれば、EU法はもはやイギリス国内法の一部ではなくなるので、直ちに大臣が事前の承認なしにEU諸条約からイギリスを離脱させることは十分可能なはず、との主張まで認めていると議会が意図したわけではない。EUから脱退すれば、EU法の法源と切り離されることにより、間違いなくイギリスの憲法体制に根本的な変更を招く（同最高裁判決パラ78-80）。かかる根本的変更は、通告を送達することの必須の効力となるであろう（同最高裁判決パラ81）。イギリス憲法によれば、そのような変更は議会の事前の立法を通じてのみ可能であることが要求されている（同最高裁判決パラ82）。

（4）大臣の国王大権によるEUからの一方的な脱退はイギリスの居住者（イ

ギリス市民のみならず他の加盟からのEU市民）からEU法に基づくいくつかの国内法上の権利を奪うことになる。そのことは、政府が国王大権により事前の議会の承認なくEU諸条約から脱退することを不可能にするものである（同最高裁判決パラ）。

（5）ECA 1972を制定するとき、大臣にEUから脱退する権限を与えるか否かは議会にとって議論がオープンに開かれていたはずである。もし、大臣にそのような権限が付与されているとしたら、逆に明白な文言が求められたはずである。ECAにはそのような明白な文言がないばかりか、同法の諸規定には、大臣にかかる権限が明示的に与えられていないことを示している（同最高裁判決パラ87、88）。これについてホフマン卿判事がSimms事件において以下のように述べている。

> 「基本的な権利というものは制定法のなかでジェネラルな文言で取り消し得ない、というのは、その不適切な意味をもつ含意が民主的手続きのなかで気づかずに通ってしまったかもしれないほど、余りに大きいリスクがあるからである[19]。」

もし72年ECAとなった法案が、大臣にイギリスがEU諸条約から離脱するのは自由であると規定しているとしたら、議会がそれを保障するために明白な文言があったはずであろうし、裁判所もまたそのように判断したであろう。したがって、我々は、72年ECAの第1篇で、議会が大臣に国内法の重要な法源でありかつ重要な国内法上の権利を除去する条約締結権を用いることのできるとてつもなくまた逸脱した権利を付与したと議会が明白に意図したという考えを承認するわけにいかない。大臣に脱退する権限を与えるなど2条によって承認されているはずがない。というのも2条は、大臣がEU法定立過程に参加していると企図されており、EUからの脱退はそれと真逆のことをしている（同最高裁判決パラ95）。

（6）なお、イギリス憲法は議院内閣制を採用している。大臣がそれ自身の行為について議会に説明責任を負いうるという事実は、憲法上論争があり、確実な

---

19 *R v Secretary of State for the Home Department, Ex p Simms* [2000] 2 AC 115 at 131.

答えはない。が、しかし、大臣は自分のいかなる行為についても議会で常に説明責任を求められうる。その場合、大臣の行為は事後に議会に説明責任を求められる場合と、事前に議会の同意を得なければならない行為とに分けられ、条約からの脱退といった憲法上重要な行為に関連している場合は、後者のカテゴリーに属し、大臣は事前に議会の同意を得ない限りそのような行為を行う権限はないであろう。(同最高裁判決パラ92)。

(7) 2016年に実施された国民投票は政治的には極めて重要性が高い。しかし、その法的意味は議会が制定法のなかで何を含めるかによって決まるのであり、今回の2016年レファレンダム法は、結果にとらわれることなく国民投票が行われることを規定したにすぎない。したがって、国民投票を求めたのは議会ではあったが、結果に対してどう対応するかは大臣の問題である。国民投票の結果を実現することを要求される場合、法の変更はイギリス憲法によって許された唯一のやり方でなされねばならない。2016年12月7日の庶民院における決議、すなわち2017年3月31日までにTEU50条に基づく通告をなすべく大臣に求めた決議は、上訴の中で生じている争点に影響を及ぼさない政治的行為であることを政府側も認めている（同最高裁判決パラ116-124）。

（反対意見）
(1) これに対して、反対意見としてのリード卿判事、これに同調するカーンウォス卿判事及びヒュー卿判事の考えは、EU法は、本来、独立の法の一団で、ECA 1972はEU法にイギリスにおける効力を付与したに過ぎないという点で、EU諸条約のイギリスに対する適用、ゆえにEUのイギリスの加盟についても本来条件付きだったと考える。ECAはEUへのイギリスの加盟に関して何らの要件を課していないし、またはそれ以上の意思も明らかにしていない。ゆえにECAはイギリスの加盟に関し大権行使に条件を課しているわけではない（同最高裁判決パラ177）。

(2) カーンウォス卿判事は、50条2項に基づく通告を送達したからといって何らかの法、また何らかの権利に変更をもたらすわけでなく、当該条項の中で

交渉及び意思決定の本質的には政治プロセスのスタートとなるに過ぎない（同
最高裁判決パラ259）。また、政府は自らの交渉には議会に説明責任を有してい
るし、そのプロセスは何らかの形式での第一次立法による議会の制定なしには
完成しえないはずであろうと述べた。

2　判決理由―地方分権問題（Devolution issues）について

（1）地方分権問題は、裁判所に、1998年北アイルランド法（NIA）及び関連す
る取り決めの文言が、果たして、通告がなされる前に、第一次立法の制定を求
めているか、かつ、北アイルランド総会（Northern Ireland Assembly）及び北
アイルランド人の同意を求めているか、である。その点で、北アイルランド、
スコットランド及びウェールズにおける地方分権体制のいずれかに基づき、分
権議会は、EU法に従う責務を有し、分権議会の同意なしに、分権事項に関し、
イギリスの議会が立法権限を通常、行使しないとのスウル慣例（Sewel Con-
vention）がある[20]ことは事実である。しかし、地方分権諸法は、イギリスが
EUの加盟国となるであろうという前提で議会が可決したとされている。もっ
とも、これらの地方分権法は、イギリスが加盟国のまま残留し続けることを要
求しているわけでもない。しかし、EUとの関係及び他の外国事項については
イギリスとイギリス議会に留保されているのであって、分権された立法部にあ
るのではない。イギリスがEUから脱退すれば、分権化された諸機関の権限を
変更し、EU法に従う責務を除去することになろう（同最高裁判決パラ129–130）。

（2）判事たちの多数による判断にかんがみ、イギリスがEUから脱退するには
第一次立法が要求されるか。裁判所はNIA（Northern Ireland Act 1998）がか
かる立法のため裁量的要件を課しているかどうかを判断する必要はない。

（3）EUから脱退する判断はNIA第75条（公当局に対する制定法上の義務）の
意味の範囲における北アイルランドに関する北アイルランド大臣により行使さ

20　1998年7月、イギリス政府は以下のように宣言した。ウェストミンスターは、スコ
ットランド自治議会、ウェールズ総会及び北アイルランド総会の同意なしに、同地域に分権
した事項に通常は立法しないという慣例が確立されるべきである、と。

れる機能ではない。さらに、NIA 第 1 条（北アイルランドの地位）は北アイルランドの人々にイギリスの一部にとどまるか、統一アイルランドの一部になるかを決定する権利を与えている。今後の問題として、（ⅰ）リスボン条約 50 条により脱退合意が必要になるが、その場合、合意のなかに、関係条約に一部 (some parts of the relevant Treaties) を保持できるし、また完全にさまざまな問題を処理するため、まったく新しい規定 (completely new provision for various matters) を作ることもできる（一審判決文パラ 12）。（ⅱ）脱退合意ができた場合、イギリスの離脱大臣は、批准を求める条約が締結されること、そしてその条約はイギリス国議会に提出され、同議会の審査に服すことになりうるであろう、とする（一審判決パラ 13)[21]。が、それは北アイルランドの憲法上の地位に他の何らかの変更を規律する条項ではない。

(4) 分権化された権限に効力を付与している EU からの脱退の決定にスウル慣例[22] (Sewel Convention) を適用することに関し、当該慣例はイギリス議会の活動に対する政治的抑制として機能している。それゆえ、スウル慣例はイギリス憲法の運営に重要な役割を演じている。しかし、その範囲と運営をどう規制するかは裁判所の憲法上の権限の範囲にない。分権化された立法部は EU からの脱退に関するイギリスの決定に拒否権をもつものではない。

　以上であるが、判決理由を検証するまえに上訴に至る背景を見る。

21　Northern Ireland Act 1998 の第 1 条 1 項によれば「北アイルランド全土は連合王国の一部に留まり、付則 1 条に従い、本項の目的のために行われる選挙において北アイルランド人民の多数の同意なしにそのような地位にあることを止めることはないとここに宣言する。」と定め、他方、同条 2 項で、「しかし、そのような選挙で多数により表明される意思が連合王国の一部であることを止め、かつ、統一されたアイルランドの一部を形成することとなる場合は、担当大臣は国会にかかる提案が連合王国政府とアイルランド政府の間で合意されうるようにその意思に効力を付すための法案を国会に上程しなければならない。」と規定している。

22　イギリス議会はスコットランドのためにあらゆる事項について制定法を議決することができるが、スウル慣例（Sewel convention）により、慣習として委譲事項についてはスコットランド議会（Scottish Parliament）の同意なくこれを行うことはないとされている。

3 上訴に至る背景

(1) TEU 第 50 条 1 項は、いかなる加盟国もそれ自身の憲法上の要件に従って EU から脱退する決定ができると規定し、さらに同条 2 項は、離脱を決定する加盟国は、脱退の意思を欧州理事会 (the European Council) に "通告" し、EU を規律する諸条約 (EU 諸条約) が 2 年以内に当該加盟国に適用するのを停止せねばならない、と規定するものである。イギリスは、16 年 6 月の国民投票を受けて、イギリス政府は大権行使に依り、欧州理事会へ EU 諸条約から脱退する通告を送達することを提案した。

(2) 本上訴の主たる争点は、イギリス憲法上、国王大権により、かかる通告が、議会制定法による事前の承認なしに法的に政府の大臣により下しうるかどうか、である。さらにもう一点。最高裁に北アイルランドからの付託、及び、スコットランド政府を代表する法務総裁 (Lord Advocate) とウェールズ政府を代表する法務総裁 (Counsel General) からの訴訟参加がさらなる問題を提起した。それによれば、彼らは、制定法上彼らに分権された権限の文言上、脱退の通告がなされる前に分権化された立法府への諮問または同意を求めるか、さもなければ、分権問題に対する政府の権限を制約することになるのではないかという問題が提起されたのである。

(3) イギリス憲法上の要件は、当事国すべてが同意している国内法の問題であり、イギリスの判事によって決定されるべき問題である。本訴訟における争点は、脱退の決定が及ぼす功罪、つまり、脱退までの日程と条件、将来、イギリスと EU との関係をどうするか、といった政治問題とは関係ない。

(4) 原告側 (claimants) の主張は以下の通りである：国王大権がイギリスの国内法に変更をもたらすことになり、かつ、EU から脱退すれば国内法に変更を及ぼすことになり、そのような行為に国王大権を拡大しえないという十分に確立した原則により、イギリス政府は最初に議会制定法によってそうすることが認められない限り、脱退の通告を送達することはできない。この争点を解決するには、既存の EU 諸条約によりイギリスの諸義務に国内法上の効力を賦与

している 72 年 ECA、その後の EU 諸条約に効力を付与しているその後の国会
制定法、並びに、2015 年の EU レファレンダム法の適切な解釈いかんにかか
わっている。

(5) 北アイルランドの請求は、北アイルランド高等法院のマグワイ判事（Ma-
guire J）により審理され、当判事は、分権問題については棄却した（[2016]
NIQB 85）。北アイルランド側を代表して法務総裁の申し立てについては、マ
グワイア判事は 4 点を最高裁判所に付託した。判事また、北アイルランドの控
訴院はさらに一つの問題を付託した。

IV 同事件最高裁判決の判例評釈

　上に述べた、ミラー事件の最高裁判決の判決理由で紹介した多数意見に対し
て、ケンブリッジ大学エリオット教授[23] は、同じく同判決のなかで反対意見
を展開したリード卿判事の反対意見とを対比させ、興味深い分析をしているの
でここでは同教授の分析をもとに最高裁判決を評釈したい[24]。

1 EU 法の 1972 年 ECA における位置づけに対して

　そもそも多数意見と反対意見の代表者であるリード卿判事の 72 年 ECA の
性質と目的の受け止め方について一致していない。エリオット教授に依れば、
多数意見は（上述した多数意見による判決理由の 1 参照）EU 法をイギリス法の
所産（一部）であるという考えに極めて大きなウェイトを置いている。すなわ
ち、イギリス法が 72 年 ECA という形式により、EU 法を生み出したに過ぎな
いと述べる（法源）。なぜなら、ECA なしに EU 法は国内法の地位を築けない
からである。要するに、ECA が EU 法にイギリス国内法上の効力をもたらし
たからである。従って、（EU 法は）それ自身自律的な法源（original source）

23　Mark Elliott is Professor of Public Law at the Faculty of Law, University of
Cambridge.

24　Mark Elliott, Analysis/The Supreme Court's Judgment in Miller, https://publi
clawfor everyone.com/2017/01/25/analysis-the-supreme-courts-judgment-in-miller/

ではないのであり、結局、EU 法はイギリスの国内法が生み出した独立かつ優
位性を有する法源に過ぎないと多数意見は結論づけた。この考えは、ウェイド
教授（Prof. Sir William Wade）によって示されたファクタテーム（第 2）事件
の古典的とも言える分析 25 には必ずしも合わないが、弁護可能な考えかもし
れないとエリオット教授は述べる。

　しかし、これに対して、反対意見を提示したリード卿判事は、そうとは考え
ない。なぜなら、もしイギリスにおける EU 法の効力の源がイギリス法自身に
あるというのであれば、いかなる意味でも、EU の立法及び憲法体制がイギリ
ス法から独立していると見るのは困難になる。EU の法制度は、EU 側の見方
からすれば、自己発生的な法（generating law）なのであり、それにより独自
の法源であるとする。

　果たして、ECA をどう解釈するか、多数意見とリード卿のような反対意見
を分析してどちらに軍配を上げるかは、ミラー事件で求められた極めて困難な
争点（thornist issues）の一つだったとエリオット教授は指摘したうえで、“憲
法上のスケール論”（constitutional scale）を中心に展開してゆく 26。天秤の一
方に EU 加盟の憲法的意味という錘を乗せ、他方に EU からの脱退の意味とい
う錘を乗せて比較考量してみる。多数意見は、憲法的言い回しで言うならば、
1972 年 ECA のもつ効果は “前例のないもの”（unprecedented）であった、と
いう。なぜなら、十分に確立された既存の国内法の上に、史上初めてダイナミ
ックに、国際的法源が移植されたからである、議会と裁判所の上にと言っても
いい。この観点からすれば、EU からの脱退は、EU 法が 1972 年 ECA によっ
て初めてイギリス法に組み入れられた瞬間に起きたものとまったく同じ甚大な
憲法上の変更をもたらすに違いない。すなわち、EU からの脱退という重荷を
一方の秤に乗せたときの重さを指摘して、多数意見は次のように言う。「した

　25　H.W.R. Wade, "What Has happened to the Sovereignty of Parliament?" (1991)
107 LQR 1. ウェイド教授が述べた古典的分析とは、ファクタテーム貴族院判決を評価して
同教授が「一審である高等法院の方が 1972 年 ECA のもたらした憲法上の法的革命をより
理解していた。…EC 法の文脈で述べるならば、国会の意思はもはや主権ではない」との言
説である。

　26　*Ibid.*, "Constitutional scale," at 3/8.

がって、もし担当大臣の決定や行為によってのみ、EU からの脱退が可能であるとすれば、憲法体制に計り知れない変更をもたらすことになり、他方の秤に乗せた憲法原理、それは積年に渡って積み重ねてきた重い憲法原理を揺るがせることになり、それと一致しないであろう」。

このような最高裁の理由づけは、政府側そしてリード卿判事の反対意見に対するスケール論による回答でもあったはず、とエリオット教授は指摘する[27]。すなわち、リード卿ら反対意見からみれば、72 年 ECA は、その中でイギリスの有する EU 上の諸義務が一体どのようなものであるかという前提なしに、かつ、条件づけることもなしに（重いか軽いか区別することなく）、それら諸義務に効力を付与したとする以上の何物でもない。そのような意味で言うならば、ECA はそれを前提として適用されるか、または、条件づけられるかを規定したに過ぎないとする。多数意見の取った憲法上のスケール論はそのようなリード卿らの反対意見に対する回答だったに違いないとエリオット教授はいう。

かくして多数意見は、72 年 ECA は、EU 諸機関が作る EU 法に対する変更を受け入れる一方、EU 法に由来する特定の権利や義務の廃止に伴う変更[28] をも意味する "完全な脱退"（complete withdrawal）の可能性をあらかじめ規定する目的も性質も有していなかった、と結論づけた。他方において、反対意見に立つリード卿判事からすれば、完全な脱退も他と区別なく予定されていたはずであると考えたのである。

2 EU からの脱退を 50 条に照らして大権行使は可能か

多数意見からすれば、一旦 ECA により EU 法をイギリス法による所産として取り扱う場合、外国関係を実行する国王大権までこれにより行使しうるとは考えられない。ゆえに 50 条による EU からの脱退を大臣が行うことは根本的な憲法に変更をもたらすことになり、できないとみる。しかし、72 年 ECA の規定に言及することで所与の EU 法上の権利を狭めたり、除去したりする EU 立法と、イギリスの EU からの脱退とはスケールにおいてあまりに大きく異な

---

27 *Ibid.*

28 多数意見は、通常の EU 法の変更は受け入れたが、憲法の基本原理を揺るがす質的に大きな変更とを区別し、後者の場合は大権行使により変更できないとした。

るとして両者を区分しようとする多数意見の考えは正しいと言えるであろうか。

　反対意見に立つリード卿判事は正しいとは思われないと反論する。72年
ECA に依拠して完全な EU からの脱退のもたらしうるイギリス憲法上の変更
とそれ以外の EU 上の権利の変更の区分について、リード卿判事は次のように
述べる。

> 新しい EU 立法から生じる EU 法の中身の変更と EU からのイギリスの脱
> 退に起因する変更の間にいかなる線を引くか、72年 ECA の文言には何の
> 根拠もない。この理由により、リード卿は、ECA に依拠して、（大臣が大
> 権行使に依り）50条の引き金を引くことが十分可能であると考える。なぜ
> なら、EU から完全に脱退しようとすることと、EU 立法の制定により
> EU 法の内容を変更しようとすることとを、（ECA 法上）法的に区分する
> 問題の範疇には入らないとする。この見解に立つと、EU 法の国内法上の
> 効力を付与する条件的方式により、すべての事項が区別なく72年 ECA
> によってすでに内包されているとの考えが成り立つ

　エリオット教授は、この点に関する72年 ECA のリード卿の解釈は、自分
自身の考えと一致している、と賛意を表わした[29]。

3　大権行使について議会に対する大臣側の説明責任について

　また反対意見のうち、カーンウォス卿判事は、一審の合議法廷の多数意見は、
ミラー事件の論点を議会主権と大権の間の単純な選択の問題にしている。しか
し重要な点、すなわち、大権行使について議会に対する大臣側の説明責任とい
う基本的な重要性を見過ごしている。これについて、エリオット教授は、議会
に対する説明責任の可能性は、所与の国王大権についての裁判所の分析にある
程度の影響力があるかもしれない、と理解を示す。とくに2016年12月に採択
された庶民院の決議、すなわち、2017年3月31日までに50条に依拠するの
を政府に呼びかけた決議にかんがみ、カーンウォス卿判事は、脱退のプロセス
における政府の行為を精査という通常の責任を議会が満たすことができるので
あれば、法案という形式上の手続きを踏む必要はないと結論づけたが、それは

29　*Ibid.*, at 4/8.

おそらく大臣による大権行使に対する司法審査の強力な武器を弱めるのに貢献できるのではないかとエリオット教授は評価した[30]。だが、最高裁判決の中でこの議論はとくに考慮されなかったように思われる。

4　EU 法の優位性の下での議会主権の相対化について

　最高裁の多数意見によれば、72 年 ECA の第 2 条は、EU 法をイギリス法の法源の一つにするだけでなく、これ以上の第一次立法による立法措置を取ることなく、その後の EU 法もイギリスの法源となるよう規定されていること、さらには、それらの EU 法は議会制定法を含むすべての国内法源に優位する（overriding source）というダイナミックなプロセスを承認していることを前述したように重くみた上で、72 年 ECA の効力は憲法上の意味において先例がない（unprecedented）ほど、とてつもない特徴を有していると述べた（最高裁判決パラ 60）ことは別な意味で評価に値するかもしれない。なぜなら、ダイナミックなプロセスを承認している ECA だからこそ、その後、90 年のファクタテーム事件の貴族院判決が出現してくる契機となったのも首肯できるからである。事実、最高裁はこのことを同判決の中で「この（貴族院）判決が出るまで、EEC へのイギリスの加盟が意味する重要性を多くの法律家は必ずしも評価しなかった」と述べ、この貴族院判決のもつ意義がその後の判例の計り知れない発展に道を開く余地をもっていたこともこのたびの最高裁が指摘した意味は大きい。もっとも、この考えは、（前出の）W. ウェイド教授（Prof. Sir William Wade）によって示されたファクタテーム事件[31]の古典的とも言える分析、す

　30　*Ibid.*, at 5/8.

　31　拙稿前掲論文 63 頁以下参照。この事件で、ファクタテーム社ほか、申立人であるイギリス船籍トロール船のスペイン船主は、イギリスで法人格を得、その漁船をイギリス船籍として登録し、EU の共通漁業政策に基づくイギリス人の漁獲割り当て数の範囲で漁業に就いた。その結果、地元のイギリス人漁師の割当分が減るという事態が発生した。しかし、1988 年商船法 Merchant Shipping Act 1988 が制定されると、イギリス船籍を取得するための要件が厳しくなり、申立人らの漁船はイギリス船籍登録から除外されることとなった。そこで申立人らは、イギリスの商船法はローマ条約 52 条（現行 43 条、開業の自由）等の規定に違反すると、同法の本件への不適用の申し立てを行った。この事件は欧州司法裁判所に先行判決を求める訴訟に持ち越され、同欧州司法裁判所により「EC 法に関する事件で仮差止め命令を妨げている唯一の障害が国内法上の原則であると国内裁判所が思料するときは、

なわち「(この判例を評して) 高等法院女王座部の方が、72年 ECA のもたらした憲法上の法的革命をより理解していた」とする言説には必ずしも遠く及ばないが、それでも、最高裁判決で、ファクタテーム事件の貴族院判決をそれなりに評価していたと解されてよいと思われる。

ただしかし、一審高等法院判決では、その後、2003年にソバーン (Thoburn) 事件判決についても付言し、これを高く評価すると共に、R (Buckinghamshire County Council) v Secretary of State for Transport 事件において、ニューバーガー卿判事及びマンス卿判事により、「72年 ECA」が他の議会制定法と異なり憲法的規定の一つと評価されていることにも言及している[32]。これに反して、ミラー事件の最高裁判決の中で、ソバーン事件判決での注目すべきローズ (Laws) 判事の意見はとくに言及されておらず、一審判決より若干トーンダウンしていることは否めない。

V 同事件最高裁判決に見るレファレンダム (国民投票) の意味と議会主権

リード卿判事を中心とした反対意見にもかかわらず、最高裁の多数意見はこれを斥け、原告勝訴の判決を下した。今回、訴訟でかかわる憲法原理は2つある。一方は議会主権の原理であり、他方は国王大権である。とくに議会主権とレファレンダム、すなわち国民投票は現代憲法の新しい現象といわれている。これらを最高裁はどう見たか検証してみよう。

最初に議会主権と国民投票の関係はいかなるものか、2016年6月23日に行われた国民投票と議会主権の関係から見てみる。

1 レファレンダムと議会主権のダイシー伝統

議会主権とは、周知の通り、イギリス議会が至高 (supreme) であり、議会は第一次立法 (primary legislation) を制定することにより、欲する方法で我

その原則を破棄しなければならない」との判決を受けた。貴族院はそれを受けて止む無く、仮差止め命令の発給を許可した。

32 ミラー事件の一審判決パラ44を参照のこと。

が国のいかなる法を変更することができるという意味である。さらに、法の問題として、選挙民の反対があるという理由で、ある議会制定法を無効と断じることはできないというものである。

> 「法廷に立つ裁判官は、議会制定法という形で表明されない限り、国民のいかなる意思も関知することはなく、かつ、選挙民の意思に反してそれが制定され、またはその効力が維持されているとの理由である議会制定法の有効性が問題視されるのを座視することは決してないであろう[33]。」（一審判決パラ22）

2016年6月23日に実施されたレファレンダムは、まさに国民の政治的主権を発信できるまたとない瞬間だったはず。そしてその答えはEUからの脱退という結果に終わった。しかるに政治的主権者のEUからの脱退に賛成という発露は議会のもつ法的主権にどのような効力を及ぼすであろうか。それに対する答えとして、高等法院一審判決は、上に掲げたダイシーの言説をそのまま適用して次のように述べた。

> 「本法（2015年レファレンダム法）は、イギリスに適用される議会主権と議会制民主主義という憲法上の諸原則に照らして解釈されるべきものであり、それによれば次のような結論に導かれる。いかなる問題に関するレファレンダムも、問題のレファレンダム立法の中にそれとは異なる極めて明確な文言が用いられない限り、議会の法定立者にとって勧告的（advisory）でしかありえないのである。」（一審判決パラ105）

政治的主権者である国民の意思と議会の法的主権の関係はこのようなものであり、それこそがイギリス憲法の基本であると、多くの判例で認められている。最近の判例を例に挙げれば、ジャクソン事件[34]があり、その中でビンガム卿判事も、それがイギリス憲法の基本的な考えであると、以下のように述べた[35]。

> 「イギリス憲法の基本原理は…議会における国王の優位（the Supremacy of the Crown in Parliament）にある。」（一審判決パラ23参照）

---

33 同上57頁及び72頁を参照。

34 *R（Jackson）v Attorney General*［2005］UKHL;［2006］1 AC 262.

35 *Ibid.*, at para 9.

2 レファレンダムに関するミラー事件の最高裁判決

　しかしことは政治的主権と法的主権のどちらが優位するかという二者選択で解決できるほど単純ではない。なぜなら、人民主権（popular sovereignty）に立つレファレンダム（国民投票）を許したのは法的主権に立つ議会（Parliamentary sovereignty）の作った 2015 年レファレンダム法だからであり、事前の議会制定法なしに国民投票が行われたわけでないからである。レファレンダムは明らかに人民主権と議会主権が交差する、あるいは両者が絡む微妙な問題として考えねばならない [36]。したがって、最高裁は一審のシンプルな判決より、さらに慎重な言い回しで以下のように述べることから始めた（最高裁判決パラ 117）。

　　レファレンダムはイギリス憲法の実務上における比較的新しい現象であり、そのような性質のものである。これまで、国民によるレファレンダムは 3 回あった。最初は史上初めてとなる 1975 年にイギリスが EEC 加盟から脱退するか留まるべきか問うた国民投票 [37]。2 度目のレファレンダムは、2011 年、小選挙区制を廃止して、対案投票制 [38]Alternative Vote に変更すべきかを問う国民投票。そして 3 度目は、今回の 2016 年に EU 加盟を今後も継続すべきか否かを争点に行われた国民投票である。

　さらに、地方レベルではスコットランド、ウェールズ [39] 及び北アイルランド [40] における地方分権についてレファレンダムが行われたことにも留意しな

　36　さらに言えば、マーク・エリオット教授は本件ミラー事件を別の論文で以下のように述べる。「（本件は）議会主権に対する EU 法の意味に関する依然として答えの出ない問題に関係しており、さらに、それはブレグジット国民投票で示された人民主権の考えと議会主権の原理との相互作用に関わる問題だ」。See Mark Elliott, "Brexit, sovereignty, and the contemporary British constitution: Four perspectives on Miller", at 1/4: https://publiclawforeveryone.com/2016/12/16/brexit-sovereignty-and-the-contemporary-british-constitution-four-perspectives/

　37　Referendum Act 1975（c. 33）. 1975 年、第 2 次労働党ウィルソン政権は EC 残留かどうかを問う国民投票を行い、残留が承認された。

　38　2011 年総選挙投票制度及び選挙区法（Parliamentary Voting System and Constituencies Act 2011）

　39　*Referendums（Scotland and Wales）Act 1997.*

　40　*Northern Ireland Good Friday Agreement Referendum, 1998.*

ければならない。

　これらに関していずれかのレファレンダムがどのような効果を持つものであったかは、レファレンダムを事前に承認した議会制定法の文言次第とも言える（最高裁判決パラ 118）。だが、レファレンダムを認める立法はしばしば国民投票の結果がどのような効果をもたらすことになるか規定しない場合もある。このようなわけで、レファレンダムを承認する制定法は、例えば、国民投票の結果、多数の支持を得ない限りその立法は効力を得ないという条件の下で法の変更をもたらす立法も定立できるのである。またたとえば、1978 年スコットランド法（Scotland Act 1978）は、地方分権を規定するものであるが、同時に住民投票（レファレンダム）で特定の多数による賛成が得られれば、大臣はその制定法に効力を付与すべきであり、もし多数の賛成を得られないならば、大臣はその制定法を廃止する命令を出すことが要件づけられていた。

　また 2011 年総選挙投票制度及び選挙区法によれば、小選挙区制（first past the post system）に替えて対案投票制（alternative vote system）を採用すべきことを規定する一方で、同法 8 条により、もしレファレンダムの結果、その採用が認められれば、大臣は命令により対案投票制に効力を付すべし、だが、認められない場合には、大臣はそれを廃止すべし、と規定していた。さらに 1998 年北アイルランド法（NI Act）の 1 条によれば、もし住民投票により北アイルランドが統一アイルランドの一部となることに賛成が得られるならば、大臣は国会に適切な提案を出すべきであると規定していた。

　では、このたびの EU 離脱か残留かを問う 2015 年レファレンダム（国民投票）法の場合はどうであったであろうか。1975 年の国民投票法もそうだが、このたびの 2015 年レファレンダム法の場合、上に掲げた制定法の例とは対照的に、起こりうる国民投票の結果についてそれ以上の規定を全く置いていないのである。このようなレファレンダム法はいずれも、国民投票は実施されるべきであると規定するのみであり、実際に大臣により公の声明の中で、国民投票がいつ行われるか宣言された。それだけである。このような国民投票はしたがって "advisory" すなわち大臣による "勧告的なもの"（あるいは "諮問的"）に過ぎず、そのような回答を問われた国民投票以外のなにものでもないのである（最高裁判決パラ 119）。したがって、2016 年レファレンダム法は立法手段によ

り法を変更する権限を大臣に付与していないということになり、同レファレンダム法の下、たとえ国民の離脱の意思が明確に出されたとしても、レファレンダムによる離脱への賛成という結果が出されたからとて、それをもって直ちに第一次立法を通じて事前の承認なしに脱退することはできないと解されるのである。これが今回のミラー事件における最高裁の結論であり、2016年レファレンダム法は、国民の政治的主権に対する議会の法的主権の優位性をキープしたと考えられてよいであろう。

VI　同事件最高裁判決に見る国王大権の意味と議会主権

他方、国王大権（The Crown's prerogative powers）についても、多数意見はイギリス憲法のダイシーによる通説的解釈を採用したと思われる。以下に精査してみよう。

1　国王大権の性質

国王大権は国王の手に残された法的権限の残余の物だとされている。Reid卿判事は、*Burmah Oil Co（Burma Trading）Ltd v Lord Advocate* 事件 [41] の中で次のように述べている。

　　「大権はまさに過去の時代の遺物（a relic of a past age）である。大権は、使われていないからと言って失われているわけでなく、国会制定法によってカバーされていない場合にだけ援用されるのである [42]。」（最高裁判決パラ 41）

では現在どれだけ残存しているか。1649年のピューリタン革命のときは、君主制が廃止され、共和制になったが、1660年に王政復古した。しかし再びスチュアート諸王の専制政治が復活したため、2度目の市民革命、すなわち、1688年に名誉革命が勃発し、国民の支持を受けた議会の勝利を導いた。しかし、名誉革命ではピューリタン革命の時のように君主制は廃止されることなく、9項目に渡る広範な国王大権を有する君主制として残存することとなった [43]。

41　[1965] AC 75.
42　*Ibid.*, at p 101.

しかし、君主制が残存し、多くの国王大権が残ったといえども、名誉革命により議会主権が確立したため、そのもとでの君主制、すなわち、イギリス憲政史上初めて立憲君主制が確立した。国王の手に残存する9項目に渡る国王大権は産業革命以降、議会制定法により、次第に削減されたが、本件にかかわる条約締結に関する国王大権は今もしっかり残っている。

2 国王大権の範囲と法的地位

しかし、国王が持つ大権はコモン・ローによって認められており、その行使は認められている範囲内で法的効力を生み出すに過ぎない。この範囲を超えて国王がこの国の法を変更する力はない。両者の境界線は17世紀の国王と議会との間の闘争以前に源を発し、1688年の名誉革命に依って決定的になった。1610年のCase of Proclamations事件でサー・エドワード・クック（1552–1634）ら判事が次のような見解を述べたことでも知られている。

　　「国王は勅令または他の手段によってコモン・ローまたは制定法、またはこの国の慣習法のいかなる部分も変更することができない[44]。」

と同時に、

　　「国王は、この国の法が彼に認めているものを除き大権を有しない。」

この立場は、権利章典の第1条の最初の2つの項で確認されている。

　　「議会の同意なく、法の効力を停止したりする権限…は違法である。法や法律の執行を免除したりする権限…は違法である。」

このような国王大権の法的地位は1916年ザモーラ事件[45]における枢密院司法委員会によっても以下のように言及されている。

---

43 たとえば、H.W.R. ウェイドは、その著書の中で、「残余の国王大権は現在では議会の召集・解散、宣戦布告、一定の軍隊の規制、一定の植民地の規制、条約締結権（国民の権利を侵害しない限りにおいて）、栄誉の授与などの事項に限定されている。行政管理的な性質を有する唯一の権利は戦時における敵の役務に関する権限である。」と述べている（HWR, Wade, Wade on Administrative Law, Oxford M. P., 1961, 1st ed., at p 13）.

44 *Case of Proclamations*（1610）12 Co.Rep 74;［1610］EWHC KB 22. この判決で、当時、国王大権への制約が明らかにされた。つまり、この事件で、君主は議会を通じてのみ法を作ることができるに過ぎないことが確立されたのである。

45 *Zamora*［1916］2 AC 77.

「枢密院における国王または行政部門のいずれかがこの国の裁判所によって運営されている法を作り、また変更する権限を持つという考えは我が国の憲法原理と一致しない。多くの現代における制定法の下で、行政部のさまざまな部門が制定法としての効力を有する規則を作る権限を持っている。しかしこれらの規則のすべてはその権限を生み出している議会制定法に由来するものであって、それを生み出している行政機関に由来するものではない。国王大権がコモン・ローあるいはエクイティ裁判所で運営されている法を作り、変更する何らかの権限を有するなどと誰も主張しないであろう。」（第一審判決パラ29）

以上の原則は十分に確立されているだけでなく、コモン・ローの基盤になっている（第一審パラ29）。

3 国王大権と議会主権

　他方、議会主権の下、国王大権は、議会制定法により、削減されうるものと理解されている。実際、W. ウェイド教授も述べているように、国王大権を構成する権限の多くはこのようにして縮減されて来ている。縮減または削減する場合は、明示的文言（express words）か、より一般的には必要な黙示的文言（necessary implication）によってなされるのが普通であろう。このことは20世紀に起きた2つのリーディング・ケースで起きたことでもあり[46]、そのうちの De Keyser 事件で戦時における国民の財産を接収する国王大権について次の引用を参照されたい。

　　「憲法原理としてこうである：国民の財産権または自由権に介入する執行部の権限は議会の制御下におかれ、かつ、議会制定法によって直接規律される場合には、執行部はもはやその権限を国王大権からではなく、議会に由来するとされるのであり、また、かかる権限を行使するに当たり、執行部は議会が国民のために課した制約を遵守することを義務付けられるのである[47]。」

　46　*Attorney-General v De Keyser's Royal Hotel Ltd* ［1920］AC 508 及び *Fire Brigads Union* ［1995］2 AC 513：ミラー事件最高裁判決パラ38参照。

　47　*Ibid.,* at p 575.

さらに重要なことは、第一次立法がそれを認めない限り、国王大権は大臣をして議会制定法またはコモン・ローを変更せしめえない、ということもイギリス憲法の基本原理である。このことは、ホフマン卿も *R（Bancoult）v Secretary of State for Foreign and Commonwealth Affairs（No.2）*[48]で、

> 「17 世紀以来、大権は国王に英国のコモン・ローまたは制定法を変更させえしめない[49]。」

と述べている。ゆえに、大臣の大権行使は裁判所によって定立されたコモン・ロー及び議会によって制定された制定法と一致しなければならない、という結論に達する。

4 国王による条約締結権と二元論

繰り返すが、大臣が大権を行使する重要な分野としてイギリスの外国関係の行為があり[50]、その中に本件に関連する国王の条約締結権がある。条約の締結権は国王の大権に属する。条約を終了させたり、条約から脱退する権限についてはさほど例はないが、理論上これも国王の条約締結権の一部である。すなわち、イギリス憲法上、条約締結権は国王の大権に属す。国王の大権に属す以上、イギリスにおいては、裁判所も国会でさえも、条約の交渉から批准に至るまでこれに関与する余地はない。

この原則はイギリスが憲法と条約に関して二元論に依拠していることを物語っており、それは、国際法と国内法はそれぞれ独立の領域で機能するという前提に立っていることを意味する。それは第 1 に、主権国家間の条約は国際法で効力を有しており、いかなる国家の国内法によって規律されないとする。他方、第 2 に、条約は国際法上イギリスを法的に拘束するものだが、イギリスが締結した条約は、締結したからと言って即イギリス法の一部になりえず、かつ国内法上いかなる法的権利義務をも生じさせないのである[51]。

---

48 [2009] AC 453.

49 *Ibid.*, at para 44.

50 テンプルマン卿（Lord Templeman）判事は、*JH Rayner Ltd v Department of Trade and Industry* [1990] 2 AC 418,476 で「政府は条約について、交渉し、締結し、遵守し、破棄し、拒絶し、また終結することができる。」と述べている。

その上で、国王の条約締結権について、大臣はイギリスの国内法を変更することはできないという原則とも一致していることに留意すべきである。オリバー卿判事は上述の JH Rayner 事件判決の中で次のように言う。

「イギリス憲法の問題として、条約締結権を含む国王大権は、議会の介在なしに法の変更に及ぶことはないし、また国内法で享受している個人に権利を付与しまたは奪うこともない。…簡潔に言うならば、条約はそれが立法を通じてイギリスの国内法に変型されない限りイギリス法の一部とはならないのである。」[52]

二元論の依って立つ理由は何か。それは議会主権の、ある意味で"必要なコロラリー"とも言えよう。それは大臣ではなく議会を守るために存在しているとも言える。かくして Campbell McLachlan 教授は『外国関係法』の中で次のように言う。

「もし条約が国内法の中で効力を有しないならば、それ自身の政治組織の中で議会の優位性は保障されることとなる。もし執行部が国際的場面における行動が国内的実現を要求される場合に議会の承認を常に求められねばならないとしたら、議会主権は立法権が行使される真のポイントで強化されるはずである [53]。」

以上、条約を締結する、または廃止するという大権行使の特徴を述べたが、「我々は 72 年 ECA の効力の分析に戻らなければならない。」その上で、制定法の形で議会からの事前の承認が存在しない場合、大臣が EU からの脱退を通告することはイギリス憲法の要件に照らして違法かどうかというについて次の考察を加えなければならない。

5 国王大権と 1972 年 ECA

「イギリスのための国際関係並びに条約を締結する、外交関係を廃棄するという行為は大権行使における国王の事項として考えられている。」(第一審パラ 30)。1971 年のブラックバーン対法務長官事件 [54] において控訴院の記録長官で

---

51 ミラー事件の最高裁判決パラ 55 参照。

52 *JH Rayner Ltd case*, at 500.

53 Campbell McLachlan, *Foreign Relations Law* (2014), at para 5.20.

あったデニング卿判事は次のように述べた。

「本邦における条約締結権は、裁判所でなく、国王に属している。即ち、女王は、女王の大臣の助言に基づき行為するのである。女王の大臣は、条約、この極めて重要であるとされるローマ条約についてさえも、これに関し、交渉し署名する場合には、全体として本邦の利益のために行為する。つまり、女王の大臣は、かかる国王の大権を行使するのである。これを行使するに当たっての彼等の行為は、我が国裁判所において、争いえず又は問題にされえないのである [55]。」

　しかし、条約がイギリスにおける法の変更をもたらす場合には、条約に批准を与える前に議会による立法上の手当てが必要となる。E.C.S. ウェイド（E. C. S. Wade）等はこれを評して、「条約締結権は、執行部の（専権）行為であるとの原則が…例外に服することになる」と述べている。この意味において、EU 諸条約が、イギリスにおける法の変更をもたらすものであることは明らかであり、72 年 ECA 第二編の表題が「法の修正」となっており、付則第 3 において、EC 加盟に当たって廃止される法規、又付則第 4 において修正されるべき法規が列挙されていることから明らかである。かくしてイギリスが時の拡大 EC に加盟するための条約を批准する場合にはその前に、国会によって制定法が定立されねばならない。そのことは、条約締結権が国王の大権に属しながらもそれを修正する形で批准前に国会制定法が介在することも又、憲法上の慣例として確立しているのである。72 年 ECA も、このような事情下で制定されたのであった。

　しかし、大臣側の主張はこうである。

「イギリスが TEU 及び他の関連する条約から脱退するため、50 条に基づく通告をすることによりイギリスを EU から脱退を可能にさせるため、イギリスの国際関係の行為において、1972 年 ECA または他のいずれの制定法においても議会は国王大権を除去する規定を明らかにしなかった」（一

---

54 *Blackburn v Attorney-General* ［1971］CMLR 784. イギリス政府がローマ条約に署名することによって一部、イギリスの議会主権を害することになるのではないかと訴えたブラックバーン事件の控訴院判決。

55 *Ibid.,* at 789.

審判決パラ31）。

　大臣はとくに法務総裁対 De Keyser'Royal Hotel 事件判決[56]に依拠して、次のように主張した。

> 「イギリスを50条に基づく通告により EU から脱退させる国王大権は、その趣旨の明確な文言（express words）を用いる第一次立法によるか、または、その趣旨の黙示の意味（by necessary implication）を持つ立法によってのみ除去できるはずである。」（一審判決パラ31）

にもかかわらず大臣は、72年 ECA も他のいかなる議会の制定法も明示的文言または必要な黙示的な文言で国王大権のこの側面を廃止するとの言及はなかったとする（同判決パラ31）。

　これについて、反対意見を提示するリード卿判事からすれば、この結論の出発点は、すべて EU 法が72年 ECA の所産であるとする考えの延長線にある考えだとする（エリオット教授、前述参照）。しかしリード卿判事は、逆に EU 法をイギリス法からの所産とは見るべきでないとする立場から、必ずしもそのような結論は導かれないとする。そのように考えると、リード卿にとって外国関係の国王大権は適切なものにとどまりうる。またこの分析に基づき、国際関係における大権行使により50条の発動をとりうるのであり、したがって、伝統的な意味での国内法上の権利である権利の除去、または国内法の法源としての EU 法の除去に結びつかないはずである。多数意見からすれば、50条の引き金を引くことになる国王大権の問題は存在しない。しかしリード卿判事にとって、立法が大権行使を妨げない限り、国際関係における大権行使は可能となるのである。

小括

（1）このたび、ミラー事件の高等法院合議法廷判決及び最高裁判所判決を考察したが、これにより明らかになったことは、①レファレンダムにより出される国民の意思表明は法的主権を有する議会とどのような関係があるかであるが、

56　［1920］AC 508.

上述のVで述べた通り、どちらが優位するかという二者選択で解決できるほど単純でない。さらにレファレンダムはイギリス憲法の新しい現象であり、レファレンダムを許した議会制定法の文言がレファレンダムの結果にどのような効果をもたらそうと意図していたかを慎重に吟味しなければならない。それによれば、このたびの2016年6月23日に出された国民の多数の声の効力は、それを許した2015年レファレンダム法の規定から、レファレンダムの結果についてとくに言及がなく法的主権をもつ議会に優位するとは解されなかった。②TEU50条に基づきEUからの脱退通告を行うため政府が依拠しようとした国王大権（条約締結権）とはいかなるものか本稿で明らかにされた、国王大権は国王の手に残された法的権限であり、それは今日、内閣によって行使されている。また国王大権の多くは、次第に削減されつつあるが、本件に関わる条約締結権に係る大権は今日もなお大臣が行使する重要な分野として残されている。しかしこの条約に関する国王大権について大臣はイギリスの国内法を変更できないという原則と一致しなければならない。また、③本ミラー事件の最高裁判決により、条約から脱退することにより国内法に変更をもたらす場合は、議会に依る制定法に依る事前の承認が必要とされた。

このように、レファレンダムと議会主権あるいは条約に関する国王大権と議会主権に関して、本件ミラー事件の最高裁判決は、結果的に、議会主権のオーソドックスなダイシー伝統をなぞるものに帰結したに過ぎないものとなった。

他方、議会主権とEU法の優位性に関しても、本件最高裁の判決にともない、イギリスがEUから脱退する結果となれば、これまでEU法の優位性に傾斜してきた判例の積み重ねがこれ以上の発展を導くことにはならない。その点で、エリオット教授も言うように、EU法がそれと一致しない議会制定法に優位し、裁判所もそのような立法を適用しない準備をしてきたとの発展の可能性に終止符が打たれる結果になったことは間違いない。とくにファクタテーム事件は、EU法に優位性を与える理論的ベースを説明しようとするときのディテールを提示したし、注目に値する光を灯したはず、と同教授は述べたし、ファクタテーム事件以前の司法部の判事たちは、押しなべてローマ条約の新規性あるいはその超国家性を認めようとしない態度をとってきた。しかしこのファクタテーム事件におけるディプロック卿ら判事はローマ条約の新規性を最高裁判事とし

て初めて明確に認識したうえで、「イギリス議会が 72 年 ECA を制定したとき
から自らが承認したその主権に対するどのような制約もまったく自発的に受け
入れたはず」とした見解は EU 法の議会主権に対する優位性に大きな道を開く
かに見えた。

　加えて、さらに輝かしい事例の一つとして掲げたいのはソバーン事件高等法
院のローズ判事（Laws）の下した判決だった。その判決の中で、同判事は、
議会の作る制定法の中から、憲法的制定法（constitutional statute）というカ
テゴリーを抽出し、72 年 ECA を一種の高次の法（Higher law）として押し上
げることにより、通常の制定法による黙示的改廃から除去しようとした同判事
の考えは衆目を集めたし、本件ミラー事件の一審である高等法院の合議法廷は、
このローズ判事の見解に相当のウェイトを置いた点で、エリオット教授は、一
審判決を大いに評価した。けれども、こうしたコモン・ローのさらなる発展へ
の期待も、連立内閣も含めてキャメロン保守党政権が登場してから 2011 年レ
ファレンダム・ロック法を制定し、これ以上の主権移譲がある場合にはレファ
レンダムを問うこと、また主権条項と言われた同法の 18 条は、コモン・ロー
側が議会への忠誠から EU への忠誠に向かいかねないぎりぎりのところで保守
党政権の登場以降、歯止めが掛けられた。さらに、ミラー事件の最高裁判決を
受けて、前述したように、EU 法とイギリス憲法の関係に関する判例の発展に
終止符が打たれ、政府が EU からの脱退交渉に入ることになったのは皮肉なこ
とである。

(2) さらに、最高裁判決（パラ 69-73）で、今後考察すべき問題として、これ
まで EU 法上享受してきた諸権利を EU 離脱によりどのように取扱われるべき
か次の 3 つのカテゴリーに分類しているので最後に付言しておく。

　（a）第 1 のカテゴリーに入る権利：これらはイギリスがたとえ EU を脱退
　　しても、国内法で再生可能な法であり、現行の多くの権利はこのカテゴリー
　　に入る。例えば、EU 指令である Working Time Directive に基づく労働者
　　の権利など。すでに国内立法により実施されている EU 指令（Directive）や
　　他の法規はイギリス議会により廃止されない限り、そのまま適用可能であろ
　　う。そうでなければ、政府が Great Repeal Act[57]（72 年 ECA 廃止法）を制
　　定したうえで、第一次立法あるいは第二次立法により再生することも可能な

権利であるとする。

（b）第2のカテゴリーに入る権利：これらは人の自由移動、物の自由移動、資本、サービスの自由移動、開業の自由などにより他の EU 諸国に居住するイギリス市民及び企業によって享受されている権利であり、これらの権利は脱退交渉のなかで解決しなければならない。

（c）第3のカテゴリーに入る権利：これはイギリスの法では再生できない権利で、EU 諸機関へ参加する権利であり、具体的には、欧州議会選挙で投票する権利、被選挙権、あるいは CJEU へ先行判決を求める権利などである、とする。

（3）さらに、イギリスの国内法の効力によりイギリスに居住する EU 市民で、イギリスが EU から脱退すればその地位を失うことになり、かつ、国内法では再生できない権利がある。ブレグジット法案が下院である庶民院を通過して、上院である貴族院に回付されたとき、同院で次の修正案がだされた。すなわち、イギリスに居住する他の加盟国からの EU 市民とその家族の権利の保障を求める修正案を原案に挿入したのである。しかしその修正案を入れた法案が下院に戻されるや否決された。原案を出した政府側は、脱退交渉の足かせになるから除去したという。第2と第3の権利の思惑はすでに始まっている。

57　2016 年 10 月に開かれた保守党大会でメイ首相は、企業や投資家の不透明感を払拭するため、EU 離脱が完了する日に現行の全ての EU 法を UK 法に転換する法案を議会に翌年提出すると述べた。2017 年 3 月 30 日に、離脱大臣である David Davis は、議会の議員に、この法案は 3 つの主要な要素 three principal elements から成るであろうと次のように前に誓った：1 つは、イギリスを EU に導いた歴史的法律（heroic law）を廃止すること、2 つは、同法案は、ブレグジット後に法的ブラックホールに陥るのを避けるため、すべての EU 法を UK 法に変換するであろう。ブレグジットが完了する 2019 年半ばまでに何千という有無を言わさぬ命令（diktas）と指令（directives）からなる EU 法を UK 法に替えることになるはずである。3 つめは、同法案は、ブリテンが EU を離れるや、代議士諸君のために必要な権限を創出するであろう。See *Telegraph News* on 30 March 2017. また、2017 年 6 月 21 日の女王が議会で述べたスピーチの中で今国会に提案される政策・法案の中で、72 年 ECA を廃止する法案を上程すると表明した。See *Queen's Speech* 2017.

第 3 章　ブレグジット最後の関門—2019 年第 2 ミラー事件から議会の離脱協定の承認まで

はじめに

1　ハング・パーラメントと離脱協定への承認の困難

　第 1 章でレファレンダムの結果、EU 離脱へ方向が決まり、第 2 章に見たように、政府が EU へ脱退を通告をしようとした。しかし、市民からそれは違法であるとミラー事件として提訴され、最高裁まで争われた結果、2017 年 1 月 24 日、政府は議会の承認なしに離脱を通告する権限はないとする判決が下された。議会は、この判決を受けて、「EU 離脱通知法」European Union（Notification of Withdrawal）Act 2017 を制定し、政府に EU からの離脱通知が行われた。メイ首相は直ちに、2017 年 3 月 29 日、EU へ脱退の通告を発動すると同時に、政府は EU との脱退交渉に入った。交渉はまとまり、2017 年 6 月、「連合王国の脱退協定」と「EU と連合王国の将来の枠組みに関する政治宣言」案として、翌 2018 年 11 月、欧州理事会の承認を得る運びとなり、離脱日は 2019 年 3 月末と決定し、あとは議会に脱退協定案を持ち帰り、議会の承認を待つのみとなった。

2　3 度の拒否と 3 度の離脱日の延期

　しかし、持ち帰った離脱協定案に議会から承認を得ようとしても、議会は欧州懐疑派議員がどのような形でイギリスが離脱しようとするのか、ハードブレグジットかソフトブレグジットか議員の間で収集がつかない。そうでなくとも、2017 年に打って出た総選挙でメイ首相は、キャメロン前首相から受け継いだ過半数を超える議席を失い[1]、北アイルランドの統一党 DUP[2] の 10 議席を借

　1　前首相のキャメロンの時の保守党の議会における議席数は 330 で過半数の 326 議席を超えていた。これに対してメイ首相がキャメロンのあとを引き継いで 2017 年 6 月 8 日に打

りてどうにか過半数は得たものの、EU と約束した 2019 年 3 月末の EU 脱退までに離脱協定への承認が得られるかどうか、五里霧中となってしまった。果たして議会の承認は得られるか、その一点に集中したが、甚だ予断を許さない[3] ものとなり、3 度の拒否に遭い、離脱日は三度、延期を余儀なくされた。メイ政権で 2 度[4]、同首相の辞任後を引き継いだボリス・ジョンソン首相は、

って出た結果はどうであったか。獲得した議席は 317 で、過半数を大きく割ってしまった。

　2　北アイルランドの地域政党の一つでユニオニストの最右翼と言われた民主統一党（Democratic Unionist Party, DUP）から閣外協力として 10 議席を借りることにより、かろうじて過半数を保った。

　3　現在、イギリスを除く EU 加盟 27 か国は 2017 年 12 月 15 日、ブリュッセルで欧州理事会（EU 首脳会議）を開き、離脱条件をめぐる協議で「十分な進展」があったと判断した上、双方の将来的な関係に関する協議の開始を承認した。交渉はこれで「第二段階」に入り、離脱に伴う激変緩和のための移行期間や通商関係などに焦点が移る。欧州委員会のミシェル・バルニエ首席交渉官は 12 月 8 日、欧州議会で、これまでのイギリスの EU 離脱交渉の第一段階について進捗報告を行った。それによれば、EU がこれまで優先課題として重視してきた次の 3 項目について、2017 年 4 月 29 日に欧州理事会が採択した交渉ガイドラインの定める基準に照らして、十分進展があったことを認めた。① EU 離脱後も、英 EU 市民の権利水準は変わらないこと、また、イギリスに暮らす EU 市民が EU 離脱後も、同等の権利保障を得るための行政手続きは低コストで簡易なものであること、②イギリス政府は未払いの分担金について（最大 600 億ユーロ）、EU 加盟国として合意した財政負担を履行すること、及び、③イギリス政府は北アイルランド地域の特殊性を認め、EU 離脱後も、厳格な国境管理措置の適用を回避すること、の 3 点を評価した。2017 年 12 月 15 日、欧州理事会は、これら 3 項目の進展を確認し、交渉の第二段階のための指針を採択した。同 12 月 20 日、欧州委員会は、この交渉指針に従って、次の交渉段階に入るよう、閣僚理事会に勧告した。これによる交渉結果をベースに、EU 条約 50 条に基づく、脱退協定の起草にも着手した。同時に移行期間と将来の EU イギリスの関係をめぐる予備的協議を始めることとなった。イギリス側の考えとして、メイ首相は全閣僚と 2018 年 7 月 6 日、将来の EU との関係についていわゆるチェッカーズ合意を見た。それは主として工業製品及び農産品について EU との間に自由貿易圏を設立するというプランで、一時、それを柱とする正式なブレグジット白書が公表されたが、それはモノ、人など 4 つの自由移動を特徴とする単一市場の精神に合わないとして EU 側から拒否された。だが、2018 年 11 月 25 日臨時 EU 理事会が開かれ、11 月 14 日にイギリスと EU の実務者間で暫定合意された離脱協定案は正式に承認された。離脱協定案の骨子は離脱交渉の際の第一段階目に合意された 3 つの項目に関して、である。それと並行して、離脱後の通商などイギリスと EU 間の将来関係の大枠を示す政治宣言案も合意された。

　4　①最初に約束した 2019 年 3 月末までの離脱は極めて困難となり、決をとっても大差による拒否に遭遇し、脱退期限の延期はやむを得ないものとなり、EU からの同意を得て、3

これを受けて議会に合意なき EU 離脱もあり得るとも圧力をかけたが、通称
「ベン」法案[5] が提出され、これにより、10 月末までの期限は、EU へ 3 度目
の期間延長を求める結果となり、EU からかろうじて離脱期限をさらに 3 か月
の延長を勝ちとり、10 月末の期限から翌年 1 月末までの期間延長となった。
これにより、イギリスの EU 脱退はまたしても先送りとなり、EU 条約 50 条
（脱退条項）を発動させて EU 脱退を通告してから 2 年 10 か月もの歳月が過ぎ
てしまった。

I　ジョンソン首相による議会閉会措置に伴う「第 2 ミラー事件」

　前章においては第 1 とも言える「ミラー事件」の最高裁判決（2017 年）を考
察した。本章では、ブレグジットに至る後半にジョンソン首相が議会を閉会し
ようとして、同一市民ミラー[6] により再度提訴され起きた 2019 年の「第 2 ミ
ラー事件」[7]、もしくはスコットランドから上訴されたチェリー事件も併合して
「ミラー＝チェリー事件」[8] とも称される最高裁判所判決に考察を加えたい。

月末の期限を 4 月まで延長されたものの、そのような短期の延長で議会をまとめ上げられる
はずもない。再び、議会の拒否に会い、ここに来て、メイ首相は自らの政権運営の限界を悟
ったであろう。2019 年 6 月 7 日に保守党の党首を辞任、次いで 7 月 24 日に首班退陣に踏み
切るも、②脱退期限はさらに延期され、最長 10 月 31 日まで、EU から脱退期限は延長を得
たものの、彼女はそれを置き土産として、同日、首相の座を退き、首相の座はボリス・ジョ
ンソンに引き継がれることとなった。

　5　2019 年 9 月、議会に Benn Act 2019, or European Union（Withdrawal）Act（No.
1）が出され、9 月 9 日に制定された。この法は議員立法で、下院は Hilary Benn、上院は
Lord Rooker により提案され、通称「ベン法」と称され、合意なき EU 脱退を阻止するも
のとなった。

　6　事実、第 1 ミラー事件のミラーと同じ Gina Miller である。

　7　E.g., Mark Elliot, A New approach o constitutional adjudication? Miller II in the
Supreme Court, 24 September 2019, Public Law for Everyone. もっとも Elliot は、本論
考で、ミラー事件とスコットランド事件である Cherry 事件がともに最高裁で併合されて審
理されたので、本最高裁事件を Miller/Cherry 事件と呼んでいる。また中身を捉えて、
Case of Prorogation（議会閉会事件）と呼ばれることもある。Paul Daly, A Critical
Analysis of the Case of Prorogation, Canadian Journal of Comparative and Contem-
porary Law（2021）, 265.

92　第 3 章　ブレグジット最後の関門―2019 年第 2 ミラー事件から議会の離脱協定の承認まで

[事実関係]

　ジョンソン英首相は、EU 側から与えられた期限、（2019 年）10 月末までに、難しい議会の運営に迫られ、同年 8 月、女王への助言を敢行し [9]、離脱期限の直前まで議会を 5 週間ほどの間、閉会し、うむをいわさず議会からの承認をえようと決断した。毎年ある夏休みと違う。力づくと思われる形で議会の閉会を女王へ助言し、当然ながら、首相によるこのような措置は、各方面から反発を呼び、市民の代表たるミラー女史に再びロンドンの高等法院へ提訴されるに至った。しかし、高等法院の合議法廷（Divisional Court）では、首相の取った行為はブレグジットの後半も後半、時間が限られているなかでの政治的な判断であり、司法判断に馴染まないとして、ミラーの議会閉会の差し止めを求める申し立てを却下した。しかし、本件は上訴され、争点は最高裁判所へ移された。

　そもそも、休会と違って、イギリス史上、首相が議会の閉会に動いたという経歴はなく、考えられない事件が起きたわけであるが、本件で最高裁判所は 2 つの問題に直面することとなった。1 つは、本件は、正しく法廷で審議を求めうる事件に値するか、すなわち、司法判断適格性（judiciability）を有するか、2 つ目は、有するとして政府が議会の閉会を女王に助言したことは憲法上正しい判断だったと言えるかが争われた。このように極めて異例とも思える事件に最高裁判所が審理し、下した決定は「歴史に残る判断」となり、注目を浴びる結果になったが、以下に、あらためて最高裁での争点、及び判旨の順に従って検証する。

　なお、本最高裁法廷は 11 人の判事からなるフルメンバー（大法廷）で構成され、最高裁長官レディ・ヘイル [10]（President, Lady Hale of Richmond）ほか、

　8　スコットランド法廷からの上訴と併合され、ミラー＝チェリー事件となる。2019 年「国王（ミラーの申し立てによる）（上訴人）対首相事件（非上訴人）」及び「スコットランドのチェリー他（非上訴人）対スコットランド側法務官事件」の最高裁判決。

　Judgement given on 24 September 2019: *R* (*on the application of Miller*) (*Appellant*) *v The Prime Minister: Cherry and others* (*Respondents*) *v Advocate General for Scotland* (*Appellant*) (*Scotland*) [2019] UKSC 41; On appeals from: [2019] EWHC; and [2019] CSHI 49.

　9　首相の助言によりその日のうちに枢密院で勅令 An Order in Council が制定された。

11 人で審議され、全会一致の結論が下された[11]。

　なお、以上を述べる前に、同じ問題に対して、イングランドとは別に、スコットランドでもチェリーと EU 残留派の超党派議員グループ[12]によりスコットランド上級裁判所に提訴されたことを付記したい。同裁判所の第一審部（単独審、the Outer House of the Court of Session）にて行われた裁判では、議会閉会は違法ではないと結論付けられたが、原告チェリー側は同上級裁判所の上訴部（合議審、the Inner House of the Court of Session）に上訴。そこでの判断は、ロンドンの高等法院のそれとは対照的に、同年 9 月 11 日、ジョンソン首相が取った議会を閉会しようとする措置は、とりも直さず議会が政府の説明責任を問うのを阻止しようとするもので違法であり、無効だと判断された。

　このスコットランドにおける判決に対しては、最終的にロンドンの最高裁判所に上訴する道が開かれていた。こうしてロンドンの最高裁はロンドンの上訴事件とスコットランドの事件を併合して審理に付すこととなった。その意味ではここでの訴訟は単に第 2 ミラー事件でなく、ミラー＝チェリー事件と引用されることの方が多いかもしれない。

[最高裁における争点]

　（イングランドとスコットランドに対する）上訴審の争点は、何時、そしていかなる意味で連合王国が EU（欧州連合）から離脱するかを問うものでない。本

　10　リッチモンドのヘイル女男爵。2017 年 9 月、前任の裁判長ニューバーガー卿（Lord Neuberger）を引き継いで長官になった。その後、ヘイル裁判長は、2020 年 1 月 13 日、リード卿（Lord Reed）に後任を譲り、現在に至っている。なお、本法廷では、ヘイル裁判長のほか、裁判長代理リード卿（Lord Reed, Deputy President）、カー卿（Lord Kerr）、ウィルソン卿（Lord Wilson）、カーンウォス卿（Lord Carnwath）、ホッジ卿（Lord Hodge）、レディ・ブラック（Lady Black）、ロイド＝ジョーンズ卿（Lord Lloyd-Jones）、レディ・アーデン（Lady Arden）、キッチン卿（Lord Kitchin）、及びセイルズ卿（Lord Sales）が陪席した。

　11　イギリスの EU 離脱反対派や野党議員、保守党のメージャー元首相などの弁護団が出席し、5 週間にわたる議会閉会は 50 年間で最長であり、議会の役割を停止させる手段に他ならないと訴えていた。なお、審理は 2019 年 9 月 17 日、18 日と 19 日も及んだ後、同月 24 日に判決が下された。

　12　Joanna Cherry QC MP and a cross party group of 75 MPs.

件は司法判断的適格性があるか、また、あるとして、2019年8月27日、28日、女王に対して首相が行った助言[13]、すなわち、9月9日から12日の間のいずれか1日から10月の14日まで議会を閉会すべきであるとの助言が合法的なものかどうかである。法廷意見をまとめたレディ・ヘイル最高裁長官は、この問題に関する事件は史上、これまで起きたことがなく、これからも起きそうもない状況下で起きている。これは1回きりの事件となるであろう。しかし、我が国の法はそのような課題に立ち向かうことに慣れており、解決策を推論するための法的手段を私たちに十分、提供されていると述べ、以下のように判示した。

［最高裁判決］

　最高裁は判事11人一致して、2019年9月24日、本件における女王に対する首相の助言行為は、正当な根拠もなく議会が憲法上の機能を果たすことを妨害しており、「違法」で「無効」であるとの判決を下した。詳細は以下の通り。

　上と少し重複するが、最高裁の法廷意見をまとめたレディ・ヘイル長官は、我々は、イングランド及びウェールズ高等法院とスコットランド上級裁判所上訴部という2つの上訴事件をここに扱うこととなった。再び強調したい重要なことは、これらの事件は、何時、そしていかなる条件で連合王国（イギリス）がEUを離脱しようとしているかが争点ではない。これらの事件は8月27日と28日に首相が女王陛下に行った助言、9月9日から12日のいずれかより10月14日までの間、議会を閉会（prorogue）すべきとの助言を女王に行った助言は正しいか、正しくないとしたらどのような結果を招くかという一点に尽きる。これは今まで起きたこともなく、また再び起きるとは思えない状況下で生じている。これは一度限りの事件である。

　簡潔に言うと、スコットランド事件は議会の超党派75名の議員と1人の弁護士により7月30日に提起された事件であるが、議会における更なる審議を回避して10月30日にEUから脱退しようとの目的で行われた。8月15日、首相官邸で法制局長官（Director of Legislative Affairs）とニッキ（Nikki da

---

　13　イギリスの不文憲法の下では、議会の一時閉会または解散に関する権限は正式には政治中立的な君主である女王にあり、女王は首相の助言に基づいて行動するのが慣習（いわゆる国王大権に対する首相及び内閣の助言制度である）となっている。

Costa）が首相にメモを渡し、（公務員と特別補佐官）7 名にその複写を送った。9 月 9 日から 12 日以内に議会の閉会を求める形で開始され、10 月 14 日に女王の（議会での）スピーチを行うことを求めて、王室に接近するよう勧告するものであった。首相はそのメモをみて "Yes" と動いた。8 月 17 日に、彼は電話で正式に女王陛下にそれら日程のいずれかに議会を閉会するよう助言した。8 月 28 日に、下院のリーダーで枢密院の長であるジェイコブ＝リーモックらは女王の設定した枢密院に出席した。女王への助言を承認し、議会がこれらの間のいずれかから閉会するよう、大法官は閉会を準備する枢密院令（Order in Council）を発給した。その後、内閣の他の閣僚に取られた決定を通知するため、閣議が開かれた。同日、この決定は公表に付され、首相は議会の議員に説明するため書簡を送った。この決定がアナウンスされるや、ミラー女史は決定の合法性を争うため訴訟を提起したのである。

　議会は夏の休会から 9 月 3 日に再開された。議会はどうこれを処理するか投票を行った。翌日、EU 離脱（第 2）法、すなわち EU（Withdrawal）（No. 2）Act、を審議決定するため下院であらゆる手続を終えた。9 月 6 日に上院でも可決され、9 月 9 日に国王の裁可を得た。本法の目的は、10 月 31 日に離脱合意なしにイギリスが EU を脱退することを妨げるものでもあった。

　9 月 11 日、高等法院はこの問題は法廷における司法適格性を欠いているとして提起されたミラー女史の訴えを却下した。同日、スコットランドの法廷は、本件は司法適格性を有しており、かかる問題は首相の決定が議会の精査を妨げる不当な目的に動機付けられたものであり、それに伴う閉会は違法であり無効であると宣言した。

　ミラー女史は当該判決に対して、また、スコットランドの判決に対して本最高裁に上訴。9 月 17 日と 19 日に本法廷にて審議に付された。本件の重要性に鑑み、我々は、本法廷 11 名で、それは陪席できる最大の数であり、当判決は 11 名全員の一致するところであった。

　さて、本件の第 1 の問題は、女王に対する首相の助言に関する当否に関して（当法廷は）司法判断適格性を有しているかである。我々最高裁は（それは）ある、と判断した。当法廷は、何世紀にもわたって政府の行為の合法性に対する監督的管轄権を行使してきた。1611 年の昔、法廷は、当時の政府であった国

王たる者、我が国の法が許すこと以上に「国王大権」を持つものではないと判決を下してきた。しかしながら、国王大権を考察するにあたって、2つの異なる問題があることを区別しておくことが必要である。1つは、国王大権が存在するかということ、さらに存在するとすれば、いかなる範囲で存在するかである。2つ目は、その範囲内にある国王大権の行使を（法的に）争うことができるかである。2つ目の問題は、この権限は何についてどの範囲で存在している問題か言ってよいかもしれない。ある権限は司法審査に従うが、他の権限は服さない。しかしながら、本裁判所は国王大権の存在とその範囲については判断することができる、とすることは疑いなかろう。本件の全ての当事者もそれを認めている。本最高裁法廷は、この問題は議会の閉会に対し女王陛下に助言する権限の範囲についてであると判断した。

　つまるところ、第2の問題は、国王大権の権限の範囲はどこまでかである。この問題を決定するには我が国の憲法の基本原理とどのように関係しているかである。1つは、議会主権である。議会主権とは何人も従うべき法を制定できること、したがって、もし行政部門が国王大権を通して、議会が好む法を作るのを妨げるならば、この権限は損なわれてしまうであろう。2つ目の原理として、議会の説明責任というものである。ビンガム卿（Lord Bingham, ビンガム卿は senior law lord であった）の言葉によれば、「政府の首相及び政府の連帯による行為は議会に責任をもち、議会に説明しうる者でなければならぬ。それがウェストミンスターの民主主義に横たわっている」と。大権というものは憲法原理によって制限を受けるし、そうでなければ憲法原理と衝突することになる。

　今回の目的のため、閉会する権限への当該の制約はこうなる。すなわち、閉会する決定（あるいは閉会を女王に助言する）は、かかる閉会が合理的な理由なしに立法部としての議会及び行政部への監督に責任を有する機関としてその憲法的権能を遂行する議会の権限を阻止するか、もしそれを妨げる効果を持つならば違法である。

　したがって、第3の問題として、議会が合理的な正当性がないまま、憲法上の機能を遂行する上で妨げがあったかどうか。毎年の夏休みの休暇（summer recess）と議会が離脱協定の承認を期待されている期限、すなわち 10 月 31 日までの 8 週間のうち、5 週間もの間、かかる憲法的役割を議会が遂行するのを

阻止し、または、妨げられる効果を持つ結果となったことは否めない。「議会の閉会」と「議会が夏休みの休暇に入る」のとは全く違う。議会が閉会されれば、その間に議会が集会し、議論し、立法を可決することはできないのである。議会は政府の政策を議論できなくなる。議員らは大臣たちに対して書面または口頭で質問できないし、集会して委員会に証言することもできない。

　一般的に法案はあらゆるステージを終えなければ廃案となり、あらためて最初から女王のスピーチとともにやり直さなければならない。他方、夏休みの休暇であれば、議員は議会に出なくとも構わない。けれども（今回の首相による議会の閉会）はこの議会民主主義の閉ざされた中断に等しく、この中断は全く例外的な状況下で起きたのである。すなわち、EUからの脱退という基本的な変革が10月31日にこの国に起ころうとしていた。選挙で選ばれた国民の代表としての下院（庶民院）はそのような変革がどのように訪れるかという点で、声を挙げる権利を有する。我々民主主義の基本原理へのインパクトは甚大だったはずである。そのような甚大なインパクトに対して行動する議員らの権利は全く裁判所に提示されなかった。

　なぜ（首相が）閉会する必要があったかの唯一の証拠は、8月15日付けのニッキ（Nikki da Costa）の出したメモだけだった。メモの説明するところによれば、10月14日に議会の新しい会期を開くための女王のスピーチがなぜ望ましいのか。そこには5週間もの間、議会を閉会する必要がなぜあるのか示していない。"閉会"（prorogation）と"休暇"（recess）の違いさえ示していない。また、10月31日にEUからの脱退を達成するに必要な委任立法を精査する特別な手続に関しても閉会のインパクトを論じていない。「2018年EU（脱退）法」の13条に要求されているような、離脱協定に議会の承認を得るための議会日程も何ら説明されていないのである。

　それゆえ、本最高裁法廷は、議会を閉会するよう、首相が女王陛下に助言したことは違法であると考える。なぜならば、もし（今回のように）閉会すれば、合理的正当性なしに我が国の憲法原理の遂行を期待される議会の権能を阻止あるいは妨げる効果を伴なうと判断せざるを得ないからである。

　次の最後の問題は、本最高裁法廷がどのような救済を認めるかである。1688年の「権利章典」によれば、「議会の立法手続に」裁判所は異議を申し立てる

ことはできず、また、争えない。しかし、"閉会は立法手続にあたるか"、否、"閉会は議会の立法手続の一部ではない" ことは明白である。もし閉会がありうるとすれば、両院の議員が出席する貴族院（上院）で起きうるのである。今回の閉会はそのような決定だったわけでない。それは内からでなく外から彼らに課されたのである。それは議員が議論し、投票によって決めたわけでない。

　本最高裁法廷は女王への助言は違法だったことは既に結論を下した。加えて今回の首相の助言により "議会は1日たりとも閉会されなかった" ということである。それが本法廷の認める救済であり、このことは11名の判事諸氏の全会一致の判断である。

II　EU脱退に向けての最後の関門—2019年12月12日の総選挙

　上述したことを繰り返すが、今回の総選挙以前、保守党は330議席を保ち、過半数の326議席を上回っていた。だが、2017年、テリーザ・メイ首相が打って出た総選挙の結果は、保守党の議席を12議席減らして318議席となり、過半数の326議席を割ってしまった。これでは政権運営どころか、政権を維持するのも危うくなってしまった。やむを得ず、北アイルランドのDUPと交渉し、閣外協力という形で同党の10議席を借りて、なんとか過半数を維持する政権になってしまった。これによりイギリス議会はハング・パーラメントとして宙吊り議会となり、EUからの離脱をいつ、どう成し遂げるか、メイ首相はすっかり視界不良となり、首相を辞任した経緯がある。だが、後任にボリス・ジョンソンがこれを引き継いだからといって、状況は同じである。何をしようと、このようなハング・パーラメントでは議会運営を乗り切るのは困難であることは同様であった。

1　2019年ベン法[14]の可決

　メイ首相がジョンソンに託したEUとの交渉期限である2019年10月末が迫るなか、EU離脱の実現を強硬に目指しながら、承認を得られないできた離脱

　14　正式には、European Union（Withdrawal）（No. 1）Act 2019. なお本法は2020年1月23日に廃止された。

協定を北アイルランドの取扱いに関して修正の上、EU との合意を取り付けよ
うとした。しかし、北アイルランドとイギリス本土とで同じ扱いを求める
DUP[15] は、これではメイ首相が EU とまとめた離脱協定を若干修正しただけ
の譲歩した内容にすぎないとして、DUP の反発を受ける始末となった。こう
なってはやはり DUP の協力を得ての政権では承認を得ることは困難であろう。
ジョンソン首相は合意なき離脱もありえると、吐き捨てるように宣告したが、
離脱協定なき離脱だけはどの議員も避けたいと思っていたのが本音である。こ
こにきて合意なき離脱を阻止しようとする議員立法が飛び出した。これが前述
した下院議員 Hilary Benn の名をとって呼ばれることとなる「ベン法」であ
る。法案の名は "EU からの離脱のための交渉期限に関するさらなる規定を定
める法" とされ、上院では Lord Rooker がこれに同調し、2019 年 9 月、国王
の裁可を得て成立した。ここに至り、ジョンソン首相も覚悟を決め、離脱協定
に議会の承認を得るため、EU から交渉期限を、当初の 10 月 31 日から 3 か月
延長、すなわち翌 2020 年 1 月 31 日まで、の期限延長を EU 側に提案しそれを
勝ちとった。これにより離脱延期法が制定され、本格的な EU からの脱退の方
向が一抹の希望として見えてきた。

2 2019 年早期議会総選挙法 [16]

　ベン法によって離脱協定を議会に提出し、承認を得ねばならないことが決ま
り、EU から議会の離脱延期も勝ち取って条件は整った。だが、それにしても、
ジョンソン率いる保守党が議席の過半数を獲得しなければやはり離脱協定に議
会から承認を得るのは難しい。首相は、議会を解散してなんとか総選挙に打っ
て出たいと望むものの、2011 年議会任期固定法 [17] が壁となって立ちはだかっ

15　Democratic Unionist Party, 北アイルランドの保守政党、民主統一党と訳されてい
る。

16　Early Parliamentary General Election ACT 2019.

17　Fixed-term Parliaments Act 2011. この固定法は内外から注目された。議会の任期
を固定することの是非には賛否両論がある。賛成側のいう公平性と反対側のいう政治の硬直
化など、本法は多くの関心をひいたが、EU からの離脱をめぐり、著しい政治の停滞がみら
れた。河島太朗「イギリスの 2011 年議会任期固定法」外国の立法 254（2012.12）参照のこ
と。これまでイギリスでは解散権は国王大権に属し、大権行使について助言する首相が主導

た。5年の任期を待たねば総選挙に打って出ることはできない。だが、同法によれば3分の2の賛成を得ることができれば解散は可能である。彼はそのため、都合3回、解散動議を議会に出したが、ハング・パーラメントである。いずれも賛成をえることはできなかった。

イギリス政治は議会が安定してこそ、主権を発揮してリーダーシップが取れる。だが、議会が宙ぶらりんのままで、与党は前に進めない。これに対して野党の労働党もあと一歩で政権に近づいている今、早く解散してもらいたいことに変わりはない。思惑が一致したところで、議会に2019年12月12日に実施する総選挙を目的とする「2019年早期議会総選挙法」（Early Parliamentary General Election 2019）が提出され、与野党多数の賛成を得て、10月29日、同法は成立した。

12月12日、遂に総選挙が行われることが決まった。首相は11月6日、議会を解散、12月12日に総選挙が実施された。結果は、ジョンソン率いる保守党が過半数を大きく上回る365席を獲得して圧倒的勝利を得た、これにより議会のハング・パーラメント（議席の過半数を獲得している政党が存在していない状態）は解消され、迷走を続けていたEU離脱問題が大きく進展することとなった。

翌年2020年1月23日にイギリスのEUからの離脱を実施する法案が女王に裁可されて成立した。イギリスは1月31日午後11時（英国時間）、EUから離脱することに成功した。イギリスとEUは前日までに離脱協定の批准手続を完了させた。イギリスのメイ首相が、2017年3月29日にEUに対して正式に離脱を通告してから2年10か月、さらに言うならば、EUとの厳しい交渉と国内での激しい論争を経て、イギリスはEU離脱を決定した2016年6月23日の国民投票から3年7か月の時の経過を要したのである。

して下院である庶民院の総選挙を決めてきた。これが2011年議会任期固定法で制約されることになった。しかし、その後、イギリスで、2022年議会解散及び招集法（Dissolution and Calling of Parliaments Act 2022）が制定され、同固定法は廃止された。上郷秀治「2022年議会解散及び招集法の制定」外国の立法（2022.7）292—I参照。

3 大廃止法案の置き土産

ただし、メイ首相の後半、すなわち 2016 年の国民投票で EU からの離脱が決まった秋、彼女はいずれ議会に「72 年 ECA」、すなわち「1972 年欧州共同体法」を廃止すべく大廃止法案を出すことを約束していたことについて一言、言及しておきたい。そのことは翌 2017 年 7 月 13 日、大廃止法案の下院提出に繋がった。かくして法案は同年 9 月に通過したが、さらに修正が加えられ、最終的に 2018 年 6 月 26 日に「2018 年 EU 離脱法」として成立させた意味は大きい。大廃止法案は、2018 年 6 月 20 日、順調に「2018 年 EU 脱退法」[18] との名で可決することに成功した[19]。同法の 1 条によれば、「1972 年欧州共同体法」は、離脱日をもって廃止されるものとする、と規定され、2 条から 7 条の中で、これまでイギリスに適用されていた EU 法はすべからく同国の国内法として保持される、とする重要な条文も制定された。イギリスが EU を脱退しても、これまでに結実してきた EU 法と決別するのでなく、既存の EU 法すべてをイギリスの国内法に置き換えてしまおうという、いわば EU からの脱退にある意味、始末をつけたのであった。これまで経済統合を進展させてきた EU と EU 法を自らの懐に組み入れたままの離脱となるのである[20]。ここではこれ以上の議論は割愛するが、メイ首相は宰相の座を退く不名誉に陥ったといえども、脱退通告を成功に導き、大廃止法案を成立させたことは後年、離脱を望んだ市民から大仕事を成し遂げたと評価される日も訪れるであろう。

---

18 European Union (Withdrawal) Act 2018. 同法の 1 条で、「1972 年欧州共同体法」は離脱日をもって廃止されるものとする、と規定された。その上で、2 条から 7 条の中で、これまでの EU 法は保持されるとした重要な条文が続く。

19 長称によれば、「1972 年欧州共同体法を廃止し、かつ、連合王国の EU からの脱退に関して別に規定を設ける法」とあり、同法第 1 条において「1972 年欧州共同体法は、脱退の日（exit day）に廃止される」と規定する。ついで同脱退法の第 2 条で、これまで効力を有していた EU 法をイギリスの国内法に転換し、これらを保持された EU 法（retained EU law）としてイギリスの法体系の中に残存することとした。

20 その延長に、2023 年、イギリス議会は Retained EU Law (Revocation and Reform Act 2023) を制定するに至っている。

Ⅲ 司法権の独立とイギリスの新しい最高裁判所に触れて

すでにご承知のことと思うが、ブレグジットの終盤に、第1ミラー事件、第2ミラー事件と続け様に訴訟が引き起こされたが、いずれも、集中審理ですばやく、また判決文を読む限り、歯切れのよい形で判決を下した最高裁判所に注目が集まった。もし、この時、以前のように上告審が上院である貴族院に委ねられていたら、これだけの歯切れのよい判決をすばやく出せたであろうかとさえ思われた。この最高裁は、2005年の憲法改革方法（Constitutional Reform Act 2005）に基づき、2009年10月に貴族院から完全に独立して創設されたイギリスの新しい最高裁判所であった [21]。紙幅を借りて、この創設されたばかりのイギリスの新しい最高裁について、設立した経緯、設置された理由、および特徴と意義について若干の検討をする。

1 2つのミラー事件と貴族院から独立した最高裁判所

2つのミラー事件は、貴族院から完全に独立する形で作られたイギリスの新しい連合王国最高裁判所（Supreme Court of the United Kingdom）によって審理され、判決が下された。この新しいイギリスの最高裁判所は、2005年の憲法改革法により、これまでイギリスの上告審の役割を演じてきた貴族院上訴委員会 [22]（Appellate Committee of the House of Lords）から司法的機能を完全に除去して創設されたのである [23]。新しい独立の最高裁判所は、準備期間を経て、2009年10月、ロンドンのウェストミンスター広場 [24]（Parliament Square）の西、議会の真正面にある歴史的建造物 [25] の一つ、ミドルセックス・ギルドホ

---

21 拙稿「イギリスの新しい独立の最高裁判所」日本法学75巻3号（2010年1月25日）281頁以下参照。

22 2009年7月27日から30日、法律貴族達は最後の貴族院判決を下すため上訴委員会の判事席に就いた。

23 この改革法はさらに、これまで地方分権問題に関する付託事件を審理してきた枢密院司法委員会（Judicial Committee of the Privy Council）からも、司法的機能を除去し、同じ新しい最高裁判所に移管することを決めた。

24 新最高裁判所はこの街区にある大蔵省とウェストミンスター寺院と隣接している。

ール（Middlesex Guildhall）を全面改装して完成し、上告審としての司法業務を開始した。

イギリス史上初めてとなる独立の最高裁判所の創設と言っても、他の諸国からみれば今頃？と疑問の方が先立つかもしれないが、中世から今日まで6世紀以上にわたって、また19世紀後半に上告管轄権法が成立してから数えれば、130年以上の長きにわたってイギリスの上告管轄権を独占してきた歴史を考えれば、この度の最高裁の設立は、司法権の独立の観点から画期的な改革として、あるいは、中世以来の遺物という岩盤に穴が空いたことに誇らしく思う人が多いかも知れない。2005年憲法改革法による新しい独立の最高裁判所を設置するという企図は、イギリス史上、やはり野心的な決定により実現されたと言ってもよいであろう。

2 改革以前の1876年上告管轄権法と貴族院上訴委員会

ところで、2005年憲法改革法は、これまでの1876年上告管轄権法（Appellate Jurisdiction Act 1876）を廃止し、貴族院から司法的機能を除去し、文字通り、司法権の独立を果たしたが、これまでの貴族院の司法的機能はこの上告管轄権法によって確定されてきた歴史を述べておくこととしたい。

実は、この上告管轄権法が制定される直前、貴族院の司法的機能は廃止することに決まっていた。というのも1873年、自由党のグラッドストン[26]政権は貴族院の司法的機能を廃止する法を制定していたからである。その法令は1873年最高司法裁判所法（Supreme Court of Judicature Act 1873）であり、それによれば中世時代の遺物ともいえる貴族院の司法的機能を廃止することとされ、翌年1874年11月に施行されるはずであった。しかしその直前、自由党政権は倒れ、ディズレイリ[27]保守党政権の成立が実現した。新しい保守党政権

---

25 スコットランドの建築家 James S Gibson（1864-1951）によるもの。1906年から1913年にかけて建築された。

26 William Ewart Gladstone（1809-1898）。彼が首相として自由党をリードし、保守党党首ディズレイリと政権を入れ替わり担当し、近代的二大政党の基礎を築いた。政権を担当した年は以下の通り：1868-74, 1880-5, 1886, 1892-4.

27 Benjamin Disraeli（1804-1881）。保守党のリーダーとして首相になったのは以下の通り：Feb. 1852-Dec. 1852, 1858-1859, 1866-1868, Feb 1868-Dec 1868, 1874-1880.

104　第 3 章　ブレグジット最後の関門──2019 年第 2 ミラー事件から議会の離脱協定の承認まで

は直ちに廃止法の施行を 1875 年まで延期する法案を提出した [28]。保守党はや
がて廃止法そのものを廃止して、貴族院の司法的機能を確定すべく法案を提出
し、1876 年上告管轄権法が成立したのである。これにより、貴族院はイギリ
スにおける連合王国の終審の裁判所として確定した。

　しかし確定したのであって貴族院の司法的機能の起源はこの制定法によるも
のではない。その起源はそれよりはるか遠い中世時代にまで遡る。中世初期、
司法の源泉は国王の顧問府としての Curia Regis から次第にコモン・ロー裁
判所が独立していき、議会も誕生していくわけであるが、Curia Regis から独
立してもなお、議会は High Court of Parliament として司法の最終審の場を
保持し続けた [29]。14 世紀に議会が確定的に両院制へ定着していくなかで、貴
族院はこの司法的機能を徐々に引き継いでいったのである [30]。

　このように中世にさかのぼる古い貴族院の司法的機能は今日、上院の委員会
室で行われることとなり、それは上訴委員会（Appellate Committee）と呼ばれ
ることとなった。上訴委員会を構成する判事は常任上訴貴族（Lords of Appeal
in Ordinary）と呼ばれ、彼らは首相の助言に基づいて国王により任命される
こととなった。一般的に彼らは法律貴族 [31]（Law Lords）と称されることにな
っていたことで知られよう。

　新しい最高裁判所が開設されれば最初の最高裁判所判事には前任の法律貴族
がそのまま就任することになった（後述）。貴族院上訴委員会の判事の定員は
1968 年司法運営法（Administration of Justice Act 1968）1 条により最大 12 人
と規定されている。審理にあたっての定足数は 3 名であるが、通例 5 名で構成
されることが多いであろう。事件の重要性に応じて 9 名で行われることもあり
うる。任期は 1993 年裁判官年金及び定年法（Judicial Pensions and Retirement
Act 1993）に基づき 75 歳とされた。

　28　この最高司法裁判所法のうちの貴族院の上告管轄権の廃止を定めた規定を除外し、次
いで翌年 1876 年法を制定した。なおこの法令の中の最高司法裁判所とは Supreme Court
of Judicature を言うがこれは単一の最高裁判所ではなく、控訴院、高等法院および刑事法
院を合わせていう複合的な用語にすぎない。

　29　Glen Dymond, *The Appellate Jurisdiction of the House of Lords*, at p 2.

　30　*Ibid.*

　31　憲法習律により、彼らは立法府での議題では投票に加わらない。

Ⅲ　司法権の独立とイギリスの新しい最高裁判所に触れて　　　105

　貴族院上訴委員会が有する管轄権[32] は、1876 年法に基づき、以下の通りであった。

①民事事件・刑事事件についてイングランド及びウェールズの控訴院からの上告事件について。ただし控訴院または貴族院から上訴の許可を得ること。

②民事事件についてスコットランドの民事上級裁判所（Court of Session）からの上告事件について。この場合、上訴の許可は必ずしも必要とされないのが通例である。

③民事事件・刑事事件について北アイルランドの控訴院からの上告事件。ただし、その場合控訴院または貴族院から上訴の許可を得ること。

④民事事件・刑事事件について重要な法的問題（憲法上の問題を含む）にからむ事件の場合であって、イングランド及びウェールズの高等法院又は北アイルランドの高等法院の判決に対して直接貴族院へ飛越上訴（Leap-frogging appeal）することができるが、それらの上告事件について。

⑤軍法上訴裁判所に対する上告事件について。

貴族院上訴委員会が有する上の管轄権はすべて新しく設置される最高裁判所にすべて移された。

　なお上に掲げるとおり、スコットランドから貴族院への上告事件は民事事件だけに限られる。刑事事件についてはスコットランドの刑事上級裁判所（High Court of Justiciary）が終審の裁判所であり、貴族院へ上告することは許されていない。この点も新しく最高裁判所が設置されてもその管轄権から除外されることとなっている。刑事事件についてのスコットランド刑事上級裁判所の管轄権はイングランドとスコットランドとの 1707 年の合併法（Act of Union, 1707）に拠る。合併法によりスコットランド議会（Scottish Parliament）は廃止されたが、廃止される前、スコットランド議会は民事事件に関して上告管轄権を持っていた。スコットランド議会が廃止されるに及んで、貴族院がスコットランド議会の民事事件に関する上告管轄権を継承したのである[33]。

　32　この管轄権は仮に議会が閉会されていても行使される。*See* Glen Dymond, *supra*, at p 9.

　33　The Law Lords and the Lord Chancellor: Historical Background, *December 1999*, at para52.

3 ブレア労働党政権の憲法改革による最高裁判所の創設

　この野心的な憲法改革の企図は労働党政権 2 期目の 2003 年 6 月 12 日、ブレア首相によっていささか唐突に発表された [34]。しかし、1997 年以降、ブレア労働党政権が憲法の現代化を継続して進めるというこれまでの立場からすればそれは決して唐突だったわけではない。果たしてそれから間もない 2003 年 11 月 26 日、国会が召集され、新しい会期に際して、ブレア政権が今国会で尽くすべき新たな政策方針・法案の概略が呈示されたが、注目されたのはそのうちの憲法改革に関する部分だった。それによれば「我が政府は、最高裁判所（Supreme Court）を設置すること、裁判官の任命システム [35]（judicial appoints system）を改革すること、そして現行の大法官職（office of Lord Chancellor）を廃止する準備にとりかかり、これら憲法改革のプログラムを継続して行う」というものだった。

　それにしても貴族院に上告管轄権を委ねてきた長い法伝統を破って今新しい最高裁判所を設置する現代的意味は何か。かつてバジョット（Walter Bagehot）は『イギリス憲法』[36]（*The English Constitution*）のなかで「イギリス人の最高裁判所は、立法部という服の裏側に隠されているべきでない」「はっきり目に見える偉大な法廷であるべきだからである」と、最高裁判所の設立はずっと前からのイギリスにおける大きな課題の一つであった。

　さらにそれはヨーロッパ人権条約を 1998 年人権法として国内法化したことと無縁ではない。これまで立法府である貴族院がイギリスの上告審を担ってきたといっても、そこで実際に裁判に関与するのは裁判官として任命された法律家のみであって、司法権の独立が害されることは決してないとされてきた。し

　34　政府の発表に対して、貴族院上訴委員会の現場の法律貴族の反応は厳しかったといわれる。12 人の法律貴族のうち、准シニア法律貴族であるニコルス卿判事（Lord Nicholls）を含む 6 人の法律貴族が不必要かつ有害であるとして反対。他方、シニア法律貴族であるビンガム卿判事（Lord Bingham）を含む 4 人の法律貴族が最高裁判所の設置する企画に賛成した。拙稿「イギリスの 2005 年憲法改革法と独立の最高裁判所」駿河台法学 19 巻 2 号、82 頁参照。

　35　イングランドとウェールズの任用に限定される。

　36　1865 年 5 月 15 日から 1867 年 1 月 1 日まで『*The Fortnightly Review*』で最初に連載され、後の 1867 年に有名を博す彼の著書として出版された。

かし、ヨーロッパ人権条約を国内法化した今日、イギリスはより目に見える形で [37] 権力分立を一層深化させるよう求められるようになった。当然のことである。

　憲法習律により立法部内で立法と司法が内部でいかに謙抑的に分離されていると主張しても、民主主義を誇るイギリスの終審の裁判所を語るにふさわしいとは言えない。多くの歳月を経て、このたびのブレア政権による憲法改革の主眼はイギリスの司法部の頂点を「はっきり目に見える偉大な法廷」にしようというのである。

　その中で、これまでとくに疑問視されて来たのは上告審を担う貴族院のトップが大法官職 [38]（Lord Chancellor）であり、冒頭で述べたように、彼は歴史上長く司法のトップであるとともに、立法府である貴族院の議長であり、さらに内閣の閣僚の大臣でもあって、新しい最高裁を作る上での突破口はこの大法職の存在だったかもしれない。というのも彼の持つ職責は三権分立の矛盾としてしばしば批判の対象の一つとされて来たからである。新しい最高裁判所を設立すべきとするきっかけはなんといってもこの大法官職の歩く三権分立の矛盾を除去することから始め、2005 年法の制定につながり、結果として最高裁判所の設立へ向かう改革の機運になって行ったと思われる。またそのことが憲法改革のもっとも核心的な主眼だったのである。

4　2000 年のマッコウネル対イギリス事件（*McGonnell v United Kingdom*）

　このようにブレア首相が 2003 年 6 月 12 日に独立の最高裁判所を設置する考えを表明する以前、イギリスの大法官職に類似する制度がガーンジー（Guernsey）島にあってすでに人権裁判所で争われていた、それが上の表題に掲げた事件である。裁判を主宰した Deputy Bailiff は地方行政官であるとともにガーンジー島の立法部の議長であり、しかも裁判官として本件を主宰しているのはヨーロッパ人権条約 6 条 1 項に基づく公正な裁判を否定するものである、と

37　See e.g.: The Government's response to the report of the Constitutional Affairs Committee, April 2004. そこでは "…To ensure …the Judiciary are visibly separate from Parliament and the Government" との言い回しで表現されている。

38　歴史的に、大法官は 11 世紀のノルマン・コンクエストに遡る古い役職である。

ヨーロッパ人権裁判所に訴えが提起された。結果的に、人権裁判所は、全員一致で、本件において独立かつ公正な裁判所により公正な審理を保障するヨーロッパ人権条約6条1項に違反する、と判示した。本件における Deputy Bailiff は明らかに三権分立の歩く矛盾とされる大法官のそれと類似するものである。

イギリスが長く温存してきた大法官職がヨーロッパ人権条約6条1項に違反しているとの強い批判があったことを述べたが、こうした批判に関連して、2000年の *McGonnell v United Kingdom* を含む判例を見る限り、イギリスの司法制度の頂点に投げかけられた疑問はすでに司法の場で争われていたのである[39]。

この裁判で申立人の Richard McGonnell は、申立人の開発計画にかかわる訴訟において、チャンネル諸島の一つガーンジー島の立法部（States of Deliberation）が採択した開発計画に関連して開発申請の申立てを棄却されたが、裁判を主宰した Deputy Bailiff は地方行政官であるとともにガーンジー島の立法部の議長であり、しかも裁判官として本件を主宰しているのはヨーロッパ人権条約6条1項に基づく公正な裁判を否定するものである、とヨーロッパ人権裁判所に訴えを提起した。結果的に、人権裁判所は、全員一致で、本件において独立かつ公正な裁判所により公正な審理を保障するヨーロッパ人権条約6条1項に違反する、と判示した。本件における Deputy Bailiff は明らかに三権分立の歩く矛盾とされる大法官のそれと類似するものであることは疑いない。

当時の大法官であったアーヴィン卿（Lord Irvine）はこの判決に応じるかのように、大法官職に就いている間、「自分は今後、自分がかかわる立法の通過に関するいかなる事件においても裁判に参加しない」[40] と宣言した。こうすることで彼はヨーロッパ理事会との衝突を回避したのである[41]。一見これは賢明な対応だったかもしれないが、しかし決して根本的な解決でなく、問題の先延ばしに過ぎなかった。その意味からすれば、このたび、2005年憲法改革法を

---

39 *See e.g.*, H. Barnett, *Constitutional and Administrative law*, (Routledge, 8th ed, 2011), at p. 509.

40 A W Bradley and K D Ewing, *Constitutional and Administrative Law*, 13th edn., at p 390.

41 Andrew Le Sueur, *supra*, at p 9.

制定し、大法官から司法的機能を除去し [42]、貴族院議長の役割を除去したことは、目に見える形で司法権の独立を実現した意味で大いに評価されよう。

5 ヨーロッパ評議会の "Parliamentary Assembly" からの勧告

ヨーロッパ評議会は、すでに上に述べた 2000 年のマッコウネル対イギリス事件のことを知っていただけでなく、このガーンジー島における Deputy Bailiff なる役職以上に問題なのは、イギリス本島の歩く三権分立の矛盾である本命とされてきた貴族院トップ「大法官職」だった。2003 年、ヨーロッパ評議会の "Parliamentary Assembly" は、この大法官職に目を向け、問題視し、改善の勧告を行うに至っていく [43]。勧告によれば、「ヨーロッパ人権条約の 6 条に定める "公平な裁判を受ける権利" を確保するだけでなく [44]、これらの原理を保持するため、締約国は、民事、刑事手続での裁判において、独立で、公平な裁判と、本管轄権内のすべての権利を尊重し、保護することを求められている。第 6 条の法理において、人権条約は、次のことを明確にしている。独立性と公平性とは、実質的（actual substance）としても、また、外観（appearance）の上でも必要である [45] としたうえ、次のように懸念を表明した。

「現在においても大法官は活発に司法的立場に従事している―なかんずく、上院の議長と、政府の利害にかかわる事件に、しばしばというわけではな

---

42 大法官府の廃止は憲法問題局が作られ、一時棚上げされたが、最終的に 2005 年法に定める通り、廃止が決まった。

43 ヨーロッパ評議会の Parliamentary Assembly, *Resolution* 1342（2003）: Office of the Lord Chancellor in the Constitutional System of the United Kingdom と題して 10 項目の勧告がなされている。Parliamentary Assembly of the Council of Europe はヨーロッパ評議会の議員会議と訳されることが多い。各国の議会の議員で構成されている。

44 何人も、その民事上の権利及び義務の決定又は刑事上の罪の決定のため、法律で設置された、独立の、かつ、公平な裁判所による妥当な期間内に公正な公開審理を受ける権利を有する。判決は、公開で言い渡される。ただし、報道機関及び公衆に対しては、民主社会における道徳、公の秩序もしくは国の安全のため、また、少年の利益若しくは当事者の私生活の保護のため必要な場合において又はその公開が司法の利益を害することなく特別な状況において裁判所が真に必要であると認められる限度で、裁判の全部又は一部を公開しないことができる。

45 同上 3 項目目を参照。

いにせよ、明白に関わっている。そのことで、閣僚の地位とともに政財的に利害の衝突を引き起こしている、かくして司法部の長、及び、上告審の長の独立性と公平性に疑義を抱かせている。」[46]

と。また、同年7月、

「さらに彼は貴族院の議長として立法過程に一部とはいえ、重要な役割を演じ続けている。そのことが彼の司法的地位に潜在的な利害の衝突を作り出している[47]。」

その結果、

「これらの潜在的利害の衝突が大法官職とヨーロッパ評議会の法的、かつ、憲法的原理とが深刻な不一致を引き起こしている[48]。」

というのである。

イギリスのブレア首相は、議会の憲法問題に関する特別委員会（Select Committee on Constitutional Affairs）の報告書に基づき、2003年6月12日、以下の3つのプランを発表した。

　①新しい最高裁判所を作ること、

　②大法官を廃止すること、

　③イングランドとウェールズにおける裁判官任命手続きを改革する

ことであった。これに基づき、憲法問題大臣職が作られ、憲法問題部局（Department for Constitutional Affairs, DCA）は、同年7月、諮問ペーパーを発表した。それによれば、1つ目に、「憲法改革：連合王国における最高裁判所の設置」、2つ目に、「憲法改革：裁判官任命の新しい道」、と発表、さらに同年9月、3つ目となる「憲法改革：大法官職の改革」も発表された。これを受けて、ヨーロッパ評議会の Parliamentary Assembly は、

「当 Parliamentary Assembly は、2003年6月12日のイギリス政府のとられた決定を深く歓迎する」[49]

46　同上5項目目の1参照。

47　同上5項目目の2参照。

48　同上5項目目の3参照。

49　同上9項目目を参照。また、同 Assembly は「イギリスはヨーロッパにおいて歴史的に最も古い民主主義国家の一つであり、ヨーロッパ評議会の設立メンバーでもある。かつ、

として、

> 「最高裁判所の設立が予定されているとのこと、それは上院から完全に分
> 立するとのことを我々はテイク・ノートした」[50]

と声明した。このようにブレア政権が 2005 年憲法改革法に基づき、イギリス
に新しい最高裁判所を設立した背景には、上に述べたヨーロッパ評議会の
"Parliamentary Assembly" からの勧告があったことも理解しうるであろう[51]。

IV 新しい最高裁判所の組織と運用

1 構成

こうして創設されたイギリスの最高裁判所であるが、憲法改革法は 7 つの部
(Part I-VII) からなっている。第 1 部は法の支配 (1 条)、第 2 部は大法官職の

人権条約の締約国であり、…イギリスの裁判所において大法官の現在の地位と役割に対して
直接的チャレンジを導くものである」(決議 4 項目目を参照) とも述べて評価した。

50 同上参照。

51 判事 Andrew Le Sueur が挙げる最高裁判所を設置する必要性の 2 つ目の理由は、ど
ちらかというと技術的な理由にすぎない現場の、実利的な判事ならではの指摘である。上告
審を審理する裁判所はなかった。ゆえに現場の法律貴族からすれば独立の裁判所を作ること
は重要かつ緊急の実務的理由であったかもしれない。審理自体はウェストミンスター宮殿
(議会) の中の一つの委員会室 (Committee room) で行なわれていたにすぎなかったわけ
である。しかしそれ以前はもっとひどく、審理は議場 (Chamber of the Lords) 自体で行
なわれていた。しかしこの慣行は第二次世界大戦中、中止された。というのも議会が爆破さ
れて庶民院の審議を行う議場がなくなり、貴族院の議場で行なわなければならなかった。そ
れゆえ、裁判としての事件の審理は議場でできなくなり、1948 年に立法府の委員会室で行
なわれるようになった。それがこれまでの上告審が上訴委員会 (Appellate Committee) で
行われることといわれている。ただし、最後の判決そのものは委員会室でなく、議場で行な
われてきて、それが今日まで続いてきたのである。法律貴族 (判事卿) はウェストミンスタ
ー宮殿の回廊と呼ばれる場所に執務室をもっていたが、司法業務を行う場所としては適当と
はいえないし、訴訟当事者の弁護士は回廊のベンチを使用せざるをえない。要するに最高裁
判所としての建物としては独自の法廷はなく、上訴委員会は手狭であり、不便なのである。
独立の最高裁判所ができ、建物も十分の広さと格調の高さが必要であり、最高裁判所を独立
させようとする二つ目の理由としてこれ以上述べるのは控える。*See e.g.*: Lord Hope of
Craighead, *"A Phoenix from the ashes?—Accommodating a new Supreme Court"*
(2005) 121 LQR 253.

112　第 3 章　ブレグジット最後の関門─ 2019 年第 2 ミラー事件から議会の離脱協定の承認まで

修正 [52]（2 条から 22 条）、第 3 部は最高裁判所（23 条から 60 条まで）、第 4 部は裁判官の任命と懲戒 [53]（61 条から 122 条）、第 5 部は裁判官の任命と除外 [54]（123 条から 136 条）、第 6 部はその他司法にかかわる規定（137 条から 138 条）、第 7 部は総則（139 条から 149 条）である。そのうち、第 1 部、第 2 部及び第 4 部は 2006 年の 2005 年憲法改革法〈開始 5 号〉命令（Constitutional Reform Act 2005（Commencement No. 5）Order 2006）により 2006 年 4 月 3 日にいち早く施行された。以下の最高裁判所及び裁判官について第 3 部、すなわち 23 条から 60 条を中心に新最高裁判所のポイントをみていくことにする。

2　最高裁判所の管轄権

（1）最高裁判所は国民と国家の間の訴訟はすべての裁判所が扱い、これを判断することが可能である。それに対するすべての上告審は最終的に最高裁判所が管轄権を有する。

（2）しかし、イギリスの司法制度は歴史的理由により、単一ではない。イングランドとウェールズに一つ、北アイルランドに一つ、それにスコットランドに一つ、と 3 つの司法制度が存在する。

　民事事件、刑事事件について、最高裁は、基本的に、イングランドおよびウェールズの控訴院（English Court of Appeal）と、北アイルランド控訴院（Northern Ireland Court of Appeal）からの重要な公益性を含む法の争点について扱う。

　スコットランドの民事事件については、UK の最高裁判所に対する上告管轄権に服すことを条件として、スコットランドの民事上級裁判所（Court of Session）がスコットランドにおける最終審となる。他方、刑事事件は、基本的にスコットランドの High Court of Judiciary が最終審となる。刑事事件についてのスコットランド刑事上級裁判所によるこの管轄権はイングランドとスコッ

52　これまで大法官が有していた司法部に関連する一定の制定法上の司法行政的機能は首席裁判卿（Lord Chief Justice）へ移転されるなど多岐に渡る規定からなる。しかし本稿ではこれらは割愛される。

53　主としてイングランドとウェールズの裁判官についての諸規定を定める。

54　主として北アイルランドの裁判官についての諸規定を定める。

トランドとの 1707 年の合併法（Act of Union, 1707）に拠る。合併法によりス
コットランド議会（Scottish Parliament）は廃止されたが、廃止される前、ス
コットランド議会は民事事件に関して上告管轄権を持っていた。スコットラン
ド議会が廃止されるに及んで、貴族院がスコットランド議会の民事事件に関す
る上告管轄権を継承した[55]が、この度、2005 年の改革法により、その上告管
轄権も新しい最高裁判所に移管されることになった。

　基本的に最高裁への上訴は、それぞれの控訴審からの許可がなければ受け付
けないのが原則である[56]。

3　新しい最高裁判所及び裁判官と資格要件

　2005 年憲法改革法 23 条によれば、新しい最高裁判所は最大 12 名の裁判官
で構成されると規定し、その長及び次長の裁判官をそれぞれ最高裁判所長官ま
たは裁判長（President）、次席裁判長（Deputy President）とし、それ以外の最
高裁判事を "Justice" と規定した（6 項）。同条第 2 項によれば最高裁判所を構
成する 12 人の裁判官は国王陛下によって任命されるとし、同条 5 項の効力に
より、国王陛下は、任命された裁判官のうちから裁判長および次席裁判長を任
命できると規定された[57]。また、同条 3 項は、最高裁判所判事の数をさらに勅
令（Order in Council）によって増大することのできる国王陛下の権利につい
て規定した。ただし、その場合、同条 4 項に従い、議会の承認をうるために勅
令案を両院に提出して（肯定的決議の手続）初めて可能となる旨も規定してい
る。

55　The Law Lords and the Lord Chancellor: Historical Background, *December 1999*,
at para52.

56　もっとも、スコットランドについて、2015 年 9 月以降、民事上級裁判所が上告を拒
否した場合、UK 最高裁の上訴に関する状況が変化している可能性があり、注意を要する。
Scotland Act 2012 および Courts Reform（Scotland）ACT 2014 を参照されたし。

57　24 条によれば、最高裁判所の最初の判事は、最高裁判所の司法業務の開始の時点で
職責を有している常任上訴貴族、すなわちこれまでの法律貴族とする旨を規定した。これは
貴族院上訴委員会の構成員を最高裁判所に移す経過措置に関する規定である。同時に、第
137 条によれば、彼らは最高裁判所の判事に留まっている間、立法部としての貴族院に議席
をもちかつ投票することから除外されることとされた。

114 第3章 ブレグジット最後の関門─ 2019年第2ミラー事件から議会の離脱協定の承認まで

任命の資格要件であるが、25条によれば、基本的に常任上訴貴族に任命されるのと同一の資格要件が最高裁判所判事に任命される要件となる。同条1項によればそれには2つのキャリアの道から開かれている。一つは、54条の1項2項に定義されているものだが、少なくとも2年の高位の司法職（high judicial office）にあった者。もう一つは、少なくとも15年の法律実務経験（qualifying practitioner）にあった者とされている。ただし、次の4で述べるように選任方法が新しくなった。

4 裁判官の選任手続、独立の任命委員会（Selection Commission）、及び任期

任命のための選任委員会は独立の委員会として、5名からなる選任委員会（selection commission）による手続が加わって進められる[58]。委員会は最高裁判所の裁判長（最高裁長官）、もう1名のシニア判事（ただし最高裁判事からでない）、および次の各地域裁判官任命委員会[59]（territorial appointing commission）からの1名ずつの代表者によって構成される。各地域任命委員会とはイングランド及びウェールズの裁判官任命委員会（Judicial Appointments Commission for England and Wales）、スコットランド裁判官任命委員会（Judicial Appointments Board for Scotland）及び北アイルランド裁判官任命委員会（Judicial Appointments Commission for Northern Ireland）のことである（26条及び27条B）。

選任委員会の議長は最高裁判所長官がなり、招集は大法官が担当する。各地域の任命委員会からの代表3名のうち、2名は非法律家が選ばれることが要求されている[60]。

裁判長26条5項によれば、裁判官に空位が生じた場合、選任委員会（select commission）が招集されるものとされた。選任手続の最終段階において大法官は選任に基づき、首相は大法官によって通知された候補者を国王に推薦しなけ

---

[58] 選任委員会の選任手続は第27条から第29条に拠る。

[59] 裁判官任命委員会から1名、スコットランド任命委員会から1名及び北アイルランド任命委員会から1名とする。地域ごとの任命委員会の根拠は、本法第四部、第五部を参照。

[60] そのうちの1名は法的に資格のある者以外の者でなければならない。

ればならない。

　最高裁判所判事の任期は、非行なき限り（during good behaviour）、すなわち 75 歳まで保持される。ただし、33 条に規定される通り、議会両院による解任の決議により判事職を解かれうるものとする。また、36 条により、裁判官は健康上の理由に基づき引退または辞任することができるとされる。

5　2005 年憲法改革法と枢密院司法委員会上告管轄権

　2005 年憲法改革法の長いタイトルによれば「枢密院司法委員会の管轄権及び枢密院の長の司法的機能について規定し」連合王国の最高裁判所を設置することとなっていた。そのうち、司法委員会の一定の司法管轄権は憲法改革法によって除去され、新しい最高裁判所にとって代わられることとなった。これにより、枢密院に集中していた国王の諮問機関という役割と司法権が枢密院から分離され、目に見える形で格段に司法権が独立した。さらに枢密院の Lord President が同時に司法的機能を果たしてきたが憲法改革法によりその役割にも終止符が打たれた。

　2005 年憲法改革法が設置される前、枢密院司法委員会は 1833 年の司法委員会法（Judicial Committee Act 1833）に基づき設置された。その起源は国王の諮問府によって裁判されるために用いられた中世の上訴権にあるといわれている。しかし枢密院の司法権は国内すなわちイングランドとウェールズに関しては 1641 年に廃止された。他方において、イギリスの海外領土の裁判所からの上訴を審理する権利は保持され、今日なおコモンウェルス諸国のいくつか、並びにイギリスの属領（Crown Dependencies）としてのマン島（Isle of Man）及び海峡諸島のジャージー島（Jersey）とガーンジー島（Guernsey）からの上訴事件を受理してきた。それらは今後、UK 最高裁判所に移管された。

6　2005 年憲法改革法と地方分権問題

　また、1998 年より枢密院司法委員会の管轄権に加えられていた地方分権問題の上訴事件は新しく設置される最高裁判所に移管することとなった。しかしそれ以外の上訴事件[61]はこの時点でこれまでどおり残存しているので今後の課題となるであろう。

イギリスの地方分権問題は、日本の地方分権問題と異なり、スコットランド、ウェールズ及び北アイルランドといった先住民ケルトの末裔が多く居住する地域のナショナリズムを許容するなかで自治権を認めようとする問題に端を発する。とくに 1960 年から 70 年代にかけてこれらの地域にナショナリズムが高揚した。スコットランド国民党、ウェールズ国民党は地域のナショナリズムを背景に、ロンドンの議会に代表者を送れるまでに成長していく。これら国民党の進出をみて、イギリスの二大政党もこれら地域のナショナリズムに対応せざるを得ない状況になった。

紆余曲折を経て、1976 年代に労働党はこれら地域に地方分権を実現しようと分権法案を議会に提案したが、最終的に住民の賛成を得られず、挫折した。しかしその後、ブレア率いる労働党は党の新機軸をニュー・レーバーと位置づけ、スコットランド・ウェールズへの地方分権を積極的に取り組み、1997 年に保守党より政権を奪取するや、1997 年住民投票（スコットランド・ウェールズ）法を議会に提出した。住民投票の結果、いずれの地域にも自治議会を設置することに住民より賛成が得られた。加えて北アイルランドにはかつて存在したストーモント議会（Stormont Parliament）のような、強い自治権は持たないが新たな形の自治議会を復興することが決まった。かくしてそれぞれの地域に 1998 年スコットランド法（Scotland Act 1998）、1998 年ウェールズ統治法（Government of Wales Act 1998）、並びに北アイルランドには 1998 年北アイルランド法（Northern Ireland Act 1998）が制定された。

しかし、現実にはこれら地域のナショナリズムに温度差があり、もっともナショナリズムの強いスコットランドには一定の立法権をもつ自治議会（Scot-

---

61 地方分権問題以外の枢密院司法委員会の管轄権には以下のものが含まれる：(1) 多くの独立した英連合諸国の（以前イギリスの植民地だった地域で、多くはカリブ海諸国など）、及びイギリスの海外領土、並びに Guernsey、Jersey、Isle of Man からの上訴事件、(2) 獣医に関する規制機関（医師、歯医者等に対する規制機関からの上訴事件は 2002 年より枢密院司法委員会の管轄権から除去され、現在高等法院へ）からの上訴事件、(3) 1983 年イギリス国教会の Church of England Pastoral Measure 1983 に基づく上訴事件、(4) イギリス南東部 5 港（Cinque Ports）の海事裁判所及び捕獲審検事件に関するすべての海事裁判所（高等法院のそれも含む）からの上訴事件。Glen Dymond, supra, at p 15 を参照のこと。

tish Parliament）が、他方で、穏健なナショナリズムを背景とするウェールズへの地方分権は自治議会というより自治総会（Welsh Assembly）との名で中央が握っていた行政権を委譲されただけの地方分権が実現したにすぎない。北アイルランドの場合も、かつてのストーモント議会が有していた立法権は与えられず、北アイルランド自治総会（Northern Ireland Assembly）との名で地方分権が実現した。

V　新しい最高裁判所の性格と意義

このようにして設置されるイギリスの最高裁判所はどのような性格をもつ裁判所となるのであろうか。結論的には新しいイギリスの最高裁判所が作られても、イギリス憲法の基本原理が変わることはない。イギリス憲法の要石は何と言っても議会主権の原理であるが、この基本原理に変更はない。したがって1688年の名誉革命と翌年の権利章典で確定された現行憲法の枠組みは維持される。議会主権の原理に変更がなければ、独立の最高裁判所が設立されたとしても、その権限は議会主権を覆すものではない。

したがってこれまでどおり、イギリスの最高裁判所には合衆国連邦最高裁判所のもつような違憲立法審査権は与えられない。すなわち、基本的に最高裁判所は議会主権の下、基本的に、議会の作る制定法を司法審査することも、またいかなる意味でも無効とすることはできない。

また、これまでEU事項にからむ事件で、EU司法裁判所に事件を付託する権限もこれまで通りであろう。また、これまで1998年人権法4条に基づき、ある議会制定法を人権条約と一致しないと宣言できる権限もそのまま維持される。もっともこの宣言は高等法院も控訴院もできるわけだが、ことの重要性に鑑みて、これまでほとんどこの宣言は上訴に基づき貴族院で決定されてきている。

しかしこのたび独立の最高裁判所が設置されたことでイギリス憲法に一層明確な形で透明性が付与された意味は大きい。イギリス人の発想に経験主義があることは周知の通りである。経験主義は時として中世の遺物を棄てきれず、近代的民主主義の衣服を着せることで過去と現代とを目に見える形で繋げる努力

をしてきた。しかしこれには限界がある。憲法習律を発展させ、中世の遺物の一つである貴族院上訴委員会に立法部からの干渉を閉ざし、権力分立という近代的衣服を着せてきたものの、ヨーロッパ人権条約を批准し、1998年人権法を制定するなど、イギリスをヨーロッパの普遍的な尺度に合わせる必要が出てきた現在、中世的遺物を棄て、目に見える形で最高裁判所を設置したのである。

大法官職は当初の法案通り廃止され、彼がこれまで有していた司法的機能と貴族議長の役割は除去され、司法権の独立に透明性を帯びることとなった。

また2005年憲法改革法は具体的にはヨーロッパ人権条約6条に基づく司法権の独立をより深化させる狙いをもっていたので、イギリス憲法の立場からすると一層ヨーロッパ人権条約を尊重しようとする改革が実現したとも言える。またこのことで国民の司法部へ寄せる信頼はこれまでに増して大きくなったに相違ない。

Ⅵ　ブレグジットで演じた最高裁の役割

最後になるが、この最高裁判所判決が、ブレグジットの終盤に起きた2つの事件、すなわち「（第1）ミラー事件」と「第2ミラー事件」で最高裁判所の果たした役割について一言付言したい。

第1章で述べた通り、2016年のレファレンダムの結果を受けて、メイ首相は、EU基本条約50条に従い、EUに脱退の通告を行おうとした。ところがそれに対して市民からストップがかかった。それは間違っており、議会の承認なしにそれはできないと提訴された。この事件は最高裁判所に上訴され、結果として、本件は、まさしくミラーの主張する通り、議会の承認なしに脱退の通告を出そうとする政府の考えは違法である、と判決された。これにより、議会は覚醒したかのように一丸となって首相にEUからの脱退の通告を認める法案を提出、可決された。しかし、よく考えれば、順序は逆である。最高裁が違法と判決を下す前に、本来ならば、議会がポジティブに先導して法案を出すべきだったはずである。メイ首相は政府には国王大権に基づいてEUに脱退通告できる権限あり、と考えたようだったが、失敗した。首相にそうさせる前に議会がだれがいつ脱退通告をすべきか、問うべきだったと考える。その順序を逆にし

VI　ブレグジットで演じた最高裁の役割　　119

て首相が先に通告し、市民に提訴され、最高裁が判決を下し、初めて議会はまとまって首相に通告権を与えたのは、逆だったようにも思えるのである。確かに、メイ首相がキャメロン前首相から政権を引き継いだ時、保守党の議席は過半数を超えていたのに、彼女は 2017 年に総選挙に打って出て失敗、過半数を割り、それ以後、メイ首相はハング・パーラメント（宙吊り議会）の中で議会運営に苦しんだ。その結果、与党をまとめ上げられず、国王大権に頼って失敗したのであった。最高裁に国王大権によって通告しようとしたのは違法であると同最高裁に斥けられて初めて、与党をまとめて EU 脱退通告法案を出す道を選ぶしかなかったとなると、あたかも最高裁の判決に助けられた、あるいは最高裁判決に後押しされて初めて EU に脱退通告が出せたかに思われるであろう。

　2 つ目の第 2 ミラー事件では、メイ首相の後を引き継いだボリス・ジョンソン首相が EU と再交渉し、「離脱協定」を修正した上で議会の承認を得ようとしたが、議会は同じハング・パーラメントをした。これを受けて、ジョンソン首相は幾度も解散動議を出す羽目に陥ったが、なかなか解散総選挙に至らず、その後、ジョンソン首相は、強引とも思われる形で女王に助言し、首相による閉会措置の助言にからくも裁可を得たが、またしても市民の中から違法だと提訴され、最高裁まで争われた。最高裁には、かかる首相による女王への長期の議会の閉会に対する助言はイギリス憲法上許されない、女王に対して行った助言は違法である、ときっぱり引導を渡された。これがある意味、与野党がまとまる契機を呼び、議会の解散へと結びつき、2019 年 12 月 12 日、総選挙が実現する結果になったかに思われた。この総選挙で、保守党は単独で過半数を大きく超えて勝利した。それがもとで議会は国民の負託を得た形で一丸となり [62]、翌年 2020 年 1 月、政権は議会から「離脱協定」に承認を得たかに思われた。ここに至って、紆余曲折した議会も、ある意味、間接的ではあったが、最高裁の判決に後押しされたかのような結果となり、ブレグジットに最終決着がついた [63] のもその後押しによるととも言えるかもしれない。その意味で、最高裁

　62　ジョンソン首相は勝利の翌日、官邸前で、「今回初めて保守党に投票した長年の労働党支持者に感謝し、来年 1 月 31 日にイギリスを EU から離脱させるという約束を果たす」と強調した。

　63　同時に首相は、「『一つの国』という保守党政権の我々は、皆さんが他のヨーロッパ諸

判所の果たした役割は大きかったと言えよう。これにて、議会に阻害するもの
は消えてなくなり、2020年1月31日、イギリスは正式にEU脱退を果たし得
たのである。

国に抱く、前向きで温かい好意や共感の気持ちを決して無視することはないでしょう」とも
付け加えた。

第 2 部　EC 加盟と 1972 年欧州共同体法

第4章 イギリスのEC加盟とその背景

I "シックス対セブン"のはざまで

イギリスは、地理的にも歴史的にもヨーロッパの国でありながら、第二次世界大戦後のヨーロッパに高潮した政治的あるいは経済的統合運動に必ずしも積極的かつ恒常的に熱意を示したとは見られていない[1]。少なくともイギリスがECに加盟するまで、「イギリスの真の利害は欧州大陸よりもむしろ英連邦（コモンウェルス）やアメリカと共に」あったであろう。それゆえ、1951年4月18日にパリで仏独をはじめ、イタリア、ベルギー、オランダ、およびルクセンブルグ6か国により最初の統合、すなわち、ヨーロッパ石炭鉄鋼共同体（ECSC）の設立条約に署名がなされようとした時、イギリスはこれに参加しなかった。1955年、ECSC6か国がさらなるヨーロッパ統合についてブラッセルで話し合いを持った時、イギリスを招待したようだがこれにも参加しなかった。そこでの原加盟国同士の話し合いは「より緊密な統合（an ever-closer union）」を目指すもので、おそらく共同市場へ向かうこととなったであろうが、チャーチルのあとを引き継いだ保守党のイーデン首相[2]は、この動きを政治的連邦主義へ

---

1 1920年代にクーデンホフ・カレルギーがパン・ヨーロッパ主義の下、ヨーロッパ統一国家論を唱えた時、その中からイギリスは除かれ、むしろイギリス連合国家（コモンウェルス）のなかに同国を捉えていた背景を第二次世界大戦後も引きずっていたかもしれない。したがって1946年9月16日に、時のイギリス宰相ウィンストン・チャーチルが、チューリッヒ大学で「一つのヨーロッパ合衆国のようなものを作るべきである」と提案した時、荒廃したヨーロッパ大陸諸国では期待をもって迎えられたが、肝心のイギリス国内では冷淡に捉えられ、1948年5月8日から10日にかけてオランダのハーグで開催されたヨーロッパ統一のためのヨーロッパ大会では、遂に「ヨーロッパの統合主義とイギリス流の考え方とで運動は二大分裂することになった」のである。

2 Robert Anthony Eden（在任期間、1955年4月7日–1957年1月10日）。

向かう第一歩（a first step towards political federalism）と見て、コモンウェルスとのイギリスの取引関係に対する脅威と見たようだ[3]。

1957年、ローマ条約により ECSC 6か国がヨーロッパ経済共同体（以下、EEC）、同じくヨーロッパ原子力共同体（EURATOM）を設立する進展を見せると、この設立にイギリスは冷淡[4]、かつ、少なくとも、そのような超国家的な性質に疑いの目をもって眺めていたことだけは確かであろう[5]。かくして1959年、イギリス政府は、超国家組織とは別の、イギリスに、他の6つの諸国、デンマーク、ポルトガル、ノルウェー、スウェーデン、スイス、オーストリアを加えた7か国とヨーロッパ自由貿易連合（EFTA）を形成して EC に対抗しようとさえしたのはよく知られている。こうしてヨーロッパ統合は、前者6か国の統合が主権の一部を制約する形での統合しようとするのに対して、後者の7か国は主権の制約を伴わない経済協力を目的とする統合で、加盟国数を捉えて"シックス対セブン"の統合に分裂したのであった。

そのうち、ローマ条約に基づく EC が最初に進展を見せるのは関税同盟の設立を成し遂げたときだったとされる。1958年より12年の過渡期を各4年3段階に区切って関税同盟を設立する計画は「ハルシュタインの加速化措置」とも相まって、予定より1年以上も早く、1968年夏に達成されたとされる。この関税同盟による域内貿易創出効果は著しいものであり、世界貿易に占める EC の地位は目立って向上したとされる。

これに対して、EFTA に加盟したイギリスの経済は期待にほど遠いものだった。リヨンによれば「EFTA の創設はイギリスにいかなる特定の恩恵ももたらさなかった。なぜならその加盟国には（モノ以外の）いかなる他の主要な産業力は含まれることはなく、かつ、この組織はイギリスが指導する市場にただ自由な貿易ゾーンを創設しただけであったからである」[6]という。事実、

3　Ann Lyon, *Constitutional History of the UK*, （Routledge, 2016), at p. 444.

4　*Id.*

5　C. Munro, *Studies in tehe Constitutional Law*, 2[nd edn], at p 176.。政治的には一方でアメリカとの特別な関係があり、他方でカナダやオーストラリアなどイギリス連合諸国との経済的及び文化的結びつきもあり、3つの欧州協同体に距離を置く結果になったことは当時としてはむしろ自然のことだったかもしれない。

6　See Ann Lyon, *Constitutional History of the UK*, 2nd edition, （Routledge, 2016),

I "シックス対セブン"のはざまで　　　125

1957 年時点で、EEC 諸国の経済はイギリスを上回った[7]。ここにおいて、EC の繁栄をみたイギリスのハロルド・マクミラン首相[8] は、長期にわたるイギリスの経済不振を前にして、「1960 年の夏までには、イギリス政府は、EEC 6 か国との"緊密な連携"の必要性を認めるようになった」[9] のである。EC 加盟に舵を切ることを決断するや、マクミラン首相は、その責任者として親欧州派と言われるエドワード・ヒース（Sir Edward Richard George Heath）を無任所大臣として任命し、どのような条件で加盟しうるか、彼を中心とするチームで EC との交渉に当らせることにした。然してイギリスは、1961 年に初めて[10] 欧州共同体に対する加盟申請を行うのであるが、第 1 部で述べた通り、フランスのド・ゴール大統領の拒否権行使に遭い、挫折する。さらに、1967 年、ハロルド・ウィルソン労働党政権により第 2 次加盟申請[11] を行うが、またしてもフランスの拒否権行使に遭う[12]。だが 1969 年に、大統領ド・ゴール[13] の退陣を契機として、遂にイギリスの加盟申請の道は開かれた。フランスの新大統領のポンピドーは西ドイツとのバランサーとしてイギリスを EC の仲間として迎えることに重きを置いた。

　時あたかも、イギリスの首相は長く EC との加盟交渉にあたったヒースが 1970 年 6 月の総選挙で勝利した。ヒースは政権[14] に就くと、3 度目の加盟申請を挙行し、翌年の 6 月 23 日の加盟交渉[15] が妥結した。交渉が妥結するや、

---

at p. 445.

7　Ann Lyon, *Id.*, at p. 444.

8　Maurice Harold Macmillan（在任期間、1957 年 1 月 22 日–1963 年 10 月 4 日）。

9　伊藤勝美「拡大 EC とイギリス」近畿大学比較法政第 3 号 4 頁。

10　正確には、第 1 次加盟申請は 1961 年 8 月 10 日になされた。各共同体はそれぞれ加入条項を有しており（ECSC 条約第 98 条、EEC 条約第 237 条、及び EURATOM 条約第 205 条）申請書は閣僚理事会に提出することが義務づけられていた。

11　正確には第 2 次加盟申請は 1967 年 5 月になされた。前回の加盟申請は、保守党政権下のマクミラン内閣によって、今回は、ウィルソン率いる労働党内閣によって、行なわれた。

12　前掲註 10 に述べた EC 諸条約の加入条項に依れば、加盟申請に対する閣僚理事会の決定は、欧州委員会の意見を徴した後、全会一致で行なわれることになっている。

13　ド・ゴールは独特の対英観を有していたと言われている。

14　首相在任期間、1970 年から 1974 年。

15　通算 8 回交渉は行なわれた。伊藤勝美前掲註 9 21 頁。

これに引続き、イギリス議会では、同国が妥結した加盟条件で EC へ加盟することについての決定の承認を求める政府の決議案も、同年同月の 28 日に可決された。

これを受けて、イギリスは、他の加盟申請国であったデンマーク王国、アイルランド共和国及びノルウェー王国と共に、1972 年 1 月 22 日、ブリュッセルにて、上述した欧州共同体加盟条約（The Treaty of Accession, 22 Jan, 1972、以下便宜上、EC[16] 加盟条約とも称す）に署名[17]。翌 1973 年 1 月 1 日、正式にEC に加盟した。ヒースが 1961 年に EC 加盟交渉の首席代表を務めてから 12 年目のことだった。

ただし、ヒース政権はイギリスが EC のメンバーになることに成功はしたが、この時点で次の 2 つのことをどのように乗り切ったか、言及しておかねばならない。それは後のイギリス政治に影を落とすことになって行くからである。その一つはイギリス憲法のキーストーン、議会主権をめぐって EC 加盟時に議会をどう乗り切ったか、もう一つは EC 加盟に対しては議会だけでなく、レファレンダムにより国民の声を聞くべしとの声にどう対処したかの 2 つである。

II　議会における主権論争にどう対処したか

1　政治的背景―ルクセンブルグの危機と妥協

いうまでもなく、ヨーロッパ司法裁判所が確立した構成国の法に対する優位性の原理が EC 加盟にあたってイギリスの履行する義務だったことは疑いない。

16　1961 年の第 1 次加盟申請の時からの経過を述べる場合、一括して「EC」加盟という表現を用いるのは多少不適確となろう。何故なら、総称語として「EC」という言葉が用いられるようになったのは、1965 年 8 月 4 日に署名された「EC（欧州諸共同体）の単一の閣僚理事会及び単一の欧州委員会を設立する条約」（所謂「機構併合条約 Merger Treaty」）によって、これまでの閣僚理事会及び欧州委員会（但し ECSC のそれは最高機関と呼ばれていた）が「EC」の単一の閣僚理事会及び単一の欧州委員会として機構上統合されたことによる。当該条約は、1967 年 7 月 1 日に発効したので、それ以後「EC」なる総称を用いるのが正確である。しかし、本論文では、便宜上、一括して「EC 加盟」として用いた。

17　この条約は、他に「加盟条件及び諸条約の修正に関する決議 An Act concerning The Conditions of Accession And The Adjustment To The Treaties」及びその他の付属文書から成っている。

しかしそうだとしても、イギリス憲法にはかかる原理を受け容れる素地はあったかと言えば極めて難しい。ヨーロッパ司法裁判所は優位性の根拠を後述するように、各国主権の一部の委譲に置いたが、イギリスには主権あるいは議会主権を認める規定も、また禁じる規定もない。したがって一見柔軟性があるように思われるが、実際には議会主権の委譲は、通説では認められないとする立場が強いのである。事実、このことは、イギリスがECへ加盟するに当たって、加盟賛成、反対両派の主要な論争となっていた。加盟反対派は、EC諸条約に基礎を置くEC法が超国家的性質を帯びていることを極端に嫌う。これを認めれば、ひいてはイギリスの議会主権の侵食を招きかねない事態になることに気づいていたからである。

　例えば、EC加盟に反対する有力な一人、ウェッジウッド＝ベンは、「これ（ローマ条約）は条約以上のものである。それは取り消し得ないコミットメントになる。それは我が国の政策が調整を余儀なくされること（ECの政策に対して）及び、立法の従属性を必然的に伴うものだ」[18]と述べたし、反対派の更に有力議員と言われたサー・デレク・ウォーカー＝スミスも「広範な経済社会生活面、つまり、関税と貿易、税と社会事業、農業と社会事業について、我が国の法は、欧州共同体法に服さなければならないであろう。"本質的な主権の喪失などないとは聞いて呆れるものだ"。クロムウェルが300年以上も前に国会を蔑視して以来の国会機能と権能の喪失を伴う」[19]と述べたほどであった。

　結論的にいうならば、議会主権というドグマを抱えたイギリスにとり幸運だったというべきか、その時代のECを取り巻く政治的状況あるいは経済状況は各国の主権に対する制約とは名ばかりで、一種のエアポケット状況にあったように思われた。それは世にいうユーロペシミズムであり、ECはそれによりルクセンブルグの危機と呼ばれる状況にあって、ECは否応なしに統合に消極的となっていた各国主権と妥協せざるを得ない時代だったと言えるかもしれないからである。イギリスはそのようにECに覆っていたエアポケットという隙間を、このような言い方は許されるかどうか分からないが、巧みに潜り抜け、議会主権をソフトランディングさせ、加盟に成功したように思われた。

18　H.C. Deb., vol.821, col. 1820（22 July, 1971). per Wedgwood Benn.
19　H.C.Deb., vol. 822, col. 90 26 July 1971. per Sir Derek Walker-Smith.

それまでの EC は「黄金の 60 年代」とまで評価されてきた中、70 年代初頭
は世界的オイルショックで、恐らく、共同市場による経済の立て直しに躊躇し、
統合という目標に後ろ向きになっていた時期だったように思われた[20]。この政
治的状況こそ、"ルクセンブルグの危機"だったと記憶している。

　この危機は、1965 年 6 月 30 日から翌 66 年 1 月にかけての出来事で、1962
年に発足した農業指導保証基金の財源に関連して、EC 統合推進を図る EC 委
員会の行った"野心的な提案"に端を発している。すなわち、ローマ条約 203
条によれば、EC の予算権限は閣僚理事会にあるが、EC 委員会の提案はこれ
を契機に、各国の主権代表とされる閣僚理事会の権限を薄め、他方で、欧州議
会の予算権を拡大させようとするものであった。このように「欧州議会に EC
予算の管理権を与えることは部分的な連邦議会の形成を意味する」ことになり
かねず、主権国家からなるヨーロッパを理想とする当時のフランス大統領ド・
ゴールは EC 委員会のこの提案を許しがたいものとして真っ向から反対した。

　結果として、以後のフランスは、閣僚理事会そのものに出席しないことを決
定したのである。これによる EC 委員会とフランスの対立は、EC 統合推進者
ないし超国家的統合主義者である当時の EC 委員長ハルシュタイン対"主権国
家からなるヨーロッパ"を旨とする連合主義者フランス大統領との対決という
図式で語られるもととなったのである。ド・ゴールは EC の閣僚理事会と EC
委員会の役割について、「前者は政府間の外交機関であり、その決定は全会一
致によってしかなされない。後者は、技術的役割に限定され、閣僚理事会に厳
密に従属しなければならない」と内外に表明した。

　これに対し、ハルシュタイン EC 委員長は、このフランス側の主張に対して、
次のように反論した。

　　「閣僚理事会は連邦的機関である。加盟諸国が行動するのはここである。
　　しかし、加盟諸国は単に彼らの国家利益を代表するだけではない。」

20　ローマ条約は、「関税同盟」を中心とする共同市場の構築を目指すものであった。そ
の関税同盟は予定より 1 年半早く 1968 年 7 月に完成し、域内関税の撤廃と共通対外関税の
導入が実現した。しかし、「非関税障壁」は残ったままで、大市場の規模としてのメリット
が生まれず、特に 1970 年代における 2 度の石油危機によって、加盟国政府はますます内向
きになり、欧州レベルでの協力推進に消極的となっていた。

そして、次のように続けた。

　　「反対に彼らはそこで全体としての共同体のために発言する。」

さらに、

　　「閣僚理事会は共同体のいわば立法機関である。理事会における投票の規
　　則は、強制もなく、優越のないものである。このことは 1966 年 1 月 1 日
　　から特別多数決が規則になる時に明らかになるであろう。」

と結論付けた。

　農業指導保証基金の財源問題に始まり、欧州議会の予算権限の拡大を図ろう
とする EC 委員会の提案は、結局、EC の意思決定機関である各閣僚理事会の
決定方法、すなわち全会一致で行うのか多数決で行うのかという問題にまで突
き進んだ。フランスのド・ゴール大統領は全会一致で行うべし、と主張し、他
方、ハルシュタインは多数決制を説いた。もちろん、前者は各国一票の拒否権
行使により国家主権を守ろうとする立場であり、後者は脱国家主権、すなわち
超国家的立場に立つものである。では EC の基本条約であるローマ条約の規定
ではどうなっているであろうか。

　同条約 148 条からすれば、全会一致が明文で規定されている場合を除き、閣
僚理事会の決定は原則多数決によるものとなっていたから、全会一致制を主張
するフランスの主張はローマ条約に違背するものであった。しかし、ド・ゴー
ルは全会一致を受け入れないのであれば、以後、EC から手を引くことも辞さ
ない、と強く主張。ルクセンブルグに駐在していたフランス政府代表を召喚し、
当時閣僚理事会の議長はフランスが担当していたこともあり、会議は 6 か月も
空席状態が続いた。世情これを "ルクセンブルグの危機" と称された。この危
機を乗り越えるため、1966 年 1 月 29 日、ローマ条約の規定はそのまま手を付
けず、以後、閣僚理事会の決定は、とくに国益にかかわる案件については事実
上、加盟国に拒否権を認めるという、全会一致方式を採ることで妥協が成立し
た。これがルクセンブルグの妥協と言われた紳士協定である。

2　議会での大論争を乗り切る

　このルクセンブルグの危機と妥協はイギリスの EC 加盟における憲法的立場
にどのような影響を及ぼしたであろうか。これに対する政府の態度はすでに

1967 年の白書に見られる。それを読むと、明らかにルクセンブルグの妥協が
それに影響を及ぼしていることが分かる。白書の一節を見てみよう。それはロー
マ条約の趣旨からすれば、いかにも逸脱する言い回しであるが、政府は明ら
かにルクセンブルグの妥協を利用し、EC 加盟反対派を説得するための格好の
材料として使っているように思われる。欧州共同体法について一定程度の新規
性（例えば直接適用性）を認めながらも、白書はいう。

> 「（EC 加盟によって）いかなる憲法上の革新 (innovation) を伴うものでな
> い。我が国の条約義務の多くは、すでにかかる制約（立法上の）を課して
> いる」[21]

　さらに、これ以前に出されたもう一つの政府白書、すなわち、「連合王国の
EC 加盟の法的、かつ、憲法的意味」と題する白書も、その中で、

> 「（事実、連合王国は、）例えば、国連憲章、欧州人権条約、NATO 及び
> GATT のような条約から生じる義務を引き受けるため、その立法権限に
> 対する制約を承認した。この条約上の諸義務は相互義務である。したがっ
> て、すべての加盟国は主権国家のまま留まっている。連合王国は、新しい
> （EC）諸規則を定立するのに参加しているからでもある」[22]

としてヨーロッパ司法裁判所が「ローマ条約を従来の国際的合意（条約）以上
のものである」とした立場を否定したのであった。しかし、それでは何をもっ
て、ローマ条約が他の条約と変わるものではないと言えるのであろうか。その
理由は、その後、公表された 1971 年の白書で一層明らかになってくる。同白
書は以下のように述べた。

> 「EC の実際の運用はテーブルの周りに代表として主権国家政府が出席し
> ている現実を反映している。政府が重大な国家利益と考える問題について
> は、その決定は全会一致によることが確立している。ローマ条約は、他の
> すべての条約と同様に、署名国に対して合意された目的を支持すべく委ね
> ている。しかし、かかるコミットメントは、そこでの政策を主権国家が遵
> 守するについて任意に引き受けたことを示している。本質的な主権の喪失
> の問題はない。企図されたのは一般的利益についての個々の主権の共有と

21　*Id.*, at p. 8 (para, 22).
22　*Ibid.*

拡大である」[23]

これらを知るならば、ルクセンブルグの妥協の影が背後に落ちていたように思われてならない。ちなみにこの白書は先に述べた 1966 年 1 月の "ルクセンブルグの妥協" のあった翌年、すなわち、1967 年に公表されているのである。

3 300 年間、誰も議会主権を争おうとしたことがない

しかし政府のかような主張は、やはりヨーロッパ司法裁判所の理論構成と明白に異なるもので、EC 加盟によってイギリスは対外的にも、また議会主権までも制約されたとする加盟反対派の考えも無理からぬところであり、本書の第1部の冒頭で H.W.R. ウェイドがこう述べたことを再度繰りかえさせていただく。

「1972 年法案に対する議論において、閣僚らは、議員らの不安を和らげるために、"議会は後継者を拘束できない" という原則を大いに利用した。議員らは、議会主権は法的に破棄できないものであるため、主権はそのまま残ると保障された。制定された 1972 年法はいつでも廃止することができ、将来の議会の自由は妨げられないままにある。終末論的には、議会が同 72 年法を廃止して、イギリスを共同体から脱退させる最終的な権限を剥奪されない、これが真実の意味であったろう。」

そう述べつつ、ウェイドはこれら政府の主張は 1990 年代に起こるファクタテーム事件にみるように次第に議会の議員たちは裏切られていくわけであるが、議会での大論争を乗り切ったという場合、それはあくまで（1971 年 10 月）政府の EC 加盟決議案をめぐる与野党間に展開された論争を政治的観点から見ただけなので、後に見る議会主権の通説のほかの学説からすれば EC 加盟をどう考えたか、見ておく必要があろう。と言うのも、上に見た政府および議会における議論の政治的背景には、学術的にもたとえばペスカトールが説いた EC の超国家的主張など少しも投影されていない感があるからである。ここで憲法学者のデ・スミスの言葉を借りて見てみる。要約してみると、彼は、ダイシー伝統の立場から EC 加盟を 5 点に絞って以下のように見ていたのが分かる[24]。

---

23 *Id.*, at p.8 (para.29).

24 S.A. Smith, *Constitutional and Administrative Law*, (Penguin, 4th ed, 1981), at

① ローマ条約によって EC 法は後に述べる 1972 年 ECA という議会制定法に基づいてイギリス法の一部に編入された。

② 欧州司法裁判所の判決効力は強行しえない宣言的判決にすぎない。

③ EC はそもそも連邦ではない。

④ EC の意思決定期間は、超国家的な EC 委員会になく、閣僚理事会にある。

⑤ イギリスの EC 加盟は永遠的なものでない。

以上 5 点から冷徹に見て、当時の学界において、ある意味、肯定しえたかに思われる。これとは対照的に、スカーマン卿判事は、未来を見据えて、早くも加盟派の立場を刺激する言い回しで、次のように述べていた：

「17 世紀以来、300 年間、誰も議会主権を争おうとしたことがない[25]。しかし 20 世紀の後半は、おそらく、そのようなチャレンジに遭うであろう」

と述べ、さらに、

「欧州共同体は、議会以外の機関によって定立される一連の法からなり、それは欧州司法裁判所の解釈に基づき、イギリスの裁判所によってイギリス国内に統合、適用されなければならない。かくしてローマ条約は、連邦国家における憲法法規の性格を持つものであろうし、条約自身で規定している手続きをもってする場合を除き、これを修正も変更もできない」

と続け、イギリスの EC 加盟が即、議会主権へ直接の影響へとつながっていくことを示唆していた。それを裏付けるように、1986 年 2 月に調印、1987 年に発効した単一欧州議定書（Single European Act, SEA）は、ユーロペシミズムを切り抜け、ローマ条約を初めて大規模に修正した。目的は、域内市場統合を 1992 年末までに完成することを明記、単一市場に向けて、深化の動きが加速したからである。政治協力も含めて EC は 70 年代の停滞から脱出、ヨーロッパ統合に向けて再発進することとなった。これとともにスカーマンが示唆したイギリスの議会主権へ及ぼす影響も、より明らかになっていくであろう。

---

pp 463-464.

25 上に引用したように、EC 加盟に際して反対派の有力議員だったサー・デレク・ウォーカー＝スミスが「クロムウェルが 300 年以上も前に国会を蔑視して以来の国会機能と権能の喪失を伴う」と述べたことに同じ。

Ⅲ　EC加盟にあたりレファレンダムを斥ける

　さて上に見たように、ヒース政権はEC加盟したが、他方においてレファレンダムを実施すべきであるとの国民の声に耳をかさなかった。だが、意外なところでイギリス国民はインパクトを受けることとなる。それはイギリスとともに拡大ECに加盟申請していた4か国のうち、ECとの間に加盟を決めていたノルウェーが批准に際して国民投票にかけたからでああある。

1　ノルウェーの国民投票とイギリスの場合

　1973年にEC加盟をしたのはイギリスほか3か国、すなわち、イギリス、アイルランドそれにデンマークであった。しかし、加盟申請した時はこれら3か国の他に、もう1か国、ノルウェーも加盟申請を出していた。ノルウェーも含めてこれら4か国とも加盟条件が整い、ECはこれら4か国と加盟条約に調印も終えていた。しかし、承知の通り、加盟合意が整えば、次に各国の憲法に従い、これを批准するのが国際法の習わしである。批准の方式は国の憲法により国ごとに異なる。ノルウェーは、この時、加盟条約に署名した後、批准をするにレファレンダム、すなわち国民投票を実施することとした。1972年10月にレファレンダムが実施されたが、国民からの回答は拒否であった。これにより、ノルウェーは[26]EC加盟に申請しながら加盟を断念したのである。

　ノルウェーの国民の声の結果を脇で見届けたイギリスは「国民の悲しみは増大した」[27]という。そのことを鑑みると、イギリスが2016年のレファレンダムでEU残留拒否の答えを出したが、その遠因はどこにあったか、もしかしてすでにイギリス国民の胸の奥にイギリスの加盟時からその時のインパクトが残っていたのではないか、とさえ思いたくなるノルウェーの結末であった。リョンが言う

　　「複合的な国家組織へアクセスすることは、より広大なヨーロッパ統合へ貢献することになる、そこでの法体系はイギリスの国内法の一部になり、

26　A. Parry and S. Hardy, *EEC LAW*, at p8

27　Ann Lyon, *supra*, at p. 447.

134　　　第4章　イギリスのEC加盟とその背景

大きな憲法的変革（major constitutional change）を伴うが、ヒース政権
はこの問題にレファレンダム（国民投票）を用いることを拒否した」[28] こと
と、さらにノルウェー国民が加盟批准時に拒否の回答を出したことと、底
流においてどこかつながっているようにも思えてならない。

2　1975年、史上初のレファレンダム

　しかし国民投票を行わなかった国民の落胆を労働党は見透かしたように、保
守党から政権を奪取しようと、総選挙のマニフェストに政権を取ったらECと
加盟条件を再交渉し、その上で国民の声を聞くつもりであると表明していた。
かくして政権を奪取した労働党の党首ハロルド・ウィルソン[29] 首相は、イギ
リス史上、国レベルで初めてレファレンダムを行使することとなるが、その時、
すなわち1975年のレファレンダムを振り返ってみたい。繰り返すが、このレ
ファレンダムは、本書の第1章で検証したように、親欧州派だった労働党首の
ハロルド・ウィルソンが1974年の総選挙の時、マニフェストで加盟条件を再
交渉した上で、このままECに留まるかの是非を問うレファレンダムを行うと
約束していた。1975年3月に白書を公表し、議会で4つの交渉項目[30] を掲げ、
ECから承認を受けた上での用意周到なレファレンダムを計画していた。レ
ファレンダムは計画通り実施され、ウィルソン政権が願った通り大差でECに留
まるという結果になった。これによりECに留まるかどうか労働党内部で分裂
していたが、レファレンダムの結果、彼の政権基盤は盤石なものになったとい
う。しかし、冷静に精査してみると、リヨン曰く、投票率は思いの外低く、
「レファレンダムは遅すぎたというのが一般大衆の正直なところ」[31] だったとい
う。「EECに加盟しても経済的効果はなかった。だからと言って1973年以前
に戻りたくない[32]」「国民は冷めていた」。イギリスが加盟してまだ2年、今で

　28　Ann Lyon, *Ibid.*, at p. 447.

　29　James Harold Wilson（在任期間：1964年10月16日–1970年6月19日、1974年3
月4日–1976年4月5日）。

　30　共通農業政策、EC予算へのイギリスの貢献、コモンウェルスとの関係、及び、イギ
リスの地域政策。

　31　*Ibid.*, at p. 450.

　32　*Id.*

なく、2 年早く 1973 年に加盟する時点でこそ、EC 加盟の是非について国民の本当の声を聞いて欲しかったのであろう。

　それだけでない。EC の統合が進展し、マーストリヒト条約をイギリスが批准する時、あるいはまたリスボン条約を批准するときも国民投票、レファレンダムをすべきだという声はあったのだ。とくに 2004 年の EU 憲法条約を締結しようとしていたとき、さすがに労働党ブレア政権は二度、国民にレファレンダムを約束した [33]。2004 年に EU 加盟国によって調印された EU 憲法条約案は野心的なものであり、批准の際にはレファレンダムを行い、国民の声を聞かざるを得ないと思ったであろう。

　しかし、翌 2005 年 5 月から 6 月にかけて、フランスとオランダが調印された当該 EU 憲法条約をレファレンダムで拒否した。加盟国で 1 か国でも拒否した場合、条約は効力を得ることはできなくなる。これにより、イギリスで国民に約束したレファレンダムは、実施する前に、腰折れとなった。背景にはそれぞれの加盟国市民の感情の中に、EU の統合が進展し、EU が強大な権力を握ることへの素朴な反発があったのではないかと言われている。その後、冷却期間を置いて、EU 憲法条約に代わる対案としてリスボン条約が 2007 年に調印された [34]。それは憲法を想起させる用語などはすべて除去した改正条約で落ち着いた。しかし、同 2007 年に辞任したブレア首相を引き継いだゴードン・ブラウン首相は「リスボン条約は EU 憲法条約とは異なるもの」としてレファレンダムを実施しなかった。しかし、市民を代表する形で、ウィーラー（Wheeler）氏はレファレンダムを実施しなかったことに対し提訴した。確かにリスボン条約は名前からして EU 憲法条約案とは違う、だがそうであろうか。以下に簡単ながら、Wheeler 事件を掲げてみたい：

33　二度の約束とは、2005 年 4 月 20 日の総選挙のマニフェストの中と、2005 年 5 月 18 日の国会答弁において約束をしたという。*Ibid.*, at p. 459.

34　2009 年 12 月 1 日発効。

3 Wheeler（ウィーラー）事件 [35]

〔事実〕

①議会でトニー・ブレア首相がEU憲法条約はレファレンダム（国民投票）に従う、と約束した。

②EU憲法条約はフランスとオランダのレファレンダムで拒絶されたあと、棚上げにされた、それでEU憲法条約はリスボン条約にとって代わられた。

③政府はリスボン条約には国民投票は行わないと明言した。

④原告は首相の約束は類似するいかなる条約に対しても行われる黙示の表明であり、それはかかる国民投票が促される法的期待を生じさせるものであり、その法的期待を裏切るものである、と主張した。

〔合議法廷判決〕（Richards, LJ）

かかる上訴を却下する。黙示的約束に関して言えば、原告は法的期待を有しない。たとえ彼がそう期待したとしても、裁判所はいかなる救済を命じえない。そうすることは議会特権を侵害することになるからである。

結末は以上の通りであったが、国民の間に流れる不満を表に出す結果となった。たとえ主権が議会にあって、最終的に彼らが決めることであっても、政治的主権者である国民に問うべきであるという不満の声はかなり溜まっていたのである。

4 レファレンダムはイギリス憲法の新しい現象

上に述べたように、全国レベルで史上初めて実施されたレファレンダムは1975年のEC残留を問う国民投票だった。また、地方レベルでの最初に実施された住民投票は1973年の北アイルランドがイギリスに残留するか否かを問う住民投票だった。それ以降、全国レベルでは本書の第1章で検証したように2度目が2011年の選挙制度の変更を認めるか否かのレファレンダム、そして3番目が2016年のEUからの脱退か否かを問うレファレンダムだった。地方レ

---

35 *R（Wheeler）v. Office of the Prime Minister* [2008] EWHC 1402（Admin）.

Ⅲ　EC 加盟にあたりレファレンダムを斥ける　　137

ベルでのレファレンダムは、その後、スコットランドとウェールズの地方分権
に関するレファレンダム、2014 年のスコットランドのイギリスからの独立を
問うレファレンダム、1998 年のロンドンのための、「直接選出される市長と戦
略的当局に関する 1998 年グレーターロンドン当局（レファレンダム）法」など、
多くがレファレンダムを利用しているのに気づくであろう。それを見る限り、
近年、レファレンダムが現代イギリスの新しい現象となっていることは疑いな
く、ヴァーノン・ボクダナーは、「（これまで）議会の権限をヨーロッパ議会に
委譲すべきか、それとも分権化された多様な自治議会へ委譲すべきか、また、
連合王国の一部である北アイルランドをイギリス議会の全体的な管轄権から除
外すべきかについてそれぞれ実施された」[36] と述べるとともに、「主要な政党は
また、イギリスはレファレンダムによって国民的同意が示されない限り、単一
通貨（ユーロ）に参加すべきではないという点で一致した [37]。」その上で「議
会の権限は国民の同意がない限り委譲すべきではないという慣行が確立しつつ
あったというのが正直のところであろう」[38] と述べている。

　確かに、国家的な構造を伴う改革にはレファレンダムはもはや憲法習律化し
つつあると言ってもよいのかもしれない。けれども歴史的にはレファレンダム
は議会主権のイギリス憲法の下、かつては違憲であるとさえ指摘されたし、イ
ギリスの伝統にそぐわないとしばしば述べられたことで知られている。渡辺容
一郎は論文の中で、イギリス人の「レファレンダム」観について政治学者ヘイ
ウッド（A. Heywood）を引用して、レファレンダムは、議会制民主主義の原
理と相容れないため「イギリス的でない」との理由でレファレンダムを「嫌悪
する傾向があった」という [39]。事実、1890 年に A.V. ダイシーがアイルランド
に自治権を与えるべきかに際して「レファレンダムが議会主権に先導すべきで
ある」[40] と提唱したことはすでに述べた。だが、その時も、またその後もずっ

36　ヴァーノン・ボクダナー、拙訳、「わがイギリスの新しい憲法」駿河台法学（2007
年）20 巻 2 号 7 頁参照。

37　*Ibid.*

38　*Ibid.*

39　渡辺容一郎「現代イギリス政治とレファレンダム」政経研究（2016 年）53 巻 2 号
504 頁以下参照。

40　*Ibid.*

とレファレンダムはイギリスでは議会主権に対するタブーとして実施されない
できた。

近年はどうか。ボクダナーによれば、「1945 年、チャーチルは戦時連立内閣
の平和時への継続の問題はレファレンダムにより国民に委ねるべきであると提
案した」[41] が、「アトリー[42]（Atlee）は、レファレンダムは"わが国のあらゆる
伝統への異種という装置に外ならない"と宣言した」らしい。もちろんダイシ
ーは「レファレンダムはイギリスでは形式的に諮問であるに違いない。また、
それは議会を拘束しないのである」[43] とも言及している。しかし彼の時代には
レファレンダムは成立しなかったが、今ではどうか、レファレンダムは国家構
造の変革の際にレファレンダムを利用するだけでなく、2011 年 EU 法による
"レファレンダム・ロック"構想においては、もしイギリスがリスボン条約以
後、EU へこれ以上の権限委譲を許すことになる場合、国民の意思を聞くべく
レファレンダム・ロックをかけることとした。それは別としても、これまでの
国レベル、地方レベルで行われてきたレファレンダムの積み重ねをみる時、争
点次第では議会主権に先導してレファレンダムを実施することがイギリスの新
しい憲法習律になりつつあると知るであろう。

IV　イギリスにおける議会制定法の必要性

1　「1972 年欧州共同体法」と EC・EU（欧州共同体）法の国内法化

イギリスは条約に対して憲法上、厳格な二元論を採用している。というのも、
EC へ加盟することは、憲法上、イギリス国内法の変更を招来することになる
からである。したがって、加盟条約を批准する前に、議会は EC 諸条約実施の
ために立法措置を講じなければならない。そのことはイギリス法上十分確立さ

41　*Id.*, at p. 6.

42　Clement Richard Attlee（首相在任期間：1945 年 7 月 26 日–1951 年 10 月 26 日）。
労働党党首として 1940 年のチャーチル戦時内閣に副首相として入閣した。後、ラムゼイ・
マクドナルド以来 2 人目の労働党出身の首相となる。国民の期待に応えて、労働党の年来の
主張であった重要産業国有化と社会保障制度の充実という政策を実施し、「福祉国家」を実
現した首相として知られている。

43　*Id.*, at p. 8.

れており、このような国は、一般に憲法上、二元論の立場を採る国とされている[44]。

かくしてイギリスは 1973 年 1 月 1 日に加盟する前提で、加盟の前年、すなわち、「1972 年法案」といわれる「共同体法案」を議会に提出し、1972 年 7 月 13 日に、301 対 284 票[45] の僅差を以て辛くも下院を通過したのであった。次いで同法案は貴族院へ回送され、同様の過程、即ち、第 1 読会、第 2 読会、全院委員会[46] 及び第 3 読会を経て、同年 9 月 20 日に、審議終了し、貴族院でも可決された。かくして、10 月 17 日に、女王による裁可を受けて「1972 年欧州共同体法」（European Communities Act 1972, 以下、単に「1972 年法」、もしくは、1972 年 ECA と称する）となった。その時に制定した立法こそ、1972 年法（ECA 1972）なのである。

法案審議で繰り広げられた「大論争」[47] では例えば「1000 か条法案」[48] として長文の法案も考えられたが、「可能な限り、審議妨害を受けず、短い期間のうちに、1972 年法案の下院通過を計る最善の戦術を検討してきたヒース政府は、短い単一の法案を提出」[49] したのであった。かくして、本法は全部で 12 か条と 4 つの付則から構成されており、1 条から 3 条までは「第 1 編　総則」として、また、4 条から 12 条までは「第 2 編　法の修正」[50]、最後に 4 つの付則

44　ドイツやデンマークも憲法上、二元論の国と言われている。二元論の国は、加盟の前に立法措置を取るのが通例である。

45　Official Report, 13 July 1972; vol. 838, col. 1274

46　法案は、第 2 読会後、委員会へ付託される。通常の法案はそのうちの常任委員会がこれを取扱う。極めて重要な法案は、全院委員会（Committee of the Whole House）で審議される。「外国法の常識」（日評）75 頁参照。see also John Forman, *supra note* (30), at p40.

47　1971 年 10 月 21・22・25・26・27 日及び 28 日の 6 日間、政府の EC 加盟決議案を巡って与野党間に展開された大論争。

48　An Act of a Thousands Clauses. しかしこのような「1000 か条法案」は共同体規則及び決定の数が膨大なものなので不可能であった。See: John Forman, The European Communities Act 1972: The Government's Position on the Meeting and Effect of its Constitutional Provisions, (1973) CML Rev. 39 at 41.

49　伊藤勝美前掲注 9 比較法政論文第 5 号 178 頁。

50　第 4 条から 12 条まで、及び統合された付則 3 条と 4 条を含む 1972 年法の第二編は、連合王国法が EU 諸条約、指令及び規則（それらは欧州裁判所によって解釈される）のなか

から成るミニ法案となった。まず、1条は、本法がローマ条約、加盟条約、及び、その後に作られる諸条約にも適用される形となっている。その後に締結される諸条約は、勅令によって国内法化される旨、規定されている[51]。

2 1972年法に見るEC・EU法の性格（直接適用性）

本章で議会主権とEC法及びEU法の関係で論じようとする場合、そこでのEC法EU法とは、直接適用性（後述）を有するもののみである[52]。そのような性格を持つEC法（後のEU法）は、加盟国の国内法に優先して、加盟国の政府や企業、個人に直接適用されることである。翻っていうならば、あらゆるEU法のうち、ローマ条約規定の場合、文言と内容が明確で無条件であれば、EU内の人々や企業に直接に権利を発生させる効果があり、個人は加盟国内の裁判所でEU法上の権利を直接に行使できるとされた。かかるEC・EU法の性格は条約のみならず、EC・EU規則、EC・EU決定等も同様に考えられているが、EU法のかかる性格は1963年のファンゲント・エン・ルース社事件における欧州司法裁判所の判例によって確立された。したがって詳しくはその判決をみなければならない。かくEC・EU法のもつ直接適用性の性格、あるいは個人から見れば加盟国内の裁判所でEC・EU法上の権利を直接に行使できる直接効果という性格は、イギリス議会が制定した「1972年法」の中のど

で適宜定立される法であるEU法の要件に従うよう要求される多くの制定法による廃止と修正について規定する。

51 1972年法の1条2項はいくつかの重要な定義を含んでいる。ここで、諸共同体（Communities）とは、EEC及び関連する諸共同体（現在、EUつまりEuropean Unionと改正された）を意味する。諸条約（the Treaties）及び共同体諸条約（the Community Treaties）（現在それはEU諸条約EU Treaties）とは、付則1条に記述されている諸条約（当時のEECの規則と権限を規律する既存の諸条約）、1972年加盟条約自身、それに、加盟国のいずれかとともに、それなしに、もしくは、連合王国に依って諸条約のいずれを補完する条約として諸共同体によって締結されるもの以外の条約、のことだった。諸条約及びEU諸条約の頭文字であるTを使用することは重要である。というのも、加盟国を変更したり、またはEECの諸原則を再定義することとかかわる将来の条約は、それらが修正する国会制定法によって1条2項に追加されて初めて諸条約及びEU諸条約になりえたからであり、かつそのようなものとして連合王国法の中で効力を持ち得たのである。

52 本稿IVの4及び詳しくは第6章EC・EU法の直接適用性と優位性の確立、並びに第7章IIのEC・EU法と主要国法の関係以下を参照のこと。

IV　イギリスにおける議会制定法の必要性　　141

の規定によってその国内的妥当性が認められたのか。同法に依れば、EC・EU
法は第2条第1項でイギリス法の一部となるべく規定されたとされている。

　第2条は"条約の一般的な実施"（General Implement of Treaties）と見出し
を付けられており、とくに第2条1項は、ECないしEU法の特徴である「直
接適用性の原理」を受け入れた主要な規定とされている[53]。

　　「2条1項　諸条約により、又はこれに基づいて随時創設され、又は発生
　するすべての権利、権限、責任、責務及び制限、並びに諸条約により又は
　これに基づいて随時定められるすべての救済手段及び訴訟手続であって、
　連合王国内において、諸条約の定めるところに従い、改めて法規を定める
　ことなく、法的効果を賦与され、又は施行されるものは、法律上承認され
　利用され、服されるものとし、"従って強行され"、容認され、服されるも
　のとすると規定され、しばしば及びこれに類する用語は、本項の適用があ
　る権利に言及している如く読まれるもの。」

規定に見るように、直接適用性を有するECないしEU法は、イギリスにおい
ては、主としてこれにより規律される個人（法人を含む）の裁判所（自国の）
における『強行可能な共同体の権利（enforceable Community right)』という
形でイギリス法の一部になったのである[54]。

3　1972年法に見るEC・EU法の優位性

　他方、EC・EU法[55]の加盟国内法に対する優位性とは何か。もし法廷にお

───────────────────

　53　［叢書20］矢頭敏也訳編『英国の1972年欧州共同体法』早稲田大学比較法研究所
（1992年）参照。以下、1972年法の条文の邦訳は基本的に本叢書の訳を使用させていただく。

　54　第2条第1項によれば、直接適用性を有する欧州共同体法は、「諸条約により、又は
これに基づいて随時創設され、又は発生する」とある。かように欧州共同体法は、その源を
「諸条約」に依拠しているが、そこで含まれる「条約」の範囲は極めて広いものである。こ
の条約自体の定義は、同制定法の第1条第2項で規定されている。それに依ればおよそ4種
に分類できる。(a) 加盟前条約（基本条約3つを含む6つの条約、1節の1参照）(b) EC
加盟条約及び1972年の閣僚理事会の決定　(c) 加盟後ECによって締結される条約　(d) 加
盟後、(a) (b) (c) の条約に対する附随のものとしてイギリスにより締結される条約、の4
種であるとされている。

　55　EUも入れてEC・EU法、あるいは単にEU法として使用させていただくが、正確
にはEC法の優位性という方が正しいかもしれぬ。というのも、ECがEUになったのは

いて加盟国の国内法と EC 法が不一致して衝突を起こした場合、どちらを優先するか。この件に関しても、欧州司法裁判所は 1964 年のコスタ対エネル電力公社事件で、その場合には EC・EU 法が優位すると判断を下した。ただし、国内法のどのレベルの法と衝突するかで、EU 法とドイツ憲法が矛盾していたインターナショナル商事会社事件で、ドイツの憲法裁判所は当初、ドイツ憲法の優位を判定したが、それは EU 法がいわゆる人権規定のカタログが不十分だった時代だったゆえ、そのような判断が出たが、その後、EU は基本権憲章に力を入れ、人権のカタログが揃うにつれて、ドイツ憲法裁判所も EC・EU 法の優位性に譲ったのである。このような経緯を経て EC・EU 法の優位性は確固たるものになった。なお、EU 憲法条約がオランダとフランスの国民投票で否決されたため、欧州司法裁判所が判例で打ち立てた EU 法の優位性は EU 憲法条約の中に明文で規定されることになっていた（I-6 条）が、EU 憲法条約が効力を得ずに終わったため、日の目をみなかった。その後、リスボン条約では EU 憲法条約に予定された明文の規定は外された。その代わり、リスボン条約の下、それは、付属宣言書 17 に組み入れられた[56]。

イギリスは 1972 年法の中の、2 条 1 項と 3 条 1 項・3 項により「EU 法の優位性」を受け容れられたと考えられている。しかし、「1972 年 ECA」の規定をみる限り、EC・EU 法の優位性についてどこにも明示的に述べた規定はない。いかなる理由においてであろうか。ミッチェルによれば、その理由の一つは、政治的理由によるという。というのも、

> 「かかる規定を 1972 年法案に盛り込んでいたら、EC 反対派に弾薬庫を手渡したことになっていただろう」[57]

1992 年に調印されたマーストリヒト条約（1993 年 11 月に発効）からである。EU は三本柱からなる組織となり、これまでの EC 法はその中の 1 本目の柱に属することになった。2 本目は外交・安全保障分野、3 本目は刑事に関する警察・司法分野なので、それらの分野はまだ法の支配が及ばない分野である。優位性を語る時は EU というより EC 法の優位性という方が正しいが、象徴的に EC・EU 法、あるいは単に EU 法と言わせていただく。

56　その宣言書で、EU 法は、「（EU）判例法に定められた条件で加盟国法に優位する」と記載された。

57　J.D.B. Mitchell and others, *Constitutional Aspects of the Treaty and Legislation relating to British membership*, 4 CMLRev. 134, at p. 142.

IV　イギリスにおける議会制定法の必要性　　　143

という理由によるようだ。このように、EC・EU 法の優位性を議会制定法の
中に規定することは、それ自体、特に議会主権の原理に対して並々ならぬ影響
を与えるものであったゆえのこととして十分想像しうることである。

　にもかかわらず、EC・EU 法の優位性は、まず、同法2条1項自体の中に
含まれるとされている[58]。例えば法案作成に当たったホウ（G. Howe）も、そ
の論文の中で、2条1項の「強行可能な共同体権利」が、「優位性の要素を含
んでいる」[59] としているし、トリニダッドも「欧州共同体法の優位性は、ある
意味で、2条1項の中で "72年 ECA" によって承認されている」[60] と述べてい
る。

　しかし、法案を提出した政府によれば、EC・EU 法（欧州共同体法）の優位
性は、2条1項と3条1項の混合された効力によるものとされる。前者につい
ては上述した通りであるので、ここでは3条1項のみを掲げておく。

　　「3条1項：すべての訴訟の手続きの諸目的のために、いずれかの条約の
　　意味、もしくは効果、又は何らかの共同体文書の有効性、意味、もしくは
　　効果に関する問題も、法律問題として取り扱われるものとする（また、欧
　　州裁判所に付託されない場合は、欧州裁判所により定立された諸原理及びその
　　いずれかの関連判決に従ってかかるものとして決定されるものとする）。」

この規定により、EC・EU 法（欧州共同体法）は今後、加盟前におけるように、
単に外国の法体系であるのではなく、イギリスの裁判所によって、この国の法
の一部として運用されるべきものとなった。のみならず、イギリスの裁判所が
欧州司法裁判所の判決に付託しない場合でも、同欧州司法裁判所の適切と思わ
れる判決、及び定立された原理に服すべく義務付けられることとされているの
である。ここでいう判決及び原理には、直接適用性を有する EC・EU 法規定
を認める欧州司法裁判所の一連の判決のほか、EC・EU 法の優位性の原理を
含むと解されるから、従って、この3条1項を、EC・EU 法の優位性を受容
した規定の一つに加えるべきであるとする考えは正しい。法案作成にあたった

58　*Ibid.*

59　Geoffrey Howe, The European Communities Act 1972, 49 Int. Affairs 1, at p. 7.

60　F.A, Trinidade, *Parliamentary Sovereignty and Primacy of European Communi-
ty Law*, 35 M.L. Rev. 375, at p. 376.

政府側の他の一人リポン（G.Rippon）は、議会で次のように述べている：

　　「3条1項は、欧州司法裁判所の判決等の承認を規定した。1967年の白書
　　も認めるように、欧州共同体法の直接適用性を有する規定は、それが抵触
　　する場合に優先するという意味で加盟国の国内法に効力が優ると意図され
　　ている。2条1項で直接適用性を有する法規を承認し、3条1項で欧州司
　　法裁判所の判決等を承認することで、この法案は、必要な優位性を定めて
　　いる。議会制定法に関連して、これは直接適用性の規定が、後の議会制定
　　法と一致しない限りにおいて、それに優位すべきであることを意味してい
　　る。」

このようにリポンは、政府側を代表する形で、2条1項、3条1項がEC・EU
法（欧州共同体法）の優位性を受容したとするのである。

　加えて、一般的には、これらの規定のほか、3条2項も優位性受容を補強す
る規定として加えられる。同条同項を下に掲げる：

　　「3条2項：…裁判所は、諸条約、諸共同体広報、及び欧州司法裁判所の
　　全ての判決又は、その意見の表明を確知するものとする。」

このように考えると、EC・EU法の優位性は、2条1項、3条1項及び2項の
諸規定の混合された規定の中に見出しえよう。

　なお、2条2項は、「直接適用性のないEC法の国内法化について定め、そ
れは制定法的手段（行政規則）か勅令によって実施されるべき」ことを規定し
ていることも付記する。

4　2条4項の解釈規定は「前例なき規定」か

　2条4項は、「制定され、または、制定されるいかなる法も本条の前項規定
にしたがって解釈され、効力を持つ」と規定された。リヨンによればこの規定
は「前例のないもの（unprecedented）だった」[61]と述べるとともに、「それを革
命的に（revolutionary）捉えたとしても言い過ぎでない」[62]とも付け加えてい
る。その意味は議会主権の解釈原則の本丸、明示的廃止の原則を排除する上で
の「倫理的政治的圧力になる」[63]というもので注目に値する見解であるが、当

　61　Ann Lyon, *Constitutional History of The UK*, supra note （3）, at p. 449.
　62　*Ibid.*

然ながら、いや単なるこれまでコモン・ロー上の、国際条約を解釈する時の原則を援用しただけ、とする意見もある。以下に考察してみる。

　上の1、2に述べたように、確かに2条1項が規定の上でEU法（直接適用性を有する）を過去・将来に渡ってイギリス法体系へ編入し、EU法の優位性の原理まで加えるとする見解は、解釈上、そう認められ、画期的な規定に見える。

　しかし、そうだとしても、規定の仕方自体がそのことを明示的に表明していない以上、それを否定する見解もまた解釈上成り立つ。さらにまた、第3条第1項、第2項は、共に裁判所に向けられた規定に過ぎないから、かりに、議会が「1972年法」と両立しない制定法規を設けた場合には、裁判所はEU法を優位させるか、それともその議会制定法を優先させるか、解釈上、当然ながら争いが生じるだろう。

　したがって、2条1項、3条の1、2項だけからは、少なくともEU法の優位性は「1972年法」の規定の中に盛込まれているとしても、特に明文で保障されているとは言えない。つまり、これらの規定からは、至上の議会主権が封ぜられ、牴触立法が効力的にEU法の下位に置かれる事態には至らないと考えられるのである。

　では、これを解決する規定は他にあるであろうか。ホウ（Howe）に依れば、これを解くカギは2条4項にあると言う。この項は、3つの部分から成り、そのうち重要なのは次の部分、即ち以下の通りである。

　　「2条4項　制定され、又は制定されるべき法規は、…本条上記の諸規定の制約の範囲内において解釈されかつ効力を有するものとする。」
ここで「本条上記の」とは、2条1項の直接適用性を有するEC・EU法、あるいは一言で言うならば、同項の中の「強行可能な共同体の権利」を含むことは疑いない。また、「制定され、又は制定されるべき法規」とは、過去又は将来の議会制定法と解釈されるから、結局、この2条4項は、次のように読まれうることになる。

　　「過去及び将来の議会制定法は、直接適用性を有する欧州共同体法という

---

63 *Ibid.*

制約の範囲内において解釈され、かつ効力を有するものとする。」

この結果、EU法優位性の原理は、2条4項の規定の効力により、かなり確定的に保障されたように思われるかもしれない。事実、政府は、この規定を含めた諸規定から、EU法の優位性を受容する加盟国の義務を果たしたとみなされうるとした。しかし、それでも、他方で、ダイシー伝統に立つ者、例えばH.W.R. ウェイド（H. W. R. Wade）でさえも、

> 「1972年の英国欧州共同体法案の2条4項、3条1項の文言を以て、この法案は、明示的に欧州共同体法を将来の国会制定法に優位させようとするものである。しかし、これは、議会は後の議会を拘束しえないことを定めている古典的国会主権の原理（classic principle of Parliamentary Sovereignty）と衝突するものだ」

と否定してみせている。こうみると、1972年法が、ダイシー伝統に立つ者にいかに衝撃が大きいものであったか分かるというものである[64]。

　然らば、ここにおいて、トリニダッドが投げかけた疑問、優位性の原理は、議会主権というイギリスの法理の"終末"となるものであるか、に「イェス」の回答が与えられるであろうか。もう少し第2条第4項と議会主権の関係を考察してみよう。

　トリニダッドの疑問点であるが、まず、政府を代表してホウの意見を聞いてみよう。彼は、先に指摘した第2条第4項に関して更に言葉を続けて次のように述べた。

> 「留意されるべきは、私の引用した規定は、欧州共同体法に対し必ずしも明確に優位性又は優先効力を与えているわけではない」と。

これはいかなる意味においてか。ホウは更に言う。

> 「この制定法が代わりにしようとしていることは、裁判所に、将来の制定法の解釈をなすに当たって、『強行可能な共同体の権利』つまり、第2条第1項（及び条約）で定められた『優位性（supremacy）』の要素を含むこの権利概念に完全な効力を付与することを命じることである。この制定法

---

64 他方、ミッチェルなどは、第2条第1項、第3条第2項及び第2条第4項を以て、共同体法は、その性格を何ら変型されることなく、しかも国会主権もこれら諸規定によって克服されたとみるのである。

は、『国会は共同体上の義務と牴触する立法を定立しえない』と言おうとしているのではない。なぜなら、かってガーディナー大法官（Lord Gardiner）が貴族院で表明したように、『理論上は、将来の議会が欧州共同体法と牴触する議会制定法を定立しえぬことを明確にするために我々が援用しうる何らの憲法上の手段が存在しない』からである。」

確かに、前述したように、2条4項は、優位性の原理を一定程度保障する規定ではあるかもしれぬが、それは裁判所に対して向けられた規定であって、主権をも制約しようとして国会に向けられた規定ではない。*Encyclopedia of European Communities Law* の中で、シモンズ（Simmonds）も、2条4項について、「この項は、欧州共同体法と将来の連合王国制定法との間の起こりうる牴触の除去に関するものである」と述べつつも、同時に次のことを強調した。

「この規定が、議会は欧州共同体法に基づく義務に牴触する立法を定立しえないことを規定しているわけでないことは注意されるべきである」と。

他方、ピュソチェット（J. -P. Puissochet）は、この規定を明確に判じることは難しい、但し、議会が EU 法と牴触する立法を採択することを明示的に述べてはいない、として、「その命ずるところは、もしイギリスの議会がそのような立法を定立したら、実際の牴触問題が争点となる事件においてその制定法が効力を持ちえなく（inoperative）なる、ことである」と述べ、さらに、「第2条第4項は、単に裁判所が議会制定法を解釈又は履行する仕方に指令を与えているに過ぎない」と述べるにとどめた。以上を確認した上で、ピュソチェットは、かかる規定は、実は、以下に掲げる伝統的な原理の単なる立法上の結晶か、精々、その原理の増幅（amplification）にすぎないと結論づけた。その原理とは、

「国際法と国内法の間に明白な牴触がある場合、裁判所は、国内法と国際法と一致させるべく解釈する努力をすると共に、議会の意思は、本邦を拘束する国際法上の義務を取消す（renege）ことはないと推定しなければならない」

というものである。この原理を今少し詳しく考察してみなければならない。ランガン（P. St. J. Langan）は、この原理について、*Maxwell on The Interpretation of Statutes*（12th ed.）の中で次のように説明している。「3. 国際法の

違反に対する推定」の項においてであるが、それによれば、

　「立法部は自らの管轄権限を越えようとはしないとの一般的推定（general presumption）に基づいて、全ての制定法は、その条文が認める限りにおいて、国際礼譲（comity of nations）、又は確立された国際法に矛盾しないように解釈され且つ裁判所は、明白且つ明瞭な条文によって、かかる矛盾を採用すべく義務づけられていない限り、その矛盾に効力を与える解釈を回避しなければならない。しかし、もし制定法の条文が明白ならば、国内法と国際法の牴触にも拘わらず、その条文に服さなければならない。」

というものである。

　かかる原理又は推定は、もちろん判例法上承認されているものである。例えば、「シャリフ対アザド事件」（1967年）において、ブレトン・ウッズ協定を実施する枢密院令（1946年の）の付則第1編8条2号b号は、「為替契約（exchange contracts）」に関して言及しており、かかる文言の意味する範囲が問題となったが、ディプロック判事（Lord Diplock）は、「それは締約国の通貨を保護するという同協定の目的に照らして広く解釈されるべきである」と述べた。この種の判例は、他に種々みられる。

　以上の推定が、かようにコモン・ロー上の原則であるとすれば、1972年法の2条4項の規定は、ピュソチェットの言うように、コモン・ロー原則の単なる立法上の結晶の如きものに近いものであることは疑いない。そして、ランガンが述べるように、議会制定法は、国際法違反に対する上述の推定又は原理があるにも拘わらず、その明白な規定によって、かかる推定又はコモン・ロー上の原理さえも排すことができるとする。もしそうであれば、第2条第4項の規定にも拘わらず、議会が、EU法に明らかに反する制定法を定立したら、裁判所は、かかる制定法の明示規定を、もはや解釈手段を通じて回避することは不可能になってしまうであろう。

　かくして、EU法の優位性を一見保障するかに見えた2条4項は、黙示的な牴触は別として、EU法を明示的に無視する制定法が出現した場合には、何ら有効に作用しえないことになる。つまり、本来、EU法の優位性の原理はイギリスの議会主権と理論上両立しないと思われるのであるが、1972年法においては、前者の原理が規定の上で徹底して編入されなかったことから、後者即ち

議会主権を絶対視する立場に道を開けてしまった（と言うより、そうせざるを得なかったと述べた方が適切かもしれない）と言わざるをえない感がある。

かくして、ピュソチェットの言うように、「問題は、かかる規定が、更に一歩突き進められて、裁判所に対して、EC 法と後の議会制定法の牴触が、不慮的でなく故意的（deliberate）に生じた時でも、EC 法を適用すべく要求しうるかどうか」の一点となり、これに対する対応は、イギリスの司法部、すなわち、議会主権と EU 法との相剋にもっとも解決を迫られていたのは裁判所であったし、これは本書の冒頭に述べた通りである。

V　イギリスにおける二元論の厳格性

1　なぜ立法措置が必要か

ところでイギリスで厳格な二元論に話を戻すが、二元論はイギリスで十分に定着しているとされるが、二元論の厳格さについて、EC 法の先駆的教授の一人だった D. ラソク及び J.W. ブリッジは述べる。

> 「少なくともブラックストーンの時代以来[65]、慣習国際法（the customary rules of international law）は、コモンローの一部とされ、イギリスの裁判官によって直接強行されうるとされたが、こと条約に関しては、イギリスは厳格な二元論の立場を採ってきた。即ち女王が適式に締結した条約上の義務は、もし議会が国内法体系内で効力を有すべく、必要な措置を講じなければ、個人の権利又は義務に、いかなる状況においても影響を及ぼさないのである。」[66]

ラソクの言うように、厳格な二元論をイギリスが採るとする立場は、さらにアトキン卿（Lord Atkin）によって古典的判例と評される 1937 年のカナダの法務長官対オンタリオの法務長官事件[67] の中でも、次のように述べられている[68]。

65　W. Blackstone, *COMMENTARIES*, vol IV, at p 67

66　D. Lasok & J. W. Bridge, *INTRODUCTION TO THE LAW AND INSTITU-TIONS OF THE EUROPEAN COMMUNITIES*, Butlerworth, 1973, at p 247

67　*Attorney-General for Canada v. Attorney-General for Ontario* [1937] A. C. 326

「……条約が設定する義務については、(1) その創設（formation）と (2) 履行（performance）の区別を銘記しておくことが肝要であろう。条約の締結は、執行部の行為であるが、条約所定の義務が、現存の国内法の変更を伴なうものであれば、これを履行するためには立法措置が必要である。こういう原則がイギリス帝国（the British Empire）内では十分確立している。」[69]

「若干の他の外国とは異なり、イギリス帝国では、適式に批准された条約の規定であっても、ただ条約であるというだけでは、何ら法的効力を持たない。もし国の執行部、即ち現在の政府が、法の修正を必要とするような条約上の義務を負担することを決定したとすれば、それは必要な制定法に議会の同意を得ることができるか否かの危険を冒しているのである。政権の安定を出来るだけ保障するため、かかる場合には、しばしば最終的に批准する前に、議会に対して同意の意思表示が求められる。しかしかかる同意の意思表示をしたからと言って、それが法として効力を有することになるとか、同意した現在又は将来の議会は、条約の締結後に国会に提出される法案に承認（sanction）を与えることを法上排除されたとは未だかって示唆されたこともないし、法になってもいない。」[70]

「もちろん国会は、……憲法上、執行部をコントロールする権限を持っている。しかし、条約の中で負担する義務の設定（creation）、及びその方式（form）と性格（quality）に対する同意、これは執行部だけの機能である。この点は、争いの余地がない。義務がひとたび設定されれば、他の当

---

68 本件で問題となったのは、1919 年のヴェルサイユ講和条約の第 13 編（労働編）に従って、ILO が採択した条約を実施するために、1935 年にカナダ（当時、自治領、Dominion）の議会が制定した週休法（The Weekly Rest in Industrial Undertakings Act, 1935）、最低賃金法（The Minimum Wages Act, 1935）及び労働時間制限法（The Limitation of Hours of Work Act, 1935）は、1867 年のイギリス北米法（The British North Americans Act, 1867）の 92 条 13 項によって州の排他的な権限に属するとされている事項に関するものであり、これはカナダ議会の権限踰越であってこの法律（国会制定法）に違反するかどうかについてオンタリオ州によって争われたものであり、カナダの最高裁判所からイギリス枢密院司法委員会に上訴された事件である。結果はカナダ議会の権限踰越と判示された。

69 *Id.*, at p.347, per Lord Atkin

70 *Ibid.*

事国に対する関係においては、国家を拘束するが、議会はその履行を拒否することによって、国家を義務不履行（default）の状態に放置することもできるのである。立法部が無制約の権限（unlimited powers）を有する単一の国家においては、問題は単純である。」[71]

　「議会は、国の執行部によって国に課した条約上の義務を満たすか満たさないかのどちらかであるだろう。かかる義務の性質（nature）は、立法部がそれを法にすることを選択するに際して有する完全な権限に何ら影響を及ぼさないのである。」[72]

以上アトキン卿の述べたことは、イギリスの（EC）加盟条約署名後であって、かつ、未だ条約実施のための議会制定法（1972 年法）が定立されていない時点で控訴院において審理されたマックワーター対法務官事件[73]（1972 年）でも確認されている。当該事件は権利の章典（1688 年）の第 8 条が、国王の権限及び統治権の包括的、完全且つ直接の行使権につき定めているが、執行部は、当該条約へ署名することによって、それを損なってしまう、つまり権利の章典に違反することになってしまうか否かが争われた事件であるが、デニング記録長官判事は、判決の中で「上訴人マックワーターの主張は認められない」として次のように述べた。

　「国王の大権は、国王のために、現在の政府によって行使される。それは条約署名の前後に拘わらず、いかなる方法でも、この裁判所では争いえない。たとえ、ローマ条約に署名がなされたとしても、当裁判所に関する限り、それが国会制定法とならない間は効力を有しないのである[74]。」

　以上述べると共に同判事は、先のアトキン卿の「もし国の執行部すなわち、現在の政府が、法の修正を必要とするような条約上の義務を負担することを決定したとすれば、それは必要な制定法に国会の同意を得ることができるか否かの危険を冒しているのである」との判決部分を引用して次のように続けた。

　「政府は疑いなくかかる危険に陥っている。しかし、ひとたび議会の同意

71　*Ibid.*

72　*Ibid.*

73　*McWhirter v. Attorney-General* ［1972］C. M. L. R. 882

74　*Id.*, at p 886（per Lord Denning）

が得られれば、ローマ条約は国内的効力が得られるのである。それが得られない内は、裁判所は介入しないであろう。」[75]

このように、イギリスの条約についての二元論の立場は、判例法上も厳然と承認されているのである。ただし、アトキン卿は、上に述べたカナダ法務長官対オンタリオ法務長官事件における判決文の中で「立法部（イギリス議会）が無制約の権限を有する単一国家では問題は単純である。国会は、国の執行部によって国に課した条約上の義務を満たすか満さないかのどちらかである」として、二元論が採られることの意味を国会の無制約性、至上性においている。

確かに絶対主義の下で王政に抵抗し確立された国会主権からすれば、立法措置を講じることなく「条約にも国内的効力を認め、しかもその国内的効力というものが、全ての国内法に優先するものでなければならないとすれば、国王は外国の協力を得ることによって、立法権の全てを簒奪してしまうことも可能」[76]になってしまうであろう。このことは、「国王は大権に基いて立法しえない」[77]という法命題とも一致するのである。

ところで、かかる法命題は、遠く 1610 年の勅令事件[78]（the Case of Proclamations）において確立されたと言われるのであるが、二元論の理論的萌芽が、この事件に遡られるとされるのも、実はこの意味からなのである。したがってイギリスにおいて、条約の国内的効力に対して二元論を採ることの意味は大きいのであり、各国の趨勢からすれば、二元論を採用する国は今日においてはむしろ少数である[79]とされるにも拘らず、イギリスではなお厳格に保持されているのである。

しかし、これを EC 条約との関係で見るとき欧州共同体法の各加盟国における効力の統一性あるいは国内法に対する欧州共同体法の優位性の保障という点で、二元論の立場がむしろ障害になっていることも否めない事実である。この

75　*Ibid.*

76　畝村繁『英米における国際法と国内法の関係』（学術選書）（法律文化社、1969 年）126-127 頁。

77　H. W. Clarke, *CONSTITUTIONAL AND ADMINISTRATIVE LAW*, at p92

78　Case of Proclamations, 12 Co. Rep. 74,（77 Eng. Rep. 1352）

79　高野雄一『国際法概論（上）』法律学講座双書 73 頁、香西繁ほか『国際法概説』（有斐閣双書）45-46 頁。

点については、次章を論ずる過程で明らかになっていくであろう。

2　二元論が採られる理由

　最後に、ではなぜ裁判所も国会もこれに介在すべき余地はないのに[80]、何ゆえ例外的に国会が条約批准前に関与するのか、せざるを得ないのか。このことを明らかにしておかねばならない。そのことを理解するため、次のこと、すなわち、「条約の締結は国王の大権に属する」ということを念頭にいれねばならない。イギリス憲法上、「条約締結権は国王の大権に属す」[81]。それが国王の大権に属す以上、イギリスにおいては、裁判所も国王でさえも、条約の交渉から批准に至るまでこれに関与する余地はない。これが原則である。

　このことは、イギリスがEC加盟条約に署名する以前の1970年、条約締結の交渉中に提起された事件で、原告が、法務長官を相手として、EC加盟は、英国の法に反するとしてこれを争ったが、条約締結権は国王の大権に属するとして訴えは却下されたことからも明らかである。本事件は、本稿の後半でも引用されねばならないので、ここで今少し詳しく取上げておく。

――ブラックバーン対法務長官事件[82]――

〔事実概要〕

　原告（上訴人）ブラックバーン（Mr. Alburt Raymond Blackburn）は、政府がローマ条約に署名することによって、一部イギリスの議会主権を放棄しようとしている。したがってイギリス法に反すると主張し法務長官を被告として、宣言的判決を求める訴えを高等法院に提起した。

　これに対して被告は、この訴えは合理的訴因を有しておらず、従って請求の

---

　[80]　例えば、ラソクは「連合王国においては、裁判所及び国会も、条約の交渉、批准において演ずるいかなる役割をも有しない」と述べている。see D. Lasok, *id.*, at p 246

　[81]　e. g. E. C. S. Wade & G. Godfrey Phillips, CONSTITUTIONAL AND ADMINISTRATIVE LAW, at p 303（Longman, 1977, 9th ed.）, and Blackstone, COMMENTARIES, vol. I, p 257

　[82]　*Blackburn v. Attorney-General* [1971] C. M. L. R. 784; [1971] W. L. R. 1037

（陳述を）削除（to be struck out）をすべきであるとの申立てを行なった。高等法院女王座部のマスタ（Master）は、最高法院規則 18 号 19 [83] に基づき、この申立てを受け容れ、請求の（陳述の）削除を命じると共に原告の訴えを却下した。原告はこれを不服として、同法院部裁判所へ上訴したが、エヴェリ判事（Eveleigh, J）は、この上訴を却下したので、原告は更に控訴院へ上訴した。

〔判旨〕

　控訴院は全員一致で原告の上訴を却下。下級審のエヴェリ判事の判決を支持した（デニング記録長官判事、サーモン判事、及びスタンプ判事）。

　以上が本件事実と判旨内容であるが、ここで引用したいのは、デニング記録長官判事の、条約締結権に関する部分である。同記録長官判事は次のように述べた。

　　「本邦における条約締結権は、裁判所でなく、国王に属している。即ち、女王は、女王の大臣の助言に基づき行為するのである。女王の大臣は、この極めて重要であるとされるローマ条約についてさえも、これに関し交渉し署名する場合には、全体として本邦の利益のために行為する。つまり、女王の大臣は、かかる国王の大権を行使するのである。これを行使するに当たっての彼等の行為は、我が国裁判所において、争いえず、また問題にされえないのである。」[84]

　このことからも明らかなように、条約締結権は国王の大権に属するので、これを裁判所で争うことは不可能である。このことが初めて判例法上宣明されたのは、傍論ではあるが、イギリス女王と清朝皇帝との間に締結された 1842 年の条約に関する事件 [85] での判決においてであった。コルリッジ首席判事（Coleridge, C. J.）はその判決の中で次のように述べている。

　　「彼女、即ち女王は、条約締結を通じて、かつ女王の主権的特質と、女王

　83　Rules of the Supreme Court, Order 18, rule 19; 裁判所（マスタも含めて）は訴訟のいかなる段階においても、訴えが合理的訴因を有していないこと等を理由に請求の陳述を削除すべく命じることができることになっている。

　84　see *supra note*（82）, at p 789（C. M. L. R.）

　85　*Rustomjee v. R.*（1876）2Q. B. D. 69

自身の固有の権限により、条約条項の各々に関して行為を行なった。彼女
は、条約締結と同様に、その履行に当たっても、国内法による統制を受け
ず、この行為は、女王自身の裁判所によって審理に付されるべきではない
のである。」[86]

この傍論は、ブラックバーン対法務長官事件における控訴院判決の中でも適
用されたのである。

VI 二元論についてローマ条約とヨーロッパ人権条約との相違

1 同じ海外からの挑戦

しかし、二元論といいながら、同じ条約でもヨーロッパ人権条約はローマ条
約と取り扱いが違った。いかなる違いがあったのか。1974年、L. スカーマン
卿判事の著書『イギリス法その新局面』[87]（田島裕訳）の中で、「海外からの挑
戦」という章が掲げられ、イギリスがヨーロッパ共同体とヨーロッパ人権条約
からこれまでにないインパクトを受けている現状を警鐘してくれた。上に述べ
た通り、イギリスは、国際条約と国内法の関係において、憲法上、"二元論"
を採用している。したがって、国際条約を締結しても国内法化の手続きを取ら
なければ、その効力は国内に及ぶことはない。対照的にヨーロッパ共同体に関
してイギリスは加盟する前年に「ECA1972」を制定した。制定することによ
ってローマ条約の効力をイギリス法の中に採り入れたわけである。

他方、1950年11月4日の（人権および基本的自由の保護のためのヨーロッパ条
約）、いわゆる「ヨーロッパ人権条約」(European Convention on Human
Rights、1953年発効) についてはどうであったか。1951年、イギリスはどの国
にも先んじてヨーロッパ人権条約の最初の締約国になったことで知られている。
しかし、この時イギリスは、同国の権利と自由はすでに国内のコモン・ローの
中で十分保障済みであるとして、本ヨーロッパ人権条約に対して立法措置を取
らなかった。それゆえ人権条約の国内効力はイギリス国内で発効せず、長く放

---

86 *Id*, at p74

87 スカーマン、田島裕訳『イギリス法─その新局面』（東京大学出版会、1981年）10頁
以降参照。

置したままとなった。これは EC を生み出したローマ条約と対照的である。このようにイギリスは憲法上、二元論を採用すると言っても、条約に立法措置をとらず済むこともできるのである。もっともイギリスは人権条約に関して国家として相互義務を負うことはもちろんであろう。

さらにローマ条約と人権条約のことは互いにイギリスの議会主権とも関連しているので、さらにペンをとることをお許し願いたいが、人権条約の重要な特色は、「制限付きではあるけれども個人に救済を求める機会を与えている点にある。ある個人が訴える相手国が、委員会の、かかる訴願を受理する能力を認めている場合には、その個人はヨーロッパ会議を通じて委員会に対して訴願を行うことができる」[88] ことになっていた。けれども、イギリス政府はこれも長く受諾しないまま放置してきた。ローマ条約と人権条約に対し、このようにイギリスの対応が異なるのは、ローマ条約の場合、加盟にあたって EC 法を名実ともにその効力をイギリス国内に及ぼす手続きを取らなければ EC 加盟も果たせなかったであろう。その理由を尋ねれば、やはりローマ条約の性質がこれまでの条約と違い、"各国の主権の制約に立つ"という新規性を持つという理由があったからであるとの結論に行き着くであろう。これに対して、後者のヨーロッパ人権条約にはとくにそのような新規な性質がなく、人権条約を締結して国家が相互義務を負うことで、イギリスは長く国内に効力を及ぼすことを放置してきたと思われる。

しかし、内外からの「受諾すべし」との批判の声高く、これに答える形で、イギリスは、1967 年、25 条に基づく人権委員会への個人の申立権を受諾する宣言を行った。意外なことに、イギリス政府のこれまでの主張に反して、同国の個人から人権委員会へ救済を求める訴願が多数出て来るに及び、イギリスが国内法で人権を十分保障しているとの主張は必ずしも真実ではないことが表面化した。

しかし、イギリスが人権条約 25 条を受諾したからこれで事は解決したとはならない。個人にとり、この人権委員会への救済手続きは、複雑で、イギリス国内の裁判所に提訴できるわけでなく、またコストもかかる。大事なことは、

---

88 同上、15 頁。現 34 条参照。

やはり EC の場合と同様に、できる限り早く、議会の手によりヨーロッパ人権条約を国内法化し、国内の裁判所で提訴できるようにすることが必要であると誰の目にも明らかになった。

1997 年 5 月の総選挙で長期にわたり続いた保守党政権から 18 年ぶりにトニー・ブレア率いる労働党が政権を奪取した。これにより、ブレアからゴードン・ブラウン政権へと続く 13 年間、労働党政権による一連の野心的な憲法改革が始まる [89] が、その改革のインセンティブはある意味、ヨーロッパ大陸（特にヨーロッパ人権条約）から来たと言ってもいいかもしれぬが [90]、その憲法改革の中でいち早く制定したのが「1998 年人権法」（Human Rights Act 1998）であった。これまでヨーロッパ人権条約を国内法化するにあたって、どのような方式で実現するか、多年にわたって議論が続いたが、その着地点がブレア政権による 1998 年人権法だった。

---

[89] ヴァーノン・ボグダナー、拙訳、「わがイギリスの新しい人権」駿河台法学（2007年）20 巻 2 号、1–31 頁参照。ボクダナーはこの論文のなかで「1997 年以降、我々は一連の先例なき、未完の憲法改革を見た」と述べ、15 項目にわたる憲法改革を一覧し、「それらを全部見た時、我々に 1997 年以降の歳月を憲法改革の真の時代として特徴づけるのをお許しいただけるであろう」と述べている。それらの中には 1998 年のスコットランド、ウェールズへの地方分権法、2000 年の情報自由法、1999 年の貴族院改革法、また最高裁判所の創設を導いた 2005 年憲法改革法ら一連の憲法改革法がある。ただし、ボグダナーは、これらの憲法改革である「1997 年以降の年月は従前の 2 つの憲法改革とも比較しうる」が、以下のようにも付け加えた、すなわち「2 つとは、1830 年代と第一次世界大戦直前の時代のことであり、前者の時代には 1832 年の選挙法の大改正が行われたし、後者の時代には貴族院の権限を制定法上制約するための 1911 年法が制定された。」ボクダナー、前掲書、4 頁参照。

[90] ヨーロッパ評議会の Parliamentary Assembly から 2003 年 4 月 10 日付けの法律問題及び人権に関する委員会（The Committee on Legal Affairs and Human Rights）の各国委員に宛てた書簡に、「連合王国（イギリス）の憲法制度にある大法官職」（Office of the Lord Chancellor in the constitutional system in the United Kingdom）（Synopsis No. 2003/54）と題する決議 1342（2003）があり、その 4 項目に「イギリスはヨーロッパにおいて最も古い歴史を持つ民主主義国家の一つであるが、ヨーロッパ評議会の創設メンバーであり、かつ、人権条約（ECHR）の締約国でもある。にもかかわらず、イギリスは ECHR を国内法へ変形する日を待つまでもなく、1999 年に効力を発した」と歓迎の意を表している。同委員会は以前よりこの日の来るのをイギリスに期待し、示唆を重ねてきたと思われる。

2 議会主権へのインパクト―裁判所の不一致宣言

後にローマ条約が議会主権との相剋に苦心するが、新しいこの 1998 年人権法の場合はどうか。人権条約を国内法化したが、同じように人権条約とイギリス制定法との関係が出てくる。イギリスは 1998 年人権法を通じて、議会は最高裁判所を含めて、イギリスのすべての裁判所に人権条約と、できるだけ一致するよう議会制定法を解釈する義務を課した。しかし、もしその立法と人権条約をいかに解釈しても一致するよう解釈できない場合、裁判所は「不一致宣言 (Declaration of incompatibility)」をしなければならない点が注目された。この宣言により、立法府に対して人権条約と一致するよう当該立法を修正すべく、裁判所は強いプレッシャーを送ったことになる。これにより議会は自ら指摘された不一致部分の修正を行うことが求められ、その意味で、議会主権の外枠は守られたことになるであろう。

第5章 議会主権の成立史とダイシー伝統

I 議会主権の成立史

はじめに

A.V. ダイシー[1]は、19世紀、選挙権が国民各層に広がる議会制民主主義の謳歌する中で登場した。彼は、1885年に初版として『憲法研究序説』*Introduction to the Law of the Constitution* を著し[2]、その中で、イギリス憲法の二大原理は「議会主権」(parliamentary sovereignty) と「法の支配」[3] (the Rule of Law) であると説いた。そのうち、議会主権の原理は、「これ以上でもこれ以下でもない、議会はいかなる法も作れるし、いかなる法も廃止できる。何人もいかなる機関もそれを決して乗り越えられない」(詳細、後述) と説く彼の考えは、クラシカルな定義として、初版以来100年近くを経過しながら、今なお「正統派の憲法理論として評価をうけており」[4]、それはイギリスの通説としてしばしば"ダイシー伝統"(Dicean Tradition)、または"Dicey Orthodoxy"として語られる。

しかも、二大原理のうち、議会主権をイギリス憲法の真の要石[5] (the very keystone of the law of the constitution) と位置づけ、一言でいうならば、それ

---

1 Dicey, Albert Venn (1835–1922).Dicey, *An Introduction to the law of the Constitution* (*1885*), at pp 39–40.

2 10版まで著した。表現が変わって場合があるので、各版を見る必要がある。

3 A.W. Bradley and K.D. Ewing, *Constitutional and Administrative Law*, (Addison Wesley Longman, 10ᵗʰ ed, 1997), at pp 99–112.

4 伊藤正己「イギリス憲法学の新理論―国会主権を中心として」公法研究 (1976) 38号 31頁。

5 A.V. Dicey, *The Law of the Constitution*, (London: Macmillan, 10ᵗʰ ed, 1959), p. 70.

は"無制約の絶対的な議会主権"として捉えられることも多いであろう[6]。

ゆえに、議会制定法の効力は、イギリスの国法体系中、例外なしに、最高次の階層に置かれることを意味し[7]、いかなる従前のいかなる法、コモン・ローの基本原理であろうと、国際法であろうと、いかなる従前の議会制定法より、また、もちろん行政規則たる従位立法より優先効力を有する[8]。さらに議会は、憲法の法源の一つとされる憲法上の慣例、すなわち憲法習律（constitutional convention）なるものを尊重するけれども、議会主権の通説によれば、究極的には議会は、何時でもこれを明示的にも又黙示的にも改廃できるとした[9]。ただし、いわずもがなであるが、議会主権の議会とは、あくまで"Westminster Parliament"、すなわち「ウェストミンスター議会」の主権をいうのであって、他の議会、例えば、スコットランドの自治議会等を指すのでない[10]。

以上みて分かる通り、議会主権の原理は、市民革命による政治的現実を「過去350年かけて」コモン・ロー裁判所が議会の作る法に効力を与え、いかなる法にも優位する、と確立した[11]。その意味で、ダイシーが彼自身による構想から導き出された定義ではない。というのも、議会主権のあらましはすでにコモン・ローの中で熟していたからである。ダイシーはコモン・ローの積み重ねて

---

6 A.W. Bradley and K.D. Ewing, *ibid.*, at pp 54–85. また、拙著、『概説イギリス憲法』（勁草書房、第2版、2015）、135–145頁参照。

7 伊藤正己前掲註4論考34頁。

8 *Haldsbury's Laws of England*, vol. 8, para. 811（P53）[4th ed.]

9 伊藤正己「イギリス公法の原理」（1954）73頁、及びO・H・フィリップスの憲法書に依れば、憲法上の慣例とは、「それが適用される者によって拘束力を有するとみなされるところの政治上の慣行に関する準則であるが、それは裁判所及び国会によって強行されえないので法ではない」ことのようである。O. H. Phillips, *supra p6 note* 34, at p77. see too H. W. R. Wade, *Sovereignty and the European Communities*, 88 L. Q. Rev.（1972）, at pp1–5; and *Madzimbamuto v. Lardner Burke* [1968] 3 All E. R. 56of P1 at 573

10 タービンはこれについて「議会主権は、スコットランドの法律家からはイギリスの中で受け入れられているほど必ずしも暖かく受け入れられてはいない」と付記している。Colin Turpin and Adam Tomkins, *British Government and the Constitution*,（Cambridge University Press, 7th ed, 2011）at p. 59.

11 *Ibid.* このことは、以下の判例の中で、ホフマン卿判事（Lord Hoffmann）によって述べられた。*R（Bancoult）v Secretary of State for Foreign and Commonwealth Affairs*（No. 2）[2008] UKHL 61, [2009] 1 AC 453, at [35] 参照のこと。

I 議会主権の成立史　　　161

きた判例をつぶさに精査し、その中から彼のクラシカルと言われる定義を精査
し、その中から彼のオーソドックスと言われる定義を抽出したのである。

　しかし、重要なことがもう一つある。ダイシーが定義した議会主権は、彼の
生きた自由放任主義の謳歌する時代に定義されたということである。そのこと
を忘れてはならない。「議会主権の原理はイギリスの民主主義を先んじていた
が“民主主義”と密接に関係していた」[12] からである。ダイシーが『憲法研究
序説』の中で議会主権の原理を定義したが、その出発点を仮に 1689 年の権利
章典においたとしても、彼の定義はそこから彼の生きる 19 世紀、その中で、
議会制民主主義を生み出した議会の成長を看取したゆえに出された定義だった
と言ってよい。もちろん、イギリスの裁判所が多くの判例を積み重ね、議会主
権の原則化に貢献したコモン・ローの役割を知ることが第一義ではあるが、
1832 年の選挙法の大改正を皮切りに著しい下院の台頭、その結果、国民の真
の代表に成長していくイギリス議会の実像をみることも、ダイシーのクラシカ
ルな定義と言われる真の意味を知る上で必要不可欠と思われる。

1　市民革命以前は議会制定法よりコモン・ローの優位

　しかし、17 世紀後半、二つの市民革命が起きる以前、歴史的に素描するな
らば、15 世紀、『イギリス法礼賛』[13] を書いたフォーテスキュー [14] にしても、
あるいは 17 世紀初頭、コモン・ローの信奉者として語られ、コモン・ロー裁
判所の首席裁判官であったサー・エドワード・クックも、議会の作る法をどの
ように考えていたであろうか。まずフォーテスキューであるが、彼は、「議会
制定法なるものが神の法（コモン・ロー）に反するならばこれを無効とする」
と、現代の定義するダイシー伝統とは真逆の主張をしていた。

　また、17 世紀初頭、コモン・ローの首席裁判官だったサー・エドワード・
クック [15] はどうであろうか。彼ほどイギリスの判例を読み、通じていた人は

12　*Ibid.*

13　*De Laudibus Legum Angliae.*

14　Sir John Fortescue, 1385–1479.

15　Sir Edward Coke,（1552–1634. 1970 年代のことだった思うが、英米法の恩師である
矢頭敏也先生がふと、これまで日本では Coke を「コーク」と表記して書くのが普通だった

ない、と言われたほどコモン・ローに精通していたとされ、権力に対しては国王であろうと、コモン・ローにより反駁するのも厭わなかった。1607年の国王禁止令状事件[16]では、国王の支持する教会裁判所（高等宗務官裁判所）の優位に対してコモン・ロー裁判所の優位を唱えて譲らず「王は何人の下にあるべきではないが、神と法の下にあるべきである」と、国王を論破したほどの裁判官であったが、彼は議会の作る制定法に対してもコモン・ローの優位を唱えたことでも知られている。その彼が、有名な例のボナム医師事件の中で、傍論であるが、以下の意見を残している。それによれば

　「多くの判例において、コモン・ローは議会制定法を抑制し、時としてそれをまったく無効であると宣言する。なぜなら、ある議会制定法が一般の正義もしくは条理に反し、またはコモン・ローに反し、または執行されることが不可能な場合、コモン・ローはそれを抑制し、またはそのような制定法を無効であると判断するからである」

と、議会制定法にたいするコモン・ローの優位をも説いた[17]。このようにフォーテスキューも、またサー・エドワード・クックも、当時、議会の主権性を否定してコモン・ローの優位性を説いたのはよく知られている。さらに、チャールズ1世は、17世紀初頭、王権神授説を主張して、議会との対立を深めた時、下院である庶民院は国王自身にのみ所属し、議会にはないはずであると、国王の最高権力を打ち立てようとしている、とクックは強く非難した[18]。

と思うが、昨今、Coke が生きていた時代にどう発音していたかを調べた研究者がいて、それによれば「クック」と発音していたらしい。これからはクックと書くのがいいかもしれませんよ、とおっしゃられた。先生は他の大学の同僚の先生らとお会いしているはずでもあるので、それ以来、深く調べもせず、筆者はコークと書くのを止めてクックと表示してきた。昨今、イギリスのアダム・スミス研究所の HP を見る機会があり、そこに "Edward Coke's Contribution to English Common Law" と題する解説があり、読むと、冒頭がやはり、"Sir Edward Coke (pronounced 'cook') was born on February 1st 1552." との書き出しで始まっていた。やはりクックであった。しかし、特に詳しい根拠も書かれていないので、いずれ課題の一つとして調べてみたいと思っている。

　16　*Case of Prohibitions* [1607] EWHC J23 (KB); 77 ER 1342; 12 Co.Rep. 64. 松平光央「英米裁判官の実践的司法哲学—Sir Edward Coke の Artificial Reason の理念と役割—」(1993年)。

　17　Bonham's Case (1610) 8 Co. Rep. 113. at p.118.

2 議会制定法優位の出発点―1689年の権利章典

イギリスの議会はこれまでも言論にて国王と対抗してきたのはいうまでもない。しかしその後王党派と議会派の間の主権論争では抜き差しならぬ事態となり、主権は国王にある、議会派はいや議会にある、と互いに主張して譲らず、1642～1652年、内戦が勃発した。内戦はやがてピューリタン革命として議会派が勝利して集結すると、主権を主張して譲らなかった国王は処刑され、主権は議会に移った。移ったことでサー・エドワード・クック卿の唱える議会制定法に対するコモン・ローの優位も逆転し、議会制定法の優位が決まったのである。それは国王大権に対する議会制定法の優位から始まった。

しかし、その後、ピューリタン革命を指導したクロムウェルは、護国卿として議会政治を蹂躙したため、1659年、共和政は失敗。翌1660年、イギリスは王政復古し、再び、国王の野心は顕になり、特にカトリックのジェームズ2世の時代になり、彼は、イギリス伝統のプロテスタントを蔑むだけでなく、「法の支配」の伝統をも無視しはじめ、再び、議会との間に闘争を引き起こした。ここにおいて1688年、2つ目の市民革命、名誉革命が勃発。「議会の主権は1688年の名誉革命に従って真に展開され始め」[19]、主権は国王から議会へと転移した。

これにより、革命前、フォーテスキューが主張した「議会制定法なるものが神の法（コモン・ロー）に反するならばこれを無効とする」との考え、また、サー・エドワード・クック首席裁判官がボナム医師事件の傍論で標榜した、「多くの判例において、コモン・ローは議会制定法を抑制し、時としてそれをまったく無効であると宣言するであろう」との主張もイギリスでは実現しなかった。

こう見ると、議会主権は17世紀の2つの市民革命、ピューリタン革命、さらに続く名誉革命の成果に由来することには異論がない。だが、19世紀に、無制約かつ絶対的な議会主権とされるダイシー伝統に至るまでにはもう200年

---

18 Royal Proclamation (1628). See e.g., J. Goldsworthy, *The Sovereignty of Parliament: History of Philosophy* (OUP), at p.124.

19 E. Giussani, *Constitutional and administrative law*, Sweet & Maxwell, 2008, at p 93.

の歳月を必要とされるであろうが、名誉革命をオーソライズした権利章典が議会主権の由来とされるからには、簡単ながら、1689 年の 12 月に制定された権利章典（Bill of Rights）を辿ってみることとする[20]。高木八束ほか『人権宣言』によれば、それは三部からなり[21]、そのうちの第二部であるが、ジェームズ 2 世を追放して無血の名誉革命が成就[22]、その直後、ウィリアム 3 世[23] と妃のメアリ 2 世[24] は、国民協議会が起草した権利宣言を承認することを条件として、これを受け入れ、イギリスの新しい共同君主になった。その時、選挙で選ばれた庶民院議員および貴族院議員および貴族が招集された議会で、両国王は、彼らの祖先が同様な場合に行ったように、彼らの古来の自由と権利を擁護するため宣言した 13 項目のすべて、とくに（1）項目によれば、国王は、王権により、国会の承認なしに法律の効力を停止し、または法律の執行を停止し得ると称しているが、そのようなことは違法である、（2）項目において、（国王は）王権により、法律を無視し、または法律の執行をしない権限があると称し、最近このような権限を僭取し行使したが、このようなことは違法である。それ以降は割愛するが、最後の（13）項目では、またいっさいの不平を救済するため、また法律を修正し、強化し、かつ保全するため、国会はしばしば開かれねばならないとし、立法権ほか、徴税権・軍事権の議会にあることを保障、かつ王を任免する権利も議会にあることを、両君主は明確に受け容れ宣言した。

---

20 正式には「臣民の権利および自由を宣言し、王位継承を定める法律」である。高木八束ほか『人権宣言』（岩波文庫、1957 年）78 頁以下参照。

21 一部は、イギリスから追放し、無血革命に終わった張本人、ジェームズ 2 世が行った悪政を 12 項目にわたって列挙している、これらすべての悪政は、わが国の既知の法律および自由と完全に、かつ直接に、相反するものであるとし、また、第三部は「王位継承を定める法律」の部分で、継承権第一位がメアリ女王の子孫、第二位をメアリの妹アン（デンマーク女公）とその子孫、第三位をウィリアム 3 世の子孫と定めている。

22 1689 年 1 月に、国民協議会を招集し、同協議会は同年 2 月、権利宣言を起草。これを承認することを条件に、ウィリアムとメアリが、イギリスの新しい共同君主となることを決議した。

23 オランダのオラニエ公ウィレム、すなわちウィリアムオレンジ公である。

24 ジェームズ 2 世の娘であるメアリ。

3 コモン・ローと議会制定法の関係—イギリスの裁判官の解釈態度

コモン・ローは記憶の及ばない時から存在していて「コモン・ローはその起源についてはほとんど知られていない」「議会ができ、立法過程が確立した時より以前に、それは存在して」[25]おり、喩えるならばコモン・ローは広大な海で、後発の議会制定法はその海に浮かぶ小島にすぎないとさえ言われうるであろう。それでも、イギリスが福祉国家に突入して以降[26]、福祉立法が増大し、さらには近年、1997年以降に始まる憲法改革により地方分権法、人権法など多くの議会制定法が制定された。基本的にイギリス法は今も膨大な判例法からなるコモン・ローの国であると言いうるであろう。ある意味、議会制定法はコモン・ローがなしえない領域、あるいは間隙にコモン・ローを補完する形で増大しているとも言えよう。このコモン・ローと議会の2つの関係について、1974年、スカーマンは著書のなかでこう述べている。

> 「1610年のボナム医師事件の中で、首席裁判官エドワード・クック卿は"コモン・ローは議会の法律を支配し、そして時には、それらがまったく無効であると判決する"と、率直に宣言した。しかし、この誘惑はすぐに消えて、主権者の権威により貴族院および庶民院の同意を得て語る議会の力によって、効果的に抑制されてしまった。近年における制定法の膨大な量（たとえば、1971年は2110頁にもなる81の一般公法が制定された。現在の制定法典の厚さは約43000頁もある）にもかかわらず、コモン・ローは、イギリス法体系の基礎として生き残っている。」[27]

その上で、

> 「議会は、少なくとも現代においては、その立法は裁判官創造法の一般的

25　第4章前掲注（87）、スカーマン、田島裕訳『イギリス法—その新局面』2頁参照。

26　イギリスにおける福祉国家の成立は、一般的に1942年にベヴァリッジ（Beveridge Report）によって提出された「社会保険および関連サービスに関する報告」という報告書 Social Insurance and Allied Services が実現されたことによると言われている。第二次世界大戦末の選挙において労働党が勝利し、アトリー Clement Richard Attlee 労働党内閣の手でベヴァリッジ・プランに基づく体系的な社会保障制度が実施されることとなった。1946年に国民保険法、1948年国民保健サービス、などが制定され、いわゆる「ゆりかごから墓場まで」といわれるような福祉国家への道を歩んでいくことになる。

27　スカーマン、前掲書、3頁参照。

な布地の中に縫い込まれたか、または継ぎはぎされたものであることを認めている」[28]

という。さらに、

「今日では数多くの制定法があり、制定法の重要性は増大しつつあるけれども、その法体系は法典化されていない―すべての制定法の背景にはコモン・ローがある―すなわち、裁判所を媒体として、法律家の職人たちが、準則を作る。もしその（コモン・ローの）体系が強力な力を保持していなければ、それは今日まで存続することはできなかったであろう」[29]

そう理解した上で、問題は、

「この体系の際立った法的特色は、裁判官によって宣明され、展開され、そして適用されてきたコモン・ローおよびエクイティの諸原理である慣習法と、議会によって立法された法または立法に由来する法である制定法との関係である」[30]

として、

「現代のイギリスの裁判官でさえ、（議会によって）立法された法を、自己の手の中にある慣習法に対する例外、それに接木したもの、またはそれを修正したものと見ている」[31]

とした上で、かくして、

「全領域に及ぶ慣習法の存在を黙示的に認める自己否定によって、議会は法典化を行わない」[32]

のである、という。その一方で、イギリスの裁判官は議会の作る法に対する態度は主権者の法としてそれに忠実である。レスターおよびビーティの論文[33]

---

28 前掲書、4頁。

29 前掲書、6頁。

30 前掲書、3頁。

31 前掲書、4頁。

32 前掲書、5頁。

33 アンソニー・レスターとケイト・ビーティ、拙訳、「人権とイギリス憲法」日本法学（2000年）74巻第3号。本書は、J.L. Jowell & Dawn Oliver ed., *The Changing Constitution*, 6th edn., (Oxford University Press, 2007) 所収の *Human Rights and the Constitution* の邦訳である。

は次のように言う：

「17 世紀初期、裁判官たちは、不当な行政部からの干渉に対して独立を求めて苦闘した、…裁判官は、国王が大権により支配できるとする主張から独立性を求める戦いに勝利した。しかし、国王の神授説に対抗して議会と連携したためにコモン・ロイヤー達によって支払われた対価は大きく、コモン・ローは議会の欲するまま変更しうることになってしまった。1688年の無血の名誉革命は議会を勝利に導いた。これにより、1688-9年の権利章典と 1700 年王位継承法は、いくつかの重要な個人権と自由とを承認したものの、憲法上の枠組みとして主として落ち着いたのは議会の権利と自由であった。議会とコモン・ロイヤー達との連合は、法の優位イコール議会の優位を意味するところに落ち着いたのであり、より現実的には、それは総選挙を通じての、議会における統治の優位を意味するようになった」[34]

このようにコモン・ローは議会制定法より広い領域を占めているが、効力は議会制定法が上位となり、コモン・ロイヤーの方が、主権者である議会に従属する形になったのである。しかしそれだけでない。判例法は確かに広い領域を占め、どちらかといえば先例、すなわち、前例に従う形で作られるので、時として保守的になりやすい。だが、イギリス憲法は軟性憲法であり、憲法改正も法律と同じく過半数で決められ、議会の作る法は社会の変遷に応じて素早く、人権法など、現代の新しい法は議会によって作られることが多いとも評されている。その意味で、イギリスの議会は、常設の憲法制定会議のごとくにも考えられよう。議会主権が今、海外からの挑戦という形で、「ヨーロッパ共同体」、さらには「ヨーロッパ人権条約」により、強くインパクトを受けていることをスカーマンにより指摘されたわけだが、より正確には、海外からのインパクトとは、議会と裁判官との関係にインパクトを受けていると言った方が適切かもしれぬ。とくに前者において、イギリスの裁判所は議会の作る法に従属的に対応する一方で、制定法と優位性のある EU 法との衝突を避けるために最も重い重圧を受けているのは彼らであり、このままでいけば、議会への忠誠も微妙に変

---

34 前掲日本法学拙訳、209 頁参照。

化せざるをえなくなる。そのことは次の章で考察することになるが、もし、そうなると、議会主権の原理も、それに応じて、変化を迫られるかもしれない。

4　主権は議会の三者に分有されている

　ところで、議会主権の出発点となる権利章典後のことに戻るが、議会主権の到達点とされるダイシー伝統としての今日的理解に至るまでには、さらに 200 年ほどの時の経過が待たれた。なぜなら、権利章典直後の議会主権にいう議会とは、18 世紀の近代初期の憲法の下でも、君主制国家であるイギリスでは議会の正式名は「議会における国王」（The King in Parliament）と称され、議会を構成するのは、三者、すなわち、上下両院のみならず、国王も議会の一角を占めていた。その意味で、地方の代表として選出される下院が、もし何らかの法案を提出しても、改革法案であれば、上院である貴族院の拒否に会う。もし仮に貴族院が法案を通しても、国王には裁可権という国王大権があり、国王は法案に拒否権を行使できたのである。

　どのような代表者が下院、上院を占めていたかであるが、下院議員は多くがジェントリと呼ばれる中小地主、貴族院は世襲との身分により議会に送られる大地主、国王はさらに大地主の中の大地主であった。その意味で、議会を構成するのは、実質的に、下院にしても上院にしてもおおよそ地主の代表に占められていたのである。しかしながら、権利章典が制定された当時議会における主権とは、下院である庶民院、上院である貴族院、それに国王の三者に分有されていただけだったのである。これではいくら議会に主権があると言っても、ダイシーの定義する議会主権とは程遠く、現代的評価は下せないであろう。

　ゆえに議会の成長を待たねばならない。そのためには、3 つ、一つは、選挙で選ばれる代表を中小地主（ジェントリ）から庶民に広げること、第 2 に、貴族院を改革し、可能な限り、権限を縮小し、選挙で選ばれる下院の優位を求めねばならないこと、加えて 3 つ目として、国王の持つ国王大権、とくに両院を可決した法案に対して国王がもつ裁可権を形骸化せねばならないこと。これら三つを実現しなければ、ダイシー流の議会主権の原理には到達しえないであろう。

　そのためには何より議会の成長が期待されざるを得ないが、それは産業革命

I 議会主権の成立史

により触発された。イギリスの産業革命は、18世紀後半に[35]始まり、国の形が農業国から工業国へ発展していく。農業中心の社会の主役は地主であったが、工業社会に変化すれば、新たに新興する産業ブルジョアジー、次いで登場する都市労働者が地主にとって変わるであろう。しかし、産業革命以前、選挙区の多くはひとけのまばらな農村地域、田園地帯に設定されていて、地主に有利にできており、時には腐敗選挙区（rotten boroughs）と語られる選挙区があり、そこから選出されようとする者は選挙区を牛耳る貴族のお墨付きが必要だったり、選挙権が庶民に裾野を広げるには、時代に合わない選挙法の改正が待たれたのである。

産業革命により、イングランドの北部・中部に10万人規模の都市人口が居住する都市があちこちに誕生しても、ロンドンの議会に代表を送れない。人口分布が現状に合わなくなっても選挙区は相変わらず田園地区に設定されたままである。当然ながら、選挙法の改正の声が高まり、都市に住む産業資本家層のみならず、新たに登場する労働者からも選挙法の改正を求める運動が展開、政党も動かざるを得なくなってくる。こうして1832年、ホイッグ党[36]のグレイ[37]内閣は、選挙法の大改正[38]（Reform Act 1832）の法案を議会に提出することを決断した。法案は、紆余曲折の上、1832年6月4日に至って可決成立したが、それまでの貴族院を牛耳るトーリー（現在の保守党の前身）の抵抗は凄まじく、法案は幾度か否決に会い難航に難航を重ねた。究極的に彼はこの法案を通すため、これに賛同する新貴族の創設を国王（ウィリアム4世）に進言するも断られ、一時は首相を辞任したほどだった。しかし、大衆は彼へ味方し

---

35 イギリスで起こった「産業革命」は18世紀後半。産業革命とは、この時代、生産活動の中心が「農業」から「工業」へ移ったことで生じた社会の大きな変化を言う。

36 後の自由党の前身。当時としてはトーリー（後の保守党）に比べて若干進歩的。産業革命後は、選挙法改正などで自由主義の立場をとり20世紀前半までは保守党と二大政党時代の時代を迎える。

37 グレイ首相（Charles Grey、在任1830年11月22日-1834年7月16日）。アールグレイとしても知られるグレイ伯爵である。

38 正式には1832年の国民代表法（Representation of the People Act 1832）である。しばしば「1832年の大改革法」（Great Reform Act 1832）と呼ばれた。これを機に選挙法の改革は5次に至る改革をみるので、この大改革法はそれらと区別する形で、第一次選挙法改正（First Reform Act）としても引用されるであろう。

ているのを知り、国王はついに折れ、最終的に自ら貴族院を説得、そうしてグ
レイ首相の下で大改革法案は成立したのであった。

これにより改革の対象となっていた多くの腐敗選挙区が廃止されるなど、産
業革命で成長した北部、中部のイングランドにおける新興都市に議席（中流階
級、主として産業ブルジョワジーに拡大）が付与される結果となった。これに
より、選挙区は 50％ 増加したようであったが、結果としてみれば、有権者はわ
ずかに 7％ 程度、増やしたにすぎなかったとされる [39]。それでも、100 年以上
も動かなかった改革の扉が開いた意味はいかにも大きい。以後、これを契機に、
1867 年の第二次、1884 年の第三次へと選挙法の改正はとどまることなく、さ
らに選挙法の改革は、男女の普通選挙権の確立へと向かっていく。チャーチス
ト運動もあり（後述）、第一次世界大戦中における 1918 年の第四次改正で、21
歳の男子および 30 歳以上の女子の普通選挙が実現、ついで 1928 年、第五次の
選挙法の改正により、21 歳以上の男女に選挙権が与えられ、遂に性差なき普
通選挙が実現するに及んだ [40]。ダイシーが説く議会主権が成立する環境が一つ
整った。

5 議会制民主主義の確立と議会主権の発展

上にみたように、これら一連の選挙法の改革を通じて、時代は動き、国王、
貴族、そして庶民の三者からなるイギリスの議会が真の国民の代表機関になり、
議会主権が原理として真に確立へ近づいて行ったが、イギリスが 19 世紀に議
会制民主主義を確立するに至るにはさらに以下の 3 点の発展が必要になると思
われる。

①君主制を廃止できないとすれば、残存する国王大権が限りなく形骸化してい
　くこと、とくに国王の法案に対する裁可権の形骸化へ。

②男女の普通選挙権の確立。

③貴族院の権限の縮小。

これら 3 つが整って 19 世紀の憲法学者、A.V. ダイシーが無制約の議会主権

---

39 Hilaire Barnett, *Constitutional and Administrative Law*, (Routledge, 8th ed,
2011) at pp 341–346.

40 *Ibid.*, at p 342.

を原則化したと思われるが、これら 3 つがどのように整ったか以下に見てみる。

　まず、①国王の裁可権であるが、イギリスの議会はなんと言っても "King in Parliament" である。名誉革命はそれ以前のピューリタン革命と違って、君主制を廃止せず、残存させた。そのため、多くの国王大権が残された。その国王の持つ国王大権のうち、上下両院を通過した法案に対する国王の裁可権はその後どうなったか。ステュアート王朝の最後の国王、アン女王の時代、1708 年に下院を通過し、上院を通過した法案 "Scottish Militia Bill" が議会に提出された。上下両院を通過し、女王の手元に送られたとき、大臣の助言 [41] に応じて、裁可を拒否した。この裁可が最後の拒否だったと言われている。事実、2024 年の現時点で、それ以来、裁可権を拒否した国王はいない。それゆえ、国王の持つ裁可権は限りなく形骸化し、今では一般的に、両院を通過した法案に国王は裁可を拒否しないという憲法習律が成立しているとされている。

　2 つ目の②男女の普通選挙権の確立であるが、ダイシー A.V. が『憲法研究序説』の初版を出版したのが 1885 年。初版以降、最後の 10 版が世に出たのは 1959 年だった。ダイシーの没年は 1922 年と言われており、自身で書いた最後の版となるのは 1915 年に改訂された第 8 版だった。したがって、彼は、イギリスの選挙法の 5 次にわたる改正のうち、1884 年の第三次改正までは見届けたはずである。それを見届け、最後の版となる 1915 年の 8 版を以て筆を置いたように思われる。

　1884 年の選挙法の改正はどのような経緯で、またどのような改正であったか。その前の 1867 年の第二次改正においては財産資格を除外し、さらに都市部の戸主ならびに労働者の上層へ選挙資格を与え、有権者をこれ以上なく拡大した。しかしながら、農村部の労働者までには拡大されなかった。1884 年、自由党のグラッドストン [42] 内閣（第二次）は第三次の改正として、選挙資格を彼らにまで拡大した。それにより有権者が 500 万人に増えたという。

　41　大臣はこの法案を通せば、国王に背信的になる恐れがあると助言したため、アン女王は法案への裁可を拒否したといわれる。

　42　ウィリアム・グラッドストン（William Ewart Gladstone 1809–98）。イギリスの第三次選挙法の改正を実現、ヴィクトリア朝において、保守党のディズレリとともに自由党を指導し、4 度にわたり首相を務め、イギリスの二大政党時代を切り拓いた。

ところで、最初の 1832 年の第一次大改正に少し戻るが、この選挙法の大改正によって新興のブルジョワ階級に選挙権が与えられたが、その一方で、労働者階級の立場は疎外されたままとなった。もちろん、普通選挙までには遠く至らなかったが、それがもとで 1830 年代から 40 年代にかけて選挙権の拡大を請求するチャーテスト運動（Chartist Movement）が起きたことも見逃せない。1838 年に彼らは人民憲章（People's Charter）を起草し、6 つの要求を掲げた。①普通選挙権、②無記名投票、③平等選挙区制、④議員に対する歳費支給、⑤財産資格の撤廃、それに⑥議員の毎年改選、である。この運動は全国的な会議を組織し、1839 年のロンドン会議で上の人民憲章を採択したものの、1848 年の議会請願をもって、次第に労働運動のエネルギーは失われていった。

上に見たように、A.V. ダイシーは 1832 年の選挙権の大改正を目撃したのはいうまでもない。また、チャーティスト運動も、そして彼らによる人民憲章に盛り込まれた革新的な要求を読み、知っていたはずである。それ以外はどこまで目撃したかどうかは不明である。しかし、制度は後からついてくるものだが、ダイシーはその時、これらの第三次選挙法の改正及び人民憲章を見て、学者として来るべき普通選挙の実現を予測したことであろう。

その後、選挙法の改正は第一次改正、第二次改正、第三次改正を経て、1918 年の第四次、そして 1928 年の第五次改正を経て、人民憲章の目的は、遂に成人男女の普通選挙権が認められて実現したのである。

これにより国民の代表たる下院は貴族院に対して格段に優位に立ち、議会は国民の代表機関へと成長し、事実上、議会制民主主義が確立して行ったと思われる。第三次選挙法を果たしたグラッドストン首相は、一年後に出版されたダイシーの『憲法研究序説』を議会で読み上げ、本書はイギリスにおける最も権威ある著書である、と述べたエピソードが残っている。いずれにせよ、ダイシーは以上の経過を経て、後にダイシーのオーソドックスな議会主権の定義と言われる原理を含めた『憲法研究序説』を書いたはずである。

3 つ目の③貴族院の権限の縮小についてはダイシーがどこまで見たかは別として、以上の議会制民主主義の成立していく中で、貴族院の権限の縮小も十分、予測できたと思われる。けれども①と②に加えて、貴族院の権限の縮小について以下に紙幅を消費することをお許し願いたい。

I 議会主権の成立史 173

　上に見たように、下院が国民の代表機関になり、民主主義が高まるのと呼応して、もし下院が改革立法を議会に提出し、貴族院で拒否されたら、議会の意味は失われかねない。民衆から選出された下院が庶民の要求に答えて改革立法を提出し、これが世襲による議員から成る貴族院により拒否されては道理に合わない。貴族院に対する庶民の優位が求められるのは当然の成り行きとなろう。このことは 1911 年の国会法（Parliament Act 1911）によって実現された。

　イギリス憲法の法源のなかに「憲法習律」（constitutional convention）がある。官僚がよく使う前例というものがあるが、憲法習律も一種の慣習により作られた法源である。これに違反したからと裁判所に提訴しても裁判所は取り合わない。つまり法的に制裁されないのであるが、それに従わないと、政治的論争に巻き込まれ、他の思わぬ政治的制裁に出くわすことになりかねない。それゆえ、行く道を閉ざされることにならぬよう、事実上、憲法習律に従うことで成り立っている。

　議会に法案が出されたら、下院、上院、そして最後は国王により、然るべき会期に成立させるというのが通常であり、法案とはそのような"憲法習律"に支えられているといわれる。ところが、下院で提出した法案が上院で否決され、両院で協議しても整わない。それがさらに次の会期で継続して否決され、法案が成立せずにいると、政治的制裁が待っている。貴族院はそのことで世論に叩かれるのは間違いないが、この憲法習律を無視しすぎると、その憲法習律は議会制定法に格上げされる結果になりかねない。事実、この 1911 年の国会法はそのようにして憲法習律から議会に上程されて出来た制定法とも言われている[43]。

　その間の経緯をみると、1909 年、下院に提出された財政法案（Llyod George's "People's Budget"）がしばしば貴族院で否決された。それにより貴族院は議会をミスリードしているとされ、自由党のアスキス[44]政権は貴族院の権限の縮小に踏み切る制定法の提出を決断した。かくして 1911 年国会法が制定され、この 1911 年法令により、財政法案は貴族院に送付して 1 か月以内に修正を加えることなく貴族院が可決しないと、国王の裁可を得て法になるとさ

43　See e.g., Turpin & Tomkins, supra page 13 note 34, at p 183.
44　Herbert Henry Asquith（首相在任 1908 年 4 月 5 日–1916 年 12 月 5 日）。

れた。加えて、財政法案以外の一般法案についても、継続した3つの会期において貴族院がこれを拒否する場合に法案が制定される措置も規定された。それによれば、庶民院の最初の会期の第二読会での通過から最後の会期の第三読会の通過との間に2年の経過があったときは国王の裁可を経て法となる、とされた。

さらに第二次世界大戦後の労働党政権[45]により、1949年の国会法が制定され、先の1911年国会法の一部が改正された。これにより、49年法では、財政法案以外の一般法案については、3つの会期を2つの会期に、また2年の経過を1年に改正した（第1条）。なお、49年法により、下院優位の法令は1911年と1949年の法令ふたつを合わせて、「1911年–1949年国会法」[46]と称されることとなった。

以上、3つのファクターから議会制民主主義の成立に至る背景を考察した。

Ⅱ　議会主権の確立とダイシーのクラシカルな定義

さて、前置きが長くなったが、A.V. ダイシーの定義した「議会主権の原理」(Parliamentary Sovereignty)[47]をあらためて以下に述べたいと思う。彼の説く"議会主権の原理"は、通常以下の2つの原則から成るとされている。

1　第1の原則[48]と判例

(1) 議会主権は、「これ以下でも、これ以上でもない。すなわち、議会は、イギリス憲法上、いかなる事項についても法を作り、廃止できる権利を有する[49]」というものである。これをしばしば「議会は後の議会を拘束しない」

45　クレメント・アトリー（Clement Richard Attlee）。

46　2条1項で短縮タイトルの「1949年国会法」を定め、2条2項で1911年議会法と合同する形で「1911年–1949年国会法」という短称を定めた。

47　近年、イギリスのEU法による議会主権の変容が見られるようになったせいもあり、Parliamentary Sovereignty にかえて Parliamentary Supremacy との用法が見られるようになった。

48　*Id.*, at pp 39–40. 伊藤正己前掲註4論文33頁。

49　Dicey, 1915, at pp 37–8.

（Parliament does not bind its successors）との言い方で言われることも多い。これは、裏を返せば、時間的に最も新しい議会の至上性を指すもので、別言すれば、「後法は前法を廃す（Lex posterior derogat priori）」との法準則に一致するものである[50]。「後法は前法を廃す」という原則は、さらに2つの原則に分流して、後の議会制定法が明確に前の制定法を廃止している場合と、明確に廃止とは明示していないけれども、行間あるいは法文の目的に照らして廃止している、という場合がある。前者を明示的廃止（express repeal）の原則、後者を黙示的廃止（implied repeal）の原則という。すなわち、ダイシー伝統の第1の原則は、分流するこの2つの原則から成り、後の議会は、従前の議会制定法を明示的にも黙示的にも廃止できる。つまり、ダイシー伝統においては明示的にも、黙示的にも後の議会制定法の優位を説く。

（2）第1の原則を支える判例

　上に見たようにダイシー伝統の第1原則は「議会は後の議会を拘束しえない」、又は「後法は前法を廃す」であった。この原則はさらに2つの原則から成るとされた。すなわち①明示的廃止、②黙示的廃止である。そのうち、「明示的廃止」を支える判例、すなわち前法を明示的廃止をなしうる議会の権能の最も顕著な例は、"Irish Free State（Constitution）Act, 1922"であろう。なぜなら、それ以前に制定されたイギリス連合王国とアイルランドの合併は「永久（for ever）」であると宣言していた "The Act of Union with Ireland、1800（1800年のアイルランドとの合併に関する法律）"をも、これを廃棄して、現在のアイルランド共和国であるアイルランドの一部を、連合王国の残りの部分から分離させてしまったからである。議会主権の前には、「永久に」との制定法さえも後の議会はこれを廃止してしまうことができることを示す好例である[51]。

50　J. P. Puissochet, *THE ENLARGEMENT OF THE EUROPEAN COMMUNITIES*, at p 89（1975）。なおリード卿（Lord Reid）は、「国会が後の国会を拘束しえないという原則は秀れた憲法上の法理である」と述べている。see Lord Reid, *The Judge as Law Maker*, 12 J. S. P. T. L. 22, at p 25（1972）; see too O. H. Phillips, *Constitutional and Administrative Law*,（5th ed, 1973）, at p 54.

51　D. C. M. Yardley, *INTRODUCTION TO BRITISH CONSTITUTIONAL LAW*, at p 30（4th ed. 1974）.

これは明示的廃止の例であるが、以下に黙示的廃止の典型的な判例として読まれるのが以下の判例である：

（a）ヴォクサル不動産会社対リヴァプール市公社事件[52]（1932年）

この事件は、イギリスにおける憲法書の中でしばしば取上げられる事件であるが、事実概要と判旨は次の通りである。

〔事実概要〕

本件は被告リヴァプール市が、1925年の住宅法に基づき、同市1地区の改善計画を立てたが、その中に、原告不動産会社の自由保有地と建物が含まれていた。これに基づく強制収用に関して、被告リヴァプール市は、原告に補償することになったが、補償金の算定基準について、1925年法の第46条第1項と、別にそのことを定めている1919年の土地収用法（第2条）があり、1925年法の算定方法に依れば、被告有利になり、1919年法に依れば原告有利になるものであった。しかも1919年法の7条1項の規定に依れば、「土地収用を認める国会制定法又は命令の諸条項は、本法の定める事項に関しては、本法に従うことを条件として効力を有し、本法と牴触する限りにおいて効力を失い、又は効力を有しない」との規定の仕方をしていたことから、原告は、1925年法の算定基準を定める規定は、1919年法第2条と牴触するのであり、それは、この条文に照らして無効であると求めた。

〔判旨〕原告敗訴（合議法廷）

その判決文の中でアヴォリ判事（Avory, J.）は次のように述べている：

「私の見解では、反対のことが決定されるまでは、いかなる議会制定法も、全ての将来の制定法が本法（1919年法）の条項と牴触してはならないなどと有効に定めえないのである。私は、1919年法の7条は、……それ以前の議会制定法に適用されるとの結論に達した。」[53]

ここにおいて、1925年法は、1919年法を黙示的に廃止したと判示されたのである。

（b）エレン街不動産会社対保健大臣事件[54]（1934年）

この事件も、原告の主張の1つに、上のヴォクサル不動産会社事件と同様、

---

52 *Vauxhall Estates, Ltd. v. Liverpool Corporation*, ［1932］1 K. B. 733.

53 *Id.*, at p 745.

1919年の土地収用法7条（第1項）と1925年の住宅法の牴触について、「第7条の規定により、1919年法のいかなる規定も、1925年法によって黙示的に廃止されるなど不可能である」との主張が含まれていた。しかしこの主張は、原審及び上訴審両方において斥けられた。上訴棄却に当たって控訴院は先のヴォクサル不動産会社事件を本件に適用したのであるが、モーム判事（Maugham, L. J.）は判決の中で次のように述べた。

　　「立法部は、我が国の憲法上、後の立法の形式（form）に関して自らを拘束しえないし、同一の事柄を取扱う後の制定法において黙示の廃止が不可能であるとの法規を定めることも不可能である。」[55]

以上の通り、判例も又、国会主権の第1の原則を支持していることが判明するのである。

2　第2の原則[56]と判例

（1）議会主権の原理より分流する第2の原則は、「さらに、いかなる者またはいかなる機関も、議会の立法を乗り越えまたは取り消す権利を有しないことがイギリス法によって承認されている」というものである。いかなるとは、いかなるイギリスの機関、特に裁判所は国会の制定法を常に有効なものとしてこれを承認しなければならないとする[57]ものである。第1の原則に則して言えば、裁判所は、後のしかも最も新しい制定法を常に有効なものとして適用しなければならないことを意味する。言い換えれば、この原則は、イギリス裁判所の議会に対する忠誠を確認するものと言ってよく、ゆえに議会制定法は司法審査に服さない、とされるゆえんである[58]。

　議会の至上性が裁判所によって承認され、その意味で「コモン・ローの原理」であるとされる以上、この原理が、裁判所の判例を通じていかに支持され

54　*Ellen Street Estates Ltd. v. Minister of Health* ［1934］1 K. B. 590

55　*Id.*, at p 597.

56　伊藤正己、本章前掲註4 33頁。

57　J. - P. Puissochet, *supra note* 243 （45）B, at p 89; O. H. Phillips, *ibid.*, at p 55; J. E. S. Fawcett, *supra note* 237 （39）B, at p 198.

58　see *Haldsbury's Laws of England*, vol. 8, para. 811 （4th ed.）, at 53.

ているかを検証することが、次なる責務と考える。以下に、議会主権の第1の原則、第2の原則別に判例を取上げてみることにする。

(2) 第2の原則を支える判例

第2の原則は「裁判所は議会制定法を常に有効なものとしてこれを承認しなければならない」、または「議会制定法は司法審査に服しない」であった。この原則を支える判例を以下に4点挙げてみる。

(a)「議会は至上なり」とする国王対ジョーダン事件 [59]（1967年）

被告は、人種差別禁止法（the Race Relations Act 1965）に基づく犯罪を理由として18か月の禁錮の判決を言い渡された。そこで被告は、当該法律は、言論の自由を減ずるもので無効であるとの事由により人身保護令状を求める申立てをした。これに対して裁判所（Divisional Court）は「国会は至上であり、裁判所には議会制定法の有効性を問題にする権限は存しない」[60] として申立を却下した。ここにおいて「議会は至上なり」と裁判所が述べたことは、議会主権の第2の原則が司法部によって確認されたとみることができよう。

(b)「議会で述べられたことは検討しえない」とするエディンバラ・グルキース鉄道対ウォウチョープ事件 [61]（1842年）

原告（ウォウチョープ）は、私法律（7Geo. 4, c. xciii）に基づき、被告から自己所有の土地にまつわる弁済を受ける権利を有していたが、後になって被告は、その権利を修正すべく別の私法律を得た。そこで原告は、かかる第2の私法律は、付与されていた権利を侵害するものであり、また、当該私法律は、正当な通知なしに採択されたので、自己に適用されないと主張してスコットランドの裁判所に訴えを提起した。第一審では原告勝訴、第二審の控訴院（スコットランドの Court of Session）では被告勝訴で、争いは貴族院まで持込まれたが、同院は、原告（上訴人）の上訴を棄却した。その判決文で、キャンベル大法官（Cambell, L. C.）は次のように述べている：

「裁判所のなしうる唯一のことは、議会の記録をみることだけに過ぎない。従ってもしそのことから、法案が両院を通過し、国王の裁可を得たことが

---

59 *R. v. Jordan* [1976] Crim. L. R. 483

60 *Ibid.*

61 *Edinburgh and Dalkeith R. Y. v. Wauchope* (1842) 8 C I. & F. 710

明白であるならば、裁判所は、当該法案が国会に提出された方法のみならず、提出に先立ってなされたこと及び両院を通じて各段階における審議中に議会で述べられたことを検討しえないのである。」[62]

ここにおいて、「議会で述べられたことを検討しえない」ものであることが司法部によって確認された。このことは次に取上げる判例においても繰返された。

（c）英国鉄道委員会（BRB）対ピキン事件 [63]（1974年）

原告（ピキン）は、1836年の私法律に基づけば、ある鉄道（支線）の一部となっている一定土地の所有者であった。しかし、その後1968年に被告（BRB）は、1836年の私法律は、被告に適用しないものとするとの別の私法律を獲得した。そこで原告は、1836年法に基づく当該土地に対する権利を確認することを求める訴えを提起した。第一審はこれを却下したが、控訴院は原告の上訴を認容したので、被告により貴族院に上訴された。上訴は認容され、リード判事（Lord Reid）は多数意見を代表する形で次のように判示した。

「裁判所は何らかの事由で議会立法の規定を無効（disregard）にする権限を有するとの観念は、我が国の歴史と法の知識を有する者にとって奇妙、かつ驚きと思われるに違いない。初期においては、多くの法律家が議会立法は、神または自然又は自然的正義の法に反する限り無効（disregard）とされうると信じたようだった。しかし議会の優位性が、最終的に1688年の革命によって確立されて以来、そのようないかなる考えも旧式になった。」[64]

このように述べると共に、裁判所と議会の関係について同判事は次のように続けた。

「1世紀以上、議会と裁判所は、その間に衝突が生じないように慎重であった。本件で被上訴人が求めた（後の私法律に関する）検討は、正にかかる衝突を容易に招来するであろうし、私はそれは明確な判例によって義務づけられる場合にのみ支持するだけである。だが、"1世紀以上にわたる判例の全般的な傾向"は、明確にかかる検討を容認しないと思われるので

---

62 *Ibid.*

63 *British Railways Board v. Pickin* ［1974］2 W. L. R. 208;［1975］All E. R. 609.

64 *Id.*, at p 614.

ある。」[65]（傍点筆者）

(d)「議会の定立する法律は違法でありえない」とするチェニー対コン事件 [66]（1968 年）

この事件においては、1964 年の Finance Act が、1957 年の Geneva Conventions Act によって編入された国際協定に違反するかどうかが争われたが、そこでアンゴード＝トーマス判事（Ungoed-Thomas, J.）は次のように判示した。

「この Finance Act は、国王の執行行為である国際協定に効力が優位するものであり、かつ、"国会が定立するものは違法ではありえない"」[67]

(e)「裁判所は制定法の有効性について判断しえない」とする Ex Parte Canon Selwyn 事件 [68]（1872 年）

この事件で、カノン・セルウィン（Canon Selwyn）が、アイルランド教会分離法（Irish Church Disestablishment Act 1869）に対する国王の裁可の効力は、王位継承法（Act of Settlement 1701）等に矛盾するとしてこれを争う申立をしたが、コックバーン首席判事（Cockburn, C. J.）は、次のように述べこの申立てを却下したのである。

「立法部の法律は、権威の点で、裁判所に優るものであり、……かついかなる裁判所も国会制定法の有効性に関する判決を下しえない。」[69]

以上、各判事の表明から分かる通り、「国会は至上である」、言い換えれば、国会以外の機関、特に裁判所は、至上権によって定立されたいかなる制定法をも、これを有効なものとして適用することを余儀なくされ、これを無効と宣しえないことが明らかとなった。

よく引用される *Holdsbury's Laws of England* の中で、この間の事情が、簡明にも次の言葉によって纏められている。それを掲げておこう。

「法案は、国会の両院によって合意され、かつ国王の裁可を得たならば、

---

65 *Id.,* at p 618.

66 *Cheney v. Conn* ［1968］1 W. L. R. 242

67 *Id.,* at p244

68 *ex parte Canon Selwyn*（1872）36 J. P. 54

69 *Id.,* at p 58.

当該法案の提出又は国会を通じての言論が不当になされた、とかあるいは、それが詐欺行為（fraud）により成立させられたことを理由にしてさえも、それについて裁判所は弾劾できないのである」[70]

以上、議会主権の原理に対する判例の立場を述べた。

（小括）

小括すると、これら 2 つの原則であるが、これを一言にしていえば、「議会の立法権の至上性（Legislative Supremacy of Parliament）」[71] であり、この場合の議会とは、女王、貴族院及び庶民院の三者から成る「議会における女王」つまり議会を指す。「この議会にとっては、通常の立法と同一の方法で修正又は廃止できない"基本法（fundamental Laws）"など英国には存在しない」[72] のであり、逆に言えば、「（この原理は）通常の制定法で修正しえず、ただ、裁判所の側に、革命（revolution）に基づく一定の根本的変化があった場合にのみ修正されうるに過ぎぬことが特有であるという点で、イギリス憲法の基本法と呼びうる」[73] であろう。

かかるイギリス憲法上の基本原理は、1688 年の権利章典に遡るものである。加えて、理論的にこれを発展せしめたのは、クック [74]（Sir Edward Coke）、さ

---

70 *Haldsbury's Laws of England, para 560*, at p378 （3rd ed.）

71 O. H. Phillips, *Constitutional and Administrative Law*, （5th ed, 1973）, at p 45.

72 *Id.*, at p 46.

73 *Ibid.*

74 クックは上述したように、たしかにコモン・ローこそすべて、コモン・ローを否定するものすべてにコモン・ローの優位を説いた。クックは市民革命以前に活躍した首席裁判官であるが、彼は「古来の慣習を基礎として理性による裁判を通して出来上がったコモン・ローを根本法であると考え、その原理に反する国会制定法は無効である」（田中和夫）と唱えた。しかし、上述したように、その後に起きた市民革命の結果、コモン・ローの優位でなく、議会制定法の優位に収まった。けれども、クックの考えは決してそれと違背するものではない。上に述べたように議会主権の内容は「古来の慣習を基礎として理性による裁判を通して出来上がったコモン・ロー」による所産であり、クックの考えは直接的にはイギリス憲法のもう一つの基本原理「法の支配」の中に生きており、議会主権もイギリス憲法上、孤立して存在しているのでなく、法の支配とのバランスの中にあると思われる。その意味で議会主権はクックの考えに通じる法の支配に支えられ、互いに無縁でなく、むしろ伊藤正己先生がダイシー伝統を集大成する裏にクックとブラックストンの名をあげておられるのもそのように理解すべきものと考える。

らにはブラックストン（Sir William Blackstone）であり、これを内容的に集大成したのはダイシーであった。かくして「それはダイシー伝統（Dicey Tradition）とも呼ばれ、その著書（*The Law of the Constitution*, 1885）は初版以来100年以上も経過しながら、なお正統派の憲法理論として評価を受けている」[75]のである。

3 ダイシー伝統を修正または反対する立場

(1) ダイシー伝統を修正する立場の理論

　議会主権に関するダイシー伝統の立場はイギリスにおける多数派であり、判例でも示したとおり、ほぼ裁判所によって支持されていることと理解されよう。しかし、こうした伝統派に対して、ダイシー伝統の下ではあるが、別の潮流がないわけでない。伊藤正己教授はこれを、議会主権の新理論として、戦後のイギリスの憲法学の新旧両理論を鳥瞰図的に紹介されたことはよく知られている[76]。この新旧両理論の議論は、国会主権の第1の原則、即ち、「議会は後の議会を拘束しえない」との原則を巡って行なわれているように思われる。伝統派に依れば、先に述べたように「現在の議会が最高機関」であることを意味し、過去の議会が定めたことを、現在の議会は"明示的"にも"黙示的"にも改廃できるのであり、立法権限の範囲も事項、地域、人について制限がないと理解する。

　これに対して、新潮流に立ち、しかも現在有力視されつつある者の一派は、こうした立法権限の範囲の無制約性を認めながらも、立法部の構成や立法の手続を定める規範については、過去の議会は、後の議会の至上性を制約できるのではないか、とするものである。例えば、「法律の制定手続で3分の2の多数決を要するとされる立法などが考えられる場合とか、国民投票を媒介する立法などの場合に」[77]後の議会を拘束するのではないか。そしてその理論的根拠を「成文法であれ、不文法であれ、イギリス法秩序にも、主権をもつ議会に先行する根本規範があり、それは議会を拘束すると考える」[78]とするものである。

75　伊藤正己前掲注（4）論文31頁。

76　同32頁、及び同伊藤正己「イギリス法研究」（東大出版会、1978年）139頁以下参照。

77　同上、35頁。

Ⅱ　議会主権の確立とダイシーのクラシカルな定義　　183

　このような立場の理論は、議会制定法定立の手続き面からの制約と言われる学説であろうが、これらの理論は、時の経過とともに、今ではさほど新しい理論としては見られなくなっているが、ジェニングス[79]、ヒューストン[80]、ウィンタートン[81]らは、議会がすべての事項について主権を有することについては否定しないが、立法権行使の方式、あるいは立法部の構成という観点から制定法に一定の制約を課そうと主張するものである。

　これを 1972 年法の脈絡で考えると、同法は、ローマ条約など基本条約を承認し、かつ共同体諸機関の EU 立法権限を認めた。こうしてイギリスの国内に導入された EU 法は、単にイギリス議会だけで定立されたのではなく、共同体諸機関を交えての新しい立法部を構成するイギリス議会により定立されたのである。

　このように、新種の EU 法を創出した新しい議会構成による議会制定法、すなわち 1972 年法は、その意味において、後の議会をも拘束する基本法となりうる、そのように主張するのである。

　議会主権を制約するための方策とし、他に成文憲法の制定、さらに国民投票を経た議会制定法は後の議会を何らかの点で拘束しうるとする考えもある。とくに後者については実際、1975 年にこのまま EC に残留すべきかどうかについて国民投票を仰いだ。結果は残留という回答が多数であった。ダイシー伝統の厳しい論者からすればこのような国民投票にさえ議会主権は縛られないとする。しかし、現実には、この国民投票法の結果により、1972 年法を今後改廃するのは困難となろう。

　これらの新旧の両理論の立場は、例えば、1931 年のウェストミンスター法（Statute of Westminster, 1931. 22 Geo. 5）4 条の解釈を巡って理解を異にする。つまり、この規定を改廃することは可能であるかという議論を巡り、不可能と

---

78 *Ibid.*

79 W.I. Jennings, *The Law and the Constitution*（University of London Press, 5th ed., 1959）.

80 R.F.V. Heuston, *Essays in Constitutional Law*,（Stevens, 2nd ed, 1964）.

81 George Winterton, *The British Grundnorm; Parliamentary Supremacy Reexamined*, 92 LQ Rev 591.

する伝統的立場からの意見と、いや、可能であるとする新理論に立つ意見とに分かれるのである。この規定は、旧自治領（Dominions）に関する立法で、イギリスの議会は、その同意がない限り、自治領のために立法権の行使はできないとするものであった。議論に資するために、その条文を挙げると、

> 「本法施行後に制定されるいかなる連合王国議会制定法も、かかる制定法の中で、自治領がその法規を要求し、又は同意したことが、明示的に宣言されない限り、かかる自治領の法の一部として、そこに及ばないし、及ぶとみなされてはならない。」（同法4条）

　この条文から、少なくとも議会はこの時点で、後の議会の立法権行使に一定の制約を課そうと意図したことは明らかであるように思われる。しかし、ダイシー伝統に立つ者からは、議会主権は絶対であり、その至上性により、当然この規定をも後の議会制定法によって改廃できるとする。たとえ、常識的にみて議会がこの制定法によって自治領に対する立法管轄権を放棄したかのように思われても、「人は常識が法理論に必ずしも優位するものでないことを理解しなければならない」[82] のであり、このことは、当該制定法以後に定立された、イギリスの自治領に独立を認める多くの立法についても言える [83]、とされているのである。

　しかし、これについて新理論に立つ者 [84] から、ウェストミンスター法第4条は、後の議会に対する手続上の制限、つまり議会の構成に上述した変更があった、従ってそれ故に、この制定法は、他の議会制定法と区別され、後の議会はこれに拘束されるとするのである。この場合の議会の構成とは、庶民院、貴族院それに女王という通常の三者の議会の構成に、自治領の議会を加えた新しい議会と理解できよう [85]。そのような通常の議会構成とは異なる議会の特別な

82　S. A. de smith, *CONSTITUTIONAL AND ADMINISTRATIVE LAW*, (2nd ed.), at p 77.

83　*Id.*, at p 78.

84　e. g. R. F. V. Heuston, supra note 81, at pp15–16; Geottrey Marshall, *PARLIAMENTARY SOVEREIGNTY AND THE COMMONWEALTH*, at pp76–8 (1957).

85　この新理論からすれば、例えば、「1911年国会法（Parliament Act 1911）」が、庶民院の優越性を規定し、一般の法案については3会期2年、更に「1949年国会法（Parliament Act 1949）」では2会期1年の審議を行ないさえすれば、貴族院の同意が得られなく

構成という手続きで作られた法は後の議会で改廃できないとするのである。この新理論は通説とはいかないまでも、イギリスでは、かなり受け入れられやすい議論の一つと評価されているのである。

　さらに、上のダイシー伝統の厳格な解釈とは別に、同じダイシー伝統には立脚しながら、「現実」あるいは「政治」的配慮から、ウェストミンスター法を改廃する国会権能を制約しようとする見解が、いくつかの判例の傍論の中に見られる。例えば、1935 年判決の *British Corporation v. The Queen*[86] 事件において、サンキー判事（Lord Sankey）は、当該ウェストミンスター法について次のように述べた。

　　「理論上、議会の権能は弱められていない。事実、議会は、抽象的法の問題として、当該制定法の第 4 条を廃止又は無視しうるのである。しかし、それは現実とは関係ない。」[87]

この立場は *Ibralebbe v. The Queen*（1964）事件[88] におけるラドクリフ判事（Lord Radcliffe）、及び EU 法との関わりでは、前述のブラックバーン対法務長官事件でデニング記録長官判事によっても採られている[89]。この政治的現実による議会主権の事上の制約については、後でブラックバーン対法務長官事

とも、女王の裁可を得れば、法律になるとの特別手続を定めているが、これも新しい国会の構成による法律の制定を意味するから、後の国会はこれを改廃できぬと主張されるであろう。しかし、ダイシー伝統の理論からすれば、この主張も又否定される。即ち、国会は、一日のもとにこれを修正廃棄できるとされるのである（see D. C. M. Yardley, *ibid.*, at p31）。ただ、右の両「国会法」（1911 年と 1949 年の）では、例外として庶民院議員の任期延長法のみはこの特別手続を用いえないと定められており、仮りにこの特別手続を用いて庶民院と女王が、貴族院を除外して任期延長法を制定したら、その法律は無効となるであろう。その場合何故無効となるのか、新理論では法律の定める国会構成がとられていなかったから無効であると比較的容易に説明がなされうる。が、伝統的理論ではどうであろうか。恐らく、彼等は、右の特別手続によりなされる法律の制定は、一種の委任立法であり、もし任期延長法までもかかる特別手続で制定したら権限踰越（ultra vires）の理論が作動して無効であるとするのであろうが、かような解釈の仕方が相当に無理であり、従って説得性に欠ける嫌いがある、と伊藤正己教授は指摘しておられる。伊藤正己前掲註 4 論文 35-36 頁参照。

86　*British Corporation v. The Queen*［1935］A. C. 500
87　*Id.*, at p 520
88　*Ibralebbe v. The Queen*［1964］A. C. 900 at 920-921
89　*Blackburn case*［1971］CMLR 784 at p. 58

件を再度取上げる時に言及するつもりでいる。

これとは別に、デ・スミス（S. A. de Smith）は議会主権、それも立法権の内容について後の議会を拘束しうるための唯一の方法として、成文憲法の制定論を示唆し[90]次のように述べた。

「裁判官は、将来の立法権の侵害（encroachment）に対してかかる成文憲法を支持しなければならないと気づくであろう。但し、少なくとも憲法改正の一定手続が存在することを条件としてであるが。」[91]

以上、極めて簡単ではあるが、議会主権を巡るイギリス学界を分かつ議論についてその概略を述べた。興味深いことに、これらの各学説上の立場は、実は、EU 法優位性の原理を巡る牴触問題についても同様の構図で以て再現してくるのである。

(2) ダイシー伝統と相容れない主張

筆者が在英中、大学の図書館で調べ物をしていた時、ふと書架の蔵書の中に、J. D. B. ミッチェルの論考が引用されているのに出くわした[92]。読んでみると、ダイシーの諸説とまるで違うことに気がついた。調べてみると、彼はイギリスが EC に加盟しようとしている当時、エディンバラ大学の憲法学者であり、スコットランドを代表する憲法学者として論陣を張っておられていると知った。この先生の諸説はダイシー伝統を否定するものであり、議会主権を認めてないようなので、もしそうであれば、イギリスが EC に加盟しても、EC 法の優位性との関係で苦労することもなさそうに思えた。しかし彼はイギリスを代表するというより、スコットランドを代表する学者であり、承知のとおり、スコットランドといえば、大陸法系の法域でもあり、興味だけでは済まない、読んでおかねばならないと彼の考えを辿ることとなった。

ダイシー伝統に立つ O. H. フィリップスは、イギリスにおいて、基本法なるものは「議会主権の原理」だけであると述べた[93]が、ミッチェルは、スコッ

---

90 S. A. de Smith, supra note（82）, at pp 77-78

91 *Ibid.*

92 拙稿「J.D.B. ミッチェル、その軌跡と所説について」社会科学研究（1985）第 5 巻第 2 号 55 頁、中京大学社会科学研究所（成文堂）。

93 O.H. Phillips, *Constitutional and Administrative Law*, supra note（50）, at pp

トランドには 1707 年の合併の際にイングランドと交わした合併法がある、と言う。さらにミッチェルは、ほかにも通常の議会制定法より効力において高次の基本法が存在する、と述べる。その例示として、彼は 1706 年の "Acts of Union"、及び 1931 年のウェストミンスター法、及びその後の自治領その他コモンウェルス諸国に独立を付与した議会制定法を挙げ、これらは全て形式においては議会制定法であるが、もはや後の国会がこれらを改廃できないという点で基本法であるとみるのである [94]。この二項対立はしかし、どちらに決着づけられるか簡単に解融し難いかもしれない。なぜなら、周知の如く、ミッチェルは、スコットランドにおけるエディンバラ大学の大御所であり、ダイシーの伝統に立つ E. C. S. ウェイド等に言わせれば、「チェニー対コン事件判決におけるように、イギリスの裁判官が述べ、かつ制定法が規定するものは、この国で知られている法の最高次の形式のものであると宣明する場合、スコットランドの法律家は『そうではない。The Treaty of Union こそ法の最高位の形式であり、矛盾する議会制定法に優位する』と恐らく答えるであろう」[95] とされるからである。

　なぜこれらが基本法であるかと言うと、これら諸立法により、イギリス議会は、新しいそれ自身の法秩序を創出したからである。つまり、かかる諸立法は、後の議会に法上制約を課したのであり、従って基本法である、と言うわけである。その上で、1706 年の "Acts of Union"（スコットランドとの合併に関する法）がそうであったように、EC に関しても、1972 年法によって、議会は新しい法秩序を創出したのであるから、「1972 年法」も同様に「基本法」としての地位が与えられるのであり、議会によって改廃されえない [96]、という。つまり、The Treaty of Union は、合併前のイングランドとスコットランドの議会を廃し、代わりにグレートブリテンの新しい議会というものを創設したわけであるが、スコットランドの法学者に言わせれば、この新しい議会は、The Trea-

---

370–371.

　94　J. D. B. Mitchell, *What do you want to be inscrutable for, Mercia?*, 5 CMLRev 112, at pp 119–120

　95　E. C. S. Wade et al., 4th Chapter note（81）, at p78

　96　Ibid.

ty of Union の効力により、かっての名誉革命後に確立された無制約性の「議会主権」を有せず、The Treaty of Union によって制約されることになったと考えるのである[97]。

このようにミッチェルは 1972 年法を基本法と把えることによって、その中で盛り込まれている欧州共同体法の優位性も又、将来の国会に対して保障されると主張する。これは EC 側から見れば実に歓迎される議論として受け取られるであろう。

しかし、このミッチェルを代表とするこのような考えは、ダイシー伝統に立つ者の考えからはまったく相容れない主張とされている。ダイシー伝統に立つ一人、トリニダッドはこれに強く反駁する。彼によれば、"Acts of Union" (1706) は基本法であるとミッチェルは言うけれども、既に 1853 年及び 1932 年の "the Universities (Scotland) Acts" が国会によって定立されたことで、その主張は成立しないと述べた[98]。E. C. S. ウェイドもこれについて次のように述べる。

> 「1853 年の "the Universities (Scotland) Acts" は、古くからのスコットランドの大学の教授はスコットランド教会の会員である旨の告白をすべきであるとの要件を廃止し、結果的に長老教会（Presbyterian Church）を保障していた "Acts of Union, 1706" の改廃しえないとする条項を廃止したのである」[99] と。

また、フィリップスも、

> 「"the Union" は永遠のものであり、一定の規定（"the Acts of Union, 1706" の）、例えば、スコットランド教会に関する規定は改廃しえないと明白に企図されていた。特に信仰告白に同意することが要件づけられていたスコットランドの大学の教授に関する規定は、1853 年の the Universities (Scotland) Act によって廃止された」[100]

---

[97]　Ibid.

[98]　F. A. Trindade, Parliamentary Sovereignty and the Primacy of European Community Law, 35 M.L.Rev. 375, at pp 389–390

[99]　E. C. S. Wade et al., Constitutional and Administrative Law, 9th ed, at p 78

[100]　O. H. Phillips, Constitutional and Administrative Law, at p 58——1707 年の「合

と述べている。

The Treaty of Union を実施した Acts of Union[101] に反する法現象、例えば上に述べた 1853 年の the Universities（Scotland）Act の出現、さらには、「1975 年に地方行政が改革されたが、"royal burghs" は廃止された」[102] ことも事実であり、かくして、イギリス憲法界における通説であるダイシー伝統の立場、たとえば O.H. フィリップスらからは以下のよう結論づけされてしまう。「合併時に、イングランドとスコットランドの議会は、彼等自身を消滅させ、同時に彼等の権限を新しいグレートブリテンの議会に委譲したのであり、グレートブリテンの議会は、イギリス、すなわち、イングランド国会の特徴、それは議会主権を含めて承継し、それを発展せしめたのである。」[103]
しかも、スコットランドの議会は主権を有する旨が認められていなかったと普通に言われている [104] ので、現在のイギリス議会は、通常法的主権を有すると一般的に認められている点からすれば、スコットランドの学者の言うように合併により創設された議会は無制約性の主権を有しないとする考えは、イングランドの多数派からは受け入れられず、少数派の考えでしかないように思われる。

併に関する法」の 2 条に依れば、スコットランドの大学の教授は、信仰告白に服することが規定され、かつ 4 条で、上の「合併に関する法」が永遠に改廃されえないものであると規定されていた。

101　正確には、"the Union with Scotland Act.1706" である。スコットランドとイングランドが合併されるに際し、両国はまず "Treaty of Union" を締結した。次いでこの条約はスコットランドの国会によって承認され、同国会は同時に、長老教会統治（Presbyterian Church Government）を保障する法律等を制定した。続いてイングランドは、スコットランドの国会によって承認された条約の条項をすべて批准すると共に、国会はイングランド教会を保障する法律を制定した。こののち、イングランドの国会は、"the Union with Scotland Act, 1707" を定立し、右に掲げた法律はこれに編入された。see O. H. Phillips, *ibid.*, at pp 57–58.

102　E. C. S. Wade et al., *id.*, at p78

103　O. H. Phillips, supra note（50）, at p 58

104　Id., at p58n. 14

III 議会主権の意味—議会主権は "insular" か

　本書のテーマは議会主権と EU 法との相剋である。その議会主権であるが、憲法史の J. W. F. Allison は、その著『イギリス憲法史』[105] のなかで、「議会主権のオーソドックスな見解は、権力の分立に比較して insular である」[106] と述べた。Insular とは辞書的に言えば、"孤立している"、"閉鎖的である"、あるいは "特異性がある" という意味であろうか。多くのヨーロッパ諸国はおしなべて議会を持っているが、議会主権の原理となると、これを採用している国はイギリスを除いて、他のヨーロッパ諸国にはない。その意味で言うならば、イギリスの議会主権は確かに "insular" であり、他の大陸諸国に存在しない稀で、孤立この上ない原理と見られるであろうう。

　しかし他方で、議会主権の「議会」という点だけをみると、それはほぼ民主主義国家の国に存在し、ルーツを訪ねると、もっとも古い議会の歴史を有するイギリスの議会に行き着くことも多いであろう [107]。それだけ世界の他の国がイギリス議会に範を置き、自国の議会を作る際に比較対象にしてきたように思われる。それだけみれば、イギリス議会の存在は決して Insular ではない。同時に、国の議会、すなわち国会が国権の最高機関であるとよく言われるが、イ

　105　J. W. F. Allison, *The English Historical Constitution-Continuity, Change, and European Effects*, Cambridge University Press, 2007.

　106　*Id.*, at p 103.

　107　イギリスの議会は、承知の通り、中世時代のヨーロッパの封建国家において議会に先行する形で、王と封建家臣による封建集会である王会（Curia Regis）を通じて、国王が国政を処理していたことは承知の通りである。王会には大会議と小会議があり、イギリスにおいて 13 世紀、大会議から King in Parliament との または単に Parliament との名で、王会から独立し、国事一般の公的な審議と決定のための会議体に発展して行ったと言われている。Parliament とはラテン語の parliamentum に由来するとされ、parleying または discussion を意味したという。しかし初期のパーラメントは封建的、あるいは特権的な「諸侯の議会」ともいうべきであり、今日のような人民の代表機関ではなかった。これが代表制議会へ発展して行くのは、諸侯の会議体にイギリス各州（shire）と各地方都市の代表が加わってからのことと言われる。こうして諸侯による身分制議会は中世的代表制議会へと発展して行った。

ギリスで国会が主権者である国民の意思を最も直接に代表するものであるから、国権のうちで、最も重要であるという意味であろう。したがって、日本においてもこのように国権の最高機関というとき、その言葉の裏にイギリスの議会主権を想起する人は多いかもしれない。そう思うと、イギリスの議会主権もそれほど insular というわけでもないかもしれない。

ところで、イギリスの地方自治というと、今日では地方分権によるスコットランド自治議会やウェールズの自治総会を思い浮かべるであろうが、それとは別に昔から存在する Council という会議体がある。この地方自治にある Council を見ると、議会が国権の最高機関という意味がよくわかるように思われる。

Council は日本では評議会や参事会と訳されることが多いかもしれないが、仮に参事会として、この参事会が本来の地方自治の会議体であり、スコットランド自治議会の地方分権とは別に各地方の自治体に存在している。英米法辞典を読むと、

　　「イギリスの地方自治体に置かれ、立法（by-law）および行政に当たる。
　　County council（県参事会）、district county（地区参事会）、parish coun-
　　cil（村参事会）等、参事会員は公選され（任期4年）…」

という。このように、まず先に選挙で選ばれる議員というか、参事会員からなる Council が成立すると、その会議体の中で地方の問題を項目ごとに議論し、結論が出れば、別の執行機関にゆだねるのではなく、会議体である Council の中に執行のための委員会が設置され、Council の議員を中心に執行官僚らが加わり、執行していくのである。つまり会議体と執行機関が分離することはない。市長や知事は Council の中から儀礼的に順番を決めてその期間だけ務めるが、それは決して執行部の長ではない。もっとも、地方自治でもロンドンだけは執行部の長、すなわち執行機関としてロンドン市長だけは別途独立して選挙で選ばれる仕組みに改正され[108]、変化したが、他の多くの地方はこれまで通り、

---

108 1997年に誕生したブレア首相は、憲法改革の一環として、地方自治改革も行った。その一環としてグレーター・ロンに選挙による史上初めての市長（Mayor）と戦略的当局（Greater London Authority）を設置したことで知られている。拙稿、前掲著書、107頁以下参照。またスコットランド等自治議会も Council 制をとらないことは同様である。

今も同じスタイルのままかと思われる。つまり、選挙で選出された Council という議論する場こそが最高であり、物事は選出された会議体が議論し、そこで最終決定されて、同じ Council の中に執行のための委員会が作られるのであり、その意味で Council 自身が地方の最高機関になっているのである。イギリスの国会である国の議会の下での議院内閣制も、また議会主権も元を辿ればこのようなシステムから来ているように思われる。

　そう考えると、国連総会にしても、そこで議論して決まったことが最高となる議会こそ期待され、それこそがイギリス人からすれば当たり前である。もっとも国際機関では到底そのようにはいかぬであろうが、議会の話し合いで決まったことが、なかなか最高になり得ていない会議体を見ると、イギリス人にはどこかもどかしく、信頼が得られない、と思われるのかもしれない。これに対して EU 議会は 1979 年に EU 市民から直接に選挙で選出される議員からなる議会へと成長し、さらに今では EU 理事会と共同で EU 立法を定立することができるようになった。これからどのように発展していくであろうか、将来、EU 議会と EU 理事会が下院、上院として合体し、イギリスの議会のように、下院優位となり、議院内閣制が敷かれ、その下で、ヨーロッパ委員会が EU の内閣となる日がくるであろうか。勝手な想像にすぎないが、今後の発展に期待したい。

　承知の通り、イギリスは 17 世紀、2 度、市民革命を起こしたが、1 度目のピューリタン革命の時は国王を処刑までして共和制国家を導いたことは多くが存じておられよう。しかし、その後 1660 年に王政復古して、国王の政治が再び専制化した。しかし、2 度目の名誉革命の時は無血革命に終わり、君主制を残して終結した。君主制残存とともに、多くの国王大権が彼の手に残ったのである。国王にこれだけ多くの国王大権を残したら、いずれの日にか、再び反革命でも起こされはしまいか、危惧する者さえでたのである。それもあり、本書の第 4 章で、イギリスがなぜ条約に対して厳しい二元論を取るのか判例を引用したが、理由の一つは、条約締結権が今も、国王大権として現憲法に残っていることである。もう今の時代、こんなことは決して起こりそうもないことだが、条約締結権が国王にあると、いつしか、時代が逆行して、市民革命の時代のように、国王大権を手に外国勢力と結託されても困る。ゆえに条約を国王が締結

しても、議会が批准するときに制定法を作って介在するというのがイギリスの採る厳格な二元論の理由だが、そろそろ EU との関係のことなどを思えば、「ブラックストーンの時代以来、判例では二元論は今も温存」の姿勢はそろそろ緩和しても良さそうに思う。いずれにしても議会主権はコモン・ローの所産であること、司法部は、主権が国王から議会に移ったことを判例の中で承認するだけでなく [109]、やがて判例の積み重ねを通じて、議会はいかなる法も作ることができ、また改廃することもできるという原理を確定して行ったのである。加えて、19 世紀のダイシーが議会主権を唱える時代には二元論の厳格化にともない、議会の原理も緻密になっていったかもしれない。同時に、H.W.R. ウェイドの述べるように、「司法部の（議会に対する）従属性はコモン・ローの原則でもある」[110] という、司法部の議会制定法に対するいい意味での従属性を認めてきたが、特に 1990 年代以降、EU との関係で次第に欧州司法裁判所への忠誠を高めていき、本書でも、議会主権への司法の従属性に変化が生じてきたかにみえる判例を考察しようとしている。

　イギリスは不文憲法の国であり、成文憲法を持たない。主要な憲法の法源は判例憲法である。さらにはそれを補足する憲法習律もあるが、効力は主権者である議会の作る制定法がそれ以外のすべての法に優位し、至高なのである。議会制定法は主要な法源でなく、時代の節目を画すときなど、あるいは判例で確立した重要な原則を覆す際に登場するが、効力の点で最高なのである。その意味で、議会主権の原理は、イギリス憲法のかなめ石であり、あたかもそれはコモン・ローの上にそびえる成文憲法の如き役割をもつ、もしくは常設の憲法制定会議とでも言いうるかもしれない。

　しかし、同時に、このダイシー伝統は、後に述べるように、EU 法の優位性の前に次第に判例法上変容を迫られていく。実はイギリス憲法上、それは単に EU 法からだけの影響ではない。現代イギリス憲法の課題として、すでに 40 年以上も前の 1974 年、それはイギリスが EC に加盟した直後のことであるが、

109　*Ibid.*

110　H.W.R. Wade, *"The Legal Basis of Sovereignty"*, (1955) CLJ 172. その後、本論文 は、Wade の *Constitutional Law*, edited by Ian D. Loveland, (London, Routledge, 2000) の中に収録された。

スカーマン卿判事が『イギリス法－その新局面』[111]（田島訳）のなかで、議会主権が今日陥っているインパクトとしてセンセーショナルに説かれた。そのインパクトとは彼曰く、"海外からの挑戦"、それは主としてヨーロッパからの挑戦のことである。2つの挑戦があり、一つは本書の課題である当時のローマ条約からの挑戦と、ヨーロッパ人権条約からの挑戦の2つを意味するものだった。前者は1972年ECAを通じてイギリスに編入された現在のEU法であり、後者は1989年人権法により編入されたヨーロッパ人権条約である。

　これに加えて、現在、議会主権の原理は、スコットランド、ウェールズ等の自治議会あるいは自治総会、自治政府へ移譲した地方分権によってもインパクトを受けている。だが、ここではヨーロッパ人権条約及び地方分権からの議会主権に対するインパクトは別の機会に譲り、本書ではEU法との相克のみに集中したい。だが、議会主権のダイシー伝統は、今、EU法からだけでなく、人権条約、地方分権からも現代的インパクトあるいは現代的課題を突きつけられていることだけは忘れてはならない。

111　Leslie Scarman, *"English Law-the New Dimention"*. スカーマン卿（1911–2004）は最高裁としての貴族院の法律貴族も歴任した。

第6章　EC・EU 法の直接適用性と優位性の原理の確立

はじめに

　ここまで述べてきたように、EU 法と国内法が衝突した場合、どのように解決するかは、基本条約のどこにも明文の規定がない。その行間のギャップは EU 司法裁判所（旧欧州司法裁判所、以下、単に"欧州裁判所"と称する）により具体的事件の判例のなかで埋める役割が演じられた。欧州裁判所は、1963 年のファンゲント・ルース社事件で条約の精神を目的論的に解釈し、EC 法の性格について画期的な判決をくだした。以下に当判例を見てみよう。

I　1963 年ファンゲント・エン・ルース社事件[1]に見る EC・EU 法の性格―直接適用性の原則

1　新しい独自の法秩序

　この事件は、イギリスが EC に加盟する 10 年も前の 1963 年に、関税の相互新設と引上げの禁止を定めた EEC 条約 12 条（現 TFEU30）が"直接適用性を有する規定"であることを欧州裁判所が初めて認めたリーディング・ケースである。さらに EC・EU 法を国際法秩序から区分し、また国内法からも区分される、"新しい独自の EC・EU 法秩序"の成立を導いた問題は、直接適用性を有する同法を同裁判所が承認する過程で導き出されたのである。以下にこの事件を取り上げ、考察してみる。

　1　*Van Gent en Loos v. Nederlandse Trietcommissie*, 26/62、5 February 1963; [1963] C.M.L.R.105; 9 Rec. 1. これ以降の EU 諸判例は、中村民雄・須網隆夫『EU 法基本判例集』（2 版）（日本評論社、2007 年）を参照。

196 第6章　EC・EU法の直接適用性と優位性の原理の確立

〔事実概要〕

　この事件において、原告であるオランダのファンゲント・エン・ルース社は、ドイツ（当時に西ドイツ）から輸入した化学薬品に 8% の関税を課された。ECの設立当時は 3% であったため、原告は、オランダ政府が新しく課した関税は5% 高く、加盟国に新しい関税又はそれに相当する課徴金を課すことを禁じているEEC条約 12 条[2]に違反するものであるとして、オランダ国税庁検査官に不服申立を行った。しかし不服申立てはこれを却下されたので、原告は行政裁判所としての関税委員会（Tarief-commissie 在オランダ、アムステルダム）に上訴した。被告国税庁は原告の主張を否認して、右輸入税は EEC 条約第 12 条違反に相当しないと反駁したが、関税委員会は、両当事者の主張は、EEC 条約の解釈問題を含むとして、同条 177 条[3]（現在、TFEU すなわち EU 機能条約267 条）に基づき、問題の 12 条が国内裁判所によって保護されねばならない個人のための権利を創設するものかどうか欧州裁判所に問うため先決判決[4]（pre-

---

　2　EEC 条約 12 条の規定は以下の通りである。即ち、「構成国は、相互間に輸入及び輸出に関する関税又はこれと同等の効果を有する課徴金を新設し、又は相互間の貿易において既に課しているこれらの関税又は課徴金を引き上げてはならない。」（横田喜三郎・高野雄一『国際条約集』（有斐閣、1990 年）の訳による）

　3　欧州共同体法の解釈問題は欧州裁判所が管轄権をもつ。根拠条文は EEC 条約の第 177条である。この条文に依れば、欧州共同体法の解釈問題が国内裁判所で争点となったとき、当該国内裁判所はその事件を強制的に欧州裁判所に付託しなければならない場合と一定の裁量に委ねられている場合とがある。同条 3 項が前者につき規定し、第 2 項が後者につき規定している。強制的に付託しなければならない場合とは、同条 3 項に依れば、問題の国内裁判所の地位が、その判決に対してそれ以上の上訴が許されていない場合を指す。本件における在アムステルダムの関税委員会は、オランダの行政裁判所であり、かつその判決に対して上訴は許されていないので、同条第 3 項に依って強制的に欧州裁判所に付託されたのである。

　4　訳語は一定していない。先行判決、中間判決、先決裁定、予備裁定、前置決定等々種々みられる（植村栄治「EC 法の研究」ジュリスト No. 659 の 100 頁参照）。この "preliminary ruling" について、イギリスの控訴院判事スティーヴンスンは、バルマー対ボリンジャー事件判決の中で次のように述べている。それを掲げておこう。「欧州裁判所が、EEC条約 177 条 1 項に基づいてなす "rulings" は、厳密には "preliminary" ではない。それは、、加盟国の裁判所が開廷し弁論を審理し始める前になされるものではないが、国内裁判所が審理を終え判決を下す前なら何時でもなしうる。従ってこの "rulings" は、その意味で"pre-judicial" であって必ずしも "preliminary"（そう言える場合もあるが）ではない。」(see *H. P. Bulmer, Ltd. v. J. Bollinger S. A.* [1974] 2 C.M.L R.91, at 121 per Lord Jus-

liminary ruling）を求めた。

　先決判決に先立ち、オランダ政府[5]は、EEC 裁判所規程に関する議定書20条（Protocol on Statute of the Court of Justice of the EEC）に基づき[6]、次のことを主張する意見書（written observation）[7]を欧州裁判所に提出した。それに依れば、同裁判所には本件を判断する管轄権はない。なぜなら、付託によってなされている質問は、条約の解釈でなく、オランダ憲法の枠内における条約の適用の問題であるからである、と述べた。

〔判旨〕

　これに対して、欧州裁判所は、当該質問は、オランダ国内法の原則に従って条約の適用について決定を下すことを求めているのではなく（それは、言うまでもなく、国内裁判所の管轄権に属する問題であることを認め）、条約177条1項a号[8]に従って、同12条の意味を共同体法の枠内において、及びそれが個人に及ぶ範囲において解釈を求めているに過ぎないとし、自己の管轄権を肯定し

---

tice Stephenson）、なお本論文では "preliminary rulings" を一応「先行判決」と訳出して用いることにする。

　5　177条に基づいて、国内裁判所から欧州裁判所に対して付託がなされると、欧州裁判所の書記官（the Registrar）は、当該事件の当事者、加盟国、及び欧州委員会（必要なら閣僚理事会）に当該国内裁判所の付託決定について通知がなされる。その当事者、加盟国、欧州委員会（場合によっては閣僚理事会）は、当該通知から2か月以内に欧州裁判所に対して意見書（written observations）を提出する権利をもつ。本件においては、オランダ政府ほか、ベルギー及びドイツ政府、欧州委員会及び当事者がこれを提出した（ここまでの手続を written proceeding という）。他方、oral proceeding では、原告側弁護人と欧州委員会のみが欧州裁判所へ出廷した。（see ［1963］C. M. L. R. 105, at 109–111）。しかしながら、これらの参加者は、正式には中間判決の場の当事者ではない。それは加盟国国内裁判所と欧州裁判所の対話に準えるものである（see L. N. Brown, *THE COURT OF JUSTICE OF THE EUROPEAN COMMUNITIES*, at p175）。

　6　Ibid.

　7　Jacobs & Durand, REFERENCES TO THE EUROPEAN COMMUNITIES, at p175

　8　EEC 条約177条第1項a号の規定は次の通りである。「（欧州裁判所は、）次の事項について中間判決を行なう権限を有する。（a）この条約の解釈。……」（前掲注2横田喜三郎ほか『国際条約集』の訳に基づく）。なお、177条は現在 EU 機能条約（TFEU）267条になっているので注意。

た。

　そのうえで付託された質問に対し同裁判所は回答し、確かに EC（現 EU）
条約は、各加盟国が、国際法に従ってその相互的権利義務を引受けたという点
から見れば、従来の国際法の範疇に属すると言えるかもしれない[9]。しかし、
それを内容的に見れば、どうであろうか、欧州司法裁判所は、12条が本来、
直接適用性または直接的効力を有するものであり、裁判所によって保護される
べき個人の権利が直接生じうると肯定する根拠を次のように述べる：

　　「国際条約の規定が、かかる効果を有するか否かを知るには、その精神
　　（sprit）、その経済的側面及び使用されている文言を検討することが必要で
　　ある[10]。」

その上で、

　　「共同市場を創設し、共同体の市民に直接影響を及ぼす機能を持つ EEC
　　条約の目的は、この条約が、当事国に、相互義務のみを創出する合意以上
　　のものであることを意味する。」[11]

と述べたうえで、同裁判所は、続けて言う；

　　「この意味は、①政府のみならず、個人にも影響を及ぼしている前文（pre-
　　amble）によって確認されている[12]。一定の主権的権利を組織化し、且つ
　　その行使が加盟国と市民の両者に影響を及ぼすことになる諸機関が創設さ
　　れたのは、そのことの例証である。②加えて、共同体に結合された（加
　　盟）国の国民は、欧州議会及び経済社会評議会（Economic and Social
　　Council）を通じて、当該共同体の役割に協力することを認められてい
　　る[13]。③さらに、177条の枠組の中で、国内裁判所による条約の統一的解

　9　e. g. P. J. G. Kapteyn & P. Verloren van Themaat, *INTRODUCTION TO THE
LAW OF THE EUROPEAN COMMUNITIES*, at p 25（1973）

　10　［1963］C.M.L.R.105 at 129

　11　*Ibid.*

　12　例を掲げれば、EEC 条約の前文で、「当事国は、欧州、諸国民の絶えず一層緊密化す
る連合の基礎を確立することを決意し、……これらの諸国民の生活及び雇用の条件を絶えず
改善することを努力の主要目的とし、…理想を共にする他の欧州諸国に対しこの努力に加わ
ることを呼びかけ…。」（横田喜三郎『国際条約集』の訳による）となっている。

　13　see Art. 193 EEC. 同条文は次のように規定している。「経済社会評議会を諮問機関

釈の確保を目的とする欧州裁判所の機能は、加盟国が、共同体法上、次の
こと、すなわち、共同体法が、国民によって国内裁判所において援用され
うる権威（authority）が加盟国に与えられていることを承認したことの
確認を意味する。」**14**（カッコの番号は筆者付す）

このように述べたあと、同裁判所は、条約のかような個人に言及した前文又は
他の条文から、EC 法の特性を引き出した意味及び目的について、さらに大胆
に論を進めた；

「我々は以上のことから、共同体は、加盟国が限定された領域においてで
はあるが、自らの主権的権利（sovereign rights）をそのために制限（lim-
it）し、且つ加盟国のみならず、国民もまたその主体であるところの、国
際法上における一つの新しい法秩序（a new legal order）を形成するもの
である。かくして、共同体法は、加盟国の立法とは別個に、個人に義務を
課すのみならず、彼らに法的権利を付与するのである。かかる権利は、条
約によって明示的に付与されている場合のみならず、条約によって個人、
加盟国並びに共同体諸機関に対して明確に確定された方法で課された義務
によっても発生する。」**15**（傍点筆者）

条約自体の内容がこのように新規（novel）性を持つとされるのは、各加盟国
が自らの主権的権利を制約する条約を締結したからであり、そのことによって
今、従来の国際法秩序とは別個の、そして、そこでは加盟国のみならず個人も
主体となるところの、従来の国際法秩序とは異なる新しい法秩序が創設された
と、欧州裁判所は結論づけたのである**16**。「第 12 条が加盟国の国内において、

として設置する。評議会は、経済生活及び社会生活の各部門の代表者、特に生産者、農民、
運輸及び一般労働者、商人及び職人の代表者、自由職業の代表者及び一般利益の代表者で構
成する。」

　14　［1963］C.M.L.R.105 at 129

　15　*Id.* at 129–130

　16　ところでこれまで国際法は本来直接個人を規律しないものであった。例えば従来の条
約においても個人がそこで規定されている権利義務を課されることがある。がそれは結果的
にそうなっただけで、その場合でも、個人がその条約という国際法上の主体になったわけで
はない。主体はあくまでも当事国自身であって、個人はかかる条約を締結した当事国の国内
法の主体になるに過ぎない。つまり、その条約により結果的に享受する権利の主張又は義務
の追求は、その国の国内法に基づき、その国の国内裁判所で行なわなければならない。とこ

直接適用性を有するか否かの問題は、加盟国の憲法に関する問題でなく、共同体法の枠内における条約の解釈の問題であることが明らかにされた点は意味が大きい」[17] という。

2 国内法秩序からの区分

このように、同司法裁判所の言う国際法からの区分論に従いながらも、しかし、同時に次の点も考察しなければならない。すなわち、EC 法秩序が妥当するためには、加盟国法秩序からも独立するものであることを一言、明らかにしなければならない。

ペスカトールはこれをまず「区分されることの必要性」から論じて次のように言う；

「共同体法がそれ自身国内法から区別される必要性は、それが本来的に国内法を超えるものであるが故に明白である。その目的とするところは、国内立法機関が逸脱し、牴触しないよう共通でしかも統一的な欧州法を以て代替えすることにある。この観点から考察する場合、もし国内法の介入があれば、共同体法の統一性を否定することになるであろう。かくして、欧州共同体法は、それの自律性（autonomy）を断言することによってそれがそれ自身の領域において、ユニークであり至上のものであることを宣言するのである。」[18]

ここてペスカトールが述べた「国内法の介入」との下りは、欧州裁判所が正に、共同体法秩序が国内法秩序と異なることを強調しようとしているものである。

ろが、共同体レベルにおいては、共同体法は、独自の法秩序という枠内で、直接個人に権利を付与し、その権利を、その共同体法に基づき自国国内裁判所で主張できるのである。以上が欧州裁判所の理論構成であった。高野雄一『国際法概論（上）』法律学講座双書 22 頁、26頁参照。しかも、ペスカトールによれば、これに対して共同体法の立場からは、かかる直接的効力は、共同体の一般的構造により、通常の状況（normal situation）とみなされなければならない、という。Pierre Pescatore, *International Law and Community Law-A Comparative Analysis*, 7 C. M. L. Rev. 167, at p174（1970）。なおペスカトールは、欧州裁判所の判事であり、University of Liege の教授でもある。

　17　山手治之「欧州共同体法の直接適用性」立命館法学（1976 年）3 号 22 頁。

　18　P. Pescatore, *International Law and Community Law-A Comparative Analysys*, [1970] 7 C. M. L. Rev. 167.

同裁判所は、先の判決文の続きの中で、EEC 条約第 12 条が、直接適用性を有するための要件を述べている。それについてを見てみよう。

　　「12 条の条文は、“明白且つ無条件”（clear and unconditional）な禁止を設定しており、又この禁止は作為義務でなく、不作為義務である。この義務は、その適用を国内法の積極的行為に委任させるいかなる権限も加盟国に与えないで課せられている。この禁止は、その性質から、加盟国とその国民との間の法的関係に直接的効果（direct effect）を惹起させるのに完全に適している。12 条の履行は、加盟国による立法的介入を何ら要件づけはしない。12 条が差控えるべき義務の主体として加盟国を指名していることは、加盟国の国民が、その義務の受益者でありえないことを意味するわけでない。」[19]

ここで挙げられたいくつかの要件、例えば、明白且つ無条件の条文内容であること、並びに条文にいう禁止は作為義務でなくて不作為義務であること、などが掲げられているが、もう 1 つの要件、「加盟国による立法的介入」を排するものであるとの点は、ペスカトールの示唆する如く、最も意義あるもので、共同体法秩序が国内法秩序と区別されなければならない理由も正にそこにあると思われる。

　もしイギリスのように厳格な二元論を採用すれば、直接適用しうる共同体法規は、同国においては、これを受容した国内法による間接適用となり、共同体レベルで考察された EU 法秩序における共同体法とは意味が違ってくる。

　では、国内法秩序から区別されるべき EU 法秩序とはいかなる状態を言うか。それは EU 法秩序が、国内立法権を、一定領域についてその中に吸収してしまった状態。つまり、欧州裁判所が既に判決の中で述べたように、一定領域について加盟各国の主権を制約して得られた独立の EU 法秩序を言うのであり、それが妥当するためには、その効力について国の立法的介入があってはならないと言うものである。

　かくして EU 法秩序は国内法に介入の必要性を与えることなく、加盟国当局と国民に対して賦与し又は課しうる [20] ものとなる。

19　[1963] C. M. L. R. 105 at 130

20　P. S. R. F. Mathijsen, A Guide to THE EUROPEAN COMMUNITY LAW, at p 3

このように見るとき、イギリスの「1972 年法」2 条 1 項の「(これらの EU 法規定は)、イギリスにおいて、改めて法規を定めることなく法的効果を賦与される」という規定の仕方は、包括的であり、欧州裁判所が述べた「国内立法の介入を不要」とする表現と近いものとはなっているが、「1972 年法」を定立したこと自体、二元論の立場を保持したのであり問題は残る。このような法律の有無に拘わらず、EC 法の直接効力規定は適用されねばならないのかどうか。マセジセンはこれに対して、「もちろん、共同体規定が加盟国の介入なしにかかる拘束力を有することは、加盟国が、一元論、二元論に固着しているかどうかに拘わりなく適用される」[21] のであり、「言い換えれば、共同体法の国内領域への、"受容 (reception)" は、要件づけられてもいないし、又要件づけられえない」[22] と答えていることは留意されよう。この点、ミッチェルが、「1972 年法」の規定に触れて、「欧州裁判所の立場は、諸条約が創設した新しい法秩序に依っている。イギリスの 1972 年欧州共同体法の 3 条は、本質的に二次的なものである」[23] と述べたことは、「1972 年法」に対する見方として、もちろんイギリスの通説からは認められないと思われるが、示唆に富んでいる言い方ではある。

いずれにせよ、欧州裁判所は、国際法からも国内法からも別個独立 (と言うより国内法の一定領域で結合された) の EU 法秩序という「第三の法秩序」を理論的基盤として、以後次々と、共同体規則はもちろん、条約、指令及び決定の一定規定についてまで直接適用性を承認し、次なる EC 法優位性の原理の確立へと向かっていくのである。

がそれはともかく、その前に、かかる第三の法秩序における EU 法の性格はいかなるものであろうか。これを明確にすることで、EU 法の優位性をより深く探る手掛りとなるのではないか。そのことを念頭において、次の項に移りたい。

(2nd ed, 1975)

21 *Ibid.*

22 *Ibid.*

23 J. D. B. Mitchell, *Sed Quis Custodiet Ipos Custodes?* 11 C. M. L. Rev. 351, at p 352.

II　コスタ対電力公社事件判決 [24] と EC・EU 法の加盟国内法に対する優位性の確立

　加盟国への直接適用性の原理を確立したとされる前出の 1963 年ファンゲント・エン・ルース社事件 *Van Gent en Loos case*（Case No.26/62）で、あれほど明確に、EU 法秩序の独自の存在性を認めながら、同裁判所はしかし、優位性の問題にまでは直接踏み込まなかった [25]。EC・EU 法の優位性を説くことになるこの問題はその後の判例、即ち、1964 年コスタ対 ENEL（電力公社）事件 *Costa v ENEL*（Case 6/64）を待たなければならなかった。したがって、本節ではコスタ事件を検証することとなるが、同時に当該事件に加えて、それを補強する他のいくつかの判例、とくに 1969 年ヴィルヘルム事件、1970 年インターナショナル商事会社事件にも触れることを予めお断わりする。

　しかし、その前に、次のことを確認しておきたい。ベーブルは次のように考える。すなわち、当時の欧州裁判所は、かかる EU 法の優位性が、相互に関連する 2 つの重要な根拠により宣明されているとする [26]。1 つは、明示的な根拠とでもいうべきものだが、EU 法がその特殊な性格と、国内法に比較してより高次の法的地位にある、そのことによるとするか、又は加盟国の管轄権を排除する共同体の専属的管轄権の結果として、国内法より優位性を有するのだとする根拠により説こうとする。2 つ目は、比較的明示性の劣る根拠かもしれないが、欧州裁判所が、多くの条約規定を直接適用性を有すると宣明することにより、その合わせ技で EU 法の優位性を説こうとする。つまり、直接適用性を有

24　*Costa v ENEL* 事件（Case 6/64［1964］ECR 1251）。

25　但し、同裁判所は、EU 法と国内法の牴触に気づいていたとされる。と言うのは、同事件で共同体を代表して欧州委員会は欧州裁判所に提出した意見書で、欧州共同体法の優位性に言及し、それに対し法務官（Advoca general）も意見を述べたからである。しかしこの問題は中間判決を求めた質問にもともと含まれていなかったのであり、従って欧州裁判所は牴触問題に意見を表明することを避けたとされる。ファンゲント・エン・ルース社事件参照（［1963］C. M. L. R. 105 at 118）。山手治之前掲註 17 論文 17 頁参照。

26　Gerhard Bebr, *How supreme is Community Law in the National Courts?* 11 C. M. L. Rev. 3 at pp 3–4

する規定には本来優位性が備わっている（inherent）との観点に立って、どの
規定には直接適用性があるとの判例を次々と打立てていくのである。以上述べ
た2つの根拠、2つの系列の判例に立って優位性の原理は導かれているとベー
ブルは指摘した。しかし、本書においては、後者のカテゴリーに属する判例は、
本書に必要な限りにとどめて、原則として前者の根拠に立つ判例の系列を取上
げようと思う。

1 1964年コスタ対 ENEL（電力公社）事件 [27] と EU 法の優位性の原理

　直接適用性を有する EU 法の加盟国内法に対する優位性の原理は、本件にお
ける欧州裁判所の先行判決の中で確立された。この問題は、EEC 条約第177
条（現 TFEU すなわち EU 機能条約267条）の適用を巡って、その過程で把えら
れた。

〔事実概要〕

　イタリアにおいて、EEC 条約は1957年10月14日の法律第1203号によっ
てイタリア法に編入された。ところで、イタリアは、この法律の後法となる
1962年12月6日の法律第1643号に基づき、電力の生産、供給を国有化する
と共に ENEL なる公法人を設立させ、既存の電力会社の財産をこれに移転せ
しめ、国有化した。ミラノの弁護士であるシグ・フラミニオ・コスタは、当該
国有化によって影響を受けた会社エディソン・ヴォルタの株主でもあったが、
電力公社 ENEL によって供給された電力代金1,925リラの請求書に対して支
払う義務のないことを主張し、ミラノの治安判事に訴えを提起した。当該治安
判事は、債務額が僅少なので一審にして終審の管轄権を有していることから、
EEC 条約177条3項 [28]（欧州裁判所への付託義務を規定）に基づき、イタリア
の法律1643号は、EEC 条約102条（共同市場における競争の条件を歪める虞れ
のある立法措置を採る場合の欧州委員会との協議義務、現 TFEU117）、93条（共同

---

　[27]　*Costa v. ENTE NAZIONALE PER L'ENERGIA ELETTRICA（ENEL）*, 6/64, 24
February 1964;［1964］ECR 585;［1964］C. M. L. R. 425; 10 Rec, 1141. See also［1968］
C. M. L. R. 267
　[28]　現 TFEU267

市場における競争に関する国の援助の漸進的撤廃、現 TFEU108）、53 条（他の加盟国国民の自国内における営業の権利に対する新たな制限の禁止、現在削除）、及び 37 条（商業的性格の国家独占の漸進的調整に反する新たな措置の禁止、現 TFEU37）に一致するかどうかについて欧州裁判所に先決判決を求めたものである。

　しかし、当該質問の仕方は問題であった。なぜなら、当時の EEC 条約 177 条、現行 EU 機能条約 267 条は、欧州裁判所に条約等の解釈に関する管轄権は与えているものの、条約規定と国内立法の抵触を解決する権限は付与していないからである。つまり当該質問の仕方は、真に条約の解釈を求める以上のものに見えるからである。案の定、イタリア政府は、審理に先立ち提出された意見書 29（written observations）で、イタリアの裁判所は、イタリアの国有化法律を適用しなければならず、177 条は利用しえない、即ち、本件はイタリアの国内問題であるから、欧州裁判所にこれを決定する権限はないと主張したのである。そこで欧州裁判所としてはまず、自己の管轄権、即ち第 177 条が本件にも適用されるかどうかが争点となった。

〔判旨〕

　177 条の適用に関して——177 条の下では、欧州裁判所には、特定の事件に条約を適用することも、EEC 条約に関連して国内法の効力を決定する権限もないこと（但し、第 169 条の枠内においては別）を明確に述べたあと、本件の 177 条の下における同裁判所の管轄権を否定したイタリア政府の主張に対して、以下の三段論法によって回答を与えた。

(1) まず最初に、ファンゲント・エン・ルース社事件におけるように、EEC 条約がそれ自身の法秩序を形成するものであることを繰返す。

　　「他の国際条約とは異なり、EEC を設立する当該条約は、発効した瞬間、加盟国の国内法秩序と統合されたそれ自身の（法）秩序を創設した。かようなわけで、それは加盟諸国を拘束するものである。事実、それ自身の諸機関、それ自身の法人格 30、及びそれ自身の法律上の能力 31、国際的地位、

29　付託決定通知がなされると欧州裁に 2 ケ月以内に意見書を提出する。

30　See *art.* 210 EEC:「共同体は法人格を有する。」

31　See *art.* 211 EEC:「共同体は、各構成国内において、その国の法律により法人に与

そして特に、管轄の制限（a limitation of competition）、又は国家から共同体への権限の委譲（transfer of powers）に由来する真の権限を有する無期限[32]の共同体を創設することによって、加盟国は、限られた領域においてではあるが、自らの主権的権利を制限し、自国民と自分自身双方に適用される一体としての法を創出した。」[33]

この判決部分は、ファンゲント・エン・ルース社事件のそれと同様に、EEC条約が、加盟国のみならず、個人にも適用される根拠について宣明されているのであるが、この判決の次の部分においては、EEC条約と加盟国における後法との関係について、以下のように大胆に論理を展開している点で注目されよう。

(2) (a) 共同体的淵源を有する規定、特に当該条約の文言及び精神の各加盟国法内への受容（reception）は、一つの推論（corolary）として、相互主義に基づいて加盟国が受諾した法秩序に違背する一方的（unilateral）、かつ爾後の（subsequent）措置に対して加盟国が優位性を与えることを不可能にする。実際、共同体法の効力が、後の国内法に応じて各加盟国毎に相異なるならば、第5条第2項[34]（現TEU4）で条約が意図している目的の実現を危うくすると共に、第7条[35]（TFEU18）で禁止されている差別を引き起こさずにおかないであろう。

いずれにしても、EU基本条約の下で約束された義務は、もしそれが署名国の後の立法行為によって影響を受けるならば、単に可能性を有するものに過ぎなくなるであろう。

(b) さらに、一方的に立法する権利が加盟国に認められる場合は、常に明確（precise）にかつ特別の（special）規定に基づいている（例えば、第15条[36]、

えられる最も広範な法律上の能力を有し……。」とある。

32 see *art.* 240 EEC:「この条約は無期限とする。」

33 ［1964］C. M. L. R. 425 at 455

34 第5条第2項「構成国は、この条約の目的の実現を危うくするおそれのあるいかなる措置も執ってはならない。」

35 See *supra note* 159

36 例えばEEC条約第15条第1項について規定をみれば以下の通りである。即ち、「第14条の規定にかかわらず、構成国は、過渡期間の間、他の構成国から輸入する産品に対し

第 93 条第 3 項、第 224 条及び 225 条参照)。また、加盟国による条約義務の逸脱 (derogation) の要求は、それを許可する特別の手続に服しており (第 8 条第 4 項、第 17 条第 4 項 [37]、第 25 条、第 73 条、第 93 条第 2 及び第 3 項、第 226 条)、もし、加盟国が通常の法によって自らをかかる義務から除外せしめうるならば、(これらの規定は) 無意味になってしまうことも事実である。

(c) EU 法の優位性 (pre-eminence) は、共同体規則 (community regulations) が義務的価値を有し、かつ、各加盟国の国内法において直接適用されることを定めている第 189 条 (現 TFEU288) によって確認されている。いかなる留保も許さないと認められているこの規定は、もし加盟国が欧州共同体法に反する法によってその目的を一方的に無効にすることが出来るならば、完全に効果のないものとなってしまうであろう。

これら全ての考察から、EEC 条約によって創設された権利は、その特定の新規な (original) 性格の故に、国内法がいかなるものであれ、それによって司法的に否定されるとすれば、必ずや、かかる共同体的性格を失することになろうし、また、共同体の法的基盤を侵食 (undermine) してしまうであろう。」[38]

このように述べ、三段論法の結論、つまり、本件での第 177 条の適用について、次のように判示する。

(3)「EEC 条約から生ずる権利及び義務の加盟国による国内秩序から共同体秩序への委譲は、加盟国の主権的権利の明白な制限を伴なうものであり、かかる明白な制限を基礎として共同体の目的に一致しない爾後の一方的な法は優位しない。その結果、条約の解釈の問題が生ずる事件においては、いかなる国内法の存在にも拘わらず、第 177 条が適用されるべきものとされるのである。」[39]

て課する関税の徴収を全部又は一部停止することができる。構成国は、他の構成国及び委員会に対しこの徴収停止について通報する。」

37　例えば EEC 条約第 17 条第 4 項の規定をみてみよう。「委員会は、構成国において財政的性格を有する関税の代替を行なうに当たり、重大な困難があると認めるときは、この条約の効力発生後おそくとも 6 年以内に廃止することを条件として、この関税を維持することを許可する。この許可は、この条約の効力発生後 1 年以内に要請しなければならない。」

38　[1964] C. M. L. R. 425 at 455–456

39　*Ibid.*

かくして、欧州裁判所は自己の管轄権を肯定した。肯定して、本件に第177条が適用されるとすれば、欧州裁判所は、提出された質問のうち、条約の解釈に関する問題のみを分離する権限を有するから、結局、ミラノの治安判事が、最初に欧州裁判所に提出した質問、つまりイタリアの国有化法がEEC条約の関連条約と両立するものであるかどうかの質問は、次の2点に「ふるいにかけられる」[40]ことになるとする。その2点とは

——これらの条文が直接的効果を生じ、国内裁判所が保護しなければならない権利をつくり出すか否か

——その回答が肯定的である場合、それらの条文の意味はいかなるものであるか。

であり、かように質問が焼き直され、同時に問題となった条約条項の効力に関しては、第53条（現在削除）と第37条（TFEU37）のみが直接適用性を有する旨判示された。以上が本件の、本論文に必要な部分の判旨である。

〔分析〕

（1）これを、先のファンゲント・エン・ルース社事件判決と比較するに、結果として両者とも一定条約条項に直接適用性を認めた点で一致するものの、前者では、その前提として、単に条約規定の国内法秩序における効力は、国内の憲法によって決せられるべきものではなく、177条に基づき共同体法秩序という枠内で決せられねばならないとしただけであるのに対し、後者においては、さらに一歩進めて、EU法と国内法が互いに接触する場合には、EU法が優位すると明示的に宣明した。そこに本判例の重要な意味がある。

さらに、ファンゲント・エン・ルース社事件における判決で述べられた「主権的権利をそのために制限し……1つの新しい法秩序を形成するものである」との部分が、本件判決文においては、単に主権的権利を制限したとするだけでなく、「管轄権の制限（a limitation of competence）、または、国家から共同体への権限の委譲（a transfer of powers）」との言葉が新たに加わった。これは先に、超国家論が根拠とした加盟国による管轄権委譲に由来するECの「排他

---

40 E. Freeman, *References to the Court of Justice under Article 177* [in 28 CURRENT LEGAL PROBLEMS 176, at p179（1975）]

的管轄権の取得」に表現上も極めて近似のものとなったと言いうるのではなかろうか[41]。

　(2)　もっとも、177 条の下では、ミラノの治安判事の求めた質問に対して欧州裁判所がこれを受理する管轄権はない、と述べたイタリア政府の主張はむしろ当然であったし、これについて、欧州裁判所が一方で、同条の下においては国内法の効力を判断する権限はないことを認めながらも、現実には、国内法に対する EC 法の優位性を宣明し、他方で先行判決を求める訴訟 (質問) の内容を 177 条に沿うべくふるいにかけて自己の管轄権内にこの事件を服せしめたのはいかにも巧妙ではあった。ラソクも本件の判決に対する評釈の中で、「(欧州裁判所は) 当該イタリアの裁判所のために、当該条約の関連規定を解釈したのみならず、欧州裁判所の見解によれば、EC 法と国内法の関係を決定することになる一般原理 (general principle) を定立する機会を持った」[42] と述べている (但し、欧州裁判所が、自らこれを "principle" と呼ぶのは、この後に取上げるヴィルヘルム事件においてである)。誠にその通りであり、すぐれた思考である。なぜなら、元々欧州裁判所と国内裁判所の関係は、明確な「機能の分離」[43] の上に

　41　*e. g.* see E. FREEMAN, The Division of Powers Between the European Communities and the member states [in 30 CURRENT LEGAL PROBLEMS 159 (1977)。岡村教授は次のように述べておられる。「共同体創設に際して、加盟国が共同体に移譲した、広範にわたる主権的権限 (例えば、関税、財貨、資本、労働力の自由化、カルテル規制、農業政策等) に関して、共同体が排他的権限を有している。共同体の立法的権限は、主として理事会によって行使され、委員会が、準立法および執行機関として機能するのであるが、かかる共同体立法は、共同体条約それ自身の規定と相俟って、加盟国の国民に対して、直接に権利を与え、義務を課すのである。加盟国は、憲法を理由に、共同体法の直接適用性を拒むことはできず、競合する国内法の適用を排除しなければならない。何故なら、共同体に移譲した事項に関しては、加盟国は、もはや主権を放棄したのであり、その限りにおいて、まさに共同体裁判所が述べたように、共同体独自の法秩序に服さねばならない」のである。かくして、もし共同体、加盟国間の主権的権限の分割が明確ならば、理論上、両者の間に牴触が生じないが、もし生じたら、共同体の排他的管轄権の分野で、「共同体法の国内法に対する優位が確保されねばならない」とされ、「共同体法の優位性は、加盟国との権限分割に基づく共同体の性質そのものに求める」ことになるとされる。以上が岡村教授の見解である。岡村、前掲註 25 論文、408-409 頁

　42　D. Lasok, *supra* p 149 note 66, at p.225

　43　E. Freeman, *supra note* 40, at p179

立っており、前者は、共同体法の解釈、後者はその適用を主たる任務とするのである。従って牴触問題が生じた時、仮に欧州裁判所に EC 法の解釈を求めたにせよ、最終的に断を下すのは、国内裁判所であって欧州裁判所ではない。ところが、EC 法と国内法のかかる牴触問題が生じたとき、国内裁判所は、いずれに優位性を与えるであろうか。

先にファンゲント・エン・ルース社事件の判決の中で、欧州裁判所は、EC 法秩序を認めると共に、EU 法と国内法という従来の思考から類推してはならないと宣明した。従って、EU 法と国内法の牴触も、この理論でいくなら、加盟国裁判所は、前者に優位性を与えることが期待されるかもしれぬ。しかしこれは少々過重の期待となろう。加盟国裁判所は、確かに欧州裁判所の機能も有するが、本来国内司法ヒエラルヒーの中に立っている。従って国内裁判所は、牴触問題が提起されたならば、当然自国の憲法の枠内で決着したがるであろう。したがって、EU レベルから言えば EC 法の法的統合などありえなくなってしまう。かような状況にあって、欧州裁判所が、117 条の下とはいえ、自己の管轄権に触れて国内法に対する共同体法の優位性に判断を与える機会を持った [44] のは、実に賢明だったと思われるのである。

かくして欧州裁判所は、本判決をリーディング・ケースとして究極的には国内立法のみならず、加盟国憲法に対してもこの原理を拡張していくのである。

（3）それならば、同裁判所が、EC 法の優位性を説いた理論的根拠はどのようなものであったか。これをもう一度、判例の中から抽出してみたい。但し、判決内容を一読する限り、「（もし）欧州共同体法の効力が後の国内法に応じて各加盟国毎に相異なるならば、第5条第2項の……の目的の実現を危うくする」とか、「もしそれが署名国の後の立法行為によって影響を受けるならば、無条件のものでなく、単に可能性を有するものにすぎなくなるだろう」とか、「もし加盟国が通常の法によって自らをかかる義務から除外せしめうるならば、

---

44 EC 諸条約には、牴触関係を解決する明文の規定はない。従ってもし、マセジセンの言うように、「共同体諸条約は憲法となった」のであれば、その合目的的解釈を通じて、憲法的権能を行使しているとされる欧州裁判所こそ、牴触問題のルールについても、判例上打立てるに誠に相応しい立場にあると言わねばならない。右、マセジセンの引用は *supra note*（28）, at p.

（これらの規定は）無意味になってしまう」とか、「もし加盟国が欧州共同体法に反する法によってその目的を一方的に無効にすることができるならば、完全に効果のないものになってしまう」さらにまた、「欧州共同体法の性格を失なうであろう」

との多くの仮定法的表現に出喰わす。しかし、これらは単に「優位性の原理」の必要性を述べたものであって、それの根拠と言う程のものとも思われない。従って判例の力点は、根拠でなくて、必要性に置かれているのではないかとの印象を受ける。しかし、これを詳細に見るならば、優位性は、次の積極、消極2つの根拠によって説かれていることが分かるであろう。積極的理由としては、加盟国による主権の制限又は管轄権の共同体への委譲によって別個の新しい法秩序を創出した。このことは結果として加盟国の主権的権利の明白な制限を伴なうから、以後、加盟国は、共同体の目的に一致しない立法を定立しえないのであり、定立しても、共同体法と牴触する分については、それへ地位を譲らねばならない。そして消極的理由、ないし上に述べた（1）の補強材として次の根拠に基礎を置いていると考えられよう。それは、以下の条文に依っている。

①EEC条約第5条第2項（現TEU4条3項3段）―加盟国は、この条約の目的を危うくするおそれのあるいかなる措置を執ってはならない、との規定。

②一方的に加盟国が立法する権利を認められる場合は、以下の条文のように明白且つ特別の規定に依っている。例えばEEC条約15条、93条3項、223条、224条、及び225条等の規定。

③加盟国による義務の逸脱の要求は、条文上、特別の手続に服している。例えばEEC条約8条4項、17条4項、25条、26条、73条、93条2項、3項及び226条等の規定。

④直接適用性を規定しているEEC条約第189条（現TFEU288）。

以上①から④まで掲げた条約規定を各加盟国は自国の国内法へ受容したのであるから、そこからの推論として、EU法秩序に反する一方的、かつ、爾後の措置に加盟国は優位性を与えることなど控えねばならなくなるであろう、とする。

このようにこの判決においては、「EU法の優位性」の根拠として、積極、消極2つの理由に依拠した。しかし、前者の積極的理由とされるものは、ファンゲント・エン・ルース社事件判決におけるEU法秩序のオリジナリティの理

論展開と同一であり、そこでは、その新しい法秩序から一定条約規定の「直接適用性」が確定され、今このコスタ対電力公社事件判決では、かかる EU 法秩序論から、「その国内法に対する優位性」がダイレクトに導き出されることとなったと考える。直接適用性を根拠づけるものの上に更に新たな根拠が重ねられたわけではないのである。とすれば、「EU 法の優位性」は、ファンゲント・エン・ルース社事件判決の中で既にその基盤を築いていたとも言える。この点については山手治之教授も、当時次のように述べておられる。

> 「欧州共同体の加盟国内法秩序における直接的適用性の問題は、直ちに共同体法の加盟国内法に対する優位性の問題と結びつく。両者は実際上は切離すことができない問題である。けだし、共同体法の直接的適用性は、その国内法に対する優位性を予想しないでは意味がないからである。事実、共同体裁判所の判決においても、両者は分離できない要素として考えられている。」[45]

正に至言と受け取ってよいであろう。

2 1969 年ヴィルヘルム対連邦カルテル庁事件 [46]

コスタ事件における欧州裁判所の採った EU 法優位性の立場は、ここで取上げる判決例の中でも更に反覆的に採用されたが、前述の如く、同裁判所はこれを "principle" と明示的に述べたことは注目されよう。以下に、本件事件（以下、ヴィルヘルム事件と称す）の概要を示すと共に、本題に沿った形でそれに対する判旨も掲げたい。

〔事実概要〕

ヴィルヘルムらは、西ドイツにおける染料製造業者であるが、ある染料の価格を 8% 値上げした。これについて連邦カルテル庁（Bundeskartellamt）は、ヴィルヘルム等と、他の加盟国及びその他の国の染料製造業者間に、カルテル行為があったとして西ドイツの競争制限法（GWB）[47] に基づき、ヴィルヘルム

45　山手治之、本章前掲註 17 論文 13 頁

46　*Wilhelm and others v. Bundeskantellant*, 14/68, 13 February 1969; [1969] C. M. L. R. 100; 15 Rec. 1

等に行政罰を課す決定を下した。

　他方欧州委員会は、上述の値上げについては、EEC 条約 85 条 1 項[48] に言う「共同行為（concerted practices）」があったか否か、即ち、同条同項に違反するか認定するために、規則 17 の 3 条[49] に基づく手続きを職権で開始した。

　これと共に、ヴィルヘルム等は、先の連邦カルテル庁の決定を不服としてドイツ連邦裁判所（Kammergericht）へ訴えを提起し、同庁は欧州委員会が既に上述の手続を開始したので、競争制限法（GWB）を適用する権限を有しないと主張した。

　かくして、ヴィルヘルム等の問題の行為が、一方で西ドイツの競争制限法に基づく違反が争われ、他方で欧州委員会で EEC 条約 85 条違反を認定する手続きが開始された。そこで西ドイツにおける連邦裁判所は、EEC 条約 177 条（現 TFEU267）に基づき、本件を欧州裁判所へ付託し、欧州委員会が既に手続きを開始した場合にもなお、（国内裁判所は）EEC 条約 85 条 1 項（TFEU101条）の要件を満たすこととなる状況に、国内法に含まれる禁止規定を適用することは、EEC 条約、規則 17 及び欧州共同体法の一般原理に従うものであるかの中間判決を求めた。

　この質問の中には、間接的に国内法と欧州共同体法の牴触関係いかんが含まれていたことは明らかである。なぜなら、もしドイツ連邦カルテル庁の同国競争制限法に基づく決定と、欧州委員会の EEC 条約に基づく決定が異なる場合は、どちらが優先されるか。つまり両決定の内容が異なる場合は、同競争制限

47　Gasetz gegen Wettbewerbs beschrankungen［S. 38（1）］

48　規定内容は以下の通り。「構成国間の貿易に影響を及ぼすおそれがあり、かつ共同市場内の自由競争の妨害、制限又は歪曲を目的とするか又は結果として起こす企業間のすべての協定、企業の連合が行なうすべての決定及びすべての共同行為（concerted practices）、特に次のものを含むこれらの協定、決定及び共同行為は、共同市場と両立せず、かつ禁止される。（a）購入価格、販売価格その他の取引条件の直接又は間接の設定、……。」

49　Art 3 REGULATION 17 EEC 3 条の大要は次の如し。「1 項　委員会が申立又は職権に基づいて当該 EEC 条約の 85 及び 86 条に対する違反があると認定する場合には、同委員会は、決定により、当該企業又は企業の連合に対しかかる違反を停止すべく求めることができる。2 項　申立のできる者は、加盟国、及び正当な利害関係を有する自然人又は法人。3 項　委員会は、この規則の他の規定を害することなく、1 項に基づく決定をなす前に、当該違反を停止すべく当該企業又は企業の連合に対し勧告をなすことができる。」

法が優先適用されるのか、EEC 条約の関連条項が優先適用されるのかと言った牴触問題が発生するからである。

　ところで欧州委員会のかかる決定は、上述の通り規則 17 に基づくものであるが、この規則自体は、EEC 条約 85 条違反を排除するために、同条約第 87 条 [50] に依拠して閣僚理事会によって採択されたものであった。従って欧州裁判所は、右牴触問題に自己の解決の視点を述べるに当たってまず、同第 87 条による閣僚理事会の規則制定権について言及することから始めた。

〔判旨〕
同裁判所は次のように判示した。

　「87 条 2 項 e 号 [51] は、欧州共同体（EEC）の一定の機関に対して、競争に関する国内法と欧州共同体法間の関係を定める権限を付与するもので、これは、欧州共同体法の優位性という性格を確認するものである。EEC 条約は、加盟国の法体系に統合されたそれ自身の法秩序を形成したのであり、それは国内裁判所において優先権（priority）を有する。もし加盟国が当該条約の効力を損なうこととなる措置を採るか又はそれを維持しうる旨を承認するならば、かかる体系の性格に反するものとなろう。当該条約とその履行のために定立される諸行為（acts）の拘束力的な効力が加盟国毎に異なるならば、共同体体系の機能は妨げられることになり、当該条約の諸目的の達成は、危険に晒されるであろう。結果として、競争に関する欧州共同体法準則と国内法準則との間の牴触は、欧州共同体法準則の優位性の原理（the principle of primacy of the Community rule）の適用によって解決されるべきである。」[52]

このように述べた後、ここでの問題を次のように締め括った。

　50　Art. 87 EEC 規則制定の授権規定としては同条 1 項である。同項に依れば、「この条約の効力発生後 3 年以内に、理事会は、委員会の提案に基づき全会一致で、かつ総会と協議の後、85 条及び 86 条に掲げる原則を適用するため有益な規則又は命令を定める。」とある。

　51　Art. 87 II（e）EEC 87 条の 2 項は、「第 1 項に掲げる規定は、特に次のことを目的とする。」とあり、うち（e）号は次の通りである。「（e）　一方国内法と他方この節の規定及びこの条の規定を適用して採択される規定との間の関係を定めること。」

　52　*Supra* note, [1969] C.M.L.R. 100, at p 119.

「前述のことから、カルテル行為（協定）に関する国内法上の決定が、欧州委員会の開始した手続の終結した時点でそれによって下されることになる決定と矛盾する場合には、国内当局は、当該決定を尊重することが要件づけられることになる」[53] と。

　以上が本稿に必要な部分の判旨であるが、ここで強調されている「欧州共同体法（準則）の優位性の原理」の根拠も又、国内法秩序とも国際法秩序とも違う新しい欧州共同体法秩序論から発している点で、コスタ事件判決と同列のものであり、また、ファンゲント・エン・ルース社事件判決に基礎を置いている点で、欧州裁判所の採る一貫した立場を看取することができよう。また、その根拠を補足する新しい材料も付加されていないので、コスタ事件判決で述べた以上のコメントは割愛されて然るべきと思われ、次に愈々、加盟国の憲法に対してもその優位性を主張した注目すべき判決を取上げることにしたい。

3　1970年インターナショナル商事会社対穀物飼料輸入供給局事件 [54]

　本件（以下、インターナショナル商事会社事件と称す）は、西ドイツにおける行政裁判所 [55] において、ある欧州共同体農業規則（regulation）がボン基本法即ち同国憲法で保障されている基本権を侵害するものであるかどうかが争われ、欧州裁判所に、当該規則の有効性について付託された事件である。

〔事実概要〕

　穀物部門における共同体共通機構に関する閣僚理事会規則 120/67 [56] の第 12 条（i）（ii）に依れば、輸入許可証は、かかる便宜が完全に利用される保証として付与（発給）される旨規定されていた。また、輸入許可証に関する欧州委員会規則 473/67 に依れば、かかる条件不履行の場合には、当該保証金は没収

53　*Inbid.*

54　*Internationale Handelsgesellschaft mbH v. Einfuhr-und Vorratsstelle fur Getreide und Futtermittel,* 11/70 17 December 1970; [1972] C. M. L. R. 255; [1970] E. C. R. 491

55　在フランクフルト・アム・マインである。

56　Regulation No. 120/67/EEC of the Council of 13 June 1967 on the common organization of the market in cereals. この規則は EEC 条約の 42、43 条と関係している。

される旨規定していた。ところで、インターナショナル商事会社は、2万トンのカラス麦を輸出すべく 1967 年 8 月 7 日に輸出許可証を取得した。その有効期限は、同年 12 月 31 日であった。当該輸出許可証を取得するに当たって、同商事会社は、1 トンにつき、0.5 ユニット・オブ・アカウントの率で、保証金を交付した。ところが、上述の有効期限までに、同社が輸出しえた当該穀物の総額は、約 1.15 トン弱に過ぎなかった。

被告官庁は、当該保証金より、17,026.47 マルクを没収した。そこで原告商事会社は、問題の保証金システムは、ボン憲法に保障されている権利を侵害するもので無効であるとして、没収された保証金の返還を求めて、在フランクフルト（アム・マイン）行政裁判所に訴えを提起した。

同裁判所は問題を考慮した上で、EEC 条約 177 条（現 TFEU267）に基づき、右の欧州共同体規則の有効性に関する中間判決を求めて欧州裁判所へ付託した。なお原告の依拠した憲法条項は、2 条 1 項 [57] 及び 14 条 [58] であり、前者は経済的自由の権利を、後者は比較衡量の原則等について規定していた。

〔判旨〕

欧州裁判所は、当該規則の有効性を支持すると共に、ドイツ連邦国憲法が効力において優位的であるとの主張を排斥した。もっとも欧州裁判所は同規則の有効性のみを判断すればよかった（EEC 条約 177 条の下では）のであるが、付託決定をなしたドイツの行政裁判所が、その付託決定の理由の中で、当該規則と同国憲法との関係についてかなり突込んだ自己の見解を表明した [59]。欧州裁判所は、その見解に回答を与える形で、「欧州共同体法体系における人権の保障に関して」と題する 1 項を設けて、憲法に対する欧州共同体法の優位性につ

57　2 条 2 項「何人も、他人の権利を侵害せず、かつ、憲法的秩序または道徳律に違反しない限り、その人格の自由な発展に対する権利を有する。」

58　14 条「(3) 公用徴収は、公共の福祉のためにのみ、許される。公用徴収は、補償の方法および程度を規定する法律によりまたはそのような法律の根拠によってのみ、これを行なうことができる。補償は、公共および関係者の利益を正当に衡量してこれを定めなければならない。」

59　付託をなす裁判所は、しばしば、問題の条文に関する自己の解釈を示唆する、と F・G・ジェイスコブスは述べている。F. J. Jacobs, supra p305 note 107, at p169

いて判断を下したのである。

　以下に同裁判所の判決文からそのまま引用してみよう。

　　「当該行政裁判所の見解に依れば、かかる保証金システムは、欧州共同体
　　法の枠組の中で保障されるべき国内憲法の一定の基本原理に反するもので
　　あり、ここでは、『超国家法の優位性』（the primacy of the supra-national
　　law）は、ドイツ憲法の諸原理の前に道を譲るべきであるとするものであ
　　る。より具体的には、かかる保証金システムは、同国憲法の2条1項及び
　　14条に基づく行為と処分の自由（the freedom of action and disposition）、
　　経済的自由及び比較衡量（proportionality）の原理を侵害するとみなされ
　　ているのである。」[60]

欧州裁判所がドイツの行政裁判所の付託決定の理由にかくも注視するのは、
同裁判所がこれまでいくつかの判例を通じて、再三、共同体法秩序の独自性な
いし自律性について強調してきたこと、及びこの独自の法秩序論から、欧州共
同体法の直接適用性並びにその優位性を引出してきたことを考慮に入れるなら
ば、おのずと推測のいくところであり、こうした共同体レベルからすれば、ド
イツの行政裁判所のこの見解はどうしても放置しえないものであったろう。か
くして欧州裁判所は次のように続けた。

　　「共同体諸機関が制定した文書（欧州共同体法）の有効性を判断するために
　　国内法の法規又は法概念に依拠すれば、それは欧州共同体法の統一性及び
　　実効性を害する効果を有することになるであろう。事実、当該条約から派
　　生した法規、つまり自律的淵源を有する法の定立は、その真の性格から、
　　もしそれに反する裁判所、それに反するいかなる性質をもつ国内法を有す
　　るとすれば、必ずや、かかる共同体の性格を失うし、共同体の法的基盤は
　　危うくなってしまうであろう。したがって、加盟国内における欧州共同体
　　法の有効性又はその効力は、それが加盟国憲法で規定されている基本的権
　　利又は国内の憲法構造をなしている諸原理のいずれかを打ち崩す（strike
　　at）ものであるという主張によって影響を受けることはないのである。」[61]
この判示の意味は大きい。遂に欧州共同体法の優位性の原理は、国内憲法にま

　60　[1972] C. M. L. R. 255 at 282.
　61　*Id.* at 283

で拡大された。このことをラソクはいみじくも次の如き表現を用いて述べている。

「欧州裁判所は、基本的であると言われる権利を侵食（encroach）すると共に、最高位の序列にある国内法規範との牴触のみならず、共同体における基準（standards）の問題をも包含するデリケートな議論に触れたのである」[62] と。

さらに、ベーブルは、優位性に関する欧州裁判所の一連の判例を考察した上で、「現在、かかる展開は、基本的な憲法上の権利に対してさえも、欧州共同体法の優位性を承認（recognize）したインターナショナル商事会社事件によって結論づけられた」[63] と評しているのである。確かにこの判決例によって、欧州裁判所が一貫して採ってきた立場は、論理として自己完結したと言えよう。

しかし、ベーブルは又、この中間判決が、欧州裁判所に基本権に関する無視の態度が存在する、あるいはこれが法の支配に対する脅威であると誤解されてはならないとして、同裁判所がこれまで多くの判例を通じて直接適用性を有する規定を明確にしてきたことは、とりも直さず、個人に共同体上の権利を拡張することに寄与してきたのであり、そのことは、同裁判所の基本権問題に対する大きい、しかも不断の関心を示すものである、と述べている[64]。

事実、欧州裁判所もこの点に触れて、「基本権に対する尊重は、欧州裁判所が遵守することを保障している法の一般原理の不可欠な部分である」[65] と述べると共に、他方「加盟国に共通な憲法上の諸原理に由来するかかる権利の保護は、共同体の構造及び諸目的という枠組の中で確保されねばならない」[66] として、欧州裁判所が決して基本権無視の態度にないことを強調している[67]。

---

62 D. Lasok & J. W. Bridge, 本書 4 章注 66 の書、p 227

63 G. Bebr, *id.*, 173, at p5

64 *Ibid.*

65 See *supra note* 54.

66 *Ibid.*

67 もっとも、フランクフルトの行政裁判所は、欧州裁判所の回答には満足しなかった。そこで、同一事件を連邦憲法裁判所へ付託すると共に、当該共同体条項は、ドイツ基本法と一致するかどうか判断を求めた。同憲法裁判所はこれに対し、実質的には欧州裁判所の意見に同調したものの、欧州共同体法の一定規定のドイツにおける履行は、もしそれが基本的人権を侵害するものであるならば、違憲とする可能性を有すると幾分留保の態度を示している。See L. N. Brown & F. G. Jacobs, *The Court of Justice of the European Communities*, at

欧州共同体法における基本権の問題[68] は、多くの紙幅を割いて考察しなければならないものであるが、本稿の直接の目的から逸れるので、ここでは割愛し、別の機会に譲りたい。

以上、ファンゲント・エン・ルース社事件からインターナショナル商事会社事件までの欧州裁判所の共同体法優位性に関する態度を考察した。同裁判所が、この優位性を判例の積重ねによって原理にまで高めた意義は大きい。ここに法的統合の担い手である同裁判所が正に動的役割を演じているのを看取できるのである。

Ⅲ　リスボン条約体制下での EU 法の優位性と EU 基本権憲章

上に見たように、EU 法の優位性の原理は、1964 年コスタ対 ENEL 事件の欧州裁判所の先決訴訟の中で確立された。いうまでもなく、この原理は、国内法と EU 法の関係を考える際のもっとも不可欠の原理といってもいい。この原理は 2004 年 10 月 29 日、ローマにおいて、加盟国の代表により調印された「欧州のための憲法を制定する条約」[69] すなわち"欧州憲法条約"のなかで「EU 法は加盟国内法に優位する」と明文の規定（I–6 条）として据え置かれることになっていた。ところが、同条約草案に関し、2005 年にフランス（5 月 29 日）とオランダ（6 月 1 日）で実施された国民投票で批准を否決されてしまった。

2007 年 3 月 25 日、ローマ条約 50 周年を記念するベルリン宣言で新たに欧州憲法条約に代わる条約改正を目指すこととされた。2007 年、改正条約としてのリスボン条約が締結されたが、その中で、EU 法の優位性に関する明文規定は外された。しかし、改正条約としてのリスボン条約体制下で、優位性の原

---

pp 225–226

68　ブラウンとジェイコブスは、上註 67 で触れたドイツ連邦憲法裁判所の判決に言及して次のように述べている。「この判決は、少なくとも同裁判所の少数意見によってではないが、多くの批判がある。しかし、欧州共同体法の優位性に対するこのチャレンジは、少なくとも、共同体レベルでの基本権保護に対する関心を増大せしめたメリットをもたらしたかもしれない」と。

69　Treaty establishing a Constitution for Europe.

理は条約でなく、条約を採択した政府間会議の最終文書に付属する付属宣言書17号の中に組み入れられた。その宣言書17号で、EU基本条約及びそれに基づき採択されるEU法は「判例法に定められた条件で加盟国内法に優位する」と記述された[70]。

さらにリスボン条約を採択した政府間会議は、文書番号11197/07（JUR 260）として、理事会法務部意見書[71]を最終文書（the Final Act）に付属させることも決定した。それによればEU法の優位性について以下のように認識されること、すなわち

「EC法の優位性が共同体法のコーナーストーン的原則であることは欧州司法裁判所の判例の結果である。当司法裁判所によれば、この原則は欧州共同体の特別な性質にとり固有のものである。この確立された判例法が最初に判決された（Cost/ENEL, 15 July 1964, case 6/641）時点で、条約には優位性に関する記述はなかった。それは現在でも判例のままである。優位性の原則が将来の条約に含まれないとしても、いかなる意味でも、この原則が存在すること、及び、司法裁判所の現行の判例法であることに何ら変更はない。」

さらに、続けて、

「このことは、独立の法源である条約由来の法は、その特別、かつ、オリジナルの性質ゆえに、どのような形で作られようと、共同体法としての性質を奪われることなく、なおかつ、共同体の法的基盤が問題とされることなく、加盟国の法規が優越することはありえない、ことを意味する。」

---

70 DECLARATIONS annexed to the Final Act of the Intergovernmental Conference which adopted the Treaty of Lisbon, signed on 13 December 2007 - A. DECLARATIONS CONCERNING PROVISIONS OF THE TREATIES 17. Declaration concerning primacy：The Conference recalls that, in accordance with well settled case law of the Court of Justice of the European Union, the Treaties and the law adopted by the Union on the basis of the Treaties have primacy over the law of Member States, under the conditions laid down by the said case law. See: *Official Journal 115, 09/05/2008 P. 0344-0344.*

71 "Opinion of the Council Legal Service" of 22 June 2007. 庄司克宏『新EU法 基礎篇』（2013年、岩波書店）200-201頁参照。

と断言した。このように、EU 法の優位性は、リスボン条約自体に明文の規定で記述されなかったが、ぬぐい去れない重みのあるメッセージとして留まった。

　EU 法は加盟国法に優位するとした根拠は言うまでもなく、一定の分野ではあるが、加盟各国がそのために主権の一部を委譲したことによるが、この原理を確立した判例は条約を目的論的に解釈して大胆に導き出した点で、アメリカの連邦最高裁判所長官マーシャルが、1800 年代に下した諸判例に匹敵する画期的な判決であった [72]。しかし、EU 法のあらゆるレベルの国内法、あるいは各国の憲法にさえも優位するとの原理を導いた根拠を各加盟国の一部の主権的権利の制限論に依拠するだけで果たして各国は納得するかいささか疑問を感じる向きもあるかもしれない。

　EU 法の国内法に対する絶対的優位性を主張するには、EU 法があらゆる条件をクリアしなければならない。EU 法が憲法を含むあらゆる階層の国内法に優位するために、EU 法は 2 つの点で今後の課題としてさらなる発展を望まれる。一つは、EU 法、特に EU 立法が従来各国の政府の代表からなる閣僚理事会（EU 理事会）に強い決定権が置かれていたこと、そのことで長く EU 法の民主主義の赤字と批判されてきたことをさらに改善しなければならない。しかし、この度のリスボン条約では立法手続きに大きな改革が見られた。それによれば、EU 立法は今後、各国の政府の代表からなる理事会と、EU 市民の代表からなる欧州議会とでより対等な立場で立法可能な「通常立法手続」（ordinary legislative procedure）が導入されたからである。これにより、これまでの EU 法の民主主義の赤字は相当程度解消されたと評価されよう。

　もう 1 点は、EU 基本権憲章が 2000 年に起草、公布されたが、当初は法的拘束力を持つ文書ではなく、政治的宣言として留まっていた。EU 法の国内法に対する優位性の原則は、一度は明文の規定が欧州憲法条約草案に盛り込まれたものの、前述したように、フランスとオランダの批准手続きの際に拒否され、発効せずに終わった。その原因はいろいろあるであろうが、EU 基本権憲章に法的拘束力が付与されないまま、EU 法の優位性だけが先行して欧州憲法条約に明文化されることにいささかの懸念があったとも考えられなくはない。しか

　72　John Marshall（1755-1835）. 1801 年から 1835 年まで史上最長の合衆国最高裁判所長官を務め、建国初期における連邦主義の基礎を築いたとされる。

し、この度のリスボン条約が発効したことにより、EU基本権憲章に法的拘束力が与えられたことを鑑みれば、EU市民からEU法の優位性に一層信頼を寄せうる環境が整ってきたように感じる。

　EU条約の1条によれば、「本条約は欧州諸民の間に一層緊密化する連合を創設する過程における新たな段階を画する」とある。ここに言う、リスボン体制の「一層緊密化する連合を創設する過程における新たな段階」とは何であろうか。リスボン体制には、単一欧州議定書により域内市場の完成が目標とされているような、また、EU条約により経済通貨同盟（EMU）及びユーロの導入を実現させたような、格別に大きな統合プロジェクトは見いだせない。しかし、それに匹敵するような重要な新機軸がある。それが、これまで政治的宣言に留まっていたEU基本権憲章に法的拘束力を付与したことと考える。というのも、基本権憲章は、EUが近年、もっとも重点を置いてきたテーマの一つだからである。その意味で、EU基本権憲章に法的拘束力が付与された意味は極めて大きい。

第 3 部　EU 基本条約と国内法

第7章　ローマ条約の真の意味—条約と国内法の関係の中で

はじめに

　これまでイギリスの議会主権がイギリス憲法上でどのような意味を持つか、議会主権の成立史を辿りつつ、通説的解釈であるダイシー伝統を理解した。また、条約に対するイギリスの厳格な二元論、それにより EU 法の効力をイギリスに及ぼすこととした「1972 年法」も見てきた。その中で絶対的とも言える議会主権の真の意味を確認したし、章を変えて、各国内法に対する EC・EU 法の性格と優位性の実相も垣い間見た。その両者を鑑みたとき、議会主権も、また、EU 法の性格と優位性も並べて比較すると、両者はまるで双頭の鷲に思われ、本書のテーマでもある議会主権をめぐる EU 法との相剋は相当なものと感得したが、まだ口足らずに来た。本章ではこれを考察していかねばならないが、上に見たイギリス憲法から見た議会主権と EU 法との相剋を、国際法で従来から言うところの「条約に対する国内法の関係」に置き換えて考察してみようとすると、疑問が湧く。そこでの条約をただローマ条約と置き換えれば済むのか、という疑問である。というか、「ローマ条約とイギリス憲法の関係」を、国際法でいう「条約と国内法の関係」と同一視して捉えてよいのか、という疑問である。というのも、ローマ条約はこれまで見てきたようにファンゲント・エン・ルース社事件の欧州司法裁判所が述べるように、一定の分野ではあるが、EC あるいは EU は、加盟国の主権の一部を委譲して創出した超国家的組織であり、それを実現させたローマ条約はこれまでの条約に見られなかった類稀な新規性ある条約とした。もしそうだとすれば、EU 法と国内法の関係を論じる場合、従来の「国際法と国内法の関係」でみることは必ずしも正しいことではなく、新しい「EU 法と国内法の関係」で捉えることが求められるであろう[1]。それにより多くの加盟国が憲法改正などを含めて相当の譲歩を余儀なくされた

に違いない。そう求められたのは EU 法あるいは EU そのものが新規性を持つ
ゆえであったからと言ってよいであろう。そのことは、同時にヨーロッパ統合
がゴールをどこ置いているかを問うことに通じるかもしれない。EU は連邦か
国家連合かはたまたその中間かどこを目指しているであろうか。イギリスは、
それらの選択肢のうち、連邦主義に立つことを極力望まない国の一つであるこ
とは疑いない。また不文憲法の国として国家主権さらには議会主権を一部なり
とも放棄する明文の憲法規定もあるわけでもない。しかし、だからと言って、
EFTA（ヨーロッパ自由貿易連合）を主導したときのように、国家主権を維持し
たまま、独立した国家同士で経済的に利益を得ようするカードをもはや EC・
EU では切れるはずもない。かろうじて、主権を持つ議会が 1972 年法を制定
して EC・EU からの主権への制約も認めてきたというのが現実ではなかろう
か。

　ところで、ローマ条約は最初の改正である 1986 年の単一ヨーロッパ議定書
を含めて、これまで五次にわたる改正があったことは周知の通りである。最後
の改正が 2007 年のリスボン条約であるが、これで終止符を打ったわけでなく、
これからもヨーロッパ統合は拡大そして進化を深めていくであろう。確かなこ
とは、繰り返すが、政治的議論は別として、1960 年代に欧州（司法）裁判所は
「一定の分野ではあるが、加盟国の主権的権利を制約する形で」新しい EC 法
秩序を形成した、と断じたことは重要である。この判決からすでに 60 年有余
を経過し、そのプロセスで、4 章で見たように、イギリスは議会における大論
争の末にどうにか議会主権を温存する形で EC に加盟することに成功した。爾
来、次章で取り上げつもりであるが、EU 法と議会主権との相剋に関するイギ
リスの司法部が下した判例を精査してみると、次第に司法部は議会主権から離
れて、欧州裁判所へ忠誠を傾斜しようとしているのが間違いなく垣間見られた。
したがって、イギリスの EC 加盟の初期は別にしても、1990 年以降、EU 法と
国内法の関係を“新しい EU 法とイギリス法”でなく、従来からの二元論にこ

　1　島野卓爾・岡村堯・田中俊郎編著『EU 入門─誕生から、政治・法律・経済まで』（有
斐閣、2000 年）54-68 頁参照。*See also "Supremacy and sovereignty: the Union and the
Member States" by* Trever Hartley, *The Foundations of the European Union Law,* (Ox-
ford University Press, 7th edn., 2010).

だわり続けるのは極めて困難になっていくところまで来ていたと思われよう。

そのことを理解する上で、ローマ条約の5次にわたる改正を知ることは大事であり、それにより現在のヨーロッパ統合がどこまでどのように進んでいるかを考察する指標の一つになりうるはずである。

それのみならず、五次にわたるローマ条約を含めて、これまでそもそもEC法・EU法とはなんぞやについては触れずにきた。簡略ながら、本書で対象とするEC法・EU法について前置きをさせていただく。

EU法は第一次法源と第二次法源からなる。第一次法源はローマ条約にはじまるEU基本条約と、そこから派生する第二次法源としてのEU立法からなる。そのうち、イギリスの議会主権との相克をもたらす条約はあくまで欧州裁判所により直接適用性を持つと判定された条項のみが対象となるので注意を要する。ではEU基本条約と何か。以下に述べることにしよう。

I　EU基本条約—ローマ条約と5次にわたる改正

EU基本条約は現在、ローマ条約にはじまり、第五次改正に至る2007年のリスボン条約により、EU条約（TEU）、EU機能条約（TFEU）、およびEU基本憲章の3つに発展し、今日に至っている。EU条約は総則的規定、EU機能条約は各則的規定とされ[2]、またEU基本憲章は前二者とともに"同一の法的価値"をもつ[3]とされ、EU基本憲章は、ある意味、EUの人権のカタログとなった。

1　3つの欧州共同体からECまで

EUは3つの欧州共同体の誕生から始まった。1951年4月18日パリで、最初の欧州共同体となる「欧州石炭鉄鋼共同体」（ECSC）が、原加盟国と言われ

2　庄司克宏は、これら"EU基本条約および欧州司法裁判所の判例により発展させられた法の一般原則、同司法裁判所によって確立され、EU法秩序の基礎をなすEU法の直接効果および優越性の原則"を含めて、「広義のEU憲法を形成している」と述べている。庄司『新EU法 基礎編』（岩波書店、2013）、198頁参照。

3　TEU 6条1項。

る 6 か国、すなわち、フランス、西ドイツ、イタリア、ベルギー、オランダに
より設立されるパリ条約（Treaty establishing the European Coal and Steel
Community、2002 年に失効）が調印された。一見地味に見える共同体であるが、
生み出された背景を見ると、第二次世界大戦後の熱い平和を求める仏独和解を
嚆矢とする[4]。それは別項に譲るとして、同条約は 1952 年 7 月 23 日に発効し
た。次に、1957 年にローマで調印した「欧州経済共同体」（EEC）を設立する
条約、すなわち EEC 条約（Treaty establishing the European Economic Com-
munity）が続いた。ローマで調印され、この後しばしば「ローマ条約」（Trea-
ty of Rome、1958 年 1 月 1 日に発効）として登場することになる。経済統合は、
成就すればいつしか政治を巻き込むかもしれぬ広がりを見せる共同体の設立と
なるであろう。この時、同時に、同じローマで 3 つ目の共同体となる「欧州原
子力共同体」（EURATOM）も設立された。さらに、1965 年、ブリュッセルで、
これら 3 つの共同体、ECSC、EEC、および EURATOM のそれぞれ別個にあ
った執行機関等が一つの機関に統合する「機関統合条約」（Treaty Establish-
ing a Single Council[5] and a Single Commission[6] of the European Communities）

---

4 フランスとドイツは対戦中、敵味方であった。なぜこうも両国が敵味方になるのか、
その原因は仏独の国境線沿いにある鉱脈だったと言われる。これを自国のものにしようとす
る野心と火種が戦争を招く。ならば、両国が和解してこれら鉱脈を共同管理すれば戦争は防
げる。それが欧州石炭鉄鋼共同体の設立構想に結びついたようだ。そこにヨーロッパ文明の
発祥地ギリシャかイタリアが入ってくれると、まさに設立する共同体は民主主義とキリスト
教文明という二大文明が融合したヨーロッパ文明を象徴するものになるかもしれない。だが、
当時、ギリシャは独裁的な政治の下にあり、加盟は困難なものとなった。しかし、幸いなこ
とにそこにイタリアが共同体加盟に手を挙げてくれたことで共同体はヨーロッパ文明の一角
を象徴することになった。プラス、西ヨーロッパにはすでにベルギー、オランダとルクセン
ブルグの間にミニ共同体とも言えるベネルックス同盟という先例があった。その 3 国がそっ
くり参加することで最初の共同体はこれら 6 か国より発足にこぎつけたのである。以上は、
1950 年 5 月 9 日のシューマン・プラン（Schuman Plan）に基づく。この構想がヨーロッ
パ統合に筋道をつけたとされる。
5 EU の主要な機関の一つ、閣僚理事会である。加盟各国の政府の代表からなる。
6 EU の主要な機関である委員会である。政策、法案を提案するなどの執行機関であり、
EU の 1 つの加盟国につき 1 人の委員が選出されるが、委員には自らの出身国よりも EU 全
体の利益の方を代表することが求められている。各国より 1 つの加盟国につき 1 人の委員が
選出されるが、閣僚理事会と違って、委員には自らの出身国よりも欧州連合全体の利益の方

が調印された。いわゆる"ブリュッセル条約"であり、1967年7月1日に発効するが、これにより3つの共同体は「EC」の総称で呼ばれることとなった。

2　単一欧州議定書—ローマ条約の最初の改正

上に見てきたように、欧州統合はここまでは順調に進展してきたように思われる。しかし、1970年初頭の石油ショックによる世界不況を契機としてECのめざす欧州統合が著しく停滞する。ユーロペシミズムが蔓延し、それは1985年まで続き、そのプロセスで、人、モノ、資本そしてサービスの4つの自由移動が長く停滞した。停滞から脱却し共同市場が再発進するにはそれを引き起こした原因を分析しそれを除去しなければならない。その原因を分析し明らかにしたのが、1985年6月にEC委員会によって発表された「域内市場統合白書」（*The White Paper on completing the Internal Market*）であり、その中で、条約の規定にない、見えざる物理的障壁[7]、技術的障壁[8]、そして財政的障壁[9]と言われる種々の非関税障壁（NTB）が統合の障壁になってると分析された。これら非関税障壁は、条約の規定に正面から違反しない形で、巧みに4つの生産財の自由移動を阻んだと言われる。白書が示した市場統合を実現する

を代表することが求められている。

[7]　国境を人やモノが通過する際に障害となっているさまざまな国境での検査、書類手続きなどの税関チェックのことである。すなわち、関税同盟が完成して域内関税が撤廃されたが、域内国境を通過するためにさまざまな行政上の規制を受け、関係手続きにかかる大幅な待ち時間に耐えなければならなかった。こうした規制を廃止することによってはじめて単一の市場が成立する。ECは1987年1月から共通パスポートを導入するなど、手続きを簡素化した。また、モノの国境通関に際して1988年1月に単一行政書類（SAD）を導入し、この書類一つですべての関係手続きを終えることができるように簡素化した。

[8]　加盟国ごとに独自の規格とか安全基準、規制措置を講じており、これにより、それだけ人、モノの自由移動は妨げられる。

[9]　域内各国とも主権国家である以上、それぞれ独自の税制をもっており、その均一化を図ることは容易ではない。しかし、税制の調和を図らないままで域内市場を形成しようとすれば、人、モノなどが税制面で有利な国に向けて移動することになり、本格的な単一市場の形成は難しい。そこでこのような事態を防止し、単一市場を完成させるためにも、税制の調和は極めて重要となる。域内市場白書では、VATや物品税の域内諸国間の格差の是正の必要性を強調するとともに、調和に向けての具体的方針を示した。たとえばイギリスなどで採用されているゼロ税率を廃止し、税率を標準化するなどの対策を取った。

ために、EC の基本法であるローマ条約を全面的に改正することになった。単一ヨーロッパ議定書（The Single European Act、いわゆる SEA）が 1985 年 6 月に採択された[10]。設立諸条約の目的は、人、モノ、サービス、資本の自由移動を可能にすることであり、1992 年 12 月末までに市場統合の完成を目ざすことが EC 加盟国の条約上の合意事項になった。この議定書によるローマ条約の主要な改正点は次の通りである。

① 1992 年末までに 4 つの自由移動が確立された単一市場を創設するという具体的な市場統合の日程が規定された。

②閣僚理事会の採択に特定多数決が大幅に導入された。閣僚理事会の議事進行あるいは意思決定の妨げになっていた全会一致制をこれまで以上に制限し、特定多数決の適用範囲を拡大した。

もともとローマ条約は、限定された事項のみ全会一致を要求し、多くは特定多数決制を原則としていた。しかし、1970 年代の EC の停滞時期に重要問題についてはローマ条約の規定にかかわらず、多数決で押し切ることはしないという合意が成立したが、これは事実上、各加盟国に拒否権を与えることにつながり、EC の運営は著しく阻害された。単一欧州議定書はこのような政治状況を打破しようというものであり、このように特定多数決が大幅に取り入れられることにより、「白書」の提案のうち 3 分の 2 が特定多数決で採決できるようになった。この結果、市場統合手続きは迅速に進んだのである。

③加盟国の通貨協力が明記され、EC が経済通貨連合を目指すことが明文化された。

④欧州議会の権限が強化された。直接選挙による欧州議会の権限の強化が図られた。現在の欧州議会（European Parliament）はローマ条約ではもともと単なる「総会」（Assembly）に過ぎなかった。しかし、1962 年にみずからを「欧州議会」と称することを決議した。単一欧州議定書の前文はこの名称を用いることにされた。それまでは各国議会の議員の代表が選出されたが、1979 年より欧州市民により直接選挙が行われるようになった。

⑤ EC 首脳会議が欧州理事会として正式機関となった。

10　1986 年 2 月に調印、1987 年 7 月に発効。

⑥社会、環境、技術開発が新たに EC の活動領域に加えられた。

⑦欧州政治協力（EPC）が規定された。

こうしてローマ条約の最初の改正となる単一ヨーロッパ（欧州）議定書を皮切りに、"現在の EU の到達点となるリスボン条約"に至るまで、ローマ条約は5次に渡る改正をみた。以下にそれらを掲げる。

①基本条約の第一次改正：単一ヨーロッパ（欧州）議定書（SEA, すなわち Single European Act, 1986 年 2 月調印、1987 年発効）

②基本条約の第二次改正：EU 条約、マーストリヒト条約（1989 年 12 月調印、1993 年発効）

③基本条約の第三次改正：アムステルダム条約[11]（1997 年 10 月調印、1999年発効）

④基本条約の第四次改正：ニース条約（2001 年 2 月 26 日署名、2003 年 2 月 1 日発効）

⑤基本条約の第五次改正：リスボン条約（Lisbon Treaty, 2007 年 12 月調印、2009 年発効）

3　マーストリヒト条約の締結―EC から EU へ

　こうして EC のめざす 4 つの自由移動を旨とする市場統合は、単一欧州議定書が明記した通り、1992 年末に達成された。これと並行して進められたのが、すでに前章で取り上げた EU を設立する条約の締結である。この条約は 1992年 2 月 7 日、オランダのリンブルフ州にある州都マーストリヒトで調印された。ゆえに世上、マーストリヒト条約（Maastricht Treaty）と呼ばれることとなった。マーストリヒトはその州都を流れる川の名、マース川に由来する。河口か

　11　第三次条約改正として 1993 年からマーストリヒト条約見直しのための政府間会合をスタートさせ、EU の機構改革、共通外交・安全保障政策（CFSP）の基盤強化などの懸案をめぐって交渉を進めてきた。アムステルダム条約が 1997 年 10 月 2 日調印されたが、CFSP については全会一致を原則としながら、これは加盟国間の統合へのスピードが異なることから、共通政策の原則・指針などの決定に当たっては賛成国だけが実施義務を負い、棄権国は義務を免れる「建設的棄権」を導入することにより多数決による決定で行動できることとした。また加盟国の過半数だけが他の加盟国にさきがけて特定の分野で統合を進めることのできる「多段階統合」の考えも導入した。

らマース川を上流へ遡ると、ローマ起源の古都マーストリヒトが現れる。その地で調印されたマーストリヒト条約[12]は、ECの統合をさらに深めるため、ECを発展的に解消し、これまでのECにもう2本の事項を包み込む3本柱から成る列柱構造の欧州連合（新たなパルテノン宮殿にたとえられるかもしれない）、すなわちEUを設立しようというローマ条約の野心的な第二次改正となって結実したのである。より具体的に言えば、EUとは、次の3本柱、すなわち、①EC事項、②外交・安全保障分野、それに、③警察・刑事司法協力（以前の内務・司法協力分野)[13]の列柱構造を持ちながら、EU市民権を創設し、経済通貨統合（EMU）を図ること、そのために、各国の主権の一部をさらにEUへ収斂していこうと設立された政治経済統合体と言っていいであろう。なお、大事なことであるが、①のEC事項はEU裁判所の法の支配を受けるが、②③のEC外事項は政府間協力で調整していく問題であり、法の支配からは除外されるので注意されたい。

　また、EU条約の成立までの交渉においては、連邦制を目標とするフランス・ドイツ、ベネルックス3国などの統合積極推進派と、国家主権の維持に固執するイギリス、デンマーク、ポルトガルなどとの激しい対立があり、結局、連邦制よりも緩やかな連合を目標とするマーストリヒトの妥協が成立した。

　マーストリヒトの妥協は、条約において連邦（federation）という言葉を避けて、それに代えて補完性の原則（principle of subsidiarity）を使用した。補完性の原則に関する条文は同条約3B条であり、それによれば「共同体は、この条約により自己に与えられた権限および設定された目的の範囲内で活動する。その排他的権限に属さない分野については、共同体は、補完性の原則にしたが

　12　マーストリヒト条約は、以下の通り、前文と合計8部からなる構成になっている：①前文、②第一部：共通規定、③第二部：EEC条約の改正、④第三部：ECSC条約の改正、⑤第四部：EURATOM条約の改正、⑥第五部：外交および共通安全保障政策に関する規定、⑦第六部：司法および内政分野における協力に関する規定、⑧第七部：最終規定。以上を内容的にみれば、②〜④の3つのヨーロッパ共同体、すなわち従来からのEC事項と、⑤〜⑥のEC外事項に区分しうる。しかし、一般的に、マーストリヒト条約は3本柱（three pillars）から成っていると言われる。

　13　以前の内務・司法協力分野から移民とか難民政策を、3本柱のうちの一番目の柱へ移管した。移管した事項は旧EC事項とともに、法の支配の及ぶ事項となった。

って所期の行動の目的が加盟国によっては十分な方法で達成することができず、したがって、所期の行動の規模または効果からみて共同体によってよりよく実現されうるときのみ、そしてその限度においてしか干渉できない。共同体の行動は、この条約の目的を達成するに必要な限度を越えることはない」と規定している。

ジャン・シャルパンティエによれば、連合条約の採択にあたって、「補完性の原則の導入は、若干の国―とくにイギリス―のナショナリストがそれに抵抗したある言葉、すなわち連邦という言葉の巧みな代用物であった」と述べている。その意味で補完性の原則はマーストリヒト条約を救う言葉であった。というのは、この言葉により、各人がそれを都合よく解釈する余地を持っているからにほかならない。

4　EU 市民権の登場

マーストリヒト条約で注目すべきもう一点は EU 市民権の登場である。ローマ条約が当初予定したのは、4 つの自由移動からなる共同市場だった。ところが、「関税同盟」は早くも 1968 年に完成したが、共同市場はなかなか完成しなかった。しかし、先ほど述べたユーロペシミズムを脱して、単一欧州議定書に合意することで、1992 年末に「共同市場」（Common Market）でなく、名前を "External Market"、すなわち「域内市場」として完成をみた。

しかしこの域内市場における 4 つの自由移動のうち、人の自由移動を取り上げるまでもなく、人の自由移動とは、"雇用を求めて"行きかう"労働者の自由移動"であり、また法人を含めた自営業者の自由移動を保障する"開業の自由"である。これらは主として、経済活動を行う者の自由移動であり、そこでの「域内市場」とは、いうなれば"経済的側面に限定された空間"だった。しかし、そこに 1993 年 11 月に発効したマーストリヒト条約により登場したのは、経済的側面の労働者ではなく、政治的な意味の「EU 市民権」だった。

EU 市民権は特に雇用あるいは経済活動を求めて自由に移動するファクターでなく、EU 域内を自由に移動し、他の加盟国に居住していれば、たとえ国籍が違っても、居住国の地方選挙に投票もできるし、居住国の欧州議会選挙における選挙権も付与される。また、国籍国以外の他の加盟国の外交的保護と領事

保護を受けることもできる[14]、そういう EU 市民権に基づく EU 市民の登場だった。

　さらにこのたびのリスボン条約によって改正された EU 条約の前文 12 段をみると「本条約および EU 機能条約の諸規定に従い、自由、安全および司法の領域を確立することにより、人々の安心と安全を確保しながら人の自由移動を容易にすることを決意し」との表現がある。これは労働者の自由移動を可能にする経済的な側面の域内市場に加えて、国境を越えた治安の空間である。各加盟国のみの治安でなく、国境を越えた治安こそ、労働者も EU 市民も安心と安全を確保されたなかで自由移動ができるという「自由、安全および司法の領域」を表している。英文正文でみると "Area of Freedom, security and justice" とある。このように「自由、安全保障および司法の空間」が確保されると、これまでの平面的な域内市場から三次元にまで広がりうる、あたかも合衆国の連邦国家における領域のような空間をイメージせざるをえなくなってくる。

Ⅱ　EU の現在の到達点となるリスボン条約

1　欧州統合の拡大と深化

　欧州統合の拡大という観点からみると、EU の拡大は、原加盟 6 か国から、1973 年 1 月 1 日の第一次拡大、すなわち、イギリス、アイルランドおよびデンマーク 3 国の加盟にはじまり、2004 年 5 月 1 日、第五次拡大前半の東中南欧 10 か国、さらには 2007 年 1 月 1 日の第五次拡大後半にブルガリア、ルーマニア 2 か国が加盟して現在 27 か国に至っている。外務省データによれば

　　　総面積：423.4 万 km^2（日本の 11.3 倍、アメリカの 0.45 倍）
　　　総人口：5 億 250 万人（日本の 3.9 倍、アメリカの 1.6 倍）
　　　GDP：16 兆 282 億ドル（日本の 3.2 倍、アメリカの 1.1 倍）

14　EU 域内を自由に移動し、居住する権利（21 条）、定住地における地方選挙権、欧州議会選挙での選挙権（22 条）、他の加盟国の外交的保護と領事保護を受ける権利（23 条）、欧州議会に対する請願権（24 条 2 項および 227 条）、欧州議会が任命したオンブズマンへの苦情申立て（24 条 3 項および 228 条）。なお、これらの権利は、EU 基本権憲章第 5 編（39条〜46 条）でも保障されている。

の一大マーケットになっていた。

さらに、欧州統合の深化という観点からみれば、1960 年代後半から 1980 年前半にかけての統合の停滞、いわゆるユーロペシミズムから劇的に脱し、1987年 7 月 1 日に発効した単一欧州議定書（SEA）により、1992 年末に域内市場を完成させるという目標を立てて成功し、さらに 1993 年 11 月 1 日に発効したマーストリヒト条約により、経済通貨同盟（EMU）という目標を立てて、1999 年 1 月 1 日から 11 か国でユーロを導入することに成功した。まだイギリスが加盟していた時点で、EU27 か国のうち、17 か国にユーロが導入され、欧州統合はリスボン条約に到達するまでに進展した。

2　EU 憲法条約の挫折と改正条約としてのリスボン条約

2007 年 12 月 13 日、リスボン条約（または、改革条約ともいう、Reform Treaty, or Treaty on European Union and the Treaty of Lisbon Amending the Treaty on European Union and the Treaty Establishing the European Community）が調印された。しかし、批准手続きでアイルランドが国民投票で一度躓いたこともあり、当初目指した 2009 年 1 月 1 日の発効予定は崩れ、2009 年 11月 3 日、チェコ共和国が最後の批准国となるに及んで、リスボン条約はようやく同年 12 月 1 日に発効した。

本書では、現時点における EU 統合の到達点はリスボン条約体制とし、この体制の下で改正されたポイントを明らかにするとともに、新たなリスボン条約体制の新機軸、これまで政治宣言にとどまっていた基本権憲章に法的拘束力を付与した背景、また、「EU 基本権憲章」といういわば人権のカタログをも整えたことは注目に値する。他方で、理想が結実するかに思われた、欧州憲法条約（the Treaty establishing a Constitution for Europe, or TCE）は当時加盟国25 か国で 2004 年 10 月 29 日に署名され、2006 年 11 月 1 日の発効を予定していたが、承知の通り、2005 年 5 月 29 日のフランス、同年 6 月 1 日のオランダの国民投票で否決され、同憲法条約は発効を見ることはなく、発効を断念した。挫折した直後の同年 7 月 1 日、欧州理事会の議長国にイギリスがついた。ブレア首相は欧州憲法条約の批准手続きに「熟慮期間」を提案した。それゆえ、欧州憲法の条約の見直しについて本格的な交渉に入るのは 2 年後のドイツが議長

国となる 2007 年前半期まで待たねばならなかった。

2007 年 6 月、ドイツ主導による欧州理事会において、後のリスボン条約となる改革条約原案が合意された。そこでは欧州憲法条約の批准の失敗を踏まえて、「連邦的要素」、「EU 外相」のような名称が除去された。同時に、「体系的な憲法をイメージするような外観」も除去され、内実を取るという手法が採られた。

かくてリスボン条約は発効されるに至ったわけであるが、リスボン条約を検証する前に、発効を断念した欧州憲法条約に若干言及しておく必要がある。というのもリスボン条約と失敗に終わった欧州憲法条約草案のそれとを比較してみると、憲法条約草案は、既存の諸条約、つまり、従来の EU 条約と EC 条約を廃止して、単一の本文にしようとしている。そうすることで、既存の EU 条約と EC 条約を継承しつつも、一国の憲法を想起させる新しい EU を作ろうとしたことが分かる。

これに対してリスボン条約は、既存の EU 条約と EC 条約の枠組みをそのまま維持しながら、既存の条約に改正を加えた。つまり欧州憲法条約とは異なり、既存の基本条約と取って代わるのでなく、それらを修正する形をとった。したがって、内容的には大幅に変更されたが、形式的にはこれまで通り、EU 条約と EC 条約は別個の条約としてそれぞれとどまった。他方、挫折した欧州憲法条約の第二部に盛り込まれるはずだった EU 基本権憲章は、形式的にも内容的にもほとんど変更が加えられることなく、そのままの形で条約とは別個の独立した 3 つ目の文書として成立を見たのである。

このような三部構成の文書をリスボン条約体制と呼ばせて頂くとすれば、このリスボン条約体制と発効を断念した欧州憲法条約草案との間に、構成上、一定のつながりがあることが分かる。すなわち、憲法条約草案の構成は、前文のほか、4 部構成になっていた。この枠組みは、リスボン条約体制下で、次に掲げるように 3 つに解体されたが、すべて EU の名の下、「EU 条約」、「EU 機能条約」並びに「EU 基本権憲章」として再編された。

　①憲法条約草案の第一部と第四部が「EU 条約」にそのまま継承され、そこでは EU の原則と制度的枠組みが規定されることとなった。前文プラス 6 編、55 条からなる。第 1 編は共通規定 (1〜8 条)、第 2 編は民主主義原

則に関する規定（9〜12条）、第3編は機関に関する規定（13条〜19条）、第4篇はより緊密な協力に関する規定（20条）、第5編（21〜46条）及び第6編は最終規定（47〜55条）。

②憲法条約草案の第三部が「EU機能条約」に継承され、そこではEUの具体的な政策と機能について規定されることとなった。前文プラス7部（357条）から成る。第1編は原則（1〜17条）、第2編は差別禁止及びEU市民権（18〜25条）、第3編は連合の政策及び対内的行動（26〜197条）、第4編は海外の国及び地域との連合関係（198〜206条）、第5編は連合による対外的行動（205〜222条）、第6編は機関及び予算規定（223〜234条）、第7編は一般規定及び最終規定（335〜358条）。

③憲法条約草案の第二部が「EU基本権憲章」としてそのまま継承され、修正なしにそのまま独立し、法的拘束力を付与された。前文プラス7編（54条）。第1編は人間の尊厳（1〜5条）、第2編は自由（6〜19条）、第3編は平等（20〜26条）、第4編は団結（27〜38条）、第5編は市民権（39〜46条）、第6編は裁判に関する規定（47〜50条）及び第7編は一般規定（51〜54条）となっている。

3　リスボン条約とEU基本憲章

EU基本権憲章は、リスボン条約で改正されたEU条約において、それと同じ法的価値をもつものとして、同条約6条1項に認められた。同条同項は「連合は、2000年12月7日に採択され、2007年12月12日にストラスブールにおいて再確認されたEU基本権憲章に定める権利、自由および原則を認める。同憲章は条約と同一の法的価値を有する」と規定した。欧州憲法条約で第二部に盛り込まれるはずだったEU基本権憲章はついに法的拘束力を得た。しかしこれまでの道のりは長く、決して平坦ではなかった。それは政治的宣言から始まった。

（1）政治的宣言

これまで、EUは、EC設立の当初、人権保護にはどちらかといえば消極的であった。もちろん域内市場における労働者の自由移動、同一労働同一賃金の原則等男女の差別を禁止する規定はあった。しかしそれらはあくまで市場統合

という経済的側面における権利の保護にすぎなかった。したがってもし人権侵害の問題が起きてもそれは加盟各国内の人権保障や各国が加盟している人権条約の順守に任せてきた感がある。しかし「EC による保護の対象は欧州司法裁判所の判例などを通じて、市場の要素である労働者としての『ヒト』から、次第に全人格的な『人』へと広げられていった」[15] のである。

変化の契機は大まかに言って本稿の冒頭で述べたように、1 度目は、1974 年のドイツ憲法裁判所でボン基本法の本質までも害するような EC 法は適用しえないと判示されたとき。今一つは 2000 年代に 10 か国以上の中・東欧諸国が EU に加盟すると見込まれたときである。

1974 年に *Solange I* 事件において、EC 法とドイツの憲法との関係に人権にかかわる大きな問題が提示されたことが大きい。ドイツ憲法裁判所によれば、確かにボン基本法の 23 条は EC への主権移譲を認めているが、それはあらゆる EC 法（EU 法）の適用が許されるのではなく、ドイツ憲法の本質[16] までも害するような EC 法（現 EU 法）には適用されないことを示した。

以来、EC は次第にこの問題に深くコミットするようになっていく。1986 年に調印された単一欧州議定書ではそれが明確に反映されていく。というのも同欧州議定書の前文で、基本権の尊重に言及し、加盟国憲法に共通の伝統および法の一般原則を基礎として、欧州人権条約及び社会憲章に従って民主主義を促進する旨が規定された。さらに 1989 年 12 月、基本条約とは別に EC 社会憲章が採択された。

EU を創設した 1992 年調印のマーストリヒト条約では EU 市民権の概念が導入された。EU 市民権は加盟国の国籍を有する者に与えられ、それには、国籍国以外の加盟国に居住する EU 市民に、居住国における欧州議会選挙および地方議会選挙における投票権を与えようというものである。

1997 年調印のアムステルダム条約では、基本権保護は EU のかけがえのない原則のひとつとして規定された。

1999 年 6 月 3-4 日、ケルン（Cologne）で開催された欧州理事会においてド

---

15 安江則子「EU リスボン条約における基本権の保護―ECHR との関係を中心に―」立命館法学 2009 年 1 号（323 号）186 頁。

16 ボン基本法第 79 条第 3 項および第 23 条第 1 項参照。

イツ主導による決定が下され、EU 基本権憲章を策定するプロセスが開始された。すなわち同理事会は基本権憲章の起草のためのコンベンションにこれを委ねたのである。コンベンションは憲法制定会議を想定させる名だが、コンベンションは 1999 年 12 月 1 日に総会を開き、その後起草作業を続け、翌 2000 年 10 月 2 日に憲章草案を採択した。

　これを受けて、ビアリッツ欧州理事会（the Biarritz European Council）は全会一致でこれを承認したのである。草案は直ちに欧州議会そして欧州委員会に送付され、2000 年 12 月 7 日、理事会、欧州議会、欧州委員会は共同でこれをEU 基本権憲章として「厳粛に宣言した」（solemn proclamation）のである。こうして、EU 史上はじめて、単一の形で、EU 基本権憲章が採択された。2000 年 12 月 7 日の EU 基本権憲章（The European Union Charter of Fundamental Rights of the European Union）の成立である。以下、参照のこと：

　　第 I 編　尊厳（第 1 条〜第 5 条）
　　第 II 編　自由（第 6 条〜第 19 条）
　　第 III 編　平等（第 20 条〜第 26 条）
　　第 IV 編　連帯［社会権等の規定］（第 27 条〜第 38 条）
　　第 V 編　市民権（第 39 条〜第 46 条）
　　第 VI 編　司法（第 47 条〜第 50 条）
　　第 VII 編　一般規定（第 51 条〜第 54 条）

（2）基本権憲章の背景

　すべての EU 加盟国は、憲法に人権規定をもち、また ECHR に加盟している。こうした中で EU が独自の基本権憲章を起草する必要はどこにあったのか。安江則子は次の四点を挙げている [17]。

　第 1 に、憲章は、EC/EU が遵守するべき基本権を可視的にするという意味があった。基本権に関する様々な法源を一つに取りまとめ、「より基本的権利を目に見えるようにする（making those rights more visible in a Charter）」ため、2000 年に基本権憲章を構想していた。

17　同上参照。

第2に、EU が司法内務分野で展開する政策との関連である。特に、国境管理に関するシェンゲン協定が、アムステルダム条約によって基本条約に統合されて以降、個人の人権やプライバシーに密接にかかわる司法内務協力や移民難民問題に EU は取組むことになった。ところが従来から司法内務協力は、欧州議会による民主的統制や、ECJ による司法的統制が弱く問題とされてきた。

第3に、EU の第五次拡大（2004 年）として多くの中・東欧諸国が EU に加盟することが予想された。しかし当時はこれらの諸国はまだ政治的に不安定であった。それへの準備としてそれらの諸国との加盟交渉では、コペンハーゲン基準およびリスボン条約で改正された EU 条約第 49 条 [18] によって、民主主義や人権、少数民族保護を加盟の要件とする方針が貫かれた。これらの国々に基本権の保障を求めるためには、基本権に関する EU としての基準を明瞭に示しておく必要があったからである。

第4に、政治統合に向かう EU の政治的な正統性を強化することである。EU が政治統合を深化させるためには、権利章典を含む EU 憲法を採択する必要性が、欧州議会の憲法問題委員会を中心に主張されており、基本権憲章はその前段階として位置づけられた。

上に述べたように、EU 基本憲章が法的拘束力を持つに至ったということは、EU がその立法、行政、及び司法のすべての側面において、憲章を考慮する責任を負うこととなったことを意味する。また、EU 条約 1 条で「EU は本条約と EU 機能条約を基礎にして築かれる。これら 2 つの条約は同等の法的価値を持つ。EU は EC に置き換わるものとして、かつ、EC を継承する」と規定された。EU 基本権憲章とともに、EU の全体的一体性が保持された。

なお、EU 機能条約と名称が変更された由来は、EU 憲法草案の第三部（Part III）の名称を引き継いだことによる。そこでの名称は "The Policies and Functioning of the Union" と銘打たれていたためである。

---

18 EU 条約 2 条は「連合は、人の尊厳、自由、民主主義、平等、法の支配の尊重、および少数者に属する人々の権利を含む人権の尊重という価値に基礎を置く」と規定している。さらに同条約 49 条は「2 条に言及された価値を尊重し、かつ価値を促進することを約束する欧州のいずれの国も、連合への加盟を申請することができる」と規定する。

Ⅲ　EU 基本条約から派生した EU 立法

　第一次法源として、EU 基本条約について、以上の通り述べてきた。本項では基本条約に基づく派生法としての EU 立法（secondary legislation）について考察する。立法手続には通常立法手続きと特別立法手続がある。立法手続の基本型は、通常立法手続である[19]。EU 立法の法案提出権は欧州委員会（European Commission）に独占的に委ねられており[20]、大部分は委員会が提出した法案を、EU 理事会[21]（閣僚理事会）と欧州議会[22]（European Parliament）が共同で採択して EU 立法は成立するようになった[23]。しかし、かつては最終的に立法権限を有していたのは閣僚理事会だけで、欧州議会の役割はあくまで諮問的にすぎなかった。しかし、1979 年に欧州議会議員が欧州市民から直接選挙で選ばれるようになる[24]に及び、欧州議会に直接選挙で選ばれたという正統性が付与された。これにより、これまで名ばかりに過ぎなかった欧州議会の呼称に相応しい権限が付与されるべきとの要求が続けられ、欧州議会義は今では大部分の政策領域で理事会との共同立法権を獲得するに至った。

　かくして EU の立法は、基本的に議会と EU 理事会（閣僚理事会）との共同

　19　TFEU294 条。

　20　TEU17 条 2 項。

　21　TEU16 条 8 項。「EU 理事会」は「加盟国の閣僚級の代表により構成され」（TEU16 条 2 項）、「加盟国の国益調整の場である一方、EU の機関として立法および政策決定を行う中心的機関である」（庄司、前掲『新 EU 法基礎編』（岩波書店、2019 年）50 頁参照）。表決手続としては、原則として特定多数決を採用している（TEU16 条 3 項）。

　22　庄司、前掲書、同頁参照。

　23　TEU13 条 1 項によれば、EU の諸機関として「欧州議会」、「欧州理事会」（the European Council、旧加盟国首脳会議、政治レベルでの最高協議機関）、「EU 理事会」（the Council、閣僚理事会または EU 理事会とも呼ばれる）、「欧州委員会」（執行機関）、「EU 司法裁判所」（本書では欧州司法裁判所と表記する）などがある。TFEU15 条 2 項参照。

　24　TEU（EU 条約）10 条 2 項によれば、「市民は欧州議会において連合レベルで直接代表される」と規定する。欧州議会は今日では、EU 理事会との共同決定を含む広範な立法参加権および予算権限を持つようになったが、「欧州議会は単独で立法部を構成しているわけでなく、EU における立法過程の一部を構成するにとどまる」ことに注意。庄司、前掲書、70 頁参照。

決定を必要とする通常立法手続により決定される。しかし、それ以外に欧州議会の関与が同意または勧告的意見に留まる場合があり、それは特別立法手続と言われる。

(1) EU 立法には以下の 3 つの立法手段がある。

①規則（regulations）

EEC 条約 189 条（現 TFEU288 条に読み替える）によれば、一般的効力を有し、その全ての要素について義務的であって、且つ、全ての加盟国において直接適用されるものである。例えば、EU 以外から輸入される物品に関する規則として *Regulation (EU) 2015/478 of the European Parliament and of the Council of 11 March on common rule for imports* がある。規則は、条約自身が「加盟国において直接適用しうる」（EEC 条約第 189 条、現 TFEU288 条に読み替える）と規定しているから、本書の扱う EU 法の範囲に入る。

②指令（directives）

同条によれば、「指令」は、達成すべき結果について、これを受領する全ての加盟国を拘束するが、方式及び手段の選択は加盟国に委ねられる。指令は、このように、達成すべき所定の目的を達成するうえで、各国にある程度の裁量権が与えられているので、ある意味、統合を実現するために適した立法手段とみられうるであろう。しかし、その裁量権も、所定の期限がくれば、指令に直接効力が発生する。例えば、消費者の権利に関する指令として *Directive 2011/83/EU of the European Parliament and of the Council of 25 October 2011 on consumer rights, amending Council Directive 93/13/EEC and others* が挙げられる。

③決定（decisions）

同条によれば、「決定」は、そこに名宛された受領者に対しその全ての要素について義務的である。名宛される受領者を特定している決定は、受領者のみを拘束するものとする、とある。

(2) 直接適用性の性格をもつ EU 法と国内法の関係

以上が EU 法とは、第一法源である EU 条約と条約の派生法である第二次法源、すなわち EU 立法であるが、そのうち、国内法との関係で問題となるのは、あくまで、直接適用性を有する EU 法であり、EU 法がたとえ EU 条約であろ

うと、EU 立法であろうと、それが直接適用性を有するものである限り、両者の抵触を解決するのに、決して従来の「条約と国内法の関係」でみてはならず、それとは別の見方、「共同体法と加盟国内法の関係」という EU レベルの新しい見方により解決すべきとして、欧州裁判所は、その理由を 1967 年の事件の判決の中で次のように述べた：

「共同市場を設立しようという（ローマ）条約の目標に鑑みれば、…この条約が締約国間の諸義務を創出する合意以上の性質を持つものであることを示している。共同体は一つの新しい法制度（a new legal system）であり、加盟国はそのために、一定の分野においてであるが、その主権的権利を制約したのである」[25]

このように加盟国が共同体のために一定の分野について主権的権利を制約したとの前提で創出されたとするならば、その新しい法秩序のなかで、EU 法は、既述したように、リーディング・ケース、1962 年のファンゲント・エン・ルース社事件で確立された「直接適用性の原理」（principle of direct applicability）により、いかなる国内法の手続を要せず、加盟国及び加盟国の市民に対して直接に適用されるべきであると強く断言された。さらにもし、共同体法と加盟国法が抵触した場合においてどちらが優位するかという問題に対しても、1964 年のコスタ対 ENEL 事件の判決の中で、加盟国法でなく、共同体法が優位するという「共同体法の優位性の原則」（principle of the supremacy of Community Law）も確立した。

それゆえ、共同体法の直接適用性をもつ規定は各加盟国の国内法のいかなる規定に常に優位するというものであり、その場合の共同体法の形式がいかなるものであるかは問わない。直接適用性を有していれば共同体法が条約であろうと規則であろうと命令（一定の範囲で）であろうとかまわない。また共同体法との関係に立つ国内法がいかなる形式のものであるかも問わない。国内法がたとえ憲法であろうとその他の制定法であろうとかまわない。また、共同体法が国内法の前に制定されたのであろうが、後に制定されたのであろうが問わない。一切、直接適用性をもつ共同体法が加盟国法に優位する。それが共同体レベル

---

25 *Molkerei-Zentrale a Westfalen/Lippe GmbH v. Gayotzikkannt Paderborn Case 28/67*, ［*1968*］*ECR 1.*

から見た共同体法の優位性についての考えであろう。

欧州司法裁判所はまずファンゲント・エン・ルース社事件判決で表明された見解を再確認した上で、「共同体（EU）の執行力は、条約目的の実現を危うくすることなくしては、各加盟国の事後の立法によって妨げられるものではない」とEU法の国内法に対する優位性の原則を打ち立てた。

ドイツで生じた1973年のインターナショナル商事会社事件[26]（後述）において、欧州司法裁判所はさらに一歩進める判断を下した。というのは、この事件で共同体（EU）立法と憲法（ここではドイツ憲法）を含む国内法の衝突が争われたからである。

しかし、欧州司法裁判所は、もし共同体（EU）立法の有効性を判断する目的で、たとえある加盟国憲法に含まれている法準則に効力を与えることになれば、それはEUの統一と効力に対して反対の効果を持たせてしまうであろうと判示した。EU（共同体）立法の有効性は共同体法に照らしてそれに基づいてのみ判断されるべきであり、加盟国憲法によって規定されている基本的人権に反するという主張によって侵害されえないのである。さらに基本的人権の尊重はヨーロッパ司法裁判所によって保護される「法の一般原則」の不可欠の一部を構成し、加盟国に共通する伝統によって支持される基本的人権の保護はEUの枠組みと目的の中で確保されねばならないとも判示した。なお、これについては、さらにドイツの項で後述する。

また、イタリアで生じた*Simmenthal*社事件[27]の中で、ヨーロッパ司法裁判所は優位性の問題をさらに発展させた。*Simmenthal*社はフランスからイタリアへビーフを輸入した。しかし、1970年のイタリア法によれば、その際、輸入業者は税関において公共の保健検査のための費用を支払わねばならなかった。同社はそのような費用は関税に相当し条約12条およびビーフ輸入に関連する1964年と1968年の共同体規則に違反するとして、財務大臣を相手どり費用の返還を求めて訴えを提起した。大臣は、まず第一にイタリア法は二つの共同体規則が作られた後に制定されたので、事後法としてのイタリア法が優位す

---

26 *Internationale Handelsgesellschaft GmbH v. EVST*, [1970] ECR 1125; [1972] CMLR 255.

27 *Simmenthal case*, case 106/77: [1978] ECR 629; [1978] CMLR EU

る、第 2 に、イタリア憲法によれば、イタリア法の合憲性は、イタリアの憲法裁判所によって判断されるのであり、同憲法裁判所が無効としない限り 1970 年法は拘束力をもつと主張した。これに対して共同体裁判所は、たとえイタリア法が事後に制定されたとしても、共同体法が当該イタリア法に優位すると述べ、また、イタリアの憲法裁判所が当該イタリア法を無効と宣言するのを待つことなく、イタリアの裁判所は EU（共同体）法に抵触するいかなる国内法も無効とし共同体法を適用しなければならないと判示した。欧州司法裁判所は次のように述べている：

> 「EU（共同体）法の優位性の原則に従い、一方で条約の諸規定および EU 諸機関の諸立法と、他方で構成国の法との間の関係は、前者が効力をもつことによって構成国の法の抵触する規定を自動的に適用しない（inapplicable）とするだけでなく…新しい国内諸立法の有効な採択を、それが共同体（EU）法と矛盾する範囲で、排除する、というものである。」(at 651: para. 17)

ここで大事なのは、欧州司法裁判所が、EU 法に抵触する国内法を無効である、と言っているわけではなく、適用しえない（inapplicable）と言っているだけだということである。無効と宣言するかどうかは国内裁判所の問題であることに十分注意を払っているのである。

IV　EU 法と国内法の関係

　以上、EU 法の捉え方、および EU 法と国内法の関係を EU レベルから見てきた。次に各国はこれに対してどのような対応をして、EU 加盟を果たしているのか、見てみよう。

1　一元論・二元論の問題

　そこでまず問題となるのが、EU（共同体）法と加盟国法との関係における各国憲法の採用している一元論（monism）と二元論（dualism）の問題である。すなわち、共同体（EU）法の効力を加盟国内に及ぼし、国内法の一部にしようという場合、その国が憲法上一元論をとっているか、二元論をとっているか

が重要になる。共同体レベルからすれば、一元論も二元論もなく、EU 法の効力はストレートに加盟国の入口から中に入り込んだ。しかし、各国レベルの見方は違う。一元論を採っている場合、EU 法の効力は加盟国の入口をくぐり抜け、直接、加盟国にまで届くが、二元論をとっていれば、入口で留め置かれる。

したがって、ある加盟国が一元論を採用していれば、その国はローマ条約の国内効力を自動的に認める機構をすでに持っていることになる。そしてもしローマ条約が国内法と抵触する場合、一元論の国は、通常、条約規定の方に優位性を与える。このことは、これらの国はローマ条約をただ締結して批准さえすれば、既存の憲法を改正することなく、条約の国内効力を導入できることを意味する。これらの国のグループにはフランス、オランダ、ルクセンブルクなどが入る。フランス憲法の 55 条、オランダ憲法の 66 条（改正後は 94 条）を参照されたい。たとえばフランスは条約に対して一元論の立場をとっている。したがってフランスは EC の一員になるに際して、1958 年憲法の 55 条に鑑み、国会はローマ条約上負っている義務に違反する法律を作ることを抑制されることになった。なぜなら、「適式に批准された条約は、国会制定法の効力に優先する」からである。もしフランスの国会がローマ条約上の義務に違反する立法を行えば、憲法第 61 条により憲法院がそれを違憲と宣言することになる。司法部も行政部もそれに準じなければならない。

なお、マーストリヒト条約批准に当たって、フランスの憲法院は、同条約の一定の規定（連合市民権として地方選挙への参政権、経済通貨連合への参加など）をフランス憲法に一致しないと判示した[28]。そこで憲法改正が行われ、共同体および EU へのフランスの加盟を明文で規定した。

これに対して二元論の国はそうはいかない。EU（共同体）法の効力を国の中へ及ぼすためには、あらためてその国は立法措置を講じなければならない。典型的にはイタリアやイギリスが二元論の立場をとる。特に本書で見てきたように、イギリスは典型的な二元論の国であった。また、ドイツやデンマークも二元論の国とされている。このような場合、たとえばドイツやデンマークのような国は憲法を改正するか、または同じ二元論に立っていても、成文憲法をも

---

28 ［1993］3 CMLR 345。

たないイギリスのような軟性憲法の国においては、主権を持つ議会（国会）が立法措置をとり、条約を国内法に置き換えることになる。そうすることで、いわば間接的にローマ条約の効力を国内に導くのである。事実、イギリスは、1972年の「欧州共同体法」なる制定法（以下単に「1972年法」という）を制定することによって、翌1973年1月1日より当時の拡大ECに加盟を果たした。また、マーストリヒト条約の批准に当たっても、イギリスの国会はあらためて1993年の欧州共同体（修正）法を制定した。

　一元論の起源は中世時代の一元的世界法、すなわち自然法の概念に由来するとされる。自然法は神の啓示の反映であるとみなされたからである。近代は自然法の中から神の色彩を拭い去った。しかし現代に移行するにつれて自然法思想はやがて法実証主義にとって変わられる。普遍的な自然法の考えは、科学的研究対象から疎んじられ、国の実定法こそ、法の研究対象として正しいと考えられるようになった。法実証主義によれば、条約と国内法は互いに別次元のものであり、それはやがて二元論に反映されていく。二元論は二つの別個の法制度すなわち国際法と国内法の存在を前提にした。これに対して一元論は別個の法システムの存在を前提にしなかった。したがって、どの国が一元論をとり、どの国が二元論をとるか、見極めておく必要があるかもしれない。

　ベルギーは、憲法上、条約に対して一元論なのか二元論なのか不明確であった。しかし、*'Le Ski'* 事件 [29] において、ベルギーの最高裁判所は、ベルギーが一元論の国であると宣言した。

2　主権の問題

(1) 主要国の場合

　ローマ条約が国の主権的権限（sovereignty）を制約することなしには存立しない性質を持つものである以上、その国の憲法が単に条約に対する一元論・二元論という関係を理解するだけでは解決しない。とくに一元論を採用する国は、条約を締結すれば即その効力が国内へ及ぶのでその条約を批准すれば自動的にその国の主権を制約することになるのであれば問題である。したがって、加盟

---

29 *Cour de Cassation, Minister for Economic Affairs v. Fromagerie Franco-Suisse*
［1972］CMLR 330

国が憲法の中で主権の一部の委譲ないし制約をどのように規定しているかが何より重要となる。これについて加盟国がもともと憲法の中で共同体に主権の一部の委譲ないし制約を許す規定になっていればそれに従い、それがなければ憲法改正を要することとなる。

たとえば国際機関に主権的権限の一部を移譲ないし制約を認めている国の憲法として、ドイツ基本法の24条1項、デンマーク憲法の20条などがある。ただしドイツ憲法の24条1項により主権的権限を国際機関に移譲するという場合、それによってヨーロッパ統合をどの程度までカバーできるかは難しい問題である。マーストリヒト条約によりヨーロッパ連合を設立するに当たっては、ドイツ憲法の23条にヨーロッパ条項を導入し、主権の委譲に連邦参議院（ラント）の同意を必要としているという[30]。イタリア憲法の11条なども主権の委譲に関連する規定とみられている。他方、憲法にそのような定めがない場合は憲法改正を要し、たとえばアイルランドの場合、加盟に際して国民投票による憲法改正の手続をとった。またオランダの場合、EC加盟時の1953年および1956年に憲法改正を行い、主権譲渡を用意したし、その後も同様の改正（1983年）を行って主権譲渡そして共同体法の直接適用および優位性の問題を解決した。

(2) イギリスの場合

主権的権限を国際機関に移譲できるかどうかの問題については、イギリス憲法上とくに明文の規定はない。また、イギリスでは国家主権は即、議会主権につながり、それはただ一片の制定法（1972年の欧州共同体法）を制定することにより加盟を果たしたにすぎない、とイギリス側は言わざるを得ないであろう。

議会主権は絶えず古い議会から新しい議会へ転移する。古い議会が1972年法（1972年欧州共同体法）を作っても、主権はのちの議会に移るので「1972年法の地位は、まず、議会主権の第一原則たる"議会は後の議会を拘束しえないとの原則により以後、いかなるときも、後の議会制定法によっていつにても改廃されうる"のであり、さらに、議会主権の第二原則、すなわち、"適式に定立された議会制定法は、有効な法であり、いかなる事由によっても、裁判所は

---

30 『EU法・ヨーロッパ法の諸問題―石川明教授古希記念論文集』（信山社、2002年）49頁以下参照。

これを無効と判じえない"、のである」[31]。仮に、1972 年法と相容れない議会制定法が後に制定されても、裁判所は後の議会制定法を有効なものとして適用されねばならないのである。「これは議会主権がこれまでダイシー伝統により絶対的に国際法と考えられる共同体の効力の承認についても、後法によって変更することが可能」[32]、となるのであり、かくしてウェイドは言う、「成文憲法を持たない唯一の加盟国であるイギリスは、1972 年法自体を後に改廃から何らの保障するすべを持たない」[33] というのが憲法の伝統的な考えであった。しかし EU レベルからの考えは違う。イギリスの伝統的な立場はいずれ整合性が取れなくなりはしまいか。

　しかし、タービン＆トムキンズは著書の中でこう述べた：

　　「1972 年共同体法の効果は EU に対し議会主権の一部の移譲（transferof a portion of Parliament's sovereignty）に匹敵すると思われうる」[34]

と指摘するとともに、

　　「しかし制定法は、他のいかなる制定法と同じように、原理上、議会によって廃止されうるので、それによって及ぼされる主権の制約は元に戻せないわけではない」[35]

とし、

　　「ゆえに、こう言えるかも知れぬ。すなわち、主権は譲り渡した（given way）というより、むしろ貸し出された（has been lent）のだ」[36]

と。加えて、

　　「しかし、おそらくは、サンキー卿判事（Lord Sanky）がウェストミンスター法およびカナダへのその適用について語ったように、"それは理論であって現実とはおよそ関係がない"」[37]

31　H. W. R. Wade, *The Judge's Dilemma*, The Times, 18 April 1972.

32　平良「イギリス憲法におけるヨーロッパ共同体法」法学研究（1977）50 巻 1 号 102 頁参照。

33　H. W. R. Wade, *ibid*.

34　Collin Turpin & Adam Tomkins, *British Government and the Constitution*, (Cambridge University Press, 7th ed, 2011), at p 79.

35　*Ibid*.

36　*Ibid*.

と締め括った。これは上の4つの引用のうちの上から2番目と3番目のことを言っていると思われる。

　というのも、イギリスからすればEU法の直接適用性も優位性も1972年法によって採り入れたというが、現実にはどうか。仮にそう主張できるとしても、タービン＆トムキンズのように「EU法は1972年法から独立して一定の効力を持っていた」と考える人もいるのであり[38]、イギリスのソバーン事件におけるローズ判事（Laws LJ）でさえ、「上に引用した（2と3の）主張を受け入れることを強く否定した」[39]ではないかと言う。

37　*Id.*, at p 80. Turpin & Tomkins らは、これを最も重要な意義（most important implications）として理解しながらも、それが彼らの本意としているわけではない。ダイシー伝統をある程度オーソドックスな定義として考えれば、こうなのであろうとしているだけで、後に検討するが、コモン・ロー・ラディカリズムの勃興と展開をポジティブな意味で期待していると思われる。

38　*Ibid.*

39　判例［58］－［59］を参照。

第8章　将来のイギリス議会制定法と EU 法の関係

　前章で、EU 法に対する EU 法レベルから見た見方と、各国の対応について見てきたが、イギリスの対応は従来からの国際法にいう「条約と国内法の関係」を類推して厳格に対応したように見えた。そうだとすれば、EU 法の新規性とイギリスの二元論、さらにその先に来る議会主権とは原理的に噛み合わないこととなる。とすれば政府としてはまずは立法権行使抑制論で批判をかわし、開陳された学説で対応を考え、最終手段として裁判官による衝突回避を期待するか、外観はどうあれ、EU 法違反の訴追だけは受けぬよう、慎重に判例の成り行きをみるを余儀なくされるほかないのであろうか。

I　立法権行使抑制論―政府側の見解

　これは政府の採る立場である。政府は、前述したように、リポン、ホウ等の見解を挙げたように、2条1項、3条1項等によって EU 法の優位性の原理を受容した。他方で、議会主権の原理は究極的に損なわれていないとした。これは一見矛盾しているように聞こえるが、ホウは、この鍵を解く鍵は 1972 年法2条4項にあると述べた。つまり、同項は、EU 法の優位性を受容したけれども、決して EU 法に矛盾する制定法を定立しえないと規定したわけでないからである。では、EU 法の優位性を、将来の牴触立法に備えてどう政府は保障しようとするのか。この問題は、イギリスが EU に加盟し続ける限り、政府の国際法遵守の責任は果てしなく続くとした。これを解決する理論として、政府は、立法権行使抑制論をとったと思われ、ある意味、巧妙なる理論となったかもしれぬ。なぜならば、立法権行使抑制論をとることによって、一方で EU 法の優位性、他方で、議会主権の双方が事実上同居できることになるからである。

　この理論は、1967 年の白書に反映されることゝなった。以下に引用する。
　「…随時、必要な修正又は廃止する後の立法をなすことが議会に委ねられ

ている。同時にこのことは、EC法の占める領域において、"議会はEC法をイギリス法へ編入した制定法が効力を有している限り、EC共同体法と矛盾する新しい立法の定立を抑制しなければならない"ことを意味する。…1」（傍点筆者）

これとともに、政府を代表して、リポンは、1972年2月15日に、庶民院で次のように表明した。即ち、

「事実、このことは、イギリスが将来、EC法と両立しない立法の定立を抑制するであろうということが、イギリスの諸条約を承認した意味の中に黙示的に含まれていることを意味する。……第2条第4項は従って、現在及び将来の制定法は、第2条第1項に服することを条件として解釈され、かつ効力を有すると規定しているのである」[2] と。

かくして、デ・スミスは、政府の立場を皮肉まじりに次のように評したのも見逃せない。

「政府は2頭の馬に跨がって国会に乗込んで来た。1頭は、議会主権の保持に向かって奮闘する馬に、もう1頭は、EC法の優位性という方向へ向かって疾駆しようとする馬に跨がって [3]」 と。

しかし、この政府のとる理論がいかに巧妙だとしても、問題は、この理論自体が、現実的あるいは実効的にどこまで通用するかであろうか。言うなれば、政府のかかる欧州共同体法優位性自体に対する保障の仕方がその場しのぎに聞えるからである。

EC法の先駆的学者であるラソクは、1967年の白書の言う、立法権行使の抑制論に触れて、次のように述べたことも付記したい。

「我が国における議会主権の原理（doctrine）の意味するところは、議会がかかる抑制（such restrains）を常に"任意"に課していることでなければならないということか、それとも、それが"強制的"に保障されうるということなのか、それが棄ておけない問題である」[4] と。

---

1 (1967) Cmnd. 3301.

2 H. C. Deb., vol. 831, col. 278 (15 February, 1972)

3 S. A. de Smith, *Constitutional and Administrave Law*, 2nd edn., at p 77., revised in 1991.

II 学説に見る議会主権の制約論

　それでは学説はいかなる態度を見せているか。イギリスにおけるダイシー伝統と言われる議会主権の通説的理解とともに、それと異なる見解を述べていくこととする。

1 ダイシー伝統からの最も厳格に立つ考え

　典型的にはディプロック卿裁判官の考え方が挙げられよう。彼の論旨は、ダイシー伝統を絶対的な原理として把えていることはもちろん、1972年法に対しても、政府のその場しのぎの見解を拭き払うように最も徹底した見解を示しているように思われる[5]。

　彼曰く、ローマ条約は、一見すれば、議会の主権行使を抑止せざるを得ぬような優位性を持つようだが、それでもなお、イギリス議会がそれに反する立法をなした場合は、その立法が国内法上効力を有すると考え、次のように述べた。

　　「もし、議会における女王が、ローマ条約に基づくこの国の義務に牴触する法規を定立した場合には、かかる制定法は、連合王国の国内法として問題なく効力を与えられるであろう。」[6]

　もちろん、そのことによって国際法上の違反の問題が生じるのもやむをえない。にも拘わらず、その立法は、国内法上、効力を与えられるとする。そのことは、それに続くディプロック卿判事の次の言葉で一層明確になってくる。

　　「もし、後法としての議会制定法、それも直接適用性を有する条約規定又は現行規則のいずれかに牴触する議会制定法が後に定立された場合には、連合王国裁判所は、牴触にも拘わらず、制定法に効力を与えることが義務づけられるであろう。加盟後に定立される議会制定法を立案するに当たっ

　4　D. Lasok & J.W. Bridge, *Law and Institutions of the European Communities*, (Butteworths, London, 1976), at p 257, revised in 1991.

　5　Lord Diplock, The Common Market and the Common Law, 6 Law Teacher 3 （1972）

　6　*Id.*, at pp4–5

ては、牴触の虞れを回避すべく考慮が払われねばならないけれども、一つ
の議会が、後の議会の権能を剥ぎ取って、EC の加盟国としての連合王国
の義務と牴触する後法の定立を禁止する一般法律を成立させることなどで
きない」[7]

と述べると共に、

「イギリス憲法に関する限り、ローマ条約への加盟は、議会における女王
の優位性の法的原理を少しも毀損することを意味しない。政治的には、疑
いなく、ローマ条約への加盟は、時のイギリス政府が代表されている EC
諸機関の定立した立法を我が国の法律（ここでは 1972 年法）へ議会が自発
的に組入れること、及び議会が牴触立法を制定せぬことを求めるであろう。
しかし、議会が、積極的にこうすることは大論争で議論が交わされたとこ
ろであった。それは政治学であって公法ではない [8]」

と結論づけた。

この立場からすれば、およそ EU 法の優位性など議会主権の前には、一歩も
二歩も道を譲らなければならなくなるわけである。思うに、これはダイシー伝
統の最も厳格な解釈の上に立つ見解である。したがって、牴触が生じた場合に
は、彼の主張によれば、対照的に、牴触する後の、議会制定法が優位すること
になる。

なお、この立場をとる学者は、他に、コリンズ[9]、ラソク[10]、ニュートン[11]、
及びデ・スミス等多数いる。そしてこれは、EU 法とイギリス議会制定法の関
係について目下の処、通説的立場と言えるかもしれない。因みに、デ・スミス
は、EU 法優位性の原理に触れて次のように結論づけて述べている。即ち、

---

7 *Id.*, at p8

8 *Ibid.*

9 L. Collins, *European Community Law in the United Kingdom*, (Butterworths,
1976), at p 12, which was revised in 2003 as 5th edn.

10 D. Lasok & J.W. Bridge, *An Introduction to The Law and Institutions of the
European Communities*, (Butterworths, 1980), at pp 259-260, which was revised in
1991 as 4th edn.

11 C. R. Newton, *General Principles of Law*, 2nd.edn., (Sweet & Maxwell, 1977), at
p132, revised in 1983.

「イギリスの通説によれば、この法理（議会主権）が、多分、第2条第4項とECに対するイギリスの加盟という政治的現実との結合された効力で浸食されない限り、最後の依り拠として、優位性は、後のイギリス議会制定法に与えられるだろう」[12] と。

2　ダイシー伝統の急進派を修正する立場

　次に述べるのは、議会主権の無制約性という点では、ディプロック卿と同一線上に立つが、EU法の新規な性格を認めたところから出発し、両者の共存、つまりEU法の優位性と議会主権の共存を何とかして探ろうとする立場である。

　一つには、もちろん、政府のとった立法権行使抑制論もあるが、例えば、H.W.R. ウェイドは、かかる政府の抑制論に立って、牴触立法は発生しないとする考え方の非現実性を先ず指摘して、次のように述べる。

　　「牴触が将来生じないと仮定することは現実的でない──我々は、Common Market Law Reports に既に多くの事件があるのを考察しなければならない [13]」

このように述べて、ウェイドはフランスで発生した *Semoules* 事件 [14] を例示する。

　イギリスの裁判官と同様、フランスの裁判官は法律の有効性を問題にしえないとされる。上の事件で、コンセイユ・デタは、アルジェリアの独立は、同国をEECの枠内から離脱させたにも拘わらず、アルジェリア産セモリナ（小麦粉の一種）に対する輸入免税を認めるオルドナンス（ordonnance）、これは明らかに欧州共同体法に反するものであったにも拘わらず、後法としてのオルドナンスを支持する判決を下したのである。ここでEU法とは、1962年のEEC規則であって、それに依れば、加盟国は、共通の域外関税（common external tariff）に依らない輸入は禁止されていた。しかもこの規則は、直接適用性を

---

12 *S. A. de Smith, Constitutional and Administrative Law*, 2nd edn. (Penguin Books, 1974), p 77, which was edited with R. Brazier in 2011.

13 H. W. R. Wade, *Sovereignty and the European Communities*, 88 L. Q. Rev. 1, at p. 3.

14 [1970] C. M. L. R. 395

有すると認められており、フランス政府は、その規則に反して、右の輸入を認めたのである。

このフランスにおける *Semoules* 事件は、牴触の単なる一例に過ぎないが、いずれにしても、このように将来の牴触国内法の発生が起こりうるものだとすれば、イギリスにおいて、どのようにこれを理論構築して、起こりうる牴触を解決すべきか。

H.W.R. ウェイドは、先ず第1に、議会は毎年1回、EU法の優位性を確認すべく、年次欧州共同体法（a European Communities Anual Act）を定立する。また、第2に、この方が好ましいのであるが、加盟後に定立される法律の上に、「この法律はEC法に一致する」などの1項を設ける、とすることにより、一方でEU法に優位性を与え、他方でその優位性を議会制定法自身で付与することにより、議会主権をも以前のまま完全に保持しようとするものである[15]。

そしてミッチェル等の議会主権を否定し、1972年法を後の議会制定法によって改廃しえないとする考え方に対しては断固反対し、「成文憲法を有しない国においては、根本的変革は、法上の革命及び裁判官が現在の議会に対する深く根ざした忠誠心を放棄すべく選択した場合にのみ、達成されうるに過ぎない」[16] と述べ、毎年1回、EU法の優位性を宣言する制定法を作り、各制定法の上に、この制定法は、EU法と一致するとの条項を挿入した制定法を考えるのも辞さない。その理由としては、恐らく、1972年法の2条4項の解釈規定によって少なくとも黙示的牴触は、解決されるであろうし、他方、明示の牴触立法が定立された時は、ウェイドの解決策では、誤って定立されたときは別、意識的に定立されたときは、いかんともし難く、それに従う他なしと考えるのであろうか。

②ウェイドとは別に、A. マーティン[17] は、議会は、EU法に反する立法をなしえないことを承認する憲法上の慣例が徐々に出現することを期待する。その

---

15 H. W. R. Wade, *Sovereignty and the European Communities*, 88 L. Q. Rev 1, at p 4.

16 *Id.*, at pp 4–5.

17 Andrew Martin, *The Accession of the United Kingdom to the European Communities: Jurisdictional Problems*, 6 C. M. L. Rev. 7.

ことで議会主権の原則に牴触することなく、しかも、EU法の優位性を保障しようとするものである。これはウェストミンスター法（1931年）の4条の効力によって、現在自治領に対して議会は立法することを自ら控えている。つまり憲法上の慣例が成立していると考えることで、この立場を支持しようというわけである[18]。この立場は、解決策としては、イギリス憲法体系に則したモデレートな解決策であり、比較的大きな反対に遭遇しないように思われる。が、前述したように、憲法上の慣例そのものは、制定法によって、何時においても廃止されうることは通説であり、そもそも憲法上の慣例なるものは、裁判所において、強行されえないものであることは周知の如くである[19]。したがって、EU法に反する立法をなしえないとの憲法上の慣例が成立したとしても、後の牴触立法の出現の前には抗すべくもないが一考の価値ありと思われる[20]。

3 EU法は委任立法か

さらに、イギリスの法律家は、EU法を新規なものと見ず、しばしば「委任立法の言葉で思考する誘惑に駆られる」[21]とされる。

例えば、N.M. ハニングスは、EU諸条約をイギリス議会制定法と同列に置き、他方、第二次的E立法とされる規則などを委任立法視しようとする[22]。

このように、EU法を委任立法視することによってイギリスの議会主権を擁護し、牴触が生じた時は、奇妙に思われるかもしれないが、イギリス議会による監督を経ずしてEU法が国内裁判所で個人により援用されうる事実を奇妙に思われるかもしれないが、これにより、EU法は、議会の統制を経ることなく、イギリスに効力が及ぼされるのである。

---

18 *Id.*, at pp 23–25

19 J. D. B. Mitchell, S.A. Kuipers & B. Gall, *Constitutional Aspects of the Treaty and Legislation relating to British Membership*, 4 CML Rev 134, at p136 n. 9.

20 F. A. Trindade, *Parliamentary Sovereignty and the Primacy of European Community Law*, 35 M.L.Rev. 375, at pp 385–386.

21 Dennis Thompson & Norman S. Marsh, *The United Kingdom and the Treaty of Rome: Some Preliminary Observations*, 11 I. C. L. Q. 73, at p 75.

22 Neville March Hunnings, *Constitutional Implications of Joining the Common Market*, 6 CML Rev. 50, at p 57.

が、トンプスンとマーシュは次の点から、EU法を委任立法視することを批判する。即ち、

「従位立法は通常、議会の審議に付され、肯定的又は消極的決議のいずれかに服することになっているが、EU諸機関に対してこの種の監督を除外することは何としても腑に落ちない」[23] と。

ホウは、EU法の優位性という点で把えれば、「EC法を委任立法と同一視してはならぬとの結果となる」[24] と述べ、やはり、EC法を委任立法とみる態度を排斥している。

4 制定法定立の構成と手続面からの制約論

同じくミッチェルの立場とは別に、例えばヒューストン（Heuston）らが言うように、議会がすべての事項について主権を有することについては否定しないが、かかる立法権行使の方式、あるいは立法部の構成を定める制定法に制約が課せられるとする見解があり、これも議会主権自体を説明した箇所で若干言及した。この場合、イギリスにおけるEU法は、立法部の構成として単にイギリスの議会ばかりでなく、EU諸機関を交えての新しい構成としてのイギリス議会が定立したのである。したがって、新種のEU法を創出した新しい議会構成による議会制定法、つまりイギリスの「1972年法（欧州共同体法）」は、その点で、後の議会をも拘束することになり、議会制定法による改廃を免れるとするのである[25]。

ミッチェルを含めたこれら議会主権の制約論からすれば、結論として、将来、EU法に矛盾する議会制定法が定立された場合、裁判所はどちらに、つまり議会制定法かEU法かのどちらに優先効力を与えるべきか、ダイシー伝統からはオーソドックスな答えが出てくるであろうが、先行判決の中であれば、EU法の優位性の原則を第一義的に判断するのはイギリスの裁判所でなく、欧州司法裁判所であり、その時のインパクトは大きいものになるであろう。

23　D. Thompson & N. S. Marsch, *The United Kingdom and The Treaty of Rome: Some Preliminary Observations*, 11 ICLQ 73, at pp 77–78.

24　G. Howe, *The European Communities Act 1972*, 49 Int. Affairs 1, at p 7.

25　*Id.*, at pp 613–616.

5 EU に常任委員会を設置する案 [26]

ダイシー伝統に立つ、以上の解決策では、少なくとも、究極的に EU 法の優位性を保障するには絶望的というか、困難になると思われる。しかし、時の経過と欧州共同体そのものが一層統合化へ発展することにより、議会主権の原理がいずれ後退を余儀なくされる日が来るであろうとの予想、予測もないわけではない。トリニダッドは正にこの予測の上に立って、「その日が来るまで、我々は議会主権の原理と優位性の原理が平和裡に共存する方策を見い出さねばならない」[27] として、具体的にこれを保障するための方策を提案する。こうした共存論は従って、ある意味、トリニダッドの解決策は、単に一時的方策、過渡的なものでしかないと言う。しかしながら、トリニダッドは、政府のとった立法権行使の抑制論を抽象的かつ非現実的なものから、議会に常任委員会なるものを設置して、そこで国会が牴触立法を成立させないようチェックするという、制度的保障へ議論を一歩進めた現実論を打出した点では評価されるかもしれない。

もう少し彼の提案の先を見ると、トリニダッドに依れば、この常任委員会は、5 つの委員会によって構成され、5 つの委員会は、全ての共同体事項についての法案を討究し、ある法案又はその一部が、欧州共同体法に牴触すると思料する時は、常任委員会にそれを報告し、常任委員会は牴触回避のため、その法案又はその一部が修正されるべく、法立案者に促す。それを受けて、例えば法案を提出した政府は恐らく、この法案を修正することなく推進することはなかろう、とする。なぜなら、1972 年法の 2 条各項の規定から、又は EEC 条約 5 条「加盟国は、当該条約の目的の達成を危うくする如何なる措置を執ってはならない」との規定及び ECSC 条約 86 条の同趣旨の規定に恐らく服すと考えるからである。さらに、イギリスにおける立法とは別に、提案された EU 法案（EU 諸機関による）で、直接適用性を有するもの全てを討究する委員会も必要であるとする。これが第 5 番目の委員会で、「直接適用性を有する EC 法に関する委員会」の設置である。

かように、EU 法そのものを精査することで、EU 法に牴触しない、現在及

---

26 F. A. Trindade, *supra note* (20), at p 376.

27 *Id.*, at pp 401-402.

び将来のイギリス議会制定法が、ある日突然、後に定立された直接適用性を有する欧州共同体法と牴触することになった時は、イギリス立法が、直ちにそこで修正又は廃止されるべく、常任委員会を通じて、政府に勧告できるのである。これは現実に今日ではイギリスが EC に加盟して十分に時が経過し、議会内に精査委員会が設置されたことで現実化したはずである。

　現行のシステムとしては、EU の欧州委員会の提案する立法草案は加盟国の国内議会に送付されることになっていること（補完性議定書 4 条、国内議会議定書 2 条、TEU12 条 a 項）、また国内議会による「補完性監視手続」に服する（補完性議定書 5-8 条）ことになっており [28]、国内議会においては法案を精査して自国の議会に反映させるだけでなく、EU の法案が補完性原則に違反していないかどうかを事前に監視する任務を公式に付与されているとも言える [29]。もし、国内議会の多数が問題を指摘するならば、EU は法案の見直しをしなければならない。

　ただ、現行のシステムと違い、トリニダッドの提案では、これによって、牴触は相当程度回避されるが、もし裁判所に、牴触問題を含む争点が持ち込まれた場合には、トリニダッドは、適当な訴訟段階で、少なくとも 1 年位訴訟手続を停止して、問題の立法が先の常任委員会へ付託されるべく、裁判官を義務づける制定法を設けるよう提案している。

　なぜ裁判官は委員会（常任の）へ付託すべしとするのか。これは、現状において、裁判官に牴触問題を審理させるべき段階にない、もし審理させれば、牴触する制定法の優位を宣言することは目に見えており、EU 法の優位性は保障されるべくもないからである。つまり、トリニダッドは、時の経過と EC 自体の発展が見られるまで、常任委員会が、牴触問題を専権的に処理することが適切であると考えたのであろう。

　28　庄司、前傾『新 EU 法基礎篇』、82 頁参照。国内議会（二院制の場合は上下両院）は、立法提案が補完性原則に適合していないと考える場合、立法提案の送付から 8 週間以内に理由付き意見を、欧州議会議長、理事会議長およびコミッション委員長に送付することができる（補完性議定書第 6 条、国内議会技手書第 3 条）。庄司、同書、85-86 頁参照。

　29　そのような意見が各国議会総票数の合計の少なくとも 3 分の 1 に達する場合、コミッションは、当該提案の再検討を行わねばならない。同上 86 頁参照。

なお、かくして裁判所から常任委員会へ付託された牴触立法は、同委員会の勧告により、国会によって、修正又は廃止され、かく改廃された立法が同裁判所によって遡及的に適用されることになる。

この提案は、極めて具体的で、特に委員会の設置については、既にリポンが議会[30]で、特別（ad hoc）の委員会設置を提案し、そこで欧州共同体法立案の十分な国会による精査を確保する適切な方法を探るべきであると述べ、その後実際に、1974年になって、2つの特別委員会、即ち、House of Lords Select Committee on the European Communities と House of Commons Select Committee on European Secondary legislation が設置された。しかし、これらは、トリニダッドの提案する常任委員会設置案と形式的にも内容的にも多分に異なるものであるようだ。そこではむしろ、EU法定立に加わる政府の議会に対する責任論の確立に力点が置かれている。しかし、この責任論は、国会の政府に対する新しいコントロールを探るものであり、EU法立案について、政府は情報の提供、議会討論を迫られているので、このことを通じて、間接的にではあるが、議会は、EU法立案に関与できるのであり、結果的に、自己の立法に際して、EU法との牴触を意識的に回避しうる状況になっていることは疑いなかろう[31]。

他方、トリニダッドの、裁判所から常任委員会への付託という点については、司法権の独立という点から問題が多いと思われるだけでなく、そのようなことがあってか、これはEC加盟後、実現されなかった。これらの提案はイギリスがEUから脱退した今、これ以上論じることは控えることとする。

6 スコットランド学派からの見解—ミッチェルの制約論

ミッチェルは、ローマ条約及びそこから流出するEU法というものの性格の最大のものを、それが直接適用しうるという点にみた。そのEU法が1972年法の第2条第1項で、現在及び将来に渡って英国法の一部として編入されることになった。そして3条2項により、欧州裁判所の判例は、イギリスの裁判所

---

30 H. C. Deb., vol. 831, col. 275（15 February, 1972）

31 T. St. John N. Bates, *The Scrutiny of European Secondary Legislation at Westminster*, 1 E. L. Rev. 22（1975）

によって確知しなければならないものになった。しかも、その欧州裁判所が、国内法に対する EU 法の優位性を説き、かつそれを原理として確立したのである。このことに鑑みれば、1972 年法は、正に EU 法秩序を創出したのであり、従ってそれは基本法であり、EC 加盟そして 1972 年法を定立したことで議会主権は制約されたとミッチェルは考えたのであった。しかも、この意味からすれば、2 条 4 項の解釈条項は、さほど価値を持つものではない[32] とした。

要するに、1706 年の "Acts of Union"（スコットランドとの合併に関する法）がそうであったように、EC に関しても、1972 年法によって、議会は新しい法秩序を創出したのであるから改廃されえない[33]、と考える。スコットランド人からすれば、スコットランドとの合併法は崇高なものであり、それを代表するエジンバラ大学のミッチェルは 1972 年法を基本法と把えることによって、その中で盛り込まれている欧州共同体法の優位性もまた、将来の議会に対して保障されたと見た。

この論理は、ある意味で明快であり、それ故に支持したく思われるのであるが、ダイシー伝統に立つ者（それは通説である）からは、痛烈に批判を受けただけでなく、イギリスの全学界から見れば、少数説でしかないと思われる。だが、この抑制論も牴触回避策の 1 つとして認められるべきとされているため、一応、掲げておく。

7 成文憲法制定論

他方、EU 法の新規性というものを正当に評価し、かつ又、議会主権の厳格性というものも認めると、両者は決して両立するものではない。しないとすれば、イギリスが EU にとどまる以上、これを解決するため、成文憲法の制定を期待し、それにより欧州共同体法に優先効力を与え、裁判官の抱えるディレンマを解消しようとするものである。これは、スカーマン、デ・スミス、あるいは、O.H. フィリップスらが取る考えである。O・H・フィリップの考えを見てみよう。

「ここで一言、見解を述べるならば、論理及び法の問題として、一つの議

---

32 J. D. B. Mitchell et al., supra note（19）, at pp137–144
33 *Ibid.*

会は、立法の内容又は方法、構成に拘わらず、何らかの『高次の法』即ち、それ自身によって定立するにあらざる優位法に依拠するのでない限り自らを拘束しえないのである。かかる優位法は、改廃しえない条項（entrenched provisions）を含む成文憲法、または自然法の如き一般原理若しくは国際法の優位性のいずれかであろう。」[34]

しかし、自然の如き一般原理若しくは国際法の優位性については、いずれも議会主権に基づく制定法によって改廃されうることはイギリス議会主権の通説的理解であり、判例もこれを認めているので、かかる高次の法として考えられるのは、成文憲法しかない、としてフィリップスは次のように結論づけた。

「この国の立法部が法上制約を受けるようになりうる唯一の方法は、国会が自らの権能を改廃しえない規定（例えば EEC への加盟など…）と司法審査を盛込んだ新しい成文憲法に譲り渡して、自らをそれに服せしめることであると思われる、——かかる憲法は、新しい立法部の権能を制約し、それが自らの存立をそれへ委ねる形での憲法である。新憲法は、現在の国会によって立法されるか、又は制憲会議にそれを委ねうるが、恐らくそれは、レフェレンダムという格別の道義的承認（moral sanction）を受けることになろう。」[35]

こうしたイギリス法上大変革を招くことになる成文憲法制定の動きは、イギリスが EC に加盟したことにより、さらに今ひとつ、成文憲法の動きに、根拠を与えた点で留意されよう。成文憲法の制定論は、ここではここまでとし、次章で判例の立場を検証した上でなにがしかのコメントを出すことができれば幸いである。

以上の政府の立法権行使と学説のいくつか、例えば、4 の制定法定立の構成と手続面からの制約論はダイシー伝統から格別の批判はなく、また 5 常任委員会論は EU から送付される EU 立法草案を受け取り、議会内の精査委員会と検討するなどして、政府が打ち出した立法権行使抑制論を補強する憲法習律が成立し、イギリス議会が EU 法の優位性と衝突しない立法の定立化に寄与できるかもしれない。もっともこれとてダイシー伝統の厳格な立場からすれば何の保

---

34 O. H. Phillips, *Constitutional and administrative law*, 1973 edn, at p75

35 *Ibid.*

264 第 8 章 将来のイギリス議会制定法と EU 法の関係

障もないわけであるが、一考の価値あり、と主張できよう。

Ⅲ 判例の動向─EU 法との相剋

1 判例の変遷① 1970 年代の初期判例─EU 法の優位性と議会主権の優位性の衝突

　以上の学説の立場に対して判例の傾向はいかなる状況にあろうか。1973 年の EC 加盟前と加盟後に分けて考えると、加盟直前の 1971 年、すでに上述したブラックバーン対法務長官事件が現れたが、EC 加盟後は 1976 年に行政審判事件として 1 件、それ以外では裁判所及び行政裁判所も含めて、牴触問題についてはほとんどが傍論として述べられているに過ぎず（しかも数例のみ）、牴触問題が真の争点になったものが 1 件、1976 年に現れたが、真に抵触問題が争われるのは 1980 年代になってからであり、そこでは裁判官の抵触回避のための適合解釈が顕著となるが、1990 年代になると、適合解釈では済まない時代を迎える。

　初期判例のうち、イギリスが EC に加盟する前年に起きた 1971 年のブラックバーン事件を皮切りに、まずは 1970 年代の初期判例にみるコモン・ローの展開を見てみる。

(1) 1971 年ブラックバーン対法務長官事件控訴院判決 [36]（EU 法の優位性と議会主権の優位性の衝突：議会主権は法的理論であって政治的実態とは一致しない）

　この事件における原告の主張の 1 つは、イギリスが EC に加盟することになれば、無制約性の国会主権が損なわれる、これはイギリスの法に反すると言うものであった。しかし事件が提起されたのは、イギリスが EC 加盟条約に署名する前であり、かかる時点において右主張により国と争うことは、条約締結権が国王の大権に属する以上、訴因を有しないとして、1 審である高等法院及び上訴審としての控訴院も、訴えを却下せざるを得なかった。しかし控訴院判事であるデニング及びサーモンは、傍論において注目すべき意見を述べている。

---

36 *Blackburn v Attorney General* [1971] CMLR 784.

《デニング記録長官判事の意見》

「原告（上訴人）は、ひとたび条約に署名がなされ、これを実施する国会制
定法が制定されるや、その制定法は撤回しえなくなり、後の国会を拘束する
ことになるとする。そしてこれはいかなる国会も後の国会を拘束しえないと
いう原則に違反すると主張した。しかし、法理論は、必ずしも政治的現実と
歩調を合わせるものでない。1931年のウェストミンスター法を例にとれば、
この制定法は、国会が自治領に対して立法をなす権限を奪うものであった。
しかしだれが国会はその制定法（つまり1931年のウェストミンスター法）を後
になって取消すことができ若しくはすると考えようか。その後、自治領又は
海外領土に独立を付与した国会制定法を例にとってみよ。国会はかかる制定
法を取消し、その独立を奪うことができ、又奪うとだれが考え及ぼうか。そ
のことは極めて明白にできないし、又しないであろう。ひとたび自由が与え
られたら2度とそれを奪えない。法理論は政治的現実に道を譲らねばならな
い。」[37]

とこのように述べたのである。

　もちろん、ダイシー伝統の厳格な立場からすれば、この1931年のウェスト
ミンスター法をも改廃できるとするのであるが、デニングは、国会主権の原理
の厳格性の中にも、政治性と関係してくる立法については、事実上これを改廃
することを回避しなければならないとする。

　しからば、デニングの言う政治的現実とはいかなるものか。これについて彼
は、以下のように述べた。

「もし女王がこの条約に署名し、国会がそれを、実施する立法を制定した
ら、その後、国会はそれに反して撤回することはあるまいと考える。」[38]

が、この考えは、デニング独自のものでない。この考えは、既に1935年に判
決されたイギリス石炭公社対国王事件[39]でサンキー判事（Viscount Sankey, L.
J.）が述べたものをデニングがブラックバーン対法務長官事件判決においても
引用し、自己の根拠としたのである。更にデニングの言葉を続けよう。

37　[1971] C. M. L. R. 784, at p 790.

38　*Ibid.*

39　*British Coal v. the King* [1935] A. C. 500

「この見解をとるに当たって、イギリスの石炭公社対国王事件におけるサンキー判事の傍論を想起しうる。それは、『女王の国会は、抽象的な法として、1931年のウェストミンスター法の第4条を廃止又は無視しうるであろう。しかし、それは理論であって現実と無関係である』とするものである。」[40]

(この傍論は、国会主権を説明した箇所で、ウェストミンスター法第4条並びにその後のコモンウェルスに属していた領土を承認せる諸立法の解釈を巡る裁判官の同列の態度を示すものとして既に紹介した)

以上、デニング記録長官判事の見解を述べた。次にサーモン判事(Salmon, L. J.) の意見を聞こう。

《サーモン判事の意見》

サンキー判事の意見はデニング判事のそれとの対比において興味深いものである。

「イギリス法の現状においては、議会は欲するがままに法律を制定、改廃することができる」[41]

と述べた。この見解は、言うまでもなく、ダイシー伝統の立場を厳格に貫くものであり、現在における通説と言ってよいであろう。

〔両判事の意見に対して〕

ところで、両判事の意見を根拠として、EU法とイギリス議会制定法の牴触が生じた時、各判事はどう判断するかを占ってみよう。

サーモン判事は、議会は欲するがままに法律上何事もできるとするのであるから、欧州共同体法に反する立法がなされたら、その立法を効力あるものとして適用するであろう。

他方、デニング判事は、欧州共同体法に優位的地位を与えるであろうか。もしそうであるなら、サーモン判事のそれとの対比において重要な傍論となる。が、デニング判事は、政治的現実の優位性を挙げつつ実際には「その時になっ

---

40 *A matter of theory and has no relation to realities.*

41 *Blackburncase* [1971] CMLR 784, at p791

てから、議会が EU 法に反する立法をなしうるかどうか述べるだろう」として、デリケートな問題の判断を将来のその日まで留保した。従って彼の意図するところは明白に判明しかねるのであるが、しかし、彼の見解を今少し突込んで検討してみると、かかる政治的現実による議会主権の制約論は、さほど EU レベルの EU 法の優位性とは近くないことが分かる。というのは、そもそもデニング判事の発想は、EC 諸条約を他の条約と変わりないとみることから始まっているからである。この事件において、原告の主張の 1 つはこうであった。即ち、ローマ条約は他の条約と異なる、つまり超国家的性格をもつ新しい法秩序を創設するものである。したがってもし英国が EC へ加盟すると、無制約性の議会主権が損われるのであり、故にイギリスの法に反する、と主張したのである。デニング判事は、同じく傍論としてではあるが、次のように回答した。

> 「彼（ブラックバーン）は、この条約（ローマ条約）が、それ自身のカテゴリーに属するのであり、であるから、それはこの国の人民に及ぶ国会主権というものを削減（diminish）せしめることになると主張した。私はかかる特性を認めることはできない。一般原理は、他の全ての条約と同様、この条約にも適用される。」[42]

このことからすれば、デニング判事は、イギリス国会で定立され、それが裁判所で問題になった時、彼の言う政治的現実による議会主権の制約論は、どれほど有効に作動するであろうか。それが黙示的牴触であれば解釈技術により政治的現実に優位性を与えることは可能であろう。しかし、明示的な牴触立法の場合であれば、どうであろうか。彼は前述したように、「もし女王がこの条約に署名し、国会がそれを実施する立法を制定したら、"議会はそれ以後、それに反して撤回することはあるまい"」と述べた。これが彼の言う政治的現実だとすると、これは単に政府の述べた立法権行使抑制論と実質的に大差ないのではないか。もしそうであれば、議会が予期に反して、というか政治的現実に反して、意識的に牴触立法を定立した場合には、デニング判事とていかんともし難く、これを有効な法として適用せざるをえなくなるのではないであろうか。

このように考えると、彼の傍論とサーモン判事の傍論は究極においては大差

42　*Id.*, at p 789

なく、これを対称的にみることはむしろ危険となるかもしれない、このように考えるものである。

(2) 1974年エッソ石油会社対キングスウッド自動車会社事件[43] 高等法院判決（EU法の優位性は72年ECAの結果に過ぎない）

本件は、原告と被告間に交わされた原告社製品（エッソ石油製品）の独占販売契約が、ローマ条約85条（競争制限に関する条項）との関係で有効性を持ちうるかが争われたのであるが、判決の中で、ブリッジ判事（Bridge, J.）は、全く傍論的に次のように述べた。

> 「1972年のイギリスの欧州共同体法により、1957年3月25日にローマで署名がなされたEECを設立する条約及び、同条約により、共同体諸機関が定立する第二次的立法の諸規定が、1973年1月1日に本邦における法の一部となったので、それが我が国の国内法と牴触する場合には、1972年法の効力として、EU法が優位すべく要件づけられるのである。」[44]

かかる一般的叙述は、これ以上の説明は特にみられないこともあって、評価に困難を感ずるのであるが、後半部分の「1972年法の効力により」という表現は、ある意味で同判事の立場が、国会主権に関する判例の大勢に従うものであると把えられなくもない。なぜなら、欧州共同体法の優位性が、1972年法自体から由来していることは、1972年法が後の別な国会制定法で改廃されることになれば、その根拠を失うことになることも意味するからである。ただ、1972年法を基本法とみる立場からこの傍論を解釈すれば、同判事が「欧州共同体法が優位すべく要件づけられている」と述べたその優位性は、将来とも保障されることになるから、この傍論だけでは、俄かにどちらが正しい見方か判定しかねる。

もっとも、J・フォーマン（J. Forman）の評釈は前者に立ち、J・W・ブリッジ（J. W. Bridge）の評釈は後者に立っているように思われる。即ち、フォーマンは、かく述べる。

> 「この宣明は必ずしもEC法秩序の独立性を有する性格を十分に反映して

---

43 Esso Petroleum v. Kingswood Motors Ltd. [1974] 1 Q. B. 142; [1973] C. M. L. R. 665

44 *Id.,* [1974] 1 Q. B. 142 at 151

いないように思われる。これは 2 つの理由による。1 つは、欧州共同体法は、国内法の一部であると述べたことにより、今 1 つは、EC 法の優位性が、EC 法それ自身でなく 1972 年法から由来していると確言することによってである。」[45]

これに対して、J.W. ブリッジは、

「少なくとも、イギリスの高等法院の 2 人の判事は、EC 法の優位性の原理とその意味しているところに気づいている。エッソ石油会社対キングスウッド自動車会社事件でブリッジ判事は、EC 法がわが国の国内法と牴触する場合には、EC 法が優位すると、1972 年法によって要求されていると述べたのである」[46]

と評釈した。

どちらの評釈が妥当であるか、J.W. ブリッジの言うように、もう 1 人の高等法院の判事、つまり次なる事件判決におけるグラハム判事（Graham, J.）の意見を聞いてみよう。

(3) 1973 年アエロ・ズィップ・ファスナー会社対 Y・K・K・ファスナー会社事件 [47]

本件は、被告の特許権侵害に対して提起された訴訟で、被告は抗弁として、EEC 条約第 85 条及び 86 条（独禁法関係条項）に依拠し、それが認められた事件であるが、判決の中で、グラハム判事は次のように述べた。即ち、

「本邦は、…EEC 条約に基づくイギリスの義務を履行するために、1972 年のイギリスの「欧州共同体法」を制定した。この制定法は、一定の欧州共同体法が、本邦において適用されること、及び牴触が存在する場合においては、イギリス法を効力において低次のものとする（override）旨定めた」[48] と。

この傍論は、先の事件におけるブリッジ判事の傍論と同様、ある意味で、牴触

---

45 John Forman, *The Attitude of British Courts to Community Law—The First Three Years*, 13 C. M. L. Rev. 388, at pp397–398

46 J. Bridge, *Community Law and English Courts and Tribunals: General Principles and Preliminary Rulings*, E. L. Rev. 13, at p16

47 *Aero Zipp Fastener v. Y. K. K. Fasteners* [1973] C. M. L. R. 819

48 Aero Zipp case, *Id.*, at p 820

問題に関する一般的叙述に過ぎないので、やはり、深い真意まで探ることはできないが、J・フォーマンは、ブリッジ判事のそれと区別して、むしろこのグラハム判事の傍論を支持する評釈をしている。

「グラハム判事は、これらの言葉を用いて、EC法が、イギリス法と別個のものであり、必ずしもそれが、イギリス法の『一部』でないことを承認しようとしているように思われる」[49] と。

確かに、「EC法はイギリスの法の一部となった」という表現と、「EC法が本邦において適用される」という表現の間には、一定の相違点があるかもしれない。というのは、「一部となった」という言い方は「条約が国内法に変型された」という意味に通ずるのであり、もしそうであれば、国内法に変型されたEU法の効力は、究極的には、イギリス法の根本規範である国会主権の前には道を譲らねばならないからである。他方、「適用される」ということになれば、EU法は国内法秩序内に一体として組入れられるというより、EU法秩序において有する効力がそのままの形で、つまり国内法に優位するEU法として、イギリスの裁判所で適用される。そういう意味で、J.フォーマンはこの傍論を評価したのではなかろうか。

他方、J.W. ブリッジは先のブリッジ判事の傍論と同様、グラハム判事のそれも、EU法の優位性を一定程度認識している点で評価している。これを先のデニング記録長官判事と比較すれば、（同記録長官は、ローマ条約の新規性及びEU法の優位性を無視している）一層明らかとなろう。

しかし、J. フォーマンが言うように、どちらかと言えば、ブリッジ判事よりグラハム判事の傍論の方が、EU法の優位性をより強く受けとめていると言えるかもしれない。

(4) 1975年国王対セッチ事件 [50]

以上2つの高等法院判例のほかに、ここでは、治安判事が取扱った事件の判決における傍論をみることにする

本件において、イタリア国籍を有する被告セッチ（Secchi）は、1974年に英国に入国し、行き当たりばったりの仕事をしていたが、その間2度に渡って刑

---

49 John Forman, *supra note* (46) C, at p 399

50 *R v. Secchi* [1975] 1 C. M. L. R. 383 (Marylebone Magistrates' Court)

事犯に問われ、1971年の移民法に基づき、治安判事により、国外追放（deportation）の勧告（recommend）を受けた。EU法である命令64/221の3条に依れば、加盟国は、被告の「personal conduct」により国外追放することができ、他方、被告は、自己の前科が国外追放を招く「personal conduct」に該当しないと主張して争った。結局被告は敗訴するのであるが、ここで必要とされるのは、J.C. フィリップス（J. C. Phillips）治安判事が、判決文の中で傍論として述べた部分である。即ち、

> 「EC法をイギリス法の一部であるとする1972年法の効果は、イギリス法、即ち、議会制定法及びコモンロー双方を、EC法の定立される領域において、EC法に服せしめることである。」[51]

この傍論は、先に取上げたエッソ石油会社事件におけるグラハム判事のそれに沿うものであると思う。しかし傍論に過ぎない。

(5) 1976年ハウク対特許代理人登録官事件[52]

本件は、加盟前の行政規則ではあるが、それとローマ条約の規定の牴触問題が真の争点になった行政審判事件として注目されるべきであり、欧州裁判所の判事を務めるマッケンジー・スチュアート卿（Lord Mackenzie Stuart）は、ハムリン・レクチュアー・シリーズの中で、Common Market Law Reports が、本件を収録したこと自体に賛辞を送ると共に、事件のあらましを紹介し[53]、評価した。本論文においても、以下に本件を多少詳細に取上げたいと思う。

〔事実概要〕

上訴人ハウク（不服申立人）は、ドイツ国籍を有するものであるが、イギリスにおいて特許代理人となるべく、1964年の the Register of Patent Agents（Amendment）Rules の8条1項に基づき、1975年度の特許代理人試験の受験出願を行なった。しかし同規則の8条2項b号に依れば、受験資格を有する者は、イギリス臣民又はアイルランド共和国市民であることを立証しない限り、

---

51 *Id.,* at 386

52 *Haug v. Registrer of Patent Agents* [1976] 1 C. M. L. R. 491

53 Lord Mackenzie Stuart, THE EUROPEAN COMMUNITIES AND THE RULE OF LAW (The Hamlyn Lectures 21st Series), at p18

受験できないと規定されていた。かくして登録官（the Registrar）は、この規定に従い、1975年1月13日付の書簡を以って、受験出願を拒絶する通知を出した。ハウクはこれを不服として、同年1月27日付の書簡にて、同規則第19条に基づき、上訴し且つ20条に基づき、請求の陳述書を提出した。

この書簡は、登録官になされたのであるが、上訴の舞台は、特許庁の監査官（the Comptroller of the Patent Office）に移された。なお審理と審決はそこにおける副監査官 J.D. ファーガソンによって行なわれた。

〔争点〕

争点は、1972年法により（の効力により）、ローマ条約の諸規定が、1964年の行政規則（議会によって承認を受けている）に優位するかどうか、言い換えれば、同規則8条2項b号が、ドイツ国市民に対して何ら効力を有しないものであるかどうかであった。

〔審決〕

上訴人の受験申込に対する登録官の拒否決定を破棄。以下判旨内容を要約して述べる。

①ローマ条約第7条は、原則的に、国籍に基づく全ての差別を禁止していた。

また、同条約52条は居住権の自由を規定しており、同条2項においては、この居住権の自由がある加盟国の国民が他の加盟国において特定の職業を行なうことに拡大されていることは明らかである。したがって、上訴人がイギリスで特許代理人という職業を行なうには、問題の試験に合格することが先決問題になる。したがって、受験申込みを拒否することは、居住権を否定することであり、当該条約規定を逸脱するものである。故に当該試験を受験させることが、本条約の適用範囲に該当し、そのことは、加盟国国民に対し、一般的に開放されなくてはならない。

②ところで、この第7条（国籍に基づく差別の禁止）に対する適用除外は、55条、56条である。つまり、その活動が、加盟国の公権力の行使（55条）、又は公の秩序若しくは公共の安全（第56条）に関していれば、7条の適用は排除される。

③しかし、特許代理人の活動は、公権力の行使とは何ら関係がない。特許関係における公権力の行使は、裁判所と多くの行政部省によって行使されるものである。

④特許代理人に関する国籍条項（行政規則の）が立法部の精査を受けたのは1964年であり、当時、この職業に就くことに対する制約は、「公の秩序」に基づくものであったと考える。しかし、それ以後、イギリスは、ローマ条約に加入し、又特許という領域においては、EEC加盟国が締約国のほとんどを占める「欧州特許協定」に署名した。この特許協定の条項には、加盟国の国民が、ある特許をイギリスにおいても効力を及ぼせしむるための許可を得るべく欧州特許局（European Patent Office）で実務を行うことを認める規定が含まれている。かかるイギリスの政策（policy）の発展に鑑みれば、1964年に承認した立法部の意図は、もはや、高次の重要性（overriding importance）を持ちえない。私はしたがって、イギリス臣民及びアイルランド共和国市民以外のEEC加盟国国民を問題の試験より排除することが、現在における公の秩序であるとする特定の理由はないと理解するものである。

⑤次に公共の安全に話を移せば、特許代理人に関する国籍上の制限は、1919年にはじめて導入された。これは当時、特許代理人の職業が、国家の安全に影響を及ぼすことになる情報を得る特別の機会を提供したからである。当時の立場がどうだったにせよ、かかる制限は、EEC諸国の国民に関しては、今日いかなる実質上の安全装置とみなされるものでないことは明白であると私には思われる。

⑥以上のことから、加盟国の可能な義務逸脱（derogation）のいずれも本件状況の下においては、適用されるものでなく、従って、本件においては、ローマ条約第7条の一般原理が適用され、かつこの条項は、当該行政規則第8条第2項b号に優位（prevail over）することになる。故に、当該規則は、加盟国の他の7か国の国民又は市民に対しては何の効力を有するものでないと解釈されるべきである。もっとも、これらの市民が、登録官の満足のいくように、自らが、加盟国のいずれかの国籍を有する旨立証しなければならないことは、依然として当然のことである。本件について言えばかかる立証については、登録官は既にその心証を得たと考える。

⑦従って規則（行政規則）21条2項に基づき、登録官は、1975年の特許代理人試験に対して、上訴人の受験資格を認めるよう命じた。

以上が本件審判事件のアウトラインである。この審決は、これまで掲げた裁判官の傍論と比べた時、EU法の優位性の根拠を1972年法（イギリスの）に特別言及することなく、否むしろ、本件牴触問題が、条約自体に照らして、つまりEU法秩序それ自体の中で解決されているように思われる、その点でEUレベルにかなり近い判断と言ってよいのではないだろうか。したがって、冒頭に掲げたマッケンジー・スチュアート欧州裁判所判事も、本件を、「EC法の優位性」と題する箇所で取上げ、コスタ対電力公社事件の系列に沿うものと示唆を与えた[54]のだと思う。

ただ、EU法に矛盾するこの行政規則が、イギリスのEC加盟前のものである点で、加盟後の牴触立法、つまり、EU法と両立しない後法としての議会制定法が現われた場合とは事件を異にするので、本件審決を全面的に評価することは留保しなければならない。が、いずれにせよ、この事件を含めて先の高等法院の2件及び治安判事による判決での裁判官の傍論は、少なくとも、ブラックバーン事件でみられたデニング記録長官判事やサーモン判事らとは異なり、EU法の優位性を、EU法の新規な性格を把握した上で、それに支持を与える、そういう傾向を有する審決であると捉えられよう。

2 判例の変遷②適合解釈による衝突回避の時代—判例に見るイギリス裁判所の解釈態度

これまでのイギリスの議会制定法に対する裁判官の通例の解釈態度は文理解釈だった。今もこれが第一の解釈原則だと思われるが、イギリスがECに加盟してからECEU法と解釈が衝突した時、文理解釈では限界が顕著になってきた。イギリスは判例法の国なので、議会の作る法には大陸法系の国と違ってコモン・ロー裁判所は出来る限り狭く解釈しようとするのが伝統であった。以下の事件をみてもそれが見て取れる。つまり、イギリスの議会制定法とECEU法との衝突を回避するため、同国の裁判所は従来の狭い解釈方法を捨てざるを得

---

54 *Ibid.*

なくなってきたのである。以下参照されたし。

(1) 1980 年マッカーシー社対スミス事件控訴院判決 [55]

次にこの判決を取り上げる。この判例は初めてイギリスの裁判所から EC 司法裁判所に事件が付託された点で注目を浴びた。さらに、この事件はイギリス議会の制定した平等賃金法とローマ条約 119 条（同一労働同一賃金の原則）との衝突という憲法問題を含んでいた。

〔事実概要〕

この事件でイギリス議会の制定した平等賃金法の 1 条 2 項 a 号と同一労働同一賃金の原則を定めたローマ条約 119 条との不一致という憲法問題を含むもの。マッカーシー社はある男性をマネージャーとして雇用し、週 60 ポンドの賃金を支払っていた。しかし 5 か月後、マネージャーは女性スミスに引き継がれた。しかし彼女には週 50 ポンドしか支払われなかった。彼女は平等賃金法 1 条 2 項 a 号に基づき、マッカーシー社に差額分の支払いを求めて訴えを提起した。

〔一審行政審判旨〕

一審の産業労働審判所は前任男性マネージャーの仕事と後任女性マネージャーの仕事は同一と認定し、両者に差額があるのは平等賃金法で禁止している性のみによる理由以外に考えられないとして原告の訴えを認容した。これに対して被告 1980 年のマッカーシー社は平等賃金法の 1 条 2 項 a 号は男女が同一時期に同一労働に従事している場合にのみ適用すべきであり、本件のように、時期がずれている場合には適用すべきでないと主張して産業労働上訴審判所へ上訴した。

〔行政上訴審〕

これに対して、産業労働上訴審判所である上訴審判所は、同一賃金同一労働を原則とするローマ条約 119 条 [56] は、男女が同一時期に雇用されている場合

---

55 *Macarthy v Smith* [1981] QB 181; (Case 127/79) All ER [1981] 111.

56 EEC の設立条約であるローマ条約の第 119 条第 1 項・第 2 項は、次のように規定し

だけでなく、時期を隔てて男性マネージャーの仕事を引き継いだ場合にも適用
されるべきであると、同条約119条を解釈すべきであるとして上訴を棄却した。
マッカーシー社はこれを不服として控訴院に上訴した。

〔控訴院判旨〕

　本件は行政上訴審からさらに、イギリス控訴院に上訴された。控訴院判決の
多数意見（ロートン判事、カミングブルース判事）によれば、イギリスの議会制
定法「平等賃金法」は通常の解釈原理すなわち「文理解釈」に従って解釈すべ
きである。それによれば1条2項a号に定める通常の意味は男女が同一時期
に同一労働に従事する場合に限定されるべきであり、裁判所はローマ条約119
条の文言を同条項の助けとして用いてはならない。

　しかし、にもかかわらず、119条の真の意味を知るために、本件をEC司法
裁判所に付託すべきであるとして事件はEC司法裁判所へ付託された。

〔EC司法裁判所の判決〕

　119条の下で、男女が同一時期に同一労働をする場合に限定されるべきでは
ないと判示、イギリスの控訴院に戻された。

〔控訴院判決〕

　これを受けて、同控訴院は女性マネージャーに同一賃金が支払われるべきで
あると判示した。

〔評釈〕

　これを見る限り、イギリスの控訴院の多数意見よりも、一審の産業労働審判

ている。「各加盟国は、同一の労働又は同一価値の労働に対する男子及び女子労働者間の同
一賃金の原則が適用されることを確保するものとする。本条の適用において、「賃金
（pay）」とは、労働者がその雇用に関して使用者から直接又は間接に受け取るところの通常
の基本的な又は最低の賃金又は給与若しくは現金であれ現物給付であれ他のいかなる報酬を
意味する。性に基づく差別のない同一賃金とは、（a）出来高払いの同一労働に対して支払
われる賃金は同一の計算単位に基づいて定められ、（b）時間払いの労働に対して支払われ
る賃金は同一職種（job）につき同一である、ことを意味する。」

所、二審の同上訴審判所の方が、ローマ条約（EC法）の真の意味を理解していたということになる。

　ところでこの事件をダイシー伝統により"前法と後法"という図式で考えたとき、一方でローマ条約119条の効力を国内法化したイギリスのECA1972の後に制定された後法、すなわちイギリスの平等賃金法が不一致だとされると、その解決は後法優位で判断される。そう考えると、つまり、議会主権の伝統的な立場からすると、その場合、後法である平等賃金法が優位するはずである。したがって、本件がEC司法裁判所に付託される前にイギリス控訴院が下した、平等賃金法の1条2項a号の規定は"同一時期に同一労働に従事する場合"の（男女の）比較に限るという狭い文理解釈は、通用しなかったわけである。

　こうして事件がイギリスからEC司法裁判所に付託された結果、伝統的な文理解釈という立場は同司法裁判所によって覆されたわけである。これにより、前法後法との図式でみる伝統は、抵触が起きた時は、明示的にも黙示的にも放棄を余儀なくされ、その結果、後法である平等賃金法の優位とする解釈は放棄を余儀なくされた。それは、1972年ECAの2条4項にみる解釈原理にも一致し、さらに、条約と国内法が衝突した場合の解釈方法として、裁判所には「意図せざる抵触回避の原則」というのもあり、その原則にも一致したわけである。この原則によれば、もし条約と議会の作る法に抵触関係が生じたとき、それが意図的でなく、不注意によるものであれば、"イギリスは条約上の義務を果たす意図があると推定される"との原則があり、その解釈に従うべしとの伝統にも一致するわけでもある。ゆえに、この判決をもって直ちに議会主権が変容されたとまで即断するのは難しい。

　さらに、当初控訴院が取った多数意見は、男女が同一時期に同一労働に従事する場合に限定すべきであり、また、裁判所はローマ条約119条の文言を同条項の助けとして用いてはならない、平等賃金法をイギリスの伝統的な解釈態度である文理解釈にとどめるべきであると、ロートン判事、カミングブルース判事ら多数意見はやはり伝統的な解釈原理の立場を踏襲しようとしていたこと、ローマ法の特別な性格をほぼ理解しようとしていなかった点が顕著であった。

　さらに、この事件でEC司法裁判所に付託する必要はないとして、多数意見に立たなかった裁判官の一人、デニング卿は「将来、もし我が国の議会の明示

的文言でもって条約に抵触する立法を行った場合には、司法部はどのような立場をとるべきか」と自らに問い、「その場合はそのような議会の作る法に従うのが裁判所の義務であろう」と、彼もまた、ローマ条約の真の意味を認識しているとは思われない。

(2) 1982年ガーランド対イギリス鉄道エンジニアリング社事件貴族院判決 [57]

次なる事件はイギリスの1975年性差別禁止法とローマ条約に衝突が起きた事件である。先の事件が控訴院どまりだったのに対し、本件は最高裁である貴族院まで上訴された点で注目された。

〔事実概要〕

上訴人イギリス鉄道エンジニアリング社は、社員とその家族のために交通運賃の無料、割引等の旅行上の便宜を供与する制度を有していた。社員は退職後もこの便宜を享受でき、とくに男子被用者の場合にはその家族にもその便宜を供与することになっていた。しかし、女子被用者が退職した場合には、かかる家族のための便宜は提供されなかった。本件の上訴人"ガーランド"は女性被用者であるが、このような男女間の取り扱いにおいて男子被用者にのみ「退職に関連する供与」を提供することは性差別にほかならないと産業労働審判所に訴えを提起した。これに対してイギリス鉄道エンジニアリング社はかかる便宜供与を適用除外として認めている1975年性差禁止法6条4項により性差別ではないと主張した。

〔一審の行政審判所〕

これに対して一審の産業労働裁判所は、雇用者の維持する制度は性差別禁止法の6条4項の意味に含まれ、同条項の規定する適用除外にあたるとし、女性原告ガーランドの主張は認容できないと判示した。

〔行政上訴審〕

これを不服としてガーランドは産業労働上訴審判所に上訴。

---

57 *Garland v British Rail Engineering Ltd* [1982] 2 All ER 402; [1983] 2 AC 751.

同上訴審判所はガーランドの主張を認容。イギリス鉄道エンジニアリング社はこれを不服として控訴院に上訴。同控訴院は同社の上訴を認容し、性差別禁止は6条4項の「退職に関連する供与を除外する」との規定は広範な表現で、退職にまつわるあらゆる便宜の供与を含むと判示した。

〔貴族院判決〕

貴族院はガーランドの上訴を受けて、かかる差別はローマ条約119条に反するかどうか、またその条約条項は直接効力を有する規定か、その解釈を求めて、事件をEC司法裁判所に付託した。同司法裁判所における先行判決訴訟において、同裁判所は、退職後の特別な旅行上の便宜を女性に供与しないことはローマ条約119条の意味における差別である、また同119条は直接効力を有する規定であると判示した。

これを受けて貴族院は性差別禁止法6条4項は、できるだけローマ条約の義務を遂行するように適合解釈しなければならないと判示した。そしてここでも、貴族院は性差別禁止法へイギリスの伝統的な文理解釈の手法をとらず、EC司法裁判所の解釈するローマ条約の意味と整合するよう、性差別禁止法を適合解釈した。さらに多数意見を代表して、ディプロック卿判事は次のように述べた。

「119条の規定を遵守する義務が、たとえ通常の国際条約または協定に基づいて連合王国が引き受けた義務であるとしても、また、改めて法規を定める必要なくこの国の裁判所によって適用されるべき法の一部として直接適用性を有する条約義務の問題は存在しないとしても、ローマ条約が署名された後に制定された議会制定法の文言で、かつ、それが国際法上の義務の問題を取り扱っている場合、もしそれらの文言が合理的なそのような意味をもちうるならば、その義務を履行し、それと一致しないことのないように解釈される、というのが連合王国の制定法の解釈原理である。このことは、ECA1972の2条が適用される共同体条約に基づいて生じる条約義務の場合にもあてはまる。」

〔評釈〕

このように、ディプロック卿判事は、性差別禁止法を「条約上の義務と一致

しないことのないように解釈されるべきである」と述べ、この解釈法は従来からイギリス司法部の取ってきた解釈原理であるという。しかし、もし議会が明白に意図した、あるいは明示的に国際条約に反する制定法を作った場合には、イギリスの裁判官にはこれ以上、かかる推定則に従えなくなると同時に、ECA1972 の 2 条 4 項の解釈条項の及ぶ範囲を越えてしまうことは明白である。このことはマッカーシー事件において少数意見としてデニング卿が述べたことと一致する。

　しかし、条約との抵触回避の推定則によるとしても、このように解釈の手法で条約の意味に沿うように議会制定法を適合解釈するにはおのずと限界がある。にもかかわらず、裁判官は国内法を解釈という手法を通じて議会制定法をどこまでローマ条約と一致させることができるであろうか。ディプロック卿判事は、傍論としてではあるが、次のように述べた。

> 「本件は、ECA1972 の 2 条 4 項 [58] に含まれる制定されるべき法規の解釈に関する明示的な指針を考慮しつつ、1973 年 1 月 1 日以降制定された法律の中で、ある特定の条項が共同体条約に基づき連合王国が引き受けた義務に違反する目的で制定されたと明示的に述べられていないことを条件として、イギリスの裁判官は、その規定の文言の一応の意味からの逸脱が、適合解釈のためにどれだけ大きくとも、その規定を連合王国の共同体義務と一致しない方法で解釈するなど許されるのかどうか、本件は考慮するのに適当な機会を提供しなかった。」（傍点筆者）

この通常の意味からの「逸脱が、適合解釈のためにどれだけ大きくとも」適合解釈すべし、という表現には注目される。この貴族院におけるディプロック卿判事が、ローマ条約の新しい意味を判例の中でどのように評価していたのであるかが重要である。それによれば、先に述べたディプロック卿判事の見解、すなわち「（ローマ条約）119 条の規定を遵守する義務がたとえ通常の国際条約または協定に基づいて連合王国が引き受けた義務があるにしても」との言い回し、また「改めて法規を定める必要なくこの国の裁判所に寄って適用されるべき法の一部として直接適用性を有する条約義務の問題は存在しなくとも」通常の意

58　「制定され、または制定されるべき法規は…本条上記の諸規定の制約の範囲内において解釈されかつ効力を有するものとする。」

味からの「逸脱が、適合解釈のためにどれだけ大きくとも」適合解釈すべし、という言い回しは、やはり、ディプロック卿判事は、いまだローマ条約を従来の条約と同列に置く見方から脱していないように聞こえる。イギリスが EC に加盟してから、議会主権がどのようなインパクトをこうむっているかを真に理解するためには、まずはローマ条約が各国の主権の制約を前提としていること、したがって、ローマ条約が従来の条約とは異なることを認識しない限り、解決しないであろう。

(3) 1987 年ピックストン対フリーマンズ社事件貴族院判決 [59]

ここではローマ条約と平等賃金法の衝突をどのように解決するかに衆目は集中した。

〔事実概要〕

ピックストンら 4 名の被上訴人は、上訴人フリーマン社に倉庫係社員として雇用されていた。そこでは男女社員とも同一の賃金が支払われていたが、実際にはそこの検査係の男子社員と同一価値の仕事に就いていたにも関わらず、彼らより低い賃金しか支払われないとして、平等賃金法及びローマ条約 119 条に違反すると主張して産業労働審判所に請求を行った。

一審の産業労働審判所は被上訴人ピックストンらの請求を棄却。これを不服として彼らは産業労働上訴審判所に上訴した。すると同上訴審判所は一審の裁決を支持した。本件はさらに控訴院民事部に上訴された。同控訴院は、ピックストンら被上訴人は平等賃金法 1 条 2 項 c 号に基づいて請求はできないが、ローマ条約 119 条に基づき請求する権利があると判示した。これを不服として上訴人フリーマンズ社は貴族院に上告した。

〔貴族院判決〕

上訴人フリーマンズ社の上訴を棄却。

最初 c 号は平等賃金法 1 条 2 項になかった。しかし、b 号の同一価値の仕事という場合の判断は、1 条 5 項で、職務評価調査という評価基準に基づくこと

---

59 *Picstone v Freemans plc* [1989] AC 66.

になっていたので、EC委員会はこれをローマ条約119条違反とみなしてEC司法裁判所に提訴した。条約違反の宣言的判決を受けて、イギリスはECA1972の2条2項a号に基づき、規則により平等賃金法の1条2項にc号を挿入した。

　本件で争われている状況はこのc号にいう「a号またはb号が適用されてない仕事」に入るかどうかだが、キース卿判事は、性差別禁止法の1条2項c号とローマ条約119条との関係についてc号の意味を次のように述べた。

　　「この意味をもつ正確な文言が同であるかは重要でないように思われる。ここでの文言は規則の起草者と国会の明白で広範な意図に効力を与えるため、c号の文言が目的論的に解釈されねばならないと述べるだけで十分である。」

すなわち、ここで性差別禁止法の1条2項c号をローマ条約119条に沿うよう、イギリスの伝統的な制定法の解釈である文理解釈を棄て、目的論的解釈を使ってでも、適合解釈されたのである。しかしガーランド事件におけるディプロック卿判事の解釈方法、すなわち「通常の意味からの離脱がどれほど大きくとも」という言い回しに比べれば、本件でキース卿判事が使った目的論的解釈の方法は少し狭くなったように思えるが、この方が明示的な国会の意図との区別がつきやすいかもしれない。

〔評釈〕

　ガーランド事件の貴族院判決でECA1972の2条4項を解釈条項としてイギリスの国内法である性差別禁止法6条4項を可能な限り、解釈手段を講じて、EC法に適合解釈した手法は、このピックストン事件の貴族院判決でも踏襲された。しかし解釈という手法を越えるローマ条約との衝突があったとき、もはや適合解釈では解決しようもない限界が出てきた感はぬぐえない。

3　判例の変遷③ "司法上の大転換" 1990年ファクタテーム（No. 2）事件貴族院判決 [60]──「議会制定法の適用の停止」をめぐる新たな判例の展開

　イギリスの議会制定法である1988年商船法の関係規定を巡ってその効力が争われ、EC司法裁判所の先行判決による回答を求めた事件である。待ってい

る間、その議会制定法の効力を仮差止できるかという問題が生じた。もし、一時的といえどもその効力を停止されたとなれば、議会主権に対して、イギリスがEC加盟以来こうむる最も大きなインパクトとなりかねないものとなる。事実概要、一審、控訴審及び貴族院はどう判決を下したかを見てみよう。

〔事実概要〕

　この事件で、ファクタテーム社ほか、申立人であるイギリス船籍トロール船のスペイン船主は、イギリスで法人格を得、その漁船をイギリス船籍として登録し、ECの共通漁業政策に基づくイギリス人の漁獲割り当て数の範囲で漁業に就いた。しかし、1988年商船法が制定されると、イギリス船籍を取得するための要件が厳しくなり（同法第二編）[61]、申立人らの漁船はイギリス船籍登録から除外されることになった。そこで申立人らは、これはローマ条約52条[62]（開業の自由）等の規定に違反するとして、商船法の本件への不適用を申し立てた。もしローマ条約との抵触問題がEC司法裁判所に付託されれば、その回答が出るまでの間、この船籍登録除外に従わなければならないことになり、それは取り返しのつかない損害を意味すると、主張した。

〔高等法院〕

　高等法院（女王座部）合議法廷は、1988年法の船籍条項に依拠する本件侵害に関して、それがローマ条約に一致するかどうか、EC司法裁判所に事件を付託することを命じた。これがケース1とされるものである。同時に同合議法廷は、EC司法裁判所による先行判決が下される前に大臣が船籍登録から除外しないよう本法の執行を停止する仮差止命令を許可した。しかし、この仮差止命令の許可はイギリスの議会主権にとり重大な決定であり、直ちに控訴院に上訴

---

60 *R v Secretary of State for Transport, ex parte Factortame Ltd and others* [1990] 3 CMLR 375; [1990] 2 AC 85 [HL]

61 *Merchant Shipping Act 1988*, Part II, s. 14. "...a fishing vessel is British owned ...as to not less than the relevant percentage of the property in the vessel, by one or more qualified persons…or wholly by a qualified company or companies…"

62 現行条約では43条。

された。

〔控訴院判決〕

　控訴院は、イギリスの裁判所には（一時なりとも）議会制定法の適用を妨げる権限はないとしてこれを棄却。事件はさらに貴族院に上訴された。

〔貴族院判決〕

　貴族院は、もしイギリスの裁判所にそのような権限があるとして仮差止を許可した場合、そしてその後、もし EC 司法裁判所で EC 法との不一致が証明されなかった場合、

　　「許可された仮差止命令は議会制定法に反して彼らに直接権利を付与したと同じ効果を与えてしまうことになろう…。」

との理由により、控訴院の判決を支持した[63]。

　同時に貴族院はこのように仮差止命令（interim relief）の発給を妨げているイギリス法の原則が EC 法と両立するかどうか、EC 司法裁判所に事件を付託した。これは本件の手続面についての事件の付託で、ケース 2[64] とされる。

　これと相前後して、EC 委員会は 1988 年商船法の船籍条項による EC 法への違反を主張してローマ条約 169 条に基づきイギリスを提訴し、この船籍条項の執行を停止する仮差止命令の発給を求める申し立てを行った。これは本件の実体面での付託質問で、ケース 3[65] と称されている。

　これらのケースのうち、最も注目されたのはケース 2 であり、EC 司法裁判所はこれについて、仮差止命令は、およそ司法制度が存在する以上、基本的、不可欠の手段であるとして、次のように述べた。

　　「EC 法に関する事件で仮差止め命令の発給を妨げている唯一の障害が国内法上の原則であると国内裁判所が思料するときは、その原則を破棄しな

---

63 Factortame Ltd and others v Secretary of State for Transport [on appeal from R v Secretary of State for Transport, ex p Factortame Ltd and others] [1990] 2 AC 85 [HL] at 143.

64 *Factortame (No. 2)* [1991] 1 AC 603.

65 *Factortame (No. 3)* [1992] QB 680.

けれ ば なら ない。」[66]

EC 裁判所の判決が発表された時、イギリスの国会、とりわけ下院の庶民院は少なからず衝撃をもって受け止めたようである。だが、これを受けて、貴族院の対応はどうであったか。同貴族院は異論を挟まず、適式に制定された制定法の重要性を考慮しつつ、全会一致で仮差止命令の発給を許可した[67]。

なお、これを受けて高等法院の合議法廷はこの分野を見直し[68]、ケース 3 として開業の自由は侵害されたと判示した。

ところで、EC 司法裁判所の判決が発表されたとき、イギリスの議会では少なからず衝撃をもって受け止められ、まるで、この判決は、イギリスの議会の主権に対する EC の一機関による"新しく、かつ、危険な侵害"だったかのように報じられた[69]。しかし、貴族院のブリッジ卿判事は、この点を特にとらえて、「こうしたコメントは誤った考えに基づいており」、EC のなかで EC 法の優位性は「イギリスが EC に加盟するずっと前に EC 司法裁判所の判例で十分に確立されている」と指摘するとともに、

> 「議会が ECA1972 を制定した時から自らが承認したその主権に対するどのような制約もまったく自発的だった。ECA1972 の文言に基づけば直接効力をもつ EC 法と国内法が一致しない時は最終的には EC 法を優先させるのがイギリス裁判所の義務なのである。」[70]

と述べた。また、ブリッジ卿判事は続けてこうも述べた。

> 「このようなわけで、EC 法に優位性を与えることなど少しも新しいことではない…。国内裁判所は、適切な事件で仮差止による救済を許可するこ

66　[1990] 3 CMLR 867.

67　[1990] 3 CMLR 375; See eg, Lisa Webly and others, Public Law, 2009, at p. 205. Factortame（No. 2）[1991] 1 AC 603. EC 司法裁判所は貴族院の考えを否定した。これを受けて貴族院は仮差止命令の発給を許した。これにより、EC 法の優位性が確保され、EC 法に基づく個人の権利を保護するためにも、EC 司法裁判所は仮差止命令を下す貴族院の管轄権を織り込み済みだったと言えよう。

68　貴族院が仮差止命令の発給を認めたことで、高等法院合議法廷で本件を見直し、その結果、53 条（現 43 条）は侵害されたと判示した。See, supra note 18, Factortame（No. 3）[1992] QB 680.

69　Per Lord Bridge at p 379.

70　Id., at p 380.

とに国内法上少しも妨げられることはない。このように主張することは
EC 法の論理的帰結以上の何ものでもない。」[71]

　他方、EC 司法裁判所は、ケース 3 について、1988 年商船法の国籍条項は、
個人の他の加盟国における開業の自由を定めるローマ条約 52 条に抵触すると
判示した。この判決を受けて、イギリスはローマ条約 52 条に一致するように
1988 年商船法を改正した。

〔評釈〕　ブリッジ卿判事による司法上の大転換

　上で述べた通り、もし、EC 司法裁判所の判決を庶民院の議員が衝撃をもっ
て聞いたとすれば、このブリッジ卿判事の見解は、イギリス憲法史上、市民革
命以来、これまで連帯的な関係にあった議会と司法部との間に一種の緊張関係
をもたらしたかに思われた。しかし、上述したように、EC 法が優位性を有す
ること、また、EC の判決が、イギリスの議会主権に対する“新しく、危険な
侵害である”と見るそうしたコメントは誤っており、これらはすべて新しいこ
とでなく、1972 年法を制定した時から自発的に認めてきたことだと、ブリッ
ジ卿判事によって否定された。ところが、学者の H.W.R. ウェイドは「国会主
権は影響されないであろうと 1972 年にイギリスの大臣が与えた保証は何だっ
たのか」と問い、何より注目されたのは、ケース 2 の事件の判決で述べられた
ブリッジ卿判事の見解を「革命だった」とウェイドが述べたことである。一審
の高等法院（女王座部）合議法廷は 1988 年の商船法の執行を停止する仮差止
命令を大胆に許可した。その許可は最初、控訴院、貴族院でくつがえされたが、
H.W.R. ウェイドは、

　　「女王座部の方が、1982 年法のもたらした憲法上の司法における革命（大
　　転換）をより理解していた。…EC 法の文脈でいうならば、国会の意思は
　　もはや主権ではない。」[72]（カッコ筆者）

と述べたし、もう一人の W. ウェイド（William Wade）も「ファクタテイム
（NO. 2）事件で、貴族院はイギリスの商船法の適用を妨げられたが、その時、

---

71 *Ibid.*

72 H. R. W. Wade, *What has happened to the Sovereignty of Parliament?*（1991）
107 LQR 1.

Ⅲ　判例の動向―EU 法との相剋　　287

議会主権の伝統的な原則にドラスティックな何かが起きたと考えることは自然
なことだ」[73]と述べた。さらに、アロットも、
　　「この貴族院の見解はイギリス憲法上の根本的な転換が 1973 年 1 月 1 日に
　　起きたことの司法的確認でありうる。」[74]
と述べている。もっともアリソンはこれをウェイドの司法革命（judicial revo-
lution）と呼んでいて、決して立法革命（legislative revolution）と呼んでいる
わけではないようだ[75]。またアロットは“司法的確認”との表現を使っている。
とすると、ウェイドがこの判決におけるブリッジ卿の意見を革命と評したが、
その意味は革命に等しい司法上の大変革と捉えた方がよさそうだ。ではどのよ
うな意味における司法革命であろうか。
　思うに、ファクタテーム事件に至るこれまでの判例を上で検証してきたが、
それまでの裁判官の態度は、それぞれ適合解釈に努力してきたが、顕著なのは、
ローマ条約の新規性、それは超国家的な特徴をもつものであるが、おしなべて
裁判官はそれへの認識をほとんど持つことなく、EU 法との衝突を回避するこ
とに努めてきたように思われた。とくに 1982 年のガーランド事件の貴族院判
決で、ディプロック卿判事が取った EU 法との衝突回避の視点は傍論ではあっ
たが、イギリスの「議会制定法の通常の意味からの離脱がどれほど大きくと
も」、EC 法と一致するよう適合解釈をすべきであると述べたことに典型的に
現れていた。
　しかしその解釈にはいずれ限界が来るであろう。事実、この度の 1990 年の
ファクタテーム事件判決におけるブリッジ卿判事の解釈の視点はディプロック
卿判事を完全に超えていた。それはイギリス憲法と相対峙する EU 法、それを
生み出したローマ条約の意味を理解した上での見解だったと思われるからであ
る。ブリッジ判事は「EC 法に優位性を与えることなど少しも新しいことでは
ない」「ECA1972 の文言に基づけば直接効力をもつ EC 法と国内法が一致しな

　73　Willian Wade, *Sovereignty-Revolution or Evolution?*, 112 LQRev. 568 (1997).

　74　P. Allot, *Parliamentary Sovereignty-from Austin to Hart*. (1990) 49 CLJ 33, at
p 7.

　75　J.W.F. Allison, *The English Historical Constitution,-Continuity, Change, and
European Effects*, (Cambridge University Press, 2007), at pp 110-113.

い時は最終的には EC 法を優先させるのがイギリス裁判所の義務なのである」
と述べた。その優位性はイギリスが批准したローマ法、その性格を超国家的と
判断したファンゲント・エン・ルース社事件判決、その意味をブリッジ卿判事
は正しく認識した上で、これこそ EU 法との相剋の行きつくところと思われる、
それをウェイドがディプロック以前からの司法革命的転換として評価したのだ
と考える。

　こうした裁判官による司法上の転換は何に触発されているであろうか。一つ
は、EC が 1970 年代以降の長い停滞を脱し、市場統合の目標を 1992 年末に設
定し、1986 年に調印された単一欧州議定書の登場。それにより、1957 年のロー
マ条約が初めて大きく改正され、1980 年代から 1990 年代にかけて EC が大
きく躍動しはじめたことと軌を一にしているかもしれないと考える次第である。

　その意味でいうならば、本書で取り上げるイギリス憲法の"議会主権をめぐ
る EU 法との相剋"は、このファクタテーム事件の判決を新基軸として見てい
くことが求められるはずである。当然ながら、EU との関係で議会主権の変容
を語ろうとする場合も、ここを起点として考察することが必要となろう。

　タービンがその著書の中で「近年、過去において議会主権の原理が演じてき
た基本的役割にも拘らず、それが破棄されることがないにしても、少なくとも
再考する時が来たと示唆する裁判官達がいる」[76] と述べているのも、こうした
動きがあることを見てのことであろう[77]。

4　判例の変遷④ "エントレンチメントか？" 2003 年ソバーン対サンダーランド市会事件高等法院合議法廷判決[78]—議会制定法の階層化

　2003 年のソバーン上訴事件判決において、ダイシー伝統の「黙示の改廃の
原則」に変更を加える画期的な判決として注目を浴びた。ダイシー伝統からさ

　76　Turpin, *ibid.*, at p 60.

　77　彼はそのことについて多角的な見方を述べているが、そのうちの最初に「我々はダイ
シー・オーソドックスと、とくに 1990 年代の先行する判例法の中で認められた手法」を考
察することをしなければならないという。See Turpin, *ibid.*, at 60.

　78　*Thoburn v Sunderland City Council* [2002] EWHC 195; [2003] QB 151; [2002]
3 WLR 247; [2002] 4 All ER 156.

らに離れて、議会制定法を二分して階層化するものだった。議会主権の原理に
よれば、主権は古い議会から新しい議会に移る、後法優位が原則とされる。前
法優位はないはずのところ、ソバーン事件の判決では議会制定法を2つに分割
し、前法でも高次の法として後法優位にする考えを出した。トレバー・アラン
教授はこれをローズ判事により取られた解釈の手法として"エントレンチ（en-
trench view）的見解"と評した[79]。エントレンチとは、一定の改正を困難にす
るか、改廃立法を可決するのを不可能にする措置で、イギリスではしばしば語
られる手法である。通常の議会の法制定法に加えてレファレンダムとか、他の
コモンウェルス議会との共同で立法された制定法に特別の地位を与えるもので、
学会では一定の評価を受けて来ている。

　承知の通り、イギリスは EU からの EU 指令により、これまで使用してきた
ポンド・ヤードをメートル・キログラムに変更するのを余儀なくされた。しか
しポンド・ヤードはイギリス度量衡の栄光である。当然ながらメートル・キロ
グラムに従わない者があらわれ、警告を無視してこれを使用続けたソバーンら
は起訴された。しかし治安判事裁判所はソバーンらの請求を斥け、彼らを有罪
と判決した。それを不服として彼らが上訴した先は高等法院女王座部合議法廷
であった。そしてそこで争われたのは EU 法の効力を国内にもたらした72年
ECA の有効性であるが、同合議法廷の多数意見を代表してローズ判事は上訴
を棄却し、次のように述べた。すなわち、本件で上訴人らの問題にした法はイ
ギリスのポンド・ヤードという度量衡法に関する法であり、それは「一見ドラ
イな問題である。しかし、上訴人らは多くの感情を駆り立てる争点を挙げた。」
なぜかと言えば、EU 法の効力を国内にもたらした72年 ECA 以降、ポンド・
ヤード法とメートル法の共存を認めた1985年法が優位することになったから
である。議会主権の伝統的立場からすれば1985年法が優位するはずであるが、
黙示的廃止という伝統的な解釈に限って伝統的立場を斥けた。これにより高等
法院は前法である72年 ECA の優位を説き、後法でなく前法優位の判決が出
されたからである。

　以下、あらためて事実概要、判旨をみることとする。

　79　Per Prof. Trevor Allan, Cambridge University, at para. 42 of the 10th Report in
the European Scrutiny Commission, 6 December 2011.

290 　第 8 章　将来のイギリス議会制定法と EU 法の関係

〔事実概要〕

　1965 年以来、イギリスはポンド・ヤードの国である。しかし、1985 年にな
って、イギリス議会は、1985 年度量衡法（Weights and Measures Act 1985）を
制定し、帝国式ヤード・ポンド法とメートル法の並存を許すこととした。とこ
ろが、EU がその後 1989 年に、指令 Council Directive（EEC）89/617 を制定
し、各加盟国にメートル法の使用を課した[80]。1994 年、イギリス政府は規則
（Units of Measurement Regulations 1994、以後単に 1994 年規則と称する）を制
定し、帝国式度量衡の使用を禁止した。然るにスティーヴン・ソバーン（Ste-
ven Thoburn）、コーリン・ハント（Colin Hunt）、ジュリアン・ハーマン（Ju-
lian Lawrence Harman）ら青物商は旧来の帝国式度量衡を使用し続けた。

〔治安判事裁判所の判決〕

　彼ら 3 人は警告を受けたがそれを無視して使用し続けたため、当局により度
量衡の罪（weights offence）で訴追され、地元の治安判事裁判所により有罪と
された。それらの事件が順にソバーン対サンダーランド市会事件[81]（*Thoburn
v Sunderland City Council*）、ハント対ハックニー・ロンドン区会事件[82]（*Hunt
v Hackney London Borough Council*）、ハーマン他対コーンウォール県会事件[83]

---

　[80]　Directive 80/181/EEC により、これまで Directive 71/354/EEC で禁じられていた
メートル法以外の単位は Directive 80/181/EEC により修正され、イギリスはこれまでのポ
ンド、オンス、フィート、インチあるいはヤードなどは 1989 年末まで継続して使用するこ
とが可能となった。がその後、Directive 89/617/EEC により、イギリスのポンド・ヤード
式単位は 1994 年末まで使用を延長された。

　[81]　2001 年 3 月、サンダーランドの青物商スティーヴン・ソバーン（Steven Thoburn）
は 1985 年法に従わない重量計を使用しているとして当局から 2 度警告されていたが、なお
これに従わなかったため、当局に告訴され、サンダーランド治安判事裁判所（Sunderland
Magistrates Court）で有罪とされた。Per District Judge Bruce Morgan sitting at Sun-
derland Magistrates Court.

　[82]　コーリン・ハント（Colin Hunt）はハックニで果物と野菜を売り、価格表示を英国
式ポンド式で表示したため、2001 年 6 月テームズ治安判事裁判所（Thames Magistrate
Court）で有罪とされた。Per District Judge Alan Baldwin sitting at Thames Magis-
trates' Court.

　[83]　青物商ジュリアン・ハーマン（Julian Harman）と魚屋ジョン・ドーヴ（John
Dove）はコーンウォールのキャメルフォード・マーケットでポンド等旧式の度量衡による

（*Harman and another v Cornwall County Council*）である。

　さらに、別の青物商ピーター・コリンズ（Peter Collins）は、近く免許の有効期限が切れる街頭での商取引の免許更新に際して当局より商品の価格及び重量単位にメートル法で表示するよう付帯条件を付けられた。この決定を不服として当局に異議申し立てをした。しかしこれが却下されたため、地元の治安判事裁判所に上訴した。これがコリンズ対サットン・ロンドン区会事件[84]（*Collins v Sutton London Borough Council*）である。しかしコリンズの主張はここでも却下された。そこでコリンズ及び先ソバーンら3名の青物商はそれぞれ高等法院女王座部合議法廷で事実記載書により各治安判事裁判所の決定を不服として上訴した。

〔高等法院へ上訴〕

　これら4件の上訴事件は高等法院で併合され、同高等法院合議法廷へ併合された上訴事件がソバーン対サンダーランド事件（*Thoburn v Sunderland City Council*）である。併合される前のソバーン対サンダーランド市会事件と区別するため、ここでは単に"ソバーン上訴事件"と称することにしよう。

　ソバーン上訴事件において、上訴人らは、1994年規則は、授権法が同1994年規則の制定される依前にすでに黙示的に廃止されている[85]ので、権限踰越であると主張した。ここでの授権法とはイギリスが当時のEC に加盟する際にヨーロッパ共同体法をイギリスの国内に効力を及ぼすために議会が制定した72年ECA である。同法2条2項によれば、政府に規則（勅令）をもって第一次立法（授権法そのもの）を改正する権限を付与していた。いわゆるヘンリー

表示だけで品物を販売し続け、2001年8月、ボドミン治安判事裁判所（Bodmin Magistrates Court）で両者とも有罪とされた。

　84　ピーター・コリンズ対サットン・ロンドン区会事件において、コリンズは2001年3月31日付けで満了する街頭での商取引の免許更新でサットン・ロンドン区会当局から取引商品にメートル法の表示を付すよう要件づける決定を受けた。この決定を不服として区会当局に異議申し立てをしたが、それが却下されたので、1990年ロンドン地方当局法（London Local Authorities Act 1990）に基づき、サットン治安判事裁判所（Sutton Magistrates' Court）に上訴した。しかしコリンズの主張は斥けられた。

　85　[2002] EWHC 195 at para 37 以下参照。

8世条項である。これにより、政府は、先の1985年度量衡法を修正する目的
で、1994年に先の規則（勅令）を制定し、EU指令Council Directiveに従い、
2000年以降の取引に旧帝国式度量衡の使用を禁じることとした[86]。しかし上
述したように、青物商たち上訴人はこれを無視して帝国式度量衡を使用し続け
た、あるいは免許更新の際の付帯条件を拒絶したので、訴追され、一審の治安
判事裁判所で有罪とされたのである。被告らはこの決定を不服として高等法院
女王座部合議法廷に上訴した。

〔高等法院女王座部判旨〕
　ローズ控訴院判事（Laws LJ）とクレーン判事（Crane J）らによる合議法廷
が開かれ、上訴を棄却。これにより再び、上訴人らは有罪とされた。
　ローズ判事は次のように判示する：（イギリスの）議会は、72年ECAを、た
とえ全体的もしくは部分的にも、廃止しえないと規定したとしても、後の議会
を拘束できない。議会は、後のいかなる立法に対して構成もしくは方式に関し
て拘束する規定を設けることはできない。議会は、明示的廃止に対しても、黙
示的廃止に対しても後の議会を拘束する定めはできない。欧州司法裁判所また
はEUの他の諸機関のいずれにも、イギリスにおける議会の立法的優位性の条
件に干渉を許し、または修正を許すようなものは、72年ECAの中にまったく
ない。以上の考えが、伝統的な主権の原理であろう。
　しかし、このような伝統的な原理は、憲法原理と完全に一致するコモン・ロ
ーにより修正された。コモン・ローは、昨今、黙示的廃止の原則（the doc-
trine of implied repeal）への例外を承認し、またはむしろ創出してきた[87]。単

86　同時にこの規則は、帝国式度量衡は、メートル法の補助的な役割をもつことを条件に、
一定期間、帝国式度量衡を認めることとした。さらに政府は2001年新たな規則（Units of
Measurement Regulations 2001）を制定し、当初の期限を修正し、2010年まで帝国式度量
衡を補助的な計りとして許された。

87　[2002] EWHC 195 at para 62. その例として、ローズ判事は次の判例を挙げる：*R v
Secretary of State for the Home Department* ex parte Simms and another [2000] AC
115 per Lord Hoffman at 131, *R v Secretary of State for the Home Department* ex part
Pierson [1998] AC 539, *R v Secretary of State for the Home Department* ex parte
Leech [1994] QB 198, *Derbyshire County Council v Times Newspapers Ltd and others*

に行間に横たわる意味によっては廃止できない種類または型の立法というものがある[88]。議会は、明示的にそう意図するまたは特定の規定によりそう意図する場合にのみ、そのような立法を行いうる一定の状況が存在している。

　ここにわれわれは、議会制定法の階層性（hierarchy）を認識できる。通常の議会制定法（ordinary statutes）と憲法的議会制定法（constitutional statutes）である。2つのカテゴリーは原則的な基盤に基づき区分されねばならない。私の考えでは、憲法的議会制定法を通常の制定法から区分しうるための基準を、①国民と国家の法的関係を条件づけるもの、②もう1つは基本的な憲法上の権利と考えられるものの範囲を拡大しまたは縮小するものである。

　その上で、通常の議会制定法は黙示的に改廃しうる。これに対して、憲法的議会制定法はそれが出来ない[89]。72年ECAは、コモン・ローの効力により、憲法的議会制定法である（傍点筆者）[90]。

　とくに黙示的廃止はコモン・ローが作り上げてきたものである、いまや同様にコモン・ローは黙示的廃止ができない一定の制定法の存在を認識した。そのような憲法の例として以下のものが挙げられる[91]。

　　「マグナ・カルタ（Magna Carta）[92] 権利章典（Bill of Rights, 1689）、スコットランドとの合併法（the Union withScotland Act, 1706）、国民代表法（Representation of the People Acts of 1832 to 1884）、スコットランド法（the Scotland Act 1998）、ウェールズ法（the Government Act of Wales 1998）、人権法（the Human Rights Act 1998）、そして今回の72年ECA（European Communities Act 1972）もこのカテゴリーに入る。…

これらを変更または廃止する際には、「議会による明確な意思によってのみ可能となる。」

[1993] AC 534, *R v Lord Chanceller ex parte Witham* [1998] QB 575.

88　[2002] EWHC 195 at para 60

89　*Id.*, at para 63.

90　*Id.*, at para 59.

91　*Id.*, at para 62.

92　1215年のマグナ・カルタは署名されて間もなく無効と宣言され、また修正・再発効をくり返した。最終的に現行法として有効になったのは1225年のマグナ・カルタで、それは1297年、正式に制定法集に組み入れられた。

最後のローズ判事（Laws, LJ）の言い回しは、「われわれに、成文憲法が付与してくれる恩恵の多くを与えてくれる一方、不文憲法の柔軟さと議会の優位性を保持した」[93] のである。

〔貴族院へ上訴の許可を請求〕

高等法院女王座部合議法廷の判決に不服として上訴人らはさらに貴族院へ上訴の許可を求めた。しかしながら、貴族院は、本件上訴は合理的な主張を構成するほどの問題を提起していないとしてこれを却下した。

〔欧州人権裁判所へ〕

上訴人らは貴族院の上訴許可の却下は欧州人権条約の第6条に定める公正な裁判を受ける権利を侵害するものとして同人権裁判所に訴えを提起した。しかしながら、同人権裁判所は、この訴えには、訴えの適格性に足る何らかの開陳が示されているとは言えず、不受理を決定した。

〔評釈〕 議会制定法の階層化による"エントレンチメント"

合議法廷の決定は、72年ECAを"憲法的制定法"と位置付けることでそれに反する1985年法は後法だが"通常の制定法"ゆえ、前法たる72年ECAを廃止しえず、72年ECAが優位するとされた。すなわち1985年法より後法となる72年ECAによる従位立法を通じて度量衡の罪（メートル法以外の度量衡を使用する罪）はもともと取引にヤード・ポンド式とメートル法の双方使用を認めていた1985年度量衡法第1条[94]を改正することによって創設された。1985年法は統合された制定法であり、最初に制定された1条1項の文言は1963年度量衡法の1条1項と同一であった。かかる改正はメートル法制化を

---

93 D.Pollard, N. Parpworth and D. Hughes, [2002] EWHC 195 at Para 60.

94 (1) The Yard or the metre shall be the unit of measurement of length and the pound or the kilogram shall be the unit of measurement of mass by reference to which any measurement involving a measurement of length or mass shall be made in the United Kingdom; and – (a) the yard shall be 0.9144 metre exactly; (b) the pound shall be 0.45359237 kilogram exactly.

求める EU 指令の諸条項を実施する従位立法によって発効された。かかる従位立法はメートル法を優先させることによって双方使用の権利を失わせる 1994 年度量衡単位規則を含むものだった。この規則の権限は 72 年 ECA 第 2 条 2 項の意図するもので、それは同法の 2 条 4 項と合わせて読むとき、連合王国における共同体義務を実施する目的で、いわゆる「ヘンリー 8 世条項」すなわち、従位立法で授権法そのものを改正する権限を授権法自身で付与する権限を付与するもの [95] だった。ヘンリー 8 世条項は法の支配からすると決して望ましいわけではない。しかし、厳格な議会主権の原理からすればヘンリー 8 世条項を作ることは議会主権の射程に入っており、許される。

価格表示の罪を創設する立法を含む他の従位立法は 72 年 ECA の 2 条 2 項に基づき制定されていなかったが、それは 1994 年規則と同一のスキームの一部を形成するものとされ、もしこの規則によって効力を与えられた改正がそれ自身無効とされるならばどこに合理的な根拠があると言えようか。にも拘わらず上訴人たちは、最初に制定した 1985 年法の 2 条 2 項は 72 年 ECA 2 条 2 項が 1985 年法の 1 条に一致しない従位立法を制定する権限を付与した範囲で、72 年 ECA 2 条 2 項を黙示的に廃止したので、これらの改正は違法である、と主張した。そう主張すると同時に、上訴人らは、ヘンリー 8 世条項が制定された時点で制定法集にすでに存在する法律（1985 年法）に依拠して初めて法的に正しく実現されうるものと主張した。しかし、このような主張は本判決で斥けられた。

小括

それにしても、上に見てきたような議会制定法の階層化はダイシー伝統にみる議会主権に対する大きなチャレンジでもあった。これを見るにつけ、大陸法系の見方からすればまどろっこしく見えたかもしれない。成分憲法を作って解決する方法はないのかと思う諸氏もおられたかもしれない。

冒頭で述べたように、EU 法の優位性という原理にイギリスの議会主権をイ

---

95 The provision enables the amendment of primary legislation using delegated (or secondary) legislation.

ギリスの司法部はどう整合させようとしてきたか、加盟初期の判例から、ファクタテーム事件の判決及びソバーン事件の判決を見てきた。これらを見る限り、イギリス司法部の態度に欧州統合が進化する中で大きな変化が顕われたように思われる。初期の判例の特徴は、ブラックバーン事件判決におけるデニング卿判事やガーランド事件のディプロック卿判事らの態度に見られたように、ローマ条約を決して従来の条約とは違う新規性を有する性質を持つものとは見ようとしない態度であった。それは加盟当時のイギリスの議会における政治力学にも通じる態度だったように思われる。当時のイギリスの議会は欧州統合が長いペシミズムに陥って超国家性の性格を失っている時期でもあった。しかし、80年代以降、EU が統合へ向けて再発進し、マーストリヒト条約を発効させた90年代以降、イギリス司法部の態度は、議会制定法と EU 法が衝突した際にディプロック卿判事の態度に典型的にみられた適合解釈の時代を脱却し、エッソ石油事件では傍論、そしてファクタテーム社事件貴族院判決におけるブリッジ卿判事の見解に見られる新たな司法部の態度、それは明らかに EU 法という独立の新秩序を創出した議会制定法である72年 ECA をイギリスにおける"Higher Law"に位置づけようとしたコモン・ローの到達した見方であった。さらに、貴族院のブリッジ卿判事は、上述したように、ファクタテーム社事件判決にコメントし、EC（現 EU）のなかで EC・EU 法の優位性は「イギリスが EC に加盟するずっと前に欧州司法裁判所の判例で十分に確立されている」と指摘するとともに、次のように述べた。

> 「議会が72年 ECA を制定した時から自らが承認したその主権に対するどのような制約もまったく自発的だった。72年 ECA の文言に基づけば直接効力をもつ EC 法と国内法が一致しない時は最終的には EC 法を優先させるのがイギリス裁判所の義務なのである [96]。」

また、同判事は続けてこうも述べた。

> 「このようなわけで、EC 法に優位性を与えることなど少しも新しいことではない…。国内裁判所は、適切な事件で仮差止による救済を許可することに国内法上少しも妨げられることはない。このように主張することは

---

[96] See, [1990] 3 CMLR 867.

小括　　　297

　EC 法の論理的帰結以上の何ものでもない [97]。」

さらに、イギリスの司法部は、ソバーン（上訴）事件でローズ判事は「ここに
われわれは、議会制定法の階層性（hierarchy）を認識できる」として、イギ
リスの議会制定法を、通常の議会制定法（ordinary statutes）と憲法的議会制
定法（constitutional statutes）に区分した。区分して、憲法的議会制定法を通
常の制定法から区分しうるための基準を、①国民と国家の法的関係を条件づけ
るもの、②もう一つは基本的な憲法上の権利と考えられるものの範囲を拡大し
または縮小するものとした。その上で、通常の議会制定法は黙示的に改廃しう
る。これに対して、憲法的議会制定法はそれが出来ない [98]。72 年 ECA は、コ
モン・ローの効力により、憲法的議会制定法である [99] と断じたのである。

　ローズ判事のこの区分のうち、憲法的議会制定法とされたものに対してさほ
ど異論をさしはさむ者はないであろう。しかしそこで提示された基準はなお抽
象的で、これには異論も批判も少なからず出るかもしれない。同時に、このよ
うに憲法的制定法と通常の制定法とに区分しながらなお、明示的な廃止の原則
にこの区分とその基準を適用しないとすれば、いささか矛盾も感じよう [100]。
なぜならこれにより議会主権の中核的部分はなお維持されたように思われるか
らである。その意味で、本件におけるローズ判事の議会制定法の階層化は EU
法の優位性に対する議会主権の伝統的立場にファクタテーム社判決以上に大き
く踏み込んだ画期的判決として一定程度評価できるが、やはりここは今後の最
高裁判所の判例のさらなる動向を注視せざるをえない。もっとも、本件ソバー
ン上訴事件は上述したようにさらに貴族院へ上訴されたが、そこでは上訴に合
理的な主張を構成するほどの何らかの問題を提起していないとして却下された。

　ローズ判事が議会制定法を二分化したこれほど重要な判決に貴族院はなぜ意
見を表明するのを回避したのか今ひとつ疑問が残る。あるいは結果的に貴族院
は消極的な形でローズ判事の見解を黙認したようにも見える。2009 年の秋に
運用を開始した新しいイギリスの最高裁判所の今後の判例の展開を期待すると

---

[97]　*Ibid.*

[98]　*Ibid.*

[99]　*Ibid.*

[100]　Per Lisa Webley.

ころである。それはともかく議会主権に対するローズ判事の画期的な判決に至るまでイギリスのコモン・ローが発展した先に何があるであろうか。推論を交えていうならば、この先にこそ、成文憲法制定への道が拓けていくようにも思われるのである。

最終章 2011 年 EU 法並びにジャクソン事件貴族院判決の傍論に見るコモン・ロー新潮流

　本章に至り、2011 年 EU 法と 2005 年ジャクソン事件[1]とを取り上げ、本書の最終章とさせていただきたい。とりわけ後者の 2005 年ジャクソン事件の貴族院判決であるが、これは EU と関係のある争点ではなく、周知の通り、2004 年に制定された犬を使っての野生の動物（mammals）の狩猟を条件付きで禁止する法に関する事件であったが、貴族院判決の中に、傍論ではあるが、数人の判事卿による、オーソドックスなダイシー伝統に対する見逃せない憲法上のチャレンジがあった。ここではそれら傍論[2]に注目したいと思い、取り上げた。なお、時系列的には 2005 年のジャクソン事件から先に論じるべきであるが、2011 年 EU 法は前章のソバーン事件判決を受けて立法された経緯もあり、前章に沿う形で 2011 年 EU 法から先に論じさせていただく。

I　ソバーン事件判決のインパクトと 2011 年 EU 法

1　2011 年 EU 法制定の経緯

　2007 年、リスボン条約に首相が署名するに伴い、イギリス議会は同リスボン条約に効力を与えるため 2008 年 EU（修正）法を制定した。しかし、制定す

　1　*R（on the application of Jackson）v Attorney General* ［2006］1 AC 262; ［2005］UKHL 56. それにしても本件は奇異に感じる事件でもあった。本禁止法は、狩猟といってもいろんな小動物の犬を使っての狩猟があるであろうが、世界百科事典によれば、英米で行われている団体猟は 17 世紀後半にイギリスの貴族が、とあるように、主として貴族がこの狩り専用の猟犬フォックスハウンドを飼育し始めたころに始まったが、近代的なスポーツとして定着するのは 19 世紀になってからである。シーズンは 11 月から翌年の 4 月までである、という。これが禁止されるとあっては、貴族院議員の胸の内は複雑だったであろう。庶民院から本禁止法が送られて、貴族院の対応は推してしるべしとの結果となり、最終的な決着は、皮肉にも、イギリスの上告審である貴族院上訴委員会が担当する運びとなった。

　2　See *e.g.*: *Impact of R（on the application of Jackson）v Attorney-General* ［2005］by Law Teacher essay, 2 Feb 2018.

る前に全国レベルで国民投票をすべきことが世論で論議された。既述した通り、以前、イギリスのブレア首相が EU 憲法条約を批准する時は、レファレンダムを実施すると国民に約束した。25 か国からの合意を得た EU 憲法条約は 2004年 10 月 29 日にローマにおいて調印された。各加盟国で順次同 EU 憲法条約への批准手続きが始まったが、2005 年 5 月および 6 月、フランスとオランダにおける国民投票により拒否されたために、両国での批准は失敗に終わった。EU 基本条約の枠組みを改定するには全ての加盟国の賛成が必要となっているため、イギリスのレファレンダムは実施されないまま、同 EU 憲法条約は実現には至らなかった。

　各国はその後、冷却期間をおいて同 EU 憲法条約の憲法を想起させる部分を取り除いての代替条約として登場したのがリスボン条約であった。各国代表が合意の上、2007 年 12 月 13 日、リスボンにおいて新条約は調印された。しかし、イギリスがそれに調印するとともにその効力を国内法化する前に、全国レベルでレファレンダムを実施すべしとの提案があったが、ブレア首相を引き継いだゴードン首相は、リスボン条約は前の EU 憲法条約と違うとしてレファレンダムの提案を斥けた。

　しかしそのことがイギリスの主権の問題と国民の意思に関して EU へこれ以上の権限を移譲することは正しいか、大きな政治的社会的問題に発展した。また前首相が EU 憲法条約を批准するときには国民の声を聞くと約束し、その期待は同憲法条約の代替案であるリスボン条約においても果たすべきではないかとのウィーラー事件まで引き起こしたことも前述した。

　2011 年 EU 法案は、EU が将来これ以上に権限を拡大し、イギリスとくに司法部がそれに伴い、主権のさらなる制約を強いられるのではないかとの懸念と緊張関係が生まれ、それを緩和するためにも本 2011 年 EU 法が必要として制定されたと言ってよいであろう。そのため、同法案は概略以下のことを盛り込む内容であった [3]。

　③EU 条約に今後修正が加えられる時は、批准に際しては事前に全国レベルでレファレンダムの実施が要求される。これにより将来いかなる権限の移

　3　2011 年 EU 法第 2 条、3 条、5 条、及び 6 条による一連のレファレンダム・ロック条項である。

譲があってもこれにレファレンダムという制限がかかる、それは EU 条約
の修正に（議会）主権に関わる権限移譲が関わるからである。

②さらに直接適用性を有する EU 立法が制定され、イギリスの国内法になる
時は、その都度、その EU 立法はイギリス議会制定法により国内法化され
るべきである。

③これらの変更を導入するため、今ある 1972 年 ECA を改正すること。

2　EU に関する連立合意

　これとともに 2010 年 5 月 8 日に総選挙があったことを取り上げる必要があ
ろう。総選挙の結果、いずれの党も過半数を取れず、ハングパーラメントにな
ったが、第 1 位の議席を獲得した保守党は第 3 位の自民党と連立しようと、政
策と政権運営の両面で連立合意を結んだ。その中の EU 関係の合意として以下
の合意ができた。

　　「我々は次の議会の会期に UK から EU へ主権または権限のこれ以上の移
　　転はないことを確保するであろう。ある権限の分野を移転した何らかの将
　　来の条約は、かかる条約についての国民投票、すなわちレファレンダム・
　　ロックに服すことになろう。…我々は究極の権威が議会にとどまるのを明
　　確にするため UK 主権法案（UK Sovereignty Bill）への主張を検討するで
　　あろう。」[4]

というものであった。上の合意のうち、前段はおそらく EU がこれ以上権限の
拡大を図る時、イギリス議会がこれを承認する前に、"レファレンダム・ロッ
ク"と言われる国民の意思を聞くことが義務付けられるとするものであろうが、
後段の UK 主権法案への主張はどのようなものであろうか。法案の解説であ
る The Bill's explanatory Notes によれば、

　　「議会主権はコモン・ローの解釈であり、議会主権は裁判所による改正に
　　さらされている。しがたって、法案の 18 条は直接的適用性のある、また
　　は直接効力をもつ EU 法に関して議会主権のコモン・ロー上の原理を議会
　　制定法上の地位に置こう」[5]

4　*The Conservative–Liberal Democrat coalition agreement* on 20 May 2010.

5　*See* The European Union Bill Explanatory Notes, p. 2.

とするのが目的[6]だったようである。第5章で議会主権の成立史と議会主権のダイシーによる古典的定義をみたが、この定義はコモン・ローの所産をダイシーが原則化して述べたもので、元を正せばコモン・ローの所産であり、議会が制定したものでない。そのコモン・ローの所産を判例法たるコモン・ローのままにするのでなく、"議会制定法に格上げしよう"というのが、この法案へ期待する連立合意の真意とされている。それは法案の中では第18条の中で実現しようと考えたようだ。

　そのきっかけは、やはり欧州司法裁判所の先行判決のプロセスでイギリスの裁判所とEU法とのせめぎ合いの中で生まれた2002年のソバーン対サンダーランド市会事件[7]で議会主権のダイシー・オーソドックスを揺るがす判決となったローズ判事により下された事件の当事者だったサンダーランド市会側の弁護人の主張が直接のきっかけになったと精査委員会は述べている。それによれば、

　　「議会の法的優位性がEU法により脅威を受けつつあるとの最も近年になされた主張は、ソバーン事件におけるサンダーランド市会側のエレノア・シャープストン弁護士によって提起されたものだ。要約すれば、その主張は、EU法はイギリスの憲法原理の一つである二元論から独立して、EU法の原理によってシンプルに国内に採り入れられたというよりむしろ、（ソバーン事件の判決により）防波堤が築かれた（エントレンチされた）と見られる」[8]

という主張からきたものだったようである。またこの主張が2011年EU法案における18条の主権条項に繋がり[9]、保守勢力の中に判例がこれ以上ダイシー伝統から離れる恐れがあり、それを何とか阻止せねばならないという危機感が広がった。それにより、保守政権は18条に主権条項を盛り込もうとしたのだと思われる。

6　*Ibid.*

7　2002年の *Thoburn v Sunderland City Council* の事件。

8　10th report, at para. 71.

9　*Ibid.*

3 ヨーロッパ精査委員会における学識者の証言

　しかし、法案を最終的に審議し、決着するのは議会の問題である。法案が固まり、議会に提出される前、下院である庶民院のヨーロッパ精査委員会でこの問題が精査されることとなった。とくにソバーン事件判決でローズ判事が、議会の作る制定法を高次のものと通常レベルの制定法とに階層化する判決を下したことで、（質問を絞って）EU 法から議会主権は危機に晒されているか否か、ヨーロッパ精査委員会は、10 名を超える主要大学の学識者に書面により証言を求めたとされる。それら証言のうち、議会主権は今、危機にあるか、将来はどうかに絞って見てみる。結論的に言うと、政治家らが危機感を感じたのと違い、学識者の受け取り方は冷静だった。議会主権は EU 法からの脅威の下にあるかという問いに対して、精査委員会がまとめた結論を見ると、

　　「我々が受理した（学識者による）証言の示唆しているところによれば、現在必ずしも、議会の法的優位性は EU 法からの脅威の下にない。」[10]
　　「EU 法は 1972 年欧州共同体法（ECA）の効力により最高位にあるに過ぎない」[11]

というものだった。理由の多くはやはりサンダーランド市会側の主張にもかかわらず、EU 法はイギリスにおいて、1972 年 ECA を通じて国内法に変形されたにすぎないというのが共通の認識だった。それら証言のうち、もっとも強く主権に対する懸念を否定したのは M. ドゥーガン教授[12]だった。彼は、「EU 法は 1972 年 ECA という手段によって国内的に法的効力を有するに過ぎない」[13]とした上で、

　　「そのような懸念は EU 法の国内法上の立場に関する限り、イギリス憲法上何ら客観的な根拠を見出せない。学会の多数の学術的意見の中で現実的な支持はない。事実、EU 法がイギリス憲法体系の礎石としての議会主権を何らかにおいて除去しうるなどと言う主張は、…本質的に政治的なものに過ぎない」[14]

10　10th report of Session 2010–11, European Scrutiny Commitlee, HC., at para. 71.

11　*See, ibid.*

12　Prof. Michael Dougan, リバプール大学教授。

13　10th report, at para. 40.

304　最終章　2011年EU法並びにジャクソン事件貴族院判決の傍論に見るコモン・ロー新潮流

さらに、

> 「1972年ECAによる議会の命令によってイギリスの裁判官はEU法と一致するように解釈を求められているのである。…。（EU法が）イギリスの議会から独立して、もしくはその意思にもかかわらず、EUもしくはEU司法裁判所の権限に従って、直接、何らかの自律的な方法で効力を有しているわけではない。」[15]

とさえ答えた。

4　ソバーン判決とEU法のイギリス法との将来の関係

　しかし、将来もドゥーガン教授が言うように危機がないと保証できるかどうかは分からない。P. クレイグ教授[16] は、事態は時の経過とともに変化しつつあると見ている一人である。そもそもソバーン事件判決をどう評価するかについて見ていくと、少しずつ将来が見えてくる。クレイグ教授はこう述べている。

> 「ソバーン事件の判決は理由づけが極めて合理的になされた判決である。今の段階では高等法院の合議法廷という一審のみで、そのあと上訴されたらどうなるかは推測の域に過ぎないが、上訴されても覆されそうにない。…もし最高裁判所に上訴されれば、自分の見解としては、ソバーン判決の理由づけと同様に肯定すると思われる」[17]

T. ハートリー教授[18] も「私も最高裁判所で異なる見解になるとは思われない」と同調した。同様にA. トムキンス教授[19] も第一審の判決に過度な信頼を置くのには反対だが、やはりクレイグ教授と同様、ソバーン事件判決を前向きに評価した。他方、A. ブラドリー教授[20] はそれには少し慎重だった。「自分はソバーン判決にかならずしも満足していない」[21] とし、将来のEU法との関係を

14　*Ibid.*

15　*Ibid.*

16　*Prof. Paul Craig,* オクスフォード大学教授。

17　*Ibid.,* at para 38.

18　*Prof. Trevor Hartley,* ロンドン大学（LSE）教授。

19　*Prof. Adam Tomkins,* グラスゴー大学教授。

20　*Prof. Anthony Bradley,* オクスフォード大学教授。

21　*Ibid.,* at para 41.

示唆するような見解を以下に述べた：

「EU 法とイギリス法の間の将来に疑問がある。確かに 1972 年 ECA は
EU 法を受け入れるドアを提供した。けれども、その規定は短く、これに
対して EU 法は極めて複雑だ。以前には見られなかった法制度である。し
たがって、1972 年 ECA には単純に制御し難いヨーロッパ的側面が残る。
1972 年 ECA が効力を有している限り、EU 法は優位する。しかし、困難
はきっとやってくる。ソバーン事件で裁判所が扱う上で困難が見られた。
もし、イギリス議会が EU 法から離れる意思を持った時、どうするか、そ
の議会制定法の効力はイギリスの憲法上の問題としてどうなるか。こうし
た困難さにソバーン判決は必ずしも十分解決の道を示していなかった」[22]
と述べた。

このブラドリー教授の真意を測るのは簡単ではないが、T. アラン教授[23] は
ソバーン判決で示された見解は「エントレンチ的な見解 "entrenchment view"
とは言え、その見解は "かなり弱い"」とし、結論的に自分はブラドリー教授
の見解に近いものだと述懐している。これはどういう意味か。ブラドリー教授
の言う後段の「イギリス議会が EU 法から離れる」とは、議会主権の本丸とも
言える、「明示的廃止の原則」に言及しようとしていたと思われる。つまり、
ブラドリー教授は、議会がもし "明示的に" 1972 年 ECA を廃止する立法を行
った時、イギリスの裁判官は EU 法の優位性との関係でどのような態度に立つ
かを考えていたと思われる。

そのような場合、普通であれば、ダイシー伝統に基づきイギリスの裁判官は
議会の制定法に従う、で一件落着となるであろう。しかし、ここが別れ道。そ
うではなく、もし "法の支配" の見解から、裁判官がそれとは違う道、すなわ
ちコモン・ロー・ラディカリズムに立って、廃棄と決めたはずの議会制定法に
従わず、1972 年 ECA を高次の法として、それに従って EU 法の優位性に一致
する解釈を行うという道も考えなかったか。

ソバーン判決はその点に十分に答えず、黙示的な廃止の原則だけを捨てて、
それでよしとした。しかし、それでは確かに十分とは言えない。将来の EU 法

---

22 10th report, para. 41.
23 *Prof. Trevor Allan*, ケンブリッジ大学教授。

との関係こそ重要となる。それがブラドリー教授にとり、ソバーン判決はそのことに十分答えていないと慎重な態度をとった理由ではないかと思われる。けれども、（残念ながら）将来の関係を見ることなく、イギリスが2020年にEUから脱退した今、この推測を検討してみても徒労となりうる結果となってしまった。だが、この時点でブラドリー教授も、またアラン教授も、イギリスがEUをまさか脱退するとは考えていなかったと思われるので、ソバーン判決の"エントレンチ的見解はかなり弱すぎる"、物足りない、と少し控えめにしか評価したのではあるまいか。精査委員会もそれを将来のこととして問題を先延ばしのままとした[24]。

5　トーンダウンした主権条項

精査委員会は全体的に上述したように、現在、議会主権は危機にないという結論でまとまった。その結果、保守党政権が"究極の権威が議会にとどまるのを明確にするためコモン・ローの地位から議会制定法の条項に格上げしたい"と主張していた18条についても、上に見るようにかなりトーンダウンした規定に落ち着いた。実際の18条の規定を見ると、「18条：継続する制定法的基盤に依拠するEU法の地位」との小見出しにより、

　「直接適用しうる、もしくは、直接効力を有しうるEU法（つまり、1972年欧州共同体法2条1項に記載されている権利、権限、責任、義務、制限、救

24　ヨーロッパ精査委員会（European Scrutiny Committee）において、学識者らは以下のように述べている。
　①立法上の議会の優位は究極的に裁判所によって決定されると同時に、その中身は時の経過とともに変化するであろう。ヨーロッパ精査委員会においてクレイグ教授らが証言している。
　②裁判所は極端な事例、たとえば法の支配が侵される場合、議会制定法を侵害する規定を適用しないことも考えられよう。
　③しかし、欧州共同体法（ECA）を適用しない議会制定法の権限はこれまで審査されたことがない。
　④「ソバーン事件で見られた困難、それは裁判所が処理すべき困難であるが、もしEU法から離脱するのが議会の意思であるならば、困難が生じるが、その意思の効果はイギリスの憲法としてどのようになるか。この困難はソバーン事件では必ずしも十分に解決されなかった。ヨーロッパ精査委員会においてブラドリー教授らがそう証言している。

済および手続き）は、当該 1972 年欧州共同体法の効力によってのみ承認され、利用されうるものとする。または他の制定法の効力によって法として承認され利用しうることが必要な場合にのみ適用される。」（傍点、筆者）と確かに穏当な規定に落ち着いたようである。

Ⅱ　ジャクソン事件判決とコモン・ローの新潮流に見る裁判官の傍論

この事件は EU と関係のない争点をめぐる事件であった。2004 年に制定された犬を使って行う野生の動物（mammals）の狩猟を条件付きで禁止する法は有効かどうか争そわれた事件だったからである。しかし、2005 年に判決された当ジャクソン事件[25]の貴族院判決の中に、傍論ではあったが、数人の判事卿による、オーソドックスなダイシー伝統に対する見逃せない憲法上のチャレンジがあったことで注目を浴びた。以下に、ジャクソン事件のあらましとともに、判決の過程で言及された傍論[26]に焦点を当てて考察したい。

1　ジャクソン事件の 2005 年貴族院判決

まずはジャクソン事件のあらましは以下の通りであるから述べる。

〔事実概要〕

2004 年の狩猟（禁止）法[27]Hunting Act 2004 が制定された[28]。だが、同禁

25　*R（on the application of Jackson）v Attorney General*［2006］1 AC 262;［2005］UKHL 56.

26　See *e.g.: Impact of R（on the application of Jackson）v Attorney-General*［2005］by Law Teacher essay, 2 Feb 2018.

27　2004 年 11 月 18 日に国王の裁可を得て法となる。

28　猟犬を使った野生動物の狩猟（Hunting with dogs）を全面的に禁止することにしたわけでなく、一定の制約の下であれば免れうるという条件付き禁止法である。長年の懸案だったイギリスの狩猟について、1979 年に登場したブレア労働党政権下で、1999 年以降、猟犬を使っての野生動物狩猟狩り禁止法が現実味を帯びる形で、バーンズ男爵を長とする調査委員会で議論されたものの、存続禁止の判断は示されなかった。それ以来賛否両論の議論があり、2004 年の禁止法制定となった。本法はイングランドとウェールズにおける猟犬を使った野生の動物の狩猟を刑罰の対象にした。狩猟禁止と聞いて、狐狩りを想像するであろう

止法は議会制定法の制定期限を短くするための 1949 年国会法によって制定された。この禁止法案は庶民院で可決されたが、他方、貴族院では継続して否決され、賛成をえられなかった。そのため貴族院の権限を削ぐための 1949 年議会法を駆使して、庶民院だけの可決で国王の裁可権を得て、禁止法が制定された。このように、禁止法は貴族院の同意を得ることがないまま、1911 年議会法に基づく手続きにより可決された。

　しかし、狩猟擁護派を代表する申立人ジャクソンによれば、1911 年議会法の下で作られた 1949 年議会法は第一次立法である議会制定法でなく委任立法であり、それに基づいて制定した 2004 年野生動物の狩猟禁止法は無効であるとして提訴した[29]。

　一審、及び控訴審[30]とも、1911 年及び 1949 年議会法はともに有効に制定され、したがってそれによる立法手続きにより制定された 2004 年禁止法は有効であり、法務長官勝訴と判断された。ジャクソンはこれを不服として上告し、争いは貴族院へと移った。

が、それだけでなく、鹿、ウサギ、その他の野生の小動物を猟犬に追わせ狩猟する狩猟を禁じたわけである。スコットランドでは 2002 年の *Protection of Wild Mammals（Scotland）Act 2002* でいち早く禁止された。成廣孝「キツネ狩りの政治学：イギリスの動物保護政治」岡山法学会雑誌（2005 年 3 月）54 巻 4 号参照。

　29　同 1949 法は、1911 年議会法の手続きにより、上院である貴族院の同意なく制定された。母法からそうする上での明確な権限がない限り、子法である 1949 年法は自らの権限を拡大することはできない、そのように拡大するには明確な通例の議会制定法が必要である。しかし、母法である 1911 年法からそうする権限を得ていない 1949 年法は委任立法にすぎない。1911 年法にはそうする権限のない黙示の制限があり、子法としてそれを超えて権限を拡大した 1949 年法は無効である。同時に、それにより制定された 2004 年の狩猟禁止法も効力を有しないと上訴人により主張された。

　30　控訴院は、1949 年法は委任法ではなく合法に制定された制定法であり、それにより制定された狩猟禁止法は合法であるとした。しかし、1911 年法及び 1949 年法が生み出した議会制定法の手続きに関して、あらゆる重大な憲法を含む問題であってもこの手続きに依ることには必ずしも賛成しなかった。たとえば貴族院を廃止するような立法が下院で出された場合には、通常の手続き、すなわち下院、上院および国王による手続きで制定されることが期待されるとした。だが、これについて貴族院はそのような基準には賛成できないと斥けられた。

〔争点〕

　1949 年議会法は従位立法にすぎず、それにより制定された 2004 年野生動物の狩猟禁止法も法的効力を持たないのではないかという点が争われた。

〔貴族院判旨〕

　意見が大きく分かれる狩猟法の是非は、司法権を有する貴族院が解決しなければならない法的問題とは何の関係もない [31] と断った上で、貴族院は判決を下し、1949 年法は 1911 年法を駆使して有効に承認された制定法であり、したがって、野生動物の狩猟禁止法は修正された議会手続きによって有効に承認されたとし、前審の決定を支持し、ジャクソンの上訴を棄却した。

　本件の主たる問題は 1911 年及び 1949 年議会法という議会制定法の解釈の問題と言ってもいいものであり、とりわけ、1911 年法の意味と結果がいかなるものかが争われた事件とも言えよう。結果として 1911 年及び 1949 年議会諸法に基づくメカニズムを駆使して可決された狐狩り禁止立法は委任立法でなく、第一次立法であり、したがって、同禁止法は有効な立法手続きによって制定され、ゆえに、これら議会諸法が違法であるとして、阻害されることはないと判断された。T.H. ビンガム（Lord Bingham, Tom Henry Bingham）卿判事は多数意見を代表して、第 1 に、1911 年—1949 年諸法はまさに「制定された法」であり、2004 年の狩猟禁止法は合法的に可決され、従って有効な法である。第 2 に、立法事項は通常議会の管轄権の範囲にあり、ここでの問題に答えられないが、それは司法部が答える問題であり、議会は以前の議会によって彼らに定められた立法手続きに縛られうるのであると述べた [32]。

　31　注 1 でも述べたが、貴族の遊びである狩猟が禁止されるとあっては、貴族院議員の胸の内は複雑だったであろう。そのようなわけで判決を下すに当たって、冒頭、貴族院上訴委員会はこう切り出したと思われる。

　32　これに対し控訴院は、議会制定法の手続きであらゆる法案を法にする手続きとして利用することに疑義を述べた。もし貴族院を廃止するような法案であれば憲法に根本的な変更をもたらすことになりかねない。そのような場合には通常の立法過程、すなわち、下院、上院及び国王の同意がなければ法になり得ないとした。See［2005］EWCA Civ 126;［2005］QB 579. しかし、貴族院は控訴院が述べたその点について、1911 年法が制定された時、両院はその 1911 年法が憲法的に極めて重要性がある立法を制定するのに利用される以上のも

2 本貴族院判決に見る注目すべき傍論

本件の貴族院判決の結果は以上であるが、他方で、この事件が憲法上大きな意義を有する事件とされるのは、中核的な 1911 年—1949 年法の合法性を巡る争いとは別に、ジャクソンの請求の中に議会主権を含む広範な問題が関連しており、そのことも併せて本件で議論されたからである。それらを見れば、そこにコモン・ロー・ラディカリズムによる議会主権へのチャレンジと思われる事件として理解されるのである [33]。本書では彼らをコモン・ローの新潮流として論じることにする。

従来の通説的ダイシー伝統によれば、議会制定法にみる議会主権と議会制定法を解釈する裁判官の立場は明確である。裁判官に議会制定法を忠実に解釈し、これを適用する一方で、ただし、審査はできないというものだった。つまりイギリスの裁判官に議会制定法への司法審査権はないというのがオーソドックスな解釈 "Diceyan notion of parliamentary supremacy" であるというものであった。

しかし、ジャクソン事件の貴族院の判事らの議論の中、とくに 3 人の判事、D. ホープ卿判事（Lord Hope, David Hope）、レディ・(B.) ヘイル判事（Lady Hale, Brenda Hale）及び J. ステイン卿判事（Lord Steyn, Johan Steyn）ら 3 人の意見に耳を傾けると、彼らに従来のダイシー・オーソドックスの解釈から離脱しようとする態度が明確に示されたことが分かる。

3 人のうち、レディ・ヘイル判事は、本ジャクソン事件ではまだ貴族院上訴委員会の陪席判事であったが、2009 年に貴族院から独立して創設された最高裁判所の 2 代目の最高裁長官（2017–2020）となったことはすでに言及した。彼女はまた、本書の第一部第 2 章のミラー事件で取り上げたように、裁判長として歴史に残る判決を下したことでも知られる。その彼女も含めて、これら 3 人の傍論はジャクソン事件でにわかに展開されたのではなく、とくに 1990 年以降の判例に顕在化してきた議会主権と EU 法との相剋、及びヨーロッパ人権条

のであることを知っていたのであり、控訴院の見解はからであると否決された。Turpin and Tomkins, Colin Turpin and Adam Tomkins, *British Government and the Constitution*, (Cambridge, 7th edn, 2011), at p 91.

33 *ibid.*

約の効力をイギリス国内に及ぼすこととした 1988 年の人権法、さらには 1990 年代にスコットランド等へ地方分権化した分権法を憲法改革の現実の姿であり、これらをイギリス議会がオールマイティにもつ権限に対する制約の諸例であると見たことでも知られよう。C. タービン及び A. トムキンズは彼らを勃興しつつあるコモン・ローからの新しい潮流に立つ人たちとして、「コモン・ロー急進主義」(on common law radicalism) に立つ法律家と呼んだ[34]。

　これら 3 人のコモン・ロー急進主義に立つ人たちの傍論を見る前に、同じ傍論でもダイシー・オーソドックスに立つビンガム判事卿の傍論から掲げて見る。

(1) 議会主権の伝統に立つビンガム卿判事の傍論

　イギリス憲法の岩盤は今もこうであり、また 1911 年法を制定した時もそうだった。つまり、

　　「(イギリスにおける憲法の岩盤) は、議会の至上性ということであり、エントレンチとか成文憲法により (議会主権が) 制約されることはない。(ウェストミンスター) 議会はいかなる法も作れるし、いかなる法も廃止できる。議会制定法は、制定されれば、正しく解釈され、国内で最も高位にある法的権威を享受している。」[35]

という。しかし、これと対照的なコモン・ロー裁判官の傍論は違う。以下に見てみよう。

(2) コモン・ロー・ラディカリズムに立つ 3 名の傍論

①まずホープ卿判事は、「裁判所によって強行される法の支配こそ、我が国の憲法が基礎としているものに対する究極的な抑制の役割になっている」[36] と述べ、「議会主権はかつてそう言われたことがあるが、もはやそれは絶対的でない。…少しずつ、…絶対的な議会主権というイギリスの原則は修正されつつある。」[37]

---

34 House of Commons, 10th report of session 2010–11, *The EU Bill and Parliamentary Sovereignty*, at para. 28. その中で、「ジャクソン事件で 3 人の判事卿は、傍論ではあるが (すなわち、裁判所が決定することを求められた争点に関してではないが)、一定の状況で、裁判所は議会による立法を適用しない固有の権限を有する」と示唆した。

35 Lord Bingham, *ibid.*, [2006] 1 AC 262, para. 159; [2005] UKHL 56 at para. 28.

36 Lord Hope, *ibid.*, para. 104.

37 *Ibid.*

②また、レディ・ヘイル判事はホープ卿判事に同調して「裁判所は特別の疑いをもって法の支配を覆そうとするいかなる試みにも対処するし（時には拒否さえ）厭わないであろう。」[38]

③さらにステイン卿判事は、率直に次のように述べた。

「我々は連合王国の中で制約のない憲法を持っているわけでない。ヨーロッパの文脈でいえば、第二ファクタテーム判決でそれを明白にした。…。議会主権という原則のダイシーによる古典的な説明は、純粋に絶対的であったが、今や、現代の連合王国に合わなくなっているように見える」、

「にもかかわらず議会の優位性は今も一般的な原則のままである。しかし、元を正せば、それはコモン・ローの解釈であり、裁判官が創造してきたものである。そうであるならば、裁判所は立憲主義の異なる仮説に基づき確立される原則に門を開いてもよい状況が起こりうることは十分考えられる」[39]、

「この例外的状況で、貴族院上訴委員会もしくは新しい（イギリスの）最高裁判所は、この憲法原理、主に下院である庶民院の意向で機能している主権者の議会でさえも、これが我が国の廃止できない憲法原理なのかどうか、再考しなければならないであろう。もっともこれは本上訴事件における争点にはなっていないが。」[40]

　もちろんこれら裁判官のいう正当性に差異はあるけれども、3人すべてが同意するのは、究極的に裁判官の手中にある議会主権のダイシー伝統はもはや真の憲法的地位を反映する地点まで進展しつつあるということかもしれない。

Ⅲ　コモン・ロー・ラディカリズムによる新潮流

1　議会主権と法の支配の二極の主権の柱

　ジャクソンにおける傍論に見る急進派の考えに従うならば、コモン・ローが裁判官に法の支配に反する立法を削除する権限を付与しつつあることを意味す

38　Lady Hale, *ibid.*, at para. 159.

39　Lord Steyn, *ibid.*, para. 102.

40　*ibid.*; also see ［2005］UKHL 56, at para 101.

Ⅲ　コモン・ロー・ラディカリズムによる新潮流　　313

るであろうか。タービンとトムキンズの著書によれば、

　　「1972 年 ECA と 1998 年人権法（HRA）両法の疑いなき重要性にもかかわ
　　らず、イギリス憲法のキーストーンとしての "継続する議会主権の地位"
　　に対する潜在的なチャレンジは、議会の可決したいかなる立法からでなく、
　　コモン・ローから来ている」[41]

と前置きし、

　　「過去 15 年からこれまで、コモン・ロー・ラディカリズム（common law
　　radicalism）と呼びうる目を見張るべきルネサンスを見てきた」[42]

という。タービンらの書籍は 2011 年版によるものなので、"15 年前からこれ
まで" というのは「1990 年後半から今日まで」に相当するであろう。とすれ
ば 1990 年の第 2 ファクタテーム事件判決が下され、2003 年のソバーン事件高
等法院合議法廷判決とその後のアカデミックいわゆる学識者らによるコメント
が世に出ていく時期までをおそらく網羅していると見てよいであろう。タービ
ンらは

　　「これ以前の世紀にもコモン・ロー・ラディカリズムはあった。17 世紀初
　　期の最も有名かつ新機軸に立つコモン・ロイヤーであったサー・エドワー
　　ド・クック（*Sir Edward Coke*, 1552–1634）である」[43]

と言う。クックは周知の通り、ジェームズ 1 世の時代の首席裁判官だったが、
国王と対立し、罷免された。その後、彼は国会議員に身を転じ、チャールズ 1
世の専制政治に対し、以下に示すように、有力議員として権利請願を起草して、
闘ったばかりでなく、議会制定法に対するコモン・ローの優位さえ唱えたコモ
ン・ローの申し子、ラディカリストであった。

　　「1628 年、権利請願 [44] Petition of Right（1628 年）を起草。憲法に足跡を

　41　Turpin & Tomkins, *ibid*., at p 86.
　42　*Ibid.*
　43　*Ibid.*
　44　クックの発案によるもの。議会が国王に対し、議会の同意なく不当な課税や人身を不
当に拘束することなどの禁止を請願、承認させた文書。国王が法律を無視したとき個人が救
済を求める手段である「請願」という形式をとることにし、両院で採決された。しかし、そ
れでもチャールズ 1 世はこの請願を無視し議会を解散。その後 11 年にわたって召集せず、
王権と議会の対立は武力衝突に発展、以後、1642 年のピューリタン革命へと向かうことと

刻む以上の仕事をし遂げた人である。」[45]

このようにクック首席裁判官を含めて

> 「コモン・ローラディカリズムに立つ人たちは、議会主権の原理を含めて、憲法全体をコモン・ロー上に基盤を置くべきであると信じた。コモン・ロー・ラディカリズムによる昨今のルネサンスは、サー・ジョン・ローズ[46]（Sir John Laws）ら一定の裁判官およびアカデミック・コメンテーターの出現を見た[47]が、彼らは、たとえば、コモン・ローは立法さえも従属することになる高次のレベルの法を含む」[48]

と言い、

> 「彼らの主張は今のところ、今日までこのように展開しているが、それを見ると、これまでダイシーが言う議会主権、最後は法の支配もそれに頭を下げねばならなかったが、もはやそれ（議会主権）は最高の権威でなくなり、（これからは）議会と裁判所との二極の主権（bi-polar sovereignty）となるであろう、そのことを一部の人たちは台頭しつつある（新しい）憲法のパラダイムとして認識しているのである」[49]（カッコ筆者）

17世紀の名誉革命の結果、王権に対して議会が勝利した。王権と闘う議会をコモン・ローは絶えず、彼らの味方となり、ついには議会主権の確立に貢献した。それゆえ、議会が司法部の上に立ち、効力的にも議会の作る制定法が高く、司法部はそれに従う形となった。けれども、ダイシーが1885年の『憲法研究序説』で述べたように、議会主権と法の支配はイギリス憲法の二大原理であり、それだけでなく、2つの原理のバランスこそ重要なのである。その意味でいうならば、上でいう二極の主権の柱とは、EUとの関係でEU法と衝突した時は、司法部が最終的に議会主権に頭を垂れるのを余儀なくされるのではなく、司法部は、議会主権を絶対的でなく、相対的に法の支配をポジティブに捉えようと

---

45 *Ibid.*

46 Sir J. Laws, *Law and Democracy* (1995) PL 72.

47 *Ibid.*

48 Turpin & Tomkins, *ibid.*, at p 86.

49 Sir Stephen Sedley, *Human rights: a twenty-first century agenda* [1995] PL 386, at p. 389.

するのがコモン・ロー・ラディカリズムに見る新潮流の主張なのであろう。

2　引き継がれる新潮流─人権法とヨーロッパ人権条約

　しかし、これまで展開してきたコモン・ロー・ラディカリズムはイギリスが
EU から脱退したことで中断を余儀なくされるであろうか。必ずしもそうなる
とも思われない。第4章で触れたことでもあるが、1998年の人権法はヨーロ
ッパ人権条約を国内法化するために制定された。これにより、イギリスの司法
部は、人権法を通じて人権条約に適合するようイギリス制定法を解釈すること
が求められ、もしその制定法と人権条約をいかに解釈しても一致できない場合、
裁判所は「不一致宣言（Declaration of incompatibility）」をしなければならな
いことになっていることは既に言及した。この不一致宣言により、立法府は人
権条約と一致するよう当該立法を修正すべく、裁判所は強いプレッシャーを送
ることとなるわけである。これにより議会は指摘された不一致部分の修正を図
れば目的は達成され、議会主権の外枠は一応、守られたことになる。しかし、
それでも、オーソドックスなダイシー伝統によれば、議会にはかかる修正を行
わない選択肢も残る。のみならず、究極的に、1998年人権法自身の効力さえ
も失わせる権限も残ったままとなる。かようなおそれが残るとすれば、EU の
場合と同じように、議会主権と法の支配とのバランスの議論が再び生じること
は十分に考えられる。相剋を乗り越えるために台頭してきたコモン・ロー・ラ
ディカル主義の役割は今もこれからも残っている[50]。そして、彼らの役割は
EU から人権法の分野で受け継がれるであろう。

　これに関して、議会主権とのありうる人権法との衝突に関する事例として、
ターピンとトムキンズは、*Hirst v the United Kingdom* の判例を例に挙げ、
議論している。それによれば、有罪とされた受刑者の公民権を奪っているイギ
リス 1983 年人民代表法第 3 条の規定は人権条約上、違法である、としたヨー

　50　ステイン卿判事は先のジャクソン事件判決の傍論で、「人はヨーロッパ人権条約を伝
統的な国の相互義務を定めた条約と同一視してはならぬ。代わりに引き受けたそれは、イギ
リスが他の諸国に関してではなく、その管轄権内にいるあらゆる個人に向けて、それを守ろ
うとの義務を引き受けている新しい秩序なのである」と述べている。The House of Com-
mons, 10th report of session 2010–11, *ibid.*, at para. 28.

ロッパ人権裁判所の判決があり[51]、それに注目している。本件は本書の目的に
外れるかもしれぬが、垣間見る価値は十分にあると思われる。

　本事件において、提訴したハースト（John Hirst）は殺人罪（ここではコモ
ン・ロー上の殺人罪の一つである Manslaughter）を犯し、受刑者として刑罰に
服していたが、これによるイギリスの 1983 年人民代表法[52] 3 条により奪われ
た投票権に関し、人権法に基づき、2001 年、高等法院に提訴した。当院の合
議法廷では審理の上、彼の訴えは棄却されたが、彼はさらにイギリス政府を相
手とし、この問題を、ヨーロッパ人権条約に基づき、人権裁判所（Chamber）
に提訴したのである。これによりイギリス政府は敗訴、直ちに同人権裁判所の
大法廷（Grand Chamber）に上訴したが、結果は、2005 年、1983 年人民代表
法の 3 条の公民権に関する無条件の禁止を理由とする受刑者の投票権に対する
かかる制約は、ヨーロッパ人権条約付属議定書としての第一プロトコール 3
条[53] に反すると 12 対 5 で判決が下された[54]。しかし、同人権裁判所は、この
判決でかかる受刑者に公民権が付与されるべきであると明示したわけではなく、
第一プロトコール 3 条の定める普通選挙の原則からの離脱をイギリス政府は正
当化する責任があり、公民権を取り上げた立法措置を第一プロトコール 3 条と
一致させるように要求されていると考えるべきもののようだ。

　タービンとトムキンズによれば、高等法院合議法廷の判決の中で、本件はイ
ギリス議会の決定する問題であるとの判断があり、それは明らかに人権裁判所
のそれと相反する結果になっているだけでなく、イギリス側の受刑者に対する
公民権停止に関する考えははっきりしていて[55]、そうしたイギリス側の立場と

51　Turpin & Tomkins, *ibid.*, at pp 80–81.

52　1983 年人民代表法 *Representation of the People Act* 1983 の第 3 条による。有罪で
収監中の受刑者は、国会レベル地方議会レベルにおける選挙で投票権を奪われる、と規定す
る。

53　自由選挙の権利を規定するプロトコール 1 の 3 条を参照。Article 3: Right to free
elections, Protocol No. 1 to the European Convention on Human Rights.

54　*Hirst v UK*（*No. 2*）[2005] ECHR 681; [2006] 42 EHRR 41. 高等法院合議法廷の
判決を受けて、さらに Hirst は人権裁判所（Chamber）へ提訴した。Turpin & Tomkins,
ibid.

55　これに対して、イギリス政府はいかなる法の修正も議会に求めなかったとのことであ
る。というのも 2010 年当時の総選挙で誕生した連立政権は、有罪とされた受刑者に投票権

人権裁判所からの大きなインパクトとなる判決との間の複雑さを指摘した。当然ながら、最初に判断を下した高等法院合議法廷による判決も多くの論者から精査されるはずであろうが、この事件もある意味、法的主権者である議会の制定した人民代表法と人権条約との衝突であり、衝突回避のため、コモン・ロー・ラディカリズムの立場からどのような議論がでるであろうか、本書ではターピンとトムキンスの以上の指摘を取り上げるのみとし、今後の行方を見守りたい。いずれにせよ、コモン・ロー・ラディカリズムの先頭に立っていた17世紀の首席裁判官サー・エドワード・クックは、第5章で述べたように、ボナム医師事件の中で、傍論であったが、"議会制定法に対するコモン・ローの優位"を説いた。上に挙げたジャクソン事件判決に見た3人の判事卿の傍論は当面、クックの傍論の域にまでに達しているとは思えないが、今日、イギリスの憲法改革の一環で、上院である貴族院から独立して最高裁判所ができたこと、ヨーロッパ人権条約から1998年人権法を通じて及ぼし続けるインパクトによってイギリスのコモン・ロー・ラディカリズムに立つ裁判官が今後、どのように変容していくか、注目される。

を付与するための法の修正に熱心でなく、また、議会も極めて熱意のない問題としているのを知っていたからでもあるらしい。しかし、これをそのまま放置し、長く不作為とすることへの問題をも考慮し、2011年2月、下院は本件を法の修正を含めて議論したが、受刑者の公民権を禁ずる一派的禁止を維持する方向で議論が進み、また、本件は、裁判所でなく、議会で決定されるべき問題であると決着を図ったようである。

むすびに代えて

　第1章で、EUからのブレグジットは、2016年のレファレンダム（国民投票）により事実上政治的主権者の決断によって決まったと述べたが、本来、レファレンダムは諮問的なものに過ぎない。決めるのは法的主権者である議会のはずだったが、昨今のイギリス憲法の新しい現象は、レファレンダムであり、国家の基本的構造を改革する場合にはレファレンダムを行うことが憲法習律になりつつあった。しかし、ブレグジットは、1972年EC法を廃止して、EUを離脱するという大問題であり、それゆえに議会はレファレンダムの結果を受けて熟慮する時間はあったはずにも拘わらず、それを斥ける道を選ぶという議論をしたという印象はなかった。ただし、政府が国王大権に依拠してEU側にブレグジットを通告しようとしてミラー女史に提訴され、最高裁により、事前に議会の承認をえることなく政府がブレグジットを通告するのは違法であるとの判決を下され、ハングパーラメントに喘ぐ議会は最高裁の判決にあと押しされどうにか議論がまとまった感がぬぐえない。

　第4章で、イギリスがECに加盟する時、ヒース保守党政権は国民の声を聞かずに議会だけの判断により加盟を決めたことを述べたが、そのヒース政権は2年も経たないうちに国民に見放され、総選挙で敗北し、退陣した。それだけ国民の声を聞かず、EC加盟を果たしたばかりの保守党政権は信頼を完全に失ったのであった。これ以降、総選挙の際の投票率が低下し、国民の政治離れは顕著になっていくが、その分岐点となったのは1970年代であること、中でもEC加盟を果たす1973年こそ、イギリス政治の明白なターニングポイントだったことを第1章の中で明らかにした。

　それからというもの、総選挙の際の得票率の低下は止まることを知らないが、これは何も保守党のみに限ってのことでなく、労働党も含めて二大政党の合計得票率が低下していくのである。その原因は両党とも内部にEC・EUをめぐり議員間に対立を招き、それにより総選挙のたびにどの政党も過半数の議席を

取れないハングパーラメント、宙吊り議会に陥っていく。これにより、保守党か労働党か、いずれかの政党が下院で多数を占め、内閣を形成すると、議会主権を背景に力強く安定した政治を生み出してきたウェストミンスターモデルが止めようもなく揺らぎ、右往左往する議会の姿に国民はどれだけ失望したか。

その結果は、2013年、キャメロン元首相を、国民投票を行うと声明せざるを得ない立場に追いやられた。それだけでなく、第8章でみたようにイギリスの判例が、初期判例から適合解釈の時代を経てファクタテーム判決、ソバーン判決により議会主権に変容をもたらしていく傾向とも重なっていく。かくして2016年のEUから離脱するか否かを問うレファレンダムが実施され、イギリスがブレグジットに至っていくのは事の成り行きに沿っていたかもしれぬ。キャメロン首相がEUと交渉して加盟条件を有利にしようとしたが、加盟条件を見ると国民の本旨と乖離していたと思われる点も同章で指摘した。説得性が必ずしも十分と思われない加盟条件を見たとき、キャメロンの本気度はどこにあったかとさえ疑われたが、彼が2013年のブルームバーグ演説で述べた草稿を見ると、今となっては妙に彼の保守党々首としての真意がこの演説のこの部分にあったように感じるのは筆者だけであろうか。彼の弁によれば、イギリスは歴史的には欧州に対して常にオープンだったとしながら、次のように述べた。

「我が国の地形が、我々の心理を形作っているのは真実だ。我々は島国民としての性質──独立心、率直さ、我が国の主権を守ろうとする上での熱情──を持っている。イギリス海峡にそれを棄てるより、イギリス人のこの敏感性をこれ以上変えることはできない。」

それはともかくブレグジットにより、イギリスの議会制定法とEU法との相剋は終止符を打たれることになったが、その相剋のさなか、裁判官や学識者の中に、コモン・ロー・ラディカリズムが登場したのは特筆される。議会主権と法の支配をイギリス憲法の二大原理としたダイシーのクラシカルな定義。その中で、EU法との関係で議会主権と法の支配のバランスが崩れようとした。そこに登場したコモン・ロー・ラディカリズムという新潮流の中に、主権の一本柱である議会をイギリス憲法の中核に置く態度から、法の支配も2本目の主権の柱として両者のバランスから議会主権を見直すという態度が生まれたことは注目された。

イギリスが EU を脱退した今、勃興しはじめたコモン・ロー・ラディカリズムは、終止符を打たれるわけでなく、今後は、イギリスの議会制定法とヨーロッパ人権の関係という中で継承され、発展していくのを関心を持って眺めることとしたい。

323

索　引

1　法令索引

1689 年権利章典　163, 293, 315

1707 年イングランド・スコットランド合併基本法　105, 112, 189, 293

1832 年選挙法の大改正　157, 169, 172

1839 年人民憲章　172

1876 年上告管轄権法　103–4

1911–49 年国会法　173, 174, 308–9

1931 年ウェストミンスター法　7, 183, 249, 265

1951 年パリ条約　227–8

1951 年ヨーロッパ人権条約　18, 155, 157, 310, 315

1957 年ローマ条約　225–31

1972 年欧州共同体法（ECA72）　2, 10, 23, 28, 30, 57, 62–4, 70–1, 79, 83, 121, 139, 140, 227, 293, 303, 315

1975 年国民投票（レファレンダム）法　25, 39, 134–5

1983 年人民代表法　293, 315

1986 年単一欧州（ヨーロッパ）議定書　229–31

1989 年 EU（マーストリヒト）条約　230

1998 年人権法　106, 108, 157, 293, 311, 315

1998 年北アイルランド法　63, 67

1998 年スコットランド法　77, 293

1998 年ウェールズ法　157, 293

1998 年グレーター・ロンドン当局（レファレンダム）法　137

1999 年貴族院（改革）法　157

2005 年憲法改革法　102, 106–7, 111, 115, 157

2007 年リスボン条約　230

2011 年議会任期固定法　35, 99

2011 年対案投票制国民投票（レファレンダム）法　25

2011 年 EU 法　13, 299

2015 年国民投票（レファレンダム）法　25, 36, 78

2017 年 EU（脱退通告）承認法　28

2018 年 EU（脱退）法（ブレグジット法、大廃止法）　2, 28–9, 56, 59, 87, 101

2019 年早期議会総選挙法　99

2　人名索引（英）

アラン、T.　289, 305, 306

アーゾ　4

アリソン、J. W. F.　5, 10, 190, 287

アロット、P.　55, 287

アトキン卿　149, 151–2

ベーカー、J. H.　6

バジョット、W.　106

バーネット、H.　108, 170

ビンガム卿　96, 311

ブラックストン、W.　24, 103, 149, 171

ブレア、T.　38, 105, 110, 116, 135, 157, 300

ボグダナー、V.　29, 32, 40, 51, 137–8, 157

ブラクトン、H. de　4, 5

ブラドリー、A.　108, 304–6

ブリッジ卿　12, 285–6

ブリッジ、J. W.　149, 218, 253–4

バーンズ、S.　11

キャメロン、D.　24, 26, 29, 31, 35, 42, 44

クック、Sir E.　80, 16–3, 162–3, 181, 286, 313–4

クレイグ、P.　304, 306

デニング卿　10, 154, 186, 265–8

デ・スミス　131, 186, 252–3, 262

ダイシー、A. V.　15, 24, 29, 131, 137, 159,

324 索　引

181, 264, 277

ディプロック卿　149, 253, 255, 279–81, 278–8,
296

ドゥーガン、M.　303–4

エリオット、M.　56, 70, 73, 77, 91

フォーマン、J.　269

フリーマン、E.　208

フォーテスキュー、Sir J.　7, 161, 163

ジュッサーニ、E.　163

ハートリー、T.　304

ホフマン卿　63, 160

レディ・ヘイル（ヘイル卿）　62, 92, 310–12

ヒース、E.　30, 32, 125, 133

ヒューストン、R. F. V.　183

ホープ卿　111, 310–2

ジョンソン、B.　16, 90–1, 93, 99, 119

キース卿　12

ラスク、D.　149, 218, 253–4

ローズ、Sir J.　73, 75, 87, 292, 294, 303–4

リヨン、A.　7, 31, 40, 124, 133–4, 144

メイトランド、F. W.　4

メイ、T.　16, 26, 31, 35, 90, 100

ミッチェル、J. D. B　146146, 186–9, 256,
261

マンロー、C.　124

ペスカトール、P.　174

フィリップス、O. H.　175, 181, 187, 189, 263

ピソチェット、J. P.　146

リード卿　70, 75, 85

サンキー卿　185

スカーマン卿　132, 155, 165, 194, 262

セドリー、Sir S.　314

ステイン卿　310, 312, 315

サッチャー、M.　37, 41

トムキンス、A.　304, 311–2, 315–6

トリニダット、F. A.　143

タービン、C.　13, 173, 248, 311–6

ウェイド、E. C. S　84, 153, 187, 255

ウェイド、H. W. R.　9, 131, 146, 173, 193,
255–6, 286

ウェイド、Sir W.　70, 70, 74, 286

ウィルソン、H.　25, 39, 43, 134

ヤードリー、D. C. M.　175

3　事項索引

あ

ECSC　5, 23, 227

EURATOM　5, 23, 228

EEC　30, 228

一元論、二元論　8, 82, 138, 149, 152–5, 245–7,
302

EFTA　30, 126

イギリス連合（コモンウェルス、英連邦）　7,
31, 123

EC 加盟　31, 38, 41, 123, 131

イギリスの新しい最高裁判所　16, 102–7,
111–20, 117

EU 法の直接適用性　227, 241–5

EU 法の優位性　58, 73, 126, 141, 195, 203,
243

EU 憲法条約　227, 235–6, 300, 236

EU 立法　241–5

域内市場　230, 233, 235, 242

EU 基本権憲章　142, 222, 235, 239–40

EU 条約　226, 236

EU 機能条約　226, 236

域内市場統合白書　229–31

EU 市民権　233–4

ウィーラー事件　135–6

ヴェト（veto）　23–6, 29, 32

エントレンチメント　289, 294, 302, 305, 311

欧州議会選挙　37, 42, 233, 241

欧州統合　234–5

か

議会主権の史的展開　159, 170–4

議会主権のダイシー伝統　13, 159, 174–182,
182, 302

議院内閣制　65

貴族院上訴委員会　6, 299, 309, 312

索　引　　　325

小選挙区制　　25, 33, 77–8
議院内閣制　　33, 65
強行可能な共同体の権利　　63, 141, 146
関税同盟　　56, 124, 232
共同市場　　232, 229, 233
議会閉会事件　　91, 97
憲法習律　　137, 173–4, 319
議会制民主主義　　137, 170
コスタ対エネル公社事件判決　　8, 203–15, 243
コモン・ロー・ラディカリズム　　12–3, 20, 299, 305, 310–15
国王大権　　12, 60, 69, 72–3, 79, 81–3, 95, 152
貴族院の権限縮小　　170, 172

さ

成文憲法　　7, 17, 193, 262, 311
ソバーン事件判決　　13, 19, 74, 288, 299
ジャクソン事件判決　　13, 19, 76, 299, 304, 307
選挙独裁　　33
三環論　　31
スウル慣例　　63, 67–8
司法判断適格性　　92, 95
ジェントリ　　168
ソフト・ブレグジット（穏健 EU 離脱派）議員　　35, 39, 44, 56, 89

た

大陸法　　6, 7
第 2 ミラー事件判決（チェリー・ミラー事件判決）　　16, 86
DUP　　36, 89, 98–99
大法官　　107–10, 157
チュートン学説　　7
チャーティスト運動　　172
トーリー　　169

な

ノルマン・コンクエスト　　3, 107
2016 年レファレンダム（国民投票）の結果　　43

は

ハード・ブレグジット（強硬 EU 離脱派）議員

35, 56, 89
ハングパーラメント（宙吊り議会）　　16, 34–9, 52, 89, 98, 100, 301
ブレグジット　　1, 26, 30, 41, 51–6, 75–7, 133–6
不文憲法　　7, 17, 57, 93, 193
ファンゲント・エン・ルース社事件判決　　8, 140, 195–202, 243
ファクタテーム事件判決　　12, 19, 55, 70, 74, 283, 197
法律貴族　　111
議会閉会事件　　91, 97
法の支配　　20, 33, 174, 305, 311–5
不一致宣言　　20, 158, 315
ブルージュ演説　　41
補完性の原則　　232–3
ポピュリスト政党（UKIP　　33, 37
ブルームバーク演説　　52
飛越上訴　　58
ホイッグ　　169

ま

マグナ・カルタ　　4, 293
マーストリヒト条約　　135, 231–4
ミラー事件判決　　16, 27, 55–70, 76
ミラー＝チェリー事件判決　　91–98
見せかけの多数派形成　　38

や

ユス・コムーネ　　4
ユーロペシミズム　　132, 127, 229, 235
ヨーロッパ評議会　　109, 110
ヨーロッパ連合（連邦か連合か）　　41–2, 226, 232, 234, 236
ヨーロッパ精査委員会　　302, 303–7
ヨーロッパ人権裁判所　　316

ら

レファレンダム（国民投票）　　15, 24, 30, 41, 55–6, 75–7, 133–6, 300–1
レファレンダム・ロック　　87, 138, 300–1
ルクセンブルグの危機　　126–131
リスボン条約　　135, 219, 234–9, 300
ローマ条約の改正　　227–31

著者略歴

法学修士（早稲田大学）
法学博士（PhD in Law, 英国 Exeter University）
駿河台大学法学部教授、日本大学法学部教授を経て、
2019 年日本大学大学院法学研究科を退職。
ウェールズ大学カーディフ Law School 客員研究員、
比較法学会理事会監事を歴任、
現在、駿河台大学名誉教授。
著作は『概説イギリス憲法—由来・展開そして EU 法との相剋』
（2 版）（単著・勁草書房・2002 年）
『EU 入門』（共著・有斐閣・2000 年）
『英米法序説』（共著・敬文堂・1997 年）
『法の担い手たち』（共著・法文化叢書 7・国際書院・2009 年）
「EC 法とイギリス裁判官の解釈態度—国会主権のダイシー伝統は変容したか」（比較法研究 58 巻（1996 年））
「イギリスの議会主権と議会制定法の階層化について—EU 法の優位性とイギリスにおけるコモン・ローの発展」日本法学 77 巻 2 号（2011 年）
「ブレグジットとイギリス憲法—2016 年の国民投票における"国民のヴェト"の意味するところ—」日本法学 84 巻 4 号（2019 年）

ブレグジットがイギリス議会主権に残したもの
勃興するコモン・ローの新潮流

2024 年 9 月 20 日　第 1 版第 1 刷発行

著　者　加
か
藤
とう
紘
ひろ
捷
かつ

発行者　井　村　寿　人

発行所　株式会社　勁
けい
草
そう
書　房

112-0005　東京都文京区水道 2-1-1　振替 00150-2-175253
　　　　　（編集）電話 03-3815-5277／FAX 03-3814-6968
　　　　　（営業）電話 03-3814-6861／FAX 03-3814-6854
理想社・牧製本

©KATO Hirokatsu 2024

ISBN978-4-326-40441-4　　Printed in Japan

 ＜出版者著作権管理機構　委託出版物＞
本書の無断複製は著作権法上での例外を除き禁じられています。
複製される場合は、そのつど事前に、出版者著作権管理機構
（電話 03-5244-5088、FAX 03-5244-5089、e-mail: info@jcopy.or.jp）
の許諾を得てください。

＊落丁本・乱丁本はお取替いたします。
　ご感想・お問い合わせは小社ホームページから
　お願いいたします。

https://www.keisoshobo.co.jp

加藤紘捷
概説イギリス憲法〔第2版〕
　由来・展開そして EU 法との相克　　　　　　　　　A5 判／3,850 円

五十嵐清
比較法ハンドブック〔第3版〕　　　　　　　四六判／3,520 円

楪博行
アメリカ民事法入門〔第2版〕　　　　　　　四六判／3,080 円

E・アラン・ファーンズワース 著／スティーブ・シェパード 編
笠井修・髙山佳奈子訳
アメリカ法への招待　　　　　　　　　　　　A5 判／2,750 円

永澤亜紀子
フランス暮らしと仕事の法律ガイド　　　　　A5 判／4,730 円

松尾弘
開発法学の基礎理論
　良い統治のための法律学　　　　　　　　　　A5 判／3,960 円

細谷雄一 編
イギリスとヨーロッパ
　孤立と統合の二百年　　　　　　　　　　　　四六判／3,080 円

―――――――――――――――――――――――勁草書房刊
＊表示価格は 2024 年 9 月現在。消費税が含まれております。